贾益民 主编
胡培安　胡建刚 副主编

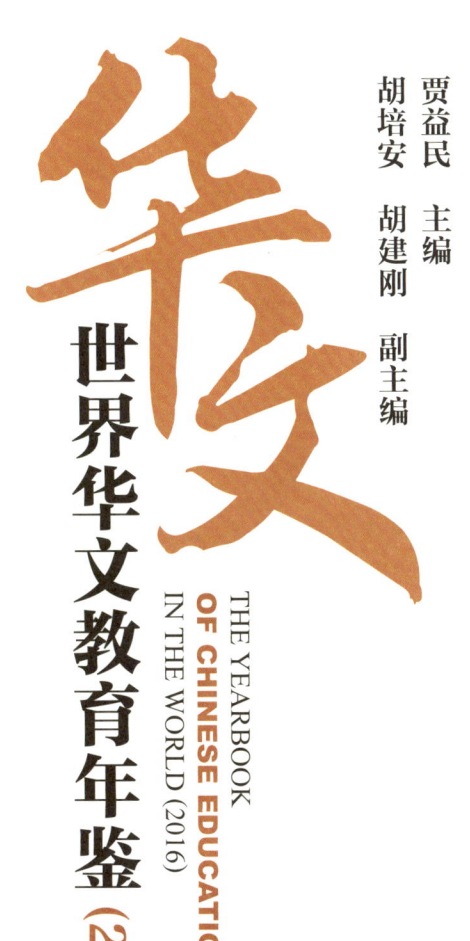

世界华文教育年鉴（2016）

THE YEARBOOK
OF CHINESE EDUCATION
IN THE WORLD (2016)

社会科学文献出版社
SOCIAL SCIENCES ACADEMIC PRESS (CHINA)

2015年4月8日,由国务院侨办文化司、中国华文教育基金会主办,江西省外侨办承办的2015年全国华文教育工作会议在江西省南昌市召开。国务院侨办文化司领导雷振刚、汤翠英,中国华文教育基金会领导左志强,全国各省市区外侨办、华文教育基地学校有关负责人共150多名代表出席了会议。

2015年12月2日,"华文教育专业建设高峰论坛"在暨南大学华文学院举行。会议就如何更好地建设华文教育专业进行了深入探讨。

在"华文教育专业建设高峰论坛"上,留学生进行中华才艺以及教学技能展示。

2015年2月8日,全德中文学校联合总会成立。

2015年5月,意大利华文教育促进会成立暨佛罗伦萨博识学堂创办一周年庆典在佛罗伦萨举行。

2015年8月23日,马来西亚董总特大会议召开,选举产生了董总新一届领导班子,砂拉越州董联会主席刘利民出任董总主席。

2015年9月，由南洋理工大学新加坡华文教研中心主办的"第四届华文作为第二语言之教与学国际研讨会"在新加坡义安理工学院举行。

2015年11月，由华侨大学主办的"第一届国际华文教学研讨会"在华侨大学华文学院召开。

2015年1月，"第七届世界华语文教学研究生论坛"在湖南师范大学召开。

华 教 人 物
（按音序排列）

陈华钟
（荷兰）

陈慧珍
（印度尼西亚）

陈友明
（印度尼西亚）

黄端铭
（菲律宾）

李复新
（澳大利亚）

麻卓民
（西班牙）

王满霞
（加拿大）

许 易
（澳大利亚）

许月兰
（文莱）

周清海
（新加坡）

本书系"海外华文教育与中华文化传播协同创新中心"研究成果。

- 华侨大学
- 中国社会科学院文化研究中心
- 香港凤凰卫视
- 中国华文教育基金会
- 台湾世界华语文教育学会
- 社会科学文献出版社

《世界华文教育年鉴（2016）》编委会

顾　　问	董鹏程　范开泰　李景源　李宇明　陆俭明
	谢寿光　赵金铭　周清海
编　　委	陈旋波　陈学超　程鹤麟　郭　熙　胡建刚
	胡培安　贾益民　李晓琪　齐沪扬　任　弘
	沙　平　吴伟平　吴英成　吴应辉　吴勇毅
	杨　玲　曾毅平　曾　路　张　博　张和生
	张禹东　赵明光　郑通涛　周小兵　左志强
主　　编	贾益民
副 主 编	胡培安　胡建刚
编写小组	蔡晓宇　高　翀　郝瑜鑫　洪桂治　胡建刚
	胡培安　贾益民　李　欣　刘丙丽　任　弘
	孙　菁　张　斌　张文静　周洪学

振兴华文教育事业
助力中华民族复兴

——《世界华文教育年鉴》序言

国务院侨务办公室主任 裘援平

据不完全统计，目前海外至少有 6000 多万华侨华人，分布在近 200 个国家和地区。海外华文教育，就是面向广大华裔青少年开展的中华语言学习和文化传承教育。自印度尼西亚雅加达明诚书院——海外第一所有文字记载的华文学校——1690 年创办至今，华文教育已经走过 300 多年的历程，成为在海外植根最深、覆盖最广、相对正规、最为有效的中华语言文化教育形式；它既维系着华侨华人的民族特性和对祖籍国的深厚情感，又是在海外展示和传播中华文化的重要平台。

2014 年 6 月，习近平主席在会见第七届世界华侨华人社团联谊大会代表时指出："中国梦是国家梦、民族梦，也是每个中华儿女的梦。广大海外侨胞有着赤忱的爱国情怀、雄厚的经济实力、丰富的智力资源、广泛的商业人脉，是实现中国梦的重要力量。"而华文教育，就是华侨华人为实现中国梦贡献力量的重要渠道。

当今的中国，正逐步迈向国际舞台中心，既需要更多地发出中国声音，表达中国立场，提出中国方案，贡献中国智慧，体现中国作用，也需要让世界更全面深入地了解中国。而语言和文化，正是打开不同国家和民族之间沟通交流之门的"金钥匙"，以教授华文和传播中华文化为核心要务的华文教育，就是这把"金钥匙"的重要锻造者。

与此同时，随着中国成为世界第二大经济体，中外各领域交流合作日益紧密，作为世界第二大国际通用语言的华文，成为各国人民外语学习的重要选项，世界范围内"汉语热""中华文化热"持续升温。华文学校长期扎根海外，为数众多，分布广泛，基础牢固，在教授汉语、传播中华文化方面具有得天独厚的优势，一直深受各国华人社会和当地友族的好评。华文教育迎来大发展、大繁荣的历史性机遇期。

新一届中央领导集体高度重视侨务工作，非常关注华文教育事业的发展。2013年10月，李克强总理在访泰期间，专程前往清迈崇华新生华立学校，看望慰问当地华校师生，勉励大家为增进中泰人文交流做出更大贡献。2014年4月，全国政协主席俞正声专门主持召开以"努力破解海外华文教育发展瓶颈"为主题的政协"双周协商座谈会"，邀请政协委员和有关专家研讨华文教育问题，这在全国政协历史上还是第一次。国家"一带一路"建设规划也为发挥华文教育的独特功能提供了广阔舞台。

国务院侨务办公室将秉承"为侨服务"的宗旨，继续大力支持和发展华文教育，推动建立更多、更广泛的与各国政府交流合作机制，为华文教育发展营造良好的社会环境；鼓励和引导海外侨社、华文教育组织及各界人士支持华教事业，为华文教育夯实可持续发展的基础；同时，完善国内华文教育资源统筹协调机制，充分利用国内资源为华文教育发展提供强有力的保障。在此基础上，我们正着力打造"施教体系、教材体系、培训体系、帮扶体系、支撑体系、体验体系"，引导海外华文学校转型升级，推动华文教育向"标准化、正规化、专业化"方向发展。国务院侨务办公室在大力推进以下工作。

第一，实施"海外惠侨工程"，提升华文教育发展内生动力。2014年，国务院侨务办公室向海外侨胞发出建设"和谐侨社"的倡议，并推出"海外惠侨八项计划"，包括加强侨团建设、建立华助中心、发展华文教育、扩大文化交流、推动繁荣中餐、实施中医关怀、扶助侨胞事业、为侨信息服务等，以此为渠道把祖（籍）国的关爱，送到华侨华人心上。推动"和谐侨社"建设，既能促进海外侨社的团结互助，向世人展示中华民族的良好形象，又能让侨胞体会到中华文化的博大精深，提升作为中华民族一分子的自豪感，提高大家学习中华语言文化的热情，增强华文教育发展的内生动力。

第二，着力研制办学标准，把华文学校打造成海外中华语言文化基础教育的首选。经过多年发展，华文教育发展水平显著提高，华文学校原有语言补习性质的教学定位远远不能满足形势发展的需要，加快原有华文学校标准化和专业化建设势在必行。国务院侨务办公室针对不同国家和地区的需要，启动了华文学校办学标准、华文教师从业水平测试标准、华裔青少年华文水平测试标准研制工作，海外周末制华文学校教学大纲、华文教材编写大纲等也已委托相关院校进行研制。通过标准化和专业化建设，将着力把近2万所华文学校打造成海外中华语言文化基础教育的首选平台。

第三，建立"三位一体"教师培训机制。为逐步解决海外华文教师数量不足、专业素养不够、断层严重等问题，国务院侨务办公室组织开展了《华文教师证书》制度研究，目前该项工作已进入实施阶段。依托《华文教师证书》制度，将建立起"培训—考核—认证"三位一体华文师资培养模式，全方位、多渠道、多专题、系统化培训海外华文教师，为华文教育输送合格的教学人才。在继续做好招收海外优秀华裔青少年到办属院校和基地院校接受学历教育的基础上，鼓励办属院校和基地院校到华文教育重点国家设立师范学院或者培训中心，就地培训更多的华文教师。

第四，构建"通用型＋本土化"教材体系。教材是华文教育的基础，也是中华文化传播的重要载体。经过长期努力，目前基本建成了涵盖幼儿园到高中阶段的通用型中文主干教材体系，每年向海外提供各类华文教材达400万册，基本做到了有求必应，足量供应。今后，将针对不同国家和地区的个性化需求，尤其是周边国家和华文教育重点国家，重点开发具有针对性的国别化教材，建立通用型华文教材和本土化教材相互补充、相得益彰的华文教育教材体系。

第五，探索和完善华文教育帮扶措施。全力支持华文学校和华教组织发展，进一步探索和完善对华文学校和华教组织的帮扶措施。截至2014年底，国务院侨务办公室已遴选出208所华文教育示范学校，确定162所贫困学校和19个华教组织为扶持对象，设立了340个华星书屋。在此基础上，国务院侨务办公室将进一步加大帮扶力度，争取到2017年，再建立100所华文教育示范学校，再扶持200所贫困学校和新兴学校；再支持30个华教组织开展工作，提升其服务质量；再建200个"华星书屋"，满足华校师生学习中华文化的需求；将外派教师规模由800人增加到1200人。此外，在基础较好、规模较大、条件较成熟的华文教育重点国家，还将探索设立华文教育师范学院或华文教育服务中心，更好地为华文教育发展服务。

第六，丰富中华文化体验体系。"中国寻根之旅"夏（冬）令营、海外华裔青少年中华文化大赛、华人学生作文比赛等大型活动已成为华文教育的重要品牌,产生了广泛的影响力。今后将努力提升这些品牌活动内涵及其功能和成效,同时推动有实力的省市侨务办公室和基地院校组织有特色的专业艺术团组到海外举办"中华文化大乐园",把中华文化送到华裔青少年的家门口、校门口,让更多的华裔和其他族裔青少年受益,培育他们对中华文化的感知与热爱。我们还鼓励各相关单位通过建设"互联网+"型的华文学校或中华文化学校,研发华文教育与中华文化传播资源,利用新媒体创新中华语言教育与文化传播形式,帮助海外华裔青少年学习、了解和体验优秀的中华语言文化。

华文教育是海外侨社最大的民生工程。相信通过我们不懈的奋斗与努力,海外华文教育水平必将不断提高,为"传播中华文化、讲好中国故事"创建出更广阔的平台,为实现中华民族复兴梦想贡献应有的力量。

华侨大学、海外华文教育与中华文化传播协同创新中心组织专业团队自2013年以来编撰出版了《世界华文教育年鉴》,详细记录了华文教育领域发生的年度事件,客观评述了华文教育领域的探索和创新,为业界和学界提供了分享与交流华教资讯的平台,为管理部门提供了信息服务和决策参考。《世界华文教育年鉴》的编撰与出版,是华文教育学科建设的重要成果,也是华文教育事业发展的重要见证,意义重大。

是为序。

继往开来　把脉时代
探索华文教育新发展

——《世界华文教育年鉴》序言

国务院侨务办公室副主任　李刚

华文教育是面向广大华裔青少年开展的中华语言学习和文化传承教育，它伴随着华侨华人的出现而产生，历史悠久，源远流长，已经走过了300多年的风雨历程。从最初的私塾、义学、书院，到现代意义的新式学校，再到今天世界上广泛分布的近2万所华文学校，世界华文教育从兴起到兴盛、从低谷到复兴，已发展成为在海外植根最深、覆盖最广、相对正规、最为有效的中华语言文化教育形式；并且成为中华民族在海外的留根工程，中华文化在海外的希望工程，华侨华人社会的民生工程。

为了更好地推动华文教育事业发展，2014年，国务院侨办提出围绕推动华文教育"转型升级"这一任务，努力建设有利于华文教育发展的"两大机制"：一是建立与华侨华人住在国政府交流合作机制，为海外华文教育发展创造良好的政策环境；二是建立国内华文教育资源统筹协调机制，为海外华文教育发展提供更多支持。与此同时，国务院侨办还倾力打造涵盖施教、教材、培训、帮扶、支撑、体验等多方面的华文教育"六大体系"，以期全面提升华文教育发展水平。当前，国务院侨办正协同相关华文教育机构，积极拓展思路，创新工作举措，完善协作机制，全力推动海外华文学校朝标准化、专业化、正规化方向转型升级，并取得了一系列的阶段性成效。

改革开放30多年来，随着中国经济的飞速发展和国际地位的日益提升，推动汉语迅速成为各国人民外语学习的重要选项，并引发世界范围内的"汉语热"、"中华文化热"。在这一背景下，世界华文教育事业也面临着新形势、新机遇。2013年秋，国家主席习近平提出了"丝绸之路经济带"和"21世纪海上丝绸之路"（简称"一带一路"）合作发展的理念和倡议。随着"一带一路"倡议提出，尤其是2015年《推动共建丝绸之路经济带和21世纪海上丝绸之路的愿景与行动》发布以来，沿线国家的政策沟通、设施联通、贸易畅通、资金融通和民心相通（简称"五通"）等各项工作有效推进，"一带一路"倡议逐步进入落实和实施阶段。"五通"之中，民心相通是构建"命运共同体"的根本，也是沿线各国接受、支持中国"一带一路"倡议的前提。而语言通、文化通对于民心相通至关重要，通过语言推广与文化交流促进"民心相通"是中国"一带一路"倡议的重要内容。

显然，"一带一路"战略的实施，需要有大批既懂得通用语言也精通当地民族语言的专业人才。同时，"一带一路"建设不拘泥于经济领域，在教育、文化等各方面，都将开展各种形式的国际交流活动。在此新形势下，华文教育也衍生出新的时代内涵，在为华侨华人传承本民族语言与文化服务的基础上，还必须肩负起培养适应时代需要、服务当地社会发展需要的通用型人才的重要使命。

面对海外华文教育需求的日益增长、华文教育功能的转型升级，创新华文教育的形式和手段显得尤为必要和紧迫。当前，互联网正推动着传统产业升级换代和新兴产业的发展，形成一种前所未有的全新环境。2015年3月，在第十二届全国人民代表大会第三次会议的开幕会上，李克强总理作政府工作报告并提到，制定"互联网+"行动计划。显然，"互联网+"为改造提升传统行业提供了巨大空间。华文教育应当顺应时代发展，积极利用"互联网+"、大数据、云计算等现代教育技术手段，提高海外华文师资培训、华文教育普及的效率和质量。

回顾历史，把脉当下，华文教育正迎来一个千载难逢的发展机遇。随着中国综合国力不断提升，中国式发展模式日益受到世界各国关注，华文和中华文化的价值也在进一步凸显，世界范围内的"中文热"、"中华文化热"已经并将持续升温。华文教育历史悠久、规模庞大、体系完备，是当前海外中华语言文化教育的重要平台，具有其他渠道难以比拟的独特优势。希望各级各类华文教育机构能够紧抓机遇，努力探索发展远程华文教育，实施"互联网+华文教育"工程，开设网上课堂、客厅中文学校等，将优秀的中华文化教学资源源源不断地输送到世界各地，特别是"一带一路"沿线国家广大华校师生的校门口、家门口，让华文教育在助力"一带一路"建设中赢得更大的发展空间。

华侨大学、海外华文教育与中华文化传播协同创新中心组织编撰了《世界华文教育年鉴》（2016）。作为全面记录2015年世界华文教育发展的信息资料工具书，该年鉴立足于现实，汇集了过去一年里世界华文教育领域具有时代特色的信息和资料，其指南作用十分凸显。同时，年鉴又将为今后世界华文教育研究提供较高价值的参考资料，具有重要的学术价值和历史价值。我们期待并相信《世界华文教育年鉴》将越办越好。

是为序。

2016年9月20日

目录 Contents

第一部分　2015年世界华文教育发展综述 ·············· 1
 一　华文教育政策综述 ·············· 3
 二　华文教育工作会议综述 ·············· 5
 三　华教机构发展与变迁综述 ·············· 7
 四　华文教育交流与合作综述 ·············· 9
 五　华文教育活动综述 ·············· 12
 六　华文师资培养综述 ·············· 20
 七　台湾地区华文教育工作综述 ·············· 24
 八　海外示范华校华文教育工作综述 ·············· 28
 九　华文教学与研究综述 ·············· 31

第二部分　2015年世界华文教育大事记 ·············· 37

第三部分　2015年世界华文教育资讯 ·············· 45
 一　华教政策 ·············· 47
 二　华教工作会议 ·············· 56
 三　华教机构变迁 ·············· 63
 四　华教交流与合作 ·············· 77
 五　华教活动 ·············· 110
 六　华教师资培养 ·············· 155
 七　华教资源建设 ·············· 188

第四部分　世界华文教育学术动态 …………………………………… 191
　　一　华教学术会议 ………………………………………………… 193
　　二　论文选介 ……………………………………………………… 211
　　三　著作选介 ……………………………………………………… 239

第五部分　华教天地 …………………………………………………… 251
　　一　华文教育基地 ………………………………………………… 253
　　二　华文教育示范学校 …………………………………………… 263
　　三　华文教育人物 ………………………………………………… 283

第六部分　台湾地区华教活动 ………………………………………… 301

第七部分　2015年海外示范华校华文教育活动撮要 ………………… 337

第一部分

2015年世界华文教育发展综述

一 华文教育政策综述

2015年，中国政府各部门继续出台政策大力支持海外华文教育及中华文化传播事业，体现出高层推动、部门协同、重视主流社会等鲜明特点。

9月22日，习近平主席出访美国，达成一项重要的成果，即中方将在未来3年资助5万名中美青年到对方国家留学学习，促进中美人文交流。美国政府也宣布继"十万强"计划完美实施之后，推出"百万强"计划，将"十万强"项目从美国的大学推广到中小学，并确定未来5年把美国学习中文的中小学生数量由目前的20万人提高到100万人的目标，意在密切中美青年交流，厚植支持两国关系的社会基础。

经国务院授权，国家发展和改革委员会、外交部、商务部3月28日联合发布了《推动共建丝绸之路经济带和21世纪海上丝绸之路的愿景与行动》（以下简称《愿景与行动》）。其中"民心相通"部分，《愿景与行动》明确提出"教育文化上，中国每年向沿线国家提供1万个政府奖学金名额"。这既是对国家"一带一路"倡议的具体落实，也是对华文教育工作的有力推动。为了进一步促进来华留学事业持续健康发展，考虑到近年来经济社会发展和物价变化，财政部、教育部10月21日对外发布通知，决定完善中国政府奖学金资助体系，提高资助标准。中国驻联合国中文小组也尝试开展远程授课项目。上述这些举措的开展与实施，充分体现了各部门协同互动、扎实推进文化交流事业的工作作风和务实精神。

国务院侨务办公室主动与海外主流社会对接，为海外华文教育寻求当地体系内资源的支持。在2015年9月下旬举行的第十二届中国－东盟博览会上，中国海外交流协会文教部与泰国孔敬市政府签署协定备忘录，双方决定共同合作开展华文教育工作。协定约定，双方将在教师中文培训、华裔青少年夏（冬）令营、华文教材和教学资料、机构人员交流等4个方面开展合作。2015年10月，国务院侨务办公室文化司与澳大利亚西悉尼大学签署了合作备忘录，双方将在汉语教学、中文教师培训、"中国寻根之旅"夏令营、文化推广与交流等方面展开合作。以上协议的签订，清晰体现了国务院侨务办公室主动对接海外主流社会的工作方向，且成效显著。

2015年，海外华文教育工作多点开花，势头强劲，亮点纷呈，在亚洲、美洲、欧洲、非洲和大洋洲都取得了令人振奋的发展。

在美洲，巴西教育部将中文列为正式课程，巴西里约州创办首所中葡双语制公立高中，阿根廷重点高中正式开设双语中文班，美国宣布推出"百万强"项目，美国犹他州力推中文教育走进公立学校；在欧洲，俄罗斯将汉语列为中小学生奥林匹克竞赛项目和2016年国家高考科目，亚美尼亚将汉语纳入中小学大纲体系，德国有76所实科中学提供正规的汉语必修课程，葡萄牙在部分公立中学开设汉语课，比利时蒙斯大学创办中国语言与文化系，荷兰将汉语作为中学毕业的考试科目，英国和捷克加大公立学校资金投入支持汉语教育；在非洲，南非政府决定自2016年开始普及小学中文教育，将汉语纳入基础教育体系；在大洋洲，澳大利亚各地幼儿园尝试推行汉语、英语双语教育，新西兰政府出资帮助公立学校与中国学校建立校际关系以强化汉语教学。虽然这些措施多局限于教学或课程设置，但其制定的主体均为所在国政府或隶属于政府的公立机构，这说明海外华文教育工作已经由民间的、自发的、华人群体的行为转换为官方的、主动的、主流社会的行为，应当说是一个可喜的趋势。

在华文教育政策方面，2015年亚洲各国的华文教育政策总体保持稳定，但也出现了一些可喜的发展。菲律宾马尼拉市政府与菲律宾华文教育中心签署了关于支持中国国务院侨务办公室外派教师到菲律宾工作的协议，马尼拉市政府愿意为推动中菲两国的文化交流做出积极的努力，确保中国国务院侨务办公室外派教师在菲律宾期间的安全和福利，保证华教中心引进中国外派教师工作的顺利进行，这在一定程度上解决了两年来困扰菲律宾华文教育工作的外派教师的签证问题。新加坡宣布将三个母语学习委员会的拨款提高50%，支持各源流的母语教育，加大力度保护和推广母语使用。马来西亚政府重新将华文列入考试积分科目，采取措施解决华小师资问题，提出华文教育的发展要"拥抱世界"的新理念；马来西亚雪兰莪州政府承认独中统考文凭；马华公会继续推进"精明化华小2.0计划"，并且针对华校课本不足的问题，推出华人历史参考书出版计划，丰富华文教育读物，这些都显示了马华公会在华文教育领域的独特地位和积极作用。

二　华文教育工作会议综述

2015年，世界范围内举行具有一定规模和较高层次的华文教育工作会议20余场。与2014年相比，数量上明显减少，不及2014年的一半，基本与2013年和2012年持平。工作会议数量减少的原因有两点：一是2014年是境外各个协会、联谊会等华文教育民间组织换届的大年，举办的有关换届及年度工作安排的会议多达18场，而2015年类似的会议相对较少，网络统计的信息只有6场；二是2015年中国境内省级及省级以上的会议明显减少，只有两场，而2014年同等级别的会议达17场，差距巨大，这一定程度上与国家的政策导向有关。

2015年的华文教育工作会议具有两个突出特点：一是在所统计到的24次会议信息中，境外举办的有18场，境内举办的只有6场，由境外相关组织或机构举办的会议数量远远超过境内举办的会议；二是会议举办主体中海外官方色彩比较突出，在境外举办的18场会议中有6场是海外的政府、教育机构或这些机构联合中国驻外使馆举办。其中法国教育部首次举办中文国际班教师研讨会，研讨全法国中文国际班的教学大纲、教学内容、教学方法和师资培训等具体问题。美国圣地亚哥波威学区举办公听会，就开设"中文双语教学课程"等问题公开征求意见，该项目计划在幼儿园和小学阶段逐步用中文和英语开展双语教学，争取到四年级时达到中英文教学各占50%的比例，让学生在自然语言环境中学习中文。会议还讨论了如何增进学区与居民的互动、财务资源分配、校园安全等重要问题，政策意图明显。英国伦敦大学主办了第十二届全英汉语教学年会，来自英国各地的汉语教学工作者和中国文化传播工作者参加了会议，会议层次高、规模大、参与面广，伦敦大学的高层领导和中国驻伦敦大使馆的官员都参加了会议并发表主旨演讲。在非洲加纳，加纳大学组织了6所主要大学的相关学者集中研讨汉语教学问题，就环境营造、沟通交流的价值、民族思维方式等展开研讨，这对加纳的汉语教学研究平台的建设具有导向意义。美国大学理事会参与主办了第八届全美中文大会，美国各州政府教育部门的官员参加了会议，会议规模大，议题广泛，影响深远。华文教育工作会议举办主体的海外官方色彩日益突出，这一趋势表明海外华文教育工作日益受到主流社会的重视，官方及公立教育机构投入华文教育的主观意愿增强，他们主办或参与主办会议的主旨较多地集中于政策制定方面的调查与研究，这显示未来华文教育的发展将由纯粹的民间行为逐步演变为民间与官方的良性合作、协同互动。我们应当重视这一信号，顺应时变，恰当决策，推动海外官方积极参与海外华文教育与中华文化传播事业。

值得一提的是，2015年是中国国内高校华文教育专业创办10周年，开办华文教育专业的暨南大学、华侨大学为此专门举办了"华文教育专业建设高峰论坛"，国务院侨务办公室文化司领导亲临与会。此次"华文教育专业建设高峰论坛"全面总结了10年来人才培养经验，探讨了新形势下华文教育专业建设发展思路，加强了全国同类专业之间、培养单位与用人单位之间的沟通与合作。

从整体上来看，2015年华文教育工作会议的主要议题仍然较多地集中于教学方法、教师培训、外派教师、具体活动等传统领域，对办学模式、华文教育政策、世界教育技术发展、如何融入主流社会、本土化途径等华文教育面临的新问题讨论较少，关注不多。这在一定程度上会影响未来华文教育工作者的努力方向和工作重点，并导致我们对世界教育发展的潮流不够敏感，对华文教育的发展趋势缺乏清晰的把握。

三 华教机构发展与变迁综述

2015年华文教育机构的发展与变迁主要表现在新华校的创办和原有华校的发展、新华文教育机构的成立和传统机构的变化、国内外华文教育组织积极合作共建华文教学机构等方面。

1. 海外华校数量增加，规模扩大

华侨华人子女的华文教育问题一直困扰着许多家长。2015年一些新的华文学校的成立，填补了当地无中文学校的空白，受到了当地华侨华人的欢迎。如意大利中华炎黄文化研究会与佛罗伦萨知名教育机构ISTITUTO联合开办的"佛罗伦萨炎黄华文学堂"，西班牙青田同乡会在维哥市开办的西班牙青田华人中文学校，西班牙特内里费华人华侨协会在当地开办的特内里费华人华侨中文学校。除了新创办的华校外，一些原有的华校办学规模不断扩大，办学环境也越来越好，如印度尼西亚棉兰崇文中小学举办二期工程落成典礼，缅甸曼德勒云华师范学院举行教学大楼落成典礼等。

2. 新的华文教育机构成立与传统机构的变化

2015年，一些新的华文教育机构相继成立，如意大利华文教育促进会、缅北华文教育协会和全德中文学校联合总会等。这些华文教育机构的成立对于凝聚华文教育力量，促进华校间的交流沟通，提升华文教育发展质量，创新华文教育发展模式，整合华文教育的资源，加强与祖（籍）国联系都非常有帮助。除此之外，部分传统的华文教育机构在内部管理体系上发生了一些变化，主要为部分机构领导人的换届与人事更替上，如马来西亚董总新的领导层就职，刘利民成为马来西亚董总新任主席等。

3. 国内外华文教育组织积极合作共建华文教学机构

2015年，国内高校积极同海外华校、相关组织机构合作，共建华文教学机构。

如暨南大学与日本千代田教育集团合作建立暨南大学博士硕士日本教学中心。合作共建教学机构，有助于双方在教师、教材等华文教育资源方面合理利用、优势互补，促进双方的学术交流和人员交流，进一步推动中华文化在海外的传承与弘扬。

4. 海外华文学校图书室不断建立

2015年，海外华文学校图书室不断建立，如温州市外事侨务办公室为西班牙温州籍华文学校捐建蒲公英图书室；中国驻老挝大使馆在老挝中小学建立"大使书屋"助推老挝的中文教学。这些图书室的建立为海外华文学生们提供了良好的阅读环境，帮助海外华校解决中文课外读物缺乏的问题。

图书室的建立是一个长期的连续性的工作，温州市外事侨务办公室已为意大利、西班牙、荷兰、葡萄牙、法国、奥地利6个国家的17所海外温州籍华校捐建了蒲公英图书室。新知集团在柬埔寨金边、老挝万象、马来西亚吉隆坡、缅甸曼德勒、斯里兰卡科伦坡、泰国清迈、尼泊尔加德满都、南非约翰内斯堡、印度尼西亚开设9个国际连锁华文书局。

5. 华侨华人互助中心继续增加

2015年是中国海外交流协会确定的"惠侨行动年"，并全面实施"海外惠侨工程"。其中，建设"华助中心"是惠侨工程的重点之一，目的是希望华社通过"华助中心"，能够团结凝聚华社力量，秉承帮扶关爱、慈善回馈、维护权益的理念，弘扬中华民族团结互助精神，为侨胞排忧解难、增强技能、维护权利、发展未来。2015年3月13日，巴西圣保罗华侨华人互助中心成立；2015年12月13日，南非曼德勒华侨华人互助中心成立。

四　华文教育交流与合作综述

在国家大力推进"一带一路"战略的新时期，华文教育交流与合作愈发扮演着重要的角色，稳步前进，迎来新机遇。

在交流方面，2015年世界范围内的华文教育交流活动以参观、考察、视察、座谈、会见、调研、访问（走访）、看望、慰问为主，覆盖政府机构、民间组织、海内外各个层次的华文办学机构。

国内外华文教育机构间互访一直是华文教育交流的主要形式。国内的各级政府机构、民间组织、华文教育机构如各级侨务办公室、各级海外交流协会、中国华文教育基金会、华侨大学、暨南大学、北京华文学院等，本年度或主动访问海外华文学校，或接待来访的华文机构代表团，或邀请海外华校教师、学生来中国访学，与海外华教机构交流频繁。2015年，参与交流与合作的海外华教机构除来自东南亚和欧美、大洋洲等地区外，以往参与较少的南美洲以及非洲国家在本年度表现出色。如安哥拉总统基金会主席席尔瓦到访华侨大学华文学院；北京市侨务办公室副主任高云超访问巴西圣保罗圣本笃学校；北京华文学院考察团赴阿根廷、巴西访问；厄瓜多尔高等教育委员会代表赴暨南大学华文学院洽谈华文教育合作事宜等。一些重要的华文教育工作传统国家或地区，如泰国、缅甸、印尼、美国、意大利等，机构间互访次数都较多，走访调研、洽谈合作，互动形式多样。

在华文教育合作方面，2015年华文教育各相关机构、组织之间在合作办学、项目合作、缔结姐妹学校等领域开展合作，成效显著。

总体来说，2015年世界华文教育交流与合作呈现以下特点。

1. 借力"一带一路"倡议，教学与文化交流齐头并进

在中国大力推进"一带一路"战略、促进中外文化交流的新时期，作为华文教育工作的重要组成部分，华文教育交流与合作借力"一带一路"战略倡议，延续并

发扬自身文化传播的一贯传统,不断产生新成效。

2015年,由政府部门成员、一线教师及师生组成的交流团依旧出访来访频繁,在进行教学交流的同时,稳步推进文化交流与传播。2015年,澳大利亚中文教师在福建省开展了"探访福建教育与文化,促进中澳校际交流与合作"的相关活动,参访团与当地学校在进行语言教学与管理交流后,还专门参与了茶文化、朱子文化、中华文化传承等系列专题讲座,最终双方在教育管理、教学拓展、校际文化交流等方面均形成共识、达成合作意向;德国弗里德里希·艾伯特学校师生在访问温州乐清中学期间,18位德国学生除参与中文、英语、历史、主题班会等课堂活动之外,还与乐清中学结对学生一起学包饺子,学习中国武术、书法、剪纸等中国传统文化课程。德国师生还先后参观了乐清中学校史馆、乐清市非物质文化遗产馆、周昌谷艺术馆,考察了三禾文化俱乐部。

一些华教交流活动尤其看重文化交流与传播这一主题。如由中国文化部牵头的中国媒体代表团访问西班牙马德里华校,座谈活动主旨即为中国文化在海外的传播。华校代表介绍了西班牙人对中国文化的了解情况,媒体代表团与华校代表对今后的交流合作提出了各自的见解,表示将进一步促进中西文化交流,增进中华文化在西班牙的传承和弘扬;菲律宾东棉省菲华工商联合会理事长刘锡呆访问厦门,他特别提到,希望中国政府在推动"一带一路"愿景时能助推菲律宾的华文教育,建立国际性、综合性华文学校,为两国文化的互动交流,为弘扬中华传统文化奠定根基。

此外,2015年度海内外院校间的合作也朝着共同创建广泛、友好、多元的文化交流机制而努力。2015年,广西华侨学校与印尼邦加—勿里洞省槟港市教育局签署友好合作协议书。协议约定,广西华侨学校与印尼槟港市教育局建立互访、互通信息机制,将在文化教学方式和教学经验领域开展交流等;广东深圳清华实验学校与泰国拉吉尼波中学缔结姊妹学校。泰方校长表示,希望能够通过彼此的交流、学习,增进中泰一家亲的关系,让中泰友谊世代相传;澳大利亚墨尔本公立学校校长访问团与天津市河北区中心小学签订了中澳姊妹学校意向书,此次活动是天津市侨务办公室第一次委托区级侨务办公室接待,同时也填补了天津市与澳大利亚小学文化交流的空白。

华文教育的交流与合作推动了中外教育文化的传播,对服务国家"一带一路"战略,服务海外侨胞的生存和发展,有着积极的促进作用。

2. 合作办学成效显著,发展空间广阔

国(境)内外华教机构间的合作由来已久,近年来向着更为实际、更为优势互补的趋势发展。以2015年海内外合作办学为例,如中国海外交流协会文教部与泰国孔敬市政府签署协定备忘录,双方将在中泰文教师培训、推荐留学生到广西华侨学校

就读等方面进行友好合作；华侨大学分别与缅甸、老挝、越南3国多所学校签署合作办学协议，与澳大利亚西悉尼大学签署合作备忘录；暨南大学与台湾世界华语文教育学会签署《暨南大学与台湾世界华语文教育学会合作开展华文教育协议》，双方在开展华文教师培训、招生及培养兼读制华文教育研究生等方面达成合作共识。

海内外院校通过合作办学带来教学观念的更新和办学视野的拓展，能有效利用国（境）内外优质教育资源提升各级学校的办学水平和学术竞争力，取长补短，优势互补，这也是培养具有社会竞争力乃至国际竞争力的华文教育人才的有效途径。

在交流中开阔视野、在学习中提升整体水平、在合作中实现互利共赢，是海内外华文教育界人士的共同心愿。2015年度华文教育交流与合作在广泛深入的基础上，进一步完善合作机制、拓宽合作领域、提升合作层次，开创了华文教育交流合作的崭新局面。

五 华文教育活动综述

本书搜集了《世界华文教育年鉴》2013~2015年华教活动中特色鲜明的品牌活动语料:"寻根之旅"和"中华文化大乐园",通过ICTFastSeg和AntConc软件,对其分别进行分词处理以及词频统计分析。通过对比2015年华教活动与前两年华教活动相同部分内容在高频词及其搭配词表方面的异同,来发现2015年华教活动的特点。

首先,"寻根之旅"部分,2013~2015年高频词排列可见表1-1。

表1-1 2013~2015年"寻根之旅"高频词

排序	频次	2013年	频次	2014年	频次	2015年
1	385	营	482	营	199	营
2	280	的	370	的	141	的
3	183	中国	276	中国	136	华裔
4	180	青少年	274	青少年	130	青少年
5	179	华裔	260	华裔	107	中国
6	156	寻根	232	寻根	105	寻根
7	140	之	225	之	102	之
8	136	旅	223	在	99	旅
9	130	了	222	旅	95	年
10	128	在	215	年	86	在
11	121	年	176	开	75	海外
12	117	员	172	等	72	开
13	117	等	165	夏令营	62	了
14	116	夏令营	147	侨务办公室	60	等
15	115	文化	147	文化	58	文化

续表

排序	频次	2013年	频次	2014年	频次	2015年
16	110	开	145	海外	57	夏令营
17	106	活动	141	日	57	月
18	104	月	138	月	56	日
19	89	和	119	员	53	活动
20	86	海外	106	和	46	和
21	81	名	103	学习	44	名
22	76	们	100	活动	43	冬令营
23	75	日	96	名	43	员
24	72	参观	92	由	40	侨务办公室
25	71	学习	85	们	36	来自
26	64	侨务办公室	81	中华	34	们
27	62	中华	81	主办	34	大学
28	58	天	81	冬令营	33	学习
29	56	来自	79	了	32	体验
30	54	此次	76	来自	31	参加

从表1-1中可以看出，这3年的高频实词复现率极高。频次从高到低依次排列的前10位为：营、中国、青少年、华裔、寻根、旅、夏令营、文化、海外、活动。对比2014年华文教育活动综述部分的统计结果①，可以发现2015年华教活动"寻根之旅"部分，活动特色与前两年相比绝大部分都是相同的。这说明"寻根之旅"作为华教活动当中的特色品牌，很好且稳定地展现出华文教育活动的本质和特征。

合并2013～2015年华教语料中"寻根之旅"，观察最高频的"营"前后的搭配词语，可以得到表1-2。

从表1-2中，可以看到"营"出现1072次，其中"开营"出现358次，"闭营"出现61次，说明我们更侧重"开营"的报道。"仪式"的高频出现体现出"寻根之旅"相对正式的风格特征。在中国各省份当中，"山东"是"寻根之旅"活动开展最为活跃的地区，这可能与齐鲁文化当中浓厚的"家族"观念有关。

---

① 2014年与2013年华教活动排名前10位的高频词完全一致。这10个高频词："营""中国""文化""华裔""青少年""活动""学校""海外""中华""华文"体现出华教活动的显著特点：(1) 活动参加主体是海外华裔青少年；(2) 活动目的是体验中国文化；(3) 活动组织形式是营团；(4) 活动组织主体是学校。

表1-2 2013~2015年"营"前后高频搭配词

排序	频次	频次(左)	频次(右)	搭配	排序	频次	频次(左)	频次(右)	搭配
1	1072	3	3	营	16	20	20	0	秋令
2	433	358	75	开	17	18	0	18	此次
3	277	0	277	员	18	16	11	5	山东
4	156	0	156	年	19	14	0	14	月
5	103	1	102	在	20	14	14	0	天
6	102	0	102	仪式	21	13	13	0	集结
7	73	61	12	闭	22	12	11	1	期间
8	42	0	42	来自	23	12	11	1	安排
9	41	41	0	令	24	12	12	0	为
10	38	2	36	式	25	11	11	0	青少年
11	34	25	9	名	26	11	11	0	组织
12	33	33	0	分	27	10	10	0	广州
13	31	10	21	活动	28	10	10	0	中
14	21	13	8	的	29	9	0	9	旗
15	20	20	0	间	30	9	7	2	授

然后,以"寻根"作为搜索项,得到2013~2014年华教活动及2015年华教活动"寻根"前后搭配的高频词前20位排列,见表1-3和表1-4。

表1-3 2013~2014年"寻根"前后高频搭配词

排序	频次	共现词群
1	342	寻根之
2	262	中国寻根
3	30	青少年"寻根
4	7	青少年寻根
5	6	寻根中国
6	6	年"寻根
7	6	文化·寻根
8	6	文化寻根
9	5	寻根"为主
10	5	寻根夏令营
11	4	开启"寻根
12	3	国寻根
13	3	寻根谒
14	3	开启寻根

续表

排序	频次	共现词群
15	3	的"寻根
16	2	与寻根
17	2	云南"寻根
18	2	交流、寻根
19	2	华夏"寻根
20	2	寻根（联谊

表1-4 2015年"寻根"前后高频搭配词

排序	频次	共现词群
1	436	寻根之
2	337	中国寻根
3	38	青少年"寻根
4	7	年"寻根
5	7	青少年寻根
6	6	寻根"为主
7	6	寻根中国
8	6	开启"寻根
9	6	文化·寻根
10	6	文化寻根
11	5	寻根夏令营
12	5	的"寻根
13	4	开启寻根
14	3	云南"寻根
15	3	国寻根
16	3	寻根"之
17	3	寻根谒
18	2	与寻根
19	2	交流、寻根
20	2	华夏"寻根

可以看出，2015年"寻根"的前后搭配与往年相比，保持稳定的部分占据相当大的比例。体现在"寻根"的目的地是"中国"，参加主体是"青少年"，途径主要是通过"文化"来获得民族身份的认同，方式主要是"夏令营"，活跃的省份是"云南"。稍与前两年不同的部分在于："寻根"与"联谊"的搭配没有出现在前20位，但是由于前两年的"联谊"搭配出现频次为2，占据的比例太小，所以这个特征体现

得也并不是很明显。

接下来是"中华文化大乐园"部分,首先可以得到 2013~2015 年语料中的高频词排列,见表 1-5。

表 1-5　2013~2015 年"文化大乐园"高频词

排序	频次	词	排序	频次	词
1	349	营	16	95	教师
2	305	的	17	87	和
3	252	文化	18	81	等
4	223	中华	19	70	侨务办公室
5	178	中国	20	67	学生
6	174	大	21	65	由
7	169	乐园	22	63	中文
8	129	开	23	60	泰国
9	126	学校	24	57	承办
10	124	年	25	55	们
11	120	在	26	54	华
12	112	活动	27	53	华侨
13	107	了	28	52	主办
14	101	月	29	51	武术
15	100	日	30	50	华文

可以看出,与"寻根"相同,"文化大乐园"部分的高频词也包括:营、文化、中国、活动。不同的地方在于,"文化大乐园"突出了"中华"这一具有民族性意义的词语,而且还显示出了"学校""教师""学生"这类词,表示"文化大乐园"活动的举办主体更侧重于学校机构。而参加"文化大乐园"的外国中,"泰国"是较为活跃的国家。活动的内容中,"武术"是最受大家欢迎的。

下面单列出 2013~2014 年与 2015 年的"文化大乐园"高频词进行对比。

表 1-6　2013~2014 年与 2015 年"中华文化大乐园"高频词对比

排序	2013~2014 年		2015 年	
	频次	词	频次	词
1	245	营	104	营
2	239	的	72	文化
3	180	文化	66	的
4	161	中华	62	中华

续表

排序	2013~2014年		2015年	
	频次	词	频次	词
5	133	大	51	中国
6	128	乐园	41	乐园
7	127	中国	41	大
8	98	年	37	开
9	95	学校	34	活动
10	92	开	33	日
11	88	在	32	在
12	85	了	31	学校
13	78	活动	27	月
14	74	月	26	和
15	70	教师	26	年
16	67	日	25	教师
17	61	和	22	了
18	60	等	21	等
19	59	侨务办公室	19	华文
20	57	学生	19	协会
21	47	由	19	泰国
22	45	中文	18	中文
23	43	们	18	承办
24	42	华侨	18	由
25	41	泰国	17	交流
26	40	华	16	主办
27	39	承办	16	教育
28	38	武术	16	海外
29	36	主办	14	举行
30	36	大学	14	华

观察表1-6，可以发现，2015年排名前30的高频词与前两年的相比，绝大部分是相同的，不同的5个词分别为："华文""协会""交流""教育"与"海外"。通过查找，我们发现这5个词在前两年"中华文化大乐园"的高频词排序中分别位列第31、31、64、52、99位。可见，"华文"与"协会"这3年的差别不大，差别较为明显的是"交流""教育"与"海外"。这体现出2015年的"文化大乐园"内容

方面更加注重交流,目的也更加明确倾向于"寓教于乐"。"海外"一词的高频出现代表这部分华教活动的海外色彩越来越浓。

鉴于"营"在两个品牌活动中都稳居高频词之首,我们统计了2013~2015年华教活动语料中的"营""夏令营""冬令营"频次值,并将3个词的频次相加后得到"三个'营'之和"的数值,见图1-1。

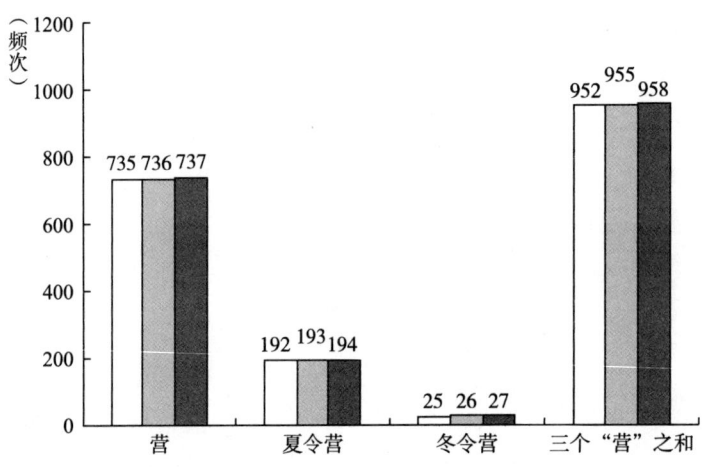

图1-1 2013~2015年各"营"频次变化

可以看到,作为活动的主要组织形式:"营""夏令营""冬令营"三个部分以及总体"三个'营'之和"都显现出华教活动稳定的发展形势。时间证明,华教活动的开展,以前、现在和未来都会在整个华文教育活动当中发挥着不可或缺的重要作用。

最后,抽取2013~2015年华教活动中出现在前6位的外国国家名称,计算它们的频次之和,可以得到图1-2。

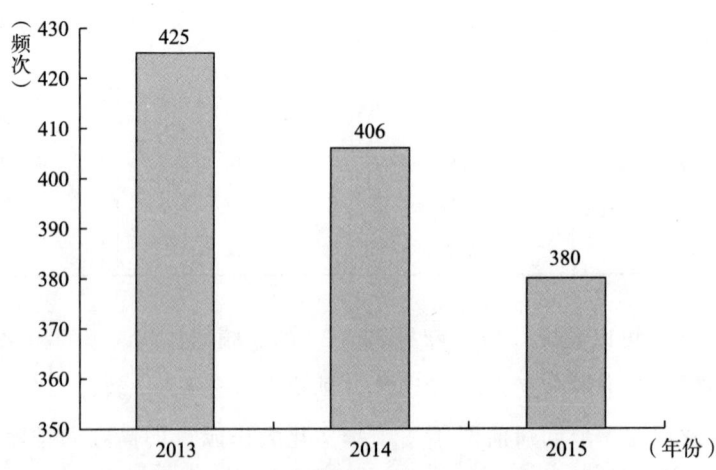

图1-2 2013~2015年外国国家名称之和的频次变化

可以看出，2013～2015年这3年间，外国国家名称的出现频次呈现较缓的下降趋势，而在前文统计中出现的总营团数目保持稳定的情况下，这一现象的出现，说明华教活动的参加主力在向国内营团转变。

总之，2013～2015年的华教活动总体风格基本保持稳定，两大品牌"寻根之旅"与"文化大乐园"各有侧重，共同体现着中华民族文化传承与民族身份认同的核心意义。

六　华文师资培养综述

在国务院侨务办公室"正规化、标准化、专业化"的工作思路指导下，2015年，海外华文师资队伍培养与建设工作特点突出，亮点纷呈，成果丰硕。

1. 依托《华文教师证书》的三位一体培训成为华文师资培养的核心形式

依托《华文教师证书》，开展"培训—考试—认证"三位一体的华文师资培训，成为2015年国务院侨务办公室培养华文教育师资的核心形式之一。在2014年试测的基础上，2015年《华文教师证书》培训及认证工作全面铺开。国务院侨务办公室举办了"《华文教师证书》培训承办单位教学负责人培训班"。来自全国16所高校及华文教育学校的40名相关领导及教学骨干参加了此次培训，深入学习了《华文教师证书》培训、考试、认证操作流程。还举办了"《华文教师证书》考试命题员培训班"，为来自国内19所高校及华文教育基地学校的30多名领导、命题教师进行专业的命题培训。

在此基础上，基于《华文教师证书》认证的师资培训工作在境内和境外大规模开展起来。境外《华文教师证书》培训班的举办主要集中在东南亚地区，其中在泰国举办了两期，承办单位分别为泰国南部的合艾国光中学和泰国东部的春府大众国际中学，共计100多位华校校长和教师参加了培训，系统学习了《汉语基础知识》《汉语教学理论与方法》和《中华文化专题》3门课程，并参加了《华文知识与能力》《华文教学及中华文化》两个科目的考试。《华文教师证书》培训班在印度尼西亚也举办了两期，第一期在印度尼西亚楠榜福建会馆开班，由广东省海外交流协会承办、华南师范大学国际文化学院协办，共有57名学员参加培训；第二期在登巴萨市的文桥三语学校举行，由福建师范大学教师负责培训工作，共有47名印度尼西亚华文教师参加。而菲律宾的首期《华文教师证书》培训班则由福建省海外交流协会承办、菲律宾华教中心协办，在菲律宾侨中学院开班，共有来自24所华校的近百名教师参加，成绩合格者颁发相应等级《华文教师证书》。老挝的《华文教师证书》培训班则在2015年8月举办，由四川省海外交流协会承办，在沙湾拿吉省崇德学校举行，共有40多人参加了此次培训。2015年12月，国务院侨务办公室组团赴意大利进行了《华文教师证书》的培训与测试工作。

2015年，国务院侨务办公室"华文教育·华文教师证书"培训班在境内共举办了4期，其中暨南大学举办了2期，华中师范大学国际文化交流学院、青岛大学各举办了1期，共培训了来自十几个国家的数百名华文教师。

2. 本科和研究生学历型华文师资培养成效显著

本科和研究生层次的学历型师资培养是海外华文师资培养的主流方向，是整体提升华文教育师资水平的重要途径。2015年，暨南大学华文教育专业函授本科英国教学点的学员顺利毕业，这是在英国培养的第一批本土华文教育本科师资。继暨南大学和华侨大学之后，湖南师范大学首届印度尼西亚华文教师汉语言本科函授学历班也顺利毕业。同时，华侨大学华文教育第五期本科学历班在泰国开班，暨南大学在印度尼西亚巴厘岛也新开设了远程华文教育本科专业教学点。

面向海外华文教师的硕士研究生层次的人才培养也在稳步进行，如华侨大学2014级昆明境外在职硕士研究生班在昆明华文学校授课，华侨大学华文学院举行第二届日本硕士研究生班开班典礼。新的教学点也在不断开办，如2015年12月，暨南大学华文学院与意大利罗马中华语言学校签署了联合在意大利办研究生班的合作协议书，在罗马开设汉语国际教育硕士研究生班。

3. "华文教育·名师巡讲"覆盖面广，影响力大

"华文教育·名师巡讲"是"走出去"培养华文教育师资的重要平台。2015年，国务院侨务办公室及中国华文教育基金会先后组织了23批次的名师巡讲团奔赴五大洲，在20多个国家进行中华文化、语言学和汉语教学的巡讲。

在欧洲，来自国内不同单位的巡讲团专家分别在法国巴黎、西班牙马德里和塞维利亚及巴塞罗那、葡萄牙里斯本、意大利罗马和米兰、奥地利维也纳、瑞典斯德哥尔摩、丹麦哥本哈根及德国、英国等地进行讲学授课，并与华校和教师代表座谈。在大洋洲，斐济苏瓦、新西兰奥克兰的华校教师聆听了名师巡讲团的授课，其中奥克兰就有17所华校的102位教师参加培训。

在亚洲，马来西亚197所华文学校的近700名教师参加了名师亚洲巡讲团的培训；柬埔寨有18所华校92名华文教师参加了培训；菲律宾吕宋地区8所华校100多名老师参加了培训；印度尼西亚雅加达华文教育协调机构120余名教师参加了巡讲团

课程的学习。名师巡讲团还远赴西亚的阿联酋，在迪拜国际学校和"你好语言学校"培训了当地的华文教师。另外，名师巡讲团还赴泰国授课4天。

在美洲，受全美中文学校协会邀请，湖南师范大学讲学团赴美国圣路易斯、哥伦布、底特律、明尼阿波利斯等地巡回讲学，为当地培训了一线中文教师300余人。由中山市第一中学承办的"2015北美名师巡讲团"前往美国和加拿大，分别对纽约和蒙特利尔华文学校的教师进行了针对性教学。此外，阿根廷也是华文教育名师巡讲团的重要一站。

在非洲，名师巡讲团在南非约翰内斯堡开讲，精彩课程吸引了诸多华文教育工作者。马达加斯加也迎来了名师巡讲团的专家讲授相关课程。另外，名师巡讲团还在毛里求斯巡讲了3场。

"华文教育·名师巡讲"这一培训方式授课集中，教学内容富有特色，有力地促进了海外华文教育教学水平的提升，扩大了华文教育的影响力，增强了华文教育工作者的从业信心。

4. "华文教育·教师研习"综合类师资培训继续发挥着主渠道作用

"华文教育·教师研习"是传统的综合类培训平台。2015年，该平台在华文师资培训领域继续发挥着主渠道的作用。

在华文教师专项技能培训方面，"华文教育·教师研习"项目先后在成都举办了"2015年海外华校武术教师四川培训班"，在武夷学院举办了"2015年马来西亚华文小学教师中华文化才艺培训班"，在昆明举办了"2015年马来西亚华小教师中华才艺培训班云南行"，在四川举办了"2015年海外华文教师信息技术雅居乐四川培训班"，在天津举办了"华文师资普通话正音及'新汉语'教学法培训班"。以上培训班的开办，都立足于华文教师的专项技能培训与提升。

对华校校长和管理层的培训，始终是华文师资培训的重要组成部分。2015年，中国海外交流协会等在昆明主办了2015年"华文教育·校长教师研习班"，来自缅甸、老挝、泰国3个国家的152位校董和华文教师参加此次研习。在广州华南师范大学举办了"首期海外华教高层研修班"，来自印度尼西亚、泰国、马来西亚、墨西哥、荷属库拉索5个国家和地区16所华校的27名学员参加了学习培训；在吉林省长春市举办了"外派教师聘方校长研习班"和"华文教育·校长教师研习马来西亚班"，对马来西亚的华文教师进行专项培训；暨南大学承办了"新生代华文教育管理人员研习班"，来自英国、瑞典、加拿大和印度尼西亚的25名学员研习了海外侨情、世界华文教育、海外华人社团概况、华教社团的组织与发展、中华才艺等重要课程。

新世纪以来，海外华裔幼儿的华文教育工作越来越受重视，幼儿教师的培养也持续得到相关部门的关注与扶持。2015 年，中国海外交流协会等在福建师范大学主办了 2015 年"华文教育·教师研习"幼教班。广州市幼儿师范学校承办的第 11 期海外华文幼师班共有来自印度尼西亚、马来西亚和柬埔寨的 36 位学员圆满结业，同时第 12 期海外华文幼师培训班又顺利开班，共有来自印度尼西亚、泰国、越南、菲律宾等国的 59 名学员入班学习。在云南昆明举办的"海外华校艺术类幼儿师范培训班"也广受好评。

5. 海外华文教育机构的本土化师资培训模式日趋多样化

为针对性的提升华文教师水平，海外各个华文教育机构也采取了灵活多样的方式，对不同类型的华文教师进行教学技能等培训。英国中文教育促进会在伦敦大学亚非学院首次举办 2015 年中文教师培训研讨会，来自 30 多所华文学校的 100 多位义工中文教师参加会议。意大利佛罗伦萨中文学校与佛罗伦萨 PALACA 小学之间展开一场以提高课堂教学有效性、共享华裔学生教育成功经验为宗旨的校际教研交流活动。该校专门为学校的 10 多位外派教师开设了意大利语课，以培养外派教师跨文化的交流与沟通能力。泰国朱拉隆功大学孔子学院高级顾问傅增有教授应诗琳通公主委派前往光中公学培训了 80 多位汉语教师；清迈崇华新生华立学校开办本土汉语教师汉语提高班和泰语教师汉语学习班。菲律宾大马尼拉华文教师协会于侨中学院举行第六次华语骨干教师培训，共有来自侨中总分校、中西、培德等华校 50 多名学员参加了培训。缅北华文教育协会在南帕嘎龙兴中学举办第三期教师培训班。

2015 年，华文教育师资培养在其他领域也不断取得突破如由中国华文教育基金会主办，北京四中网校承办，完美（中国）有限公司资助的 2015"完美中国"海外华文教师远程培训项目教学点日益增多，培训范围日益扩大。在 2014 年原有美国、澳大利亚、葡萄牙、西班牙、意大利、蒙古、文莱、印度尼西亚 8 个国家的基础上，该项目 2015 年远程教学点新增了法国、阿根廷、文莱、德国、荷兰、南非、加拿大和日本，所涉及的国家增加到 16 个。意大利新增了威尼托地区、米兰龙甲中文学校为授课点。

2015 年，国务院侨务办公室先后委托福建、湖南等省市侨务办公室举办了多期外派教师培训班，对外派教师进行了充分而必要的职前培训，保证了外派教师的教学工作质量，培训成效显著。

七 台湾地区华文教育工作综述

2015年，台湾地区的海外华文教育工作呈现手段多样化、内容特色化、形式常态化的特点。台湾地区对海外华文学校在办学经费、师资培训、教材赠送等方面予以资助，支持各地华侨文教服务中心开展短期面授教育及丰富的文化活动，其工作特点主要体现在以下几个方面。

1. 资助海外华校，加强海外文化宣传工作

2015年，台湾地区"侨务委员会"多次赴海外华校访问。除"侨务委员会"外，相关部门及高校也积极参与海外具有台湾地区背景的侨团以及侨校的活动，深化与海外华校的交流。另外，台湾地区各驻外机构也经常在侨团和华校活动的现场出现，以示支持。

出访方面，2015年，台湾地区"侨务委员会"高层赴海外华校参访近10次，其中代表性的有：为推动中华文化及"正体字"（繁体字）的传播，"侨务委员会"先后赴日本东京中华学校、阿根廷爱育学校和佛光书苑、阿根廷侨联中文学校、阿根廷基督长老教会附属学校、新兴中文学校、印尼泗水台校、英国中文学校等进行参访；对菲律宾圣公会中学进行访问，并和校方针对侨教替代役和菲律宾版教材供应等问题进行了座谈；"侨务委员会侨商处"赴马来西亚沙巴崇正中学参访，并对马来西亚学生赴台升学问题和校方展开了深入交流；"侨务委员会海外侨教中心业务督察团"赴美国休斯敦侨教中心参访。台湾地区高校在2015年较为活跃，华文教育领域的出访共计7次，并且积极配合开展"走读城市学华语计划"。

文教资助方面，台湾地区"侨务委员会"、教育主管部门对泰北地区学校、荷兰比利时荷语鲁汶大学、澳大利亚佛光山中天中文学校等共开展了5次捐赠活动。台湾地区"国际合作发展基金会"积极选派教师赴海外推广华语文教育；台湾"爱阅读书坊"捐赠了3000份"台湾印象"地图，分送至全球各地侨教中心以及澳大利亚三大城市，作为当地"台湾日"嘉年华活动宣传品；"世台联合基金会"和"美东侨生联谊会"分别向"侨务委员会"设立的"侨生奖助学金"捐赠1万美元和2000多美元。

2. 继续华文教育产业输出，多措并举，吸引国际人士及学生赴台湾体验学习

2015年，台湾地区的华文教育产业发展思路，可以用"一推一拉"来概括。相对于"侨务会"大力推动的华文教育产业的输出，台湾地区"教育部"采取多种措施，规划更具台湾特色的国际营销活动，旨在吸引更多有意学华语的国际人士赴台湾深度体验台湾文化，吸引海外华裔青少年赴台湾学习华语。

台湾地区教育主管部门希望和"侨务委员会"以双轨并进的方式打入美国主流学校，扩大美国华语正体字学习人口。2014年11月，教育主管部门提请台湾地区"行政院"批准推动华语文教育产业输出八年计划，并获得通过。2015年，由台湾世界华语文教育学会、台湾师范大学华语文教学系、红点子科技公司组成的参访团赴波士顿展开访问，实地了解波士顿侨界对中文教育产业的需求，并寻求双方合作空间。

为了利用台湾地区的优势，将台湾打造成为学习华语文的重要阵地，2015年12月，台湾地区"教育部"吴思华提出"学华语到台湾"的华语文国际营销理念。为践行此理念，2015年12月19日，由台湾地区"教育部"与"创意经济促进会"合作推动的"走读城市学华语计划"在空总创新基地正式启动，首期为华裔学生设计了"城市就是教室""我的第三空间"以及"与名人做朋友"三大课程内容。

另外，为加强吸引海外第二代年青学子返台服务，加大台湾对海外青年的吸引力，培养台湾地区在海外侨社的新生力量，台湾地区"行政院科技部"在2015年暑假举办了"科技台湾探索候鸟计划"活动。参加活动的海外青年除了深入了解台湾之外，还前往台湾地区"侨务委员会"进行了一系列的实习活动。

3. 多样化手段开展海外华教文化活动，发挥华教资源优势，输出优秀教学方式

2015年，台湾地区"侨务委员会"为推广中华文化及加强海外华侨华人对台湾地区的多元了解，开展研习会（班）、观摩会、座谈会等活动多达40余场。其中华文教师研习会12场，教学教材座谈会4场，数字教学观摩会及研习营2场，汉字文化节系列活动10场，文化巡回教学活动5场，海外侨商青年研习会2场，中文夏令营活动3场，其他活动3场。为进一步宣扬台湾传统文化，展现台湾文化之美，台湾地区"侨务委员会"在 2015 年共开展了 6 场海外巡演。其中具有代表性的有：台湾文化大学华冈舞团赴美国休斯敦北美巡演、2015 年春节文化访问团赴东南亚巡演、基隆市中正中学民俗体育班赴海外慰侨演出、明华园戏剧总团赴美国西雅图演出等。

2015 年，台湾地区"侨务委员会"仍以元旦、春节、教师节、中秋节、侨校毕业典礼（结业式）、侨校校庆、组织年会和月会等常态化活动日为载体，通过多种形式，将侨教活动贯穿全年。据统计，"侨务委员会"依托海外华校，开展活动近 40 场，其中包括：海外组织、华校、协会定期年会和月会 6 场；侨校庆典、开学（毕业）典礼、成果展 10 场、教师节活动 5 场、春节活动 7 场、其他文化活动 7 场。

值得一提的是，台湾地区"侨务委员会"为吸引世界各地华侨华人的关注，开展活动的手段进一步多样化，其中包括加大了对"颁奖典礼"类活动的投入力度。2015 年全年举办了颁奖典礼活动 5 场，包括："华侨事务研究硕博士论文奖颁奖典礼"、"清迈地区华校奖学金颁奖典礼"、"第十六届世界华人学生作文大赛颁奖典礼"、"2015 年汉字文化季颁奖典礼"、台湾地区"第一届海外十大杰出青年"颁奖典礼。

2015 年，为进一步促进台湾民俗文化的传播，提升华校教师教学与学术能力，提高师资队伍整体水平，台湾地区"侨务委员会"继续以教师培训班开办、教学活动巡讲、示范教学展示等形式为基础，发挥台湾地区华文教育资源优势，输出优秀教学方式。在短期面授培训上，"侨务委员会"继续招聘台湾地区教师，组成海外华语教师宣讲团，巡回世界各地进行讲座；在美国纽约、西雅图、圣荷西，加拿大温哥华开办"海外民俗文化种子"培训班 4 次；在菲律宾华文学校联合会举行"菲律宾版新编华语课本"示范教学活动；在淡江大学开办"华语文密集式课程——教学实务班"。

4. 继续稳步开展"华语文能力测验"，深入推动华文研究向纵深拓展

2013 年 12 月，台湾地区教育主管部门委托"华语测验推动工作委员会"研发"华语文能力测验"（TOCFL）。2015 年，台湾地区教育主管部门分别在美国纽约双文教育系统中文学校、美国苗必达金山华侨文教中心、韩国首尔汉城华侨小学、阿根廷的 5 所侨校、台北伯大尼美国学校举行了 5 场测验，其中美国纽约地区报名人数为 234 人，苗必达地区报名人数为 87 人，韩国首尔报名人数增长到 138 人。值得一提的是，为服务台湾地区外侨学校，2015 年，台湾地区教育主管部门首次在台湾地区的台北伯大尼美国学校对学龄儿童进行了测验，测验内容和儿童生活经验相关，旨在帮助华侨儿童了解自己的华语水平。

为推动华语文及其相关研究的纵深发展，2015年，台湾地区主办、参办学术会议活动共计20余场。在台湾中原大学、铭传大学、文藻外语大学、台湾师范大学、台东大学、东华大学召开学术会议7场；为促进华语文教育产业海外推广工作，台湾地区在美国旧金山、底特律、纽约、橙县，西班牙马德里，美国麻省理工学院，韩国国立仁川大学，召开学术会议7场；为与大陆进一步深化合作交流，联合湖南师范大学、浙江外国语学院、南京行知小学等地召开学术会议4场；在香港大学、香港教育学院召开学术会议2场。

八 海外示范华校华文教育工作综述

海外华校的发展始终受到中国政府的高度重视，自 2009 年至 2014 年，国务院侨务办公室已评选了四批海外华文教育示范学校，共计 227 所，以鼓励海外示范华校的示范带头作用。国务院侨务办公室副主任任启亮表示，目前海外华文学校受主客观因素的影响，普遍存在着发展水平不高、教学质量参差不齐等问题，为加快华文学校转型升级，国务院侨务办公室启动了"华文教育示范学校"的建设工作，通过在海外遴选一批办学规模较大、办学水平较高、较具影响力的华文学校予以重点支持。

海外示范华校的建设正向着标准化、正规化、专业化方向迈进，它们不仅紧密联系祖（籍）国，而且积极融入当地主流社会，展开多渠道交流合作；以"造血"和"输血"战略扩充师资力量，借助多种机会和形式帮助新生教师积极学习，加强对本土教师的培养；为学生开展内容丰富的比赛，使学生业余活动多元化，培养和熏陶学生对中华文化的热爱。2015 年，海外示范华校在学生培养、师资队伍建设、合作办学、学校发展等方面都有突出表现。

1. 培育学生知识与文化并重

坚持中文学习和中华文化传承并重，是海外示范华校工作的鲜明特色。在推动语言教学方面，各示范学校举办各类知识竞赛，培养学生对中文的兴趣。如加拿大蒙特利尔孔子学校分别举办了读儿歌、讲故事比赛，词王争夺赛和查字典比赛；巴西圣保罗华侨天主堂中文学校开展了"汉语比赛"系列活动，根据各班学生水平分别制定了拼音比赛、查字典比赛和讲故事比赛；荷兰丹华文化教育中心举办普通话演讲选拔赛；缅甸景栋中文会话培训中心则为学生开展了书法比赛、作文比赛、听写比赛、造句比赛。在文化教学方面，各示范学校为学生们开展、联系各项文化交流活动，培养他们对中华文化的感情，如意大利佛罗伦萨中文学校与佛罗伦萨大学孔子学院、佛罗伦萨学联、斐墨书法协会等合作开展的"全球孔子学院日——佛罗伦萨站活动"，向汉语与中国文化致敬；葡萄牙里斯本中文学校、荷兰丹华文化教育中心以中秋节为契机，举办了中秋知识竞赛以及中秋节品读古诗词活动；德国斯图加特汉语学校为学生设立硬笔书法月；泰国清迈崇华新生华立学校举行"第七届中国歌曲大家唱"比赛，这些活动受到师生们的一致好评，极大地增加了学生学习中华文化的热情。

此外，学校鼓励学生发挥自己的特长，结合自己的兴趣，积极融入当地主流社会，参加各华文教育机构主办的各种形式的竞赛活动，如英国曼城侨联社华人子弟学校组织学生参加由英国中文教育促进会举办的第十届全英国中文作文比赛和由中国国务院侨务办公室文化司、教育部关心下一代工作委员会、国家汉语国际推广领导小组办公室、人民日报海外版共同主办的第十五届世界华人少年作文比赛；荷兰丹华文化教育中心选出同学参加荷兰中文教育协会举办的荷兰普通话朗诵演讲比赛暨欧洲邀请赛。

2. 师资培养稳中求进

海外示范华校的华文教师表现突出，有不少海外示范华校的华文教师被中国国务院侨务办公室授予"热心海外华教杰出人士"及"优秀海外华文教师"等荣誉称号。海外示范华校重视华文教师培养，积极为教师创造学习交流条件，提高教师自身的专业和素养，重视教师发展，主要表现在以下几个方面。

（1）派送教师参加培训。如缅甸景栋中文会话培训中心派送老师赴昆明参加"华文教育教师研习"以及"第三届缅甸教学研讨会"；泰国曼谷培知公学派送教师参加"2015年中国华文教育基金会名师亚洲巡讲团"；缅甸曼德勒福庆孔子课堂派送教师参加本土汉语教师志愿者培训班。

（2）鼓励和肯定教师的水平与贡献，为教师颁发奖励。如西班牙马德里华侨华人中文学校为优秀教师召开表彰会。

（3）组织教师活动，关注教师情感。如柬埔寨福建会馆公立民生中学组织中国籍教师前往柬埔寨西南贡布省，游览当地名胜；美国休斯敦长青中文学校为庆祝教师节，举办敬师日。

（4）组织教师召开教学研讨会。如日本同源中国语学校全体教师举行研修活动并对教学教材进行研讨；德国斯图加特汉语学校召开教职员工教学会议；意大利佛罗伦萨中文学校每月召开教学活动研讨会。

（5）组织教师与到访嘉宾展开座谈交流。如泰国勿洞中华学校的本土汉语教师和志愿者老师与到访的泰国教育部民校教育委员会官员以及泰国曼松德昭帕亚皇家师范大学孔子学院公派教师座谈交流；法国潮州会馆中文学校的教师与在巴黎举行"中华文化大乐园"教学活动的国务院侨务办公室教师团进行座谈，共同探讨文化教学的方式方法；阿根廷侨联中文学校与阿根廷富兰克林中文学校教师同北京华文学院的专家召开座谈会，共同研讨阿根廷华文教育的现在与未来。

3. 合作办学再掀高潮

海外示范华校广开渠道，分别与海外华文学校、国内高等院校、国内华文教育基地、其他机构组织等签订合作办学事宜，合作办学有助于提高办学项目的质量、水平及可持续发展能力，同时也提升了各个学校的教学理念、整体影响力和竞争力。如菲律宾宿务亚典耀圣心学校与华侨大学签订合作办学协议，设立华侨大学海外招生处；中国文化网络传播研究会与丹华文化教育中心联合举办荷兰第一个国学课堂；葡萄牙里斯本中文学校与中国文化网络传播研究会共同打造中葡文化书院；西班牙马德里爱华中文学校与 PONCE DE LEON 特殊教育学校正式签署双方合作办学协议；意大利罗马中华语言学校与暨南大学签署联合合作协议书。此外，还有部分示范华校的合作办学事宜正在进一步洽谈中。如老挝万象寮都公学与桂林理工大学就如何进一步加强在华文教育事业上的合作表达意向；泰国东盟普吉泰华学校率团访问华侨大学意在进一步探讨两校间合作；美国芝加哥希林芝北中文学校访问江苏宝应中学表达合作期许。

4. 学校发展再添新彩

2015 年，部分海外示范华校得到祖（籍）国政府和社会各界人士的高度关注，分别在硬件和软件上也都有所发展，主要表现在以下几个方面。

（1）部分学校得到社会各界的爱心捐款，学校的办学条件得到改善，学校的功能和设备不断健全，如福建省商务考察团捐赠 2600 多美元支持柬埔寨福建会馆民生中学发展华文教育事业；中国驻柬埔寨大使布建国先生赠送柬埔寨福建会馆民生中学价值 8 万元人民币的图书；新加坡热心人士 KWANG KEE KEONG、TEO DJINHIN 等为柬埔寨福建会馆公立民生中学助学基金会捐助 4000 美元，支持贫困生。缅甸景栋中文会话培训中心学校图书室、电脑室和会议室成立，并获国务院侨务办公室赠送华侨九年义务制改编教材；泰国大城强华学校得到泰国华文民校协会主席梁冰女士捐赠的儿童游乐场；大陆侨界、台湾侨领热心为巴西圣本笃学校捐助全新电脑设备。

（2）部分学校开设新的教学点及平台，增强了教学"软实力"，如缅甸曼德勒福庆孔子课堂新寺庙教学点开班；荷兰乌得勒支中文学校开通了"荷兰丹华文化教育中心"微信平台。

九　华文教学与研究综述

2015年世界范围内具有一定规模、涵盖较大地域的华文教育学术会议共有30余场，高质量学术论文80余篇，代表性学术著作30余部。

1. 华文教育学术会议

2015年"世界华文教育学术动态"收录的31场学术会议中，中国大陆举办23场，占总数的74%。中国台湾、美国分别举办2场，所占比例均为6%。中国香港、英国、新加坡和日本各举办1场，所占比例均为3%，具体情况见图1-3。

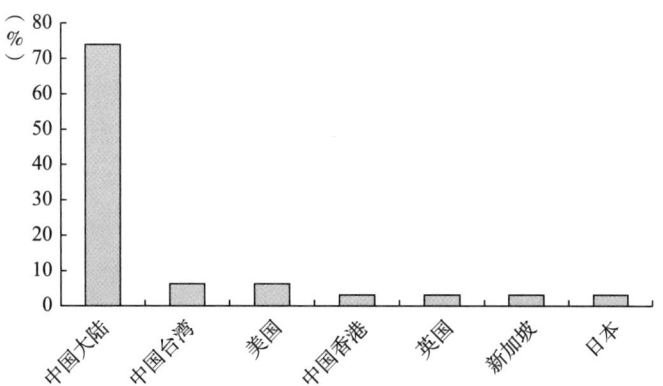

图1-3　2015年度华文教育学术会议召开区域所占比例分布

华教学术会议的参会主体涵盖从事华文教育各个层次的人员，既有专家学者、一线教师，又包括硕博研究生，其中5场为研究生论坛。从参会人员的地域分布来看，在本年度收录的31场华教学术会议中，共有来自34个国家和地区的专家学者与会参加，其中中国大陆专家学者参加会议31场，美国专家学者参加会议13场，中国台湾专家学者参加会议9场，中国香港专家学者参加会议7场，英国、韩国专家学者各参加会议5场，日本、泰国、越南和新加坡专家学者各参加会议4场，意大利、德国专家学者各参加会议2场，哥伦比亚、爱尔兰、丹麦、比利时、奥地利、匈牙利、加拿大、马来西亚、西班牙、丹麦、文莱、澳大利亚、新西兰、俄罗斯专家学者各参加会议1场。

会议议题涉及华文教育理论研究、华文教育史研究、面向华文教育的华语本体研究、华文课堂教学研究、华文习得研究、华文教材研究、华文师资培养、中华文化及其传媒研究、华文教育技术、语料库建设等方面。使用词频统计工具对上述31次华教学术会议综述进行处理，通过对出现频次在5次以上的数据进行梳理，可以看出本年度华教学术会议讨论的相关热点议题。

（1）突出华文教育理论的研究。其关键词按照频次依次为：学术、理论、学科、课程。

（2）"三教"问题依然是讨论的热点。其关键词按照频次依次为：教学、教育、教材、教师。

（3）跨文化传播与交流研究成为本年度热点之一。其关键词按照频次依次为：国际、文化、对外、交流、传播。

（4）语法、词汇、汉字教学是语言要素教学讨论的热点。其关键词按照频次依次为：语法、词汇、汉字。

（5）口语、写作教学是语言技能教学讨论的热点。其关键词按照频次依次为：口语、写作。

2. 华教学术论文

2015年度辑录各类学术论文81篇，其中期刊论文52篇，硕博士学位论文29篇。本年度学术论文涉及华文教育理论与华文教育史研究、华文教学研究、华文测试与习得研究、华文教材研究、华文教师发展研究、跨文化传播及华文传媒研究和海外华语特点与使用现状研究7大主题，具体情况见图1-4。

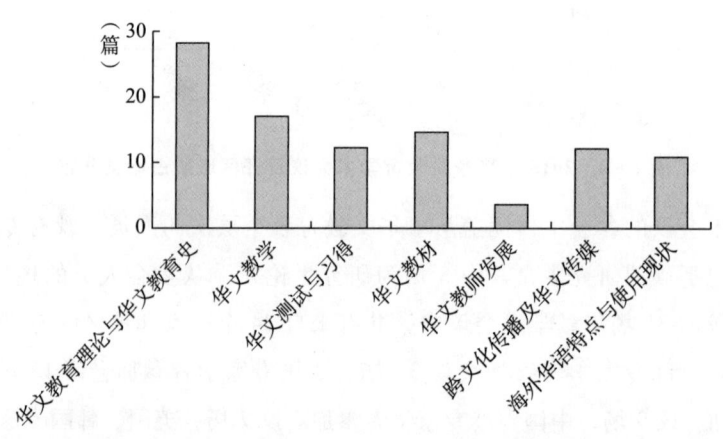

图1-4　2015年度华文教育学术论文研究主题分布

"华文教育理论与华文教育史研究"文献23篇,主要内容有华文教育发展的现状、问题和不同国家的华文教育发展史,涉及两岸、东南亚以及美国、巴西等地。其中,郭熙在《关于新形势下华侨母语教育问题的一些思考》一文中分析了华侨子女母语教育的特点和目前存在的困难,认为新形势下华侨子女的母语教育应当单独设类,它应该是中国国家语言战略的一个重要组成部分。郑通涛、陈荣岚、方环海在《两岸华文教育与文化传播协同创新的建构机制与运作模式研究报告》一文中,在对两岸华文教育理念与措施之共性与差异进行比较的基础上,从历史机遇、现实基础、民族文化认同以及两岸关系发展等方面,阐述了两岸华文教育与文化传播协同创新的必要性、可行性及其前景,预测分析了可能遇到的问题,并提出化解这些问题的对策。陈雯雯在《巴西华文教育现状探析》一文中,基于实地调查,针对巴西华文教育的办学形式、经营主体、教学类型、学生构成、师资力量、教材使用等方面的现状进行了论述,并就目前存在的问题提出了对策与建议。

"华文教学研究"文献14篇,主要内容有华文教学评估、课程设置以及华文教学现状的调查研究。如范静哗在《语言能力描述与华文教学及评估的接口》一文中,指出在语言评估范式从"对教学的评估"转换成"为教学的评估"的过程中,评估与教学对接的研究尤为重要。在当今以能力为导向的教学理念下,评估与教学的接口主要是语言能力描述。刘汉武的《越南高校汉语师范专业课程设置研究》以越南三所高校汉语师范专业课程设置为研究对象,分析其在培养方案、课程结构、课程分布等方面的异同,并对各校的课程设置方面的一些不足提出了建议。

"华文测试与习得研究"文献10篇,华文测试涉及的内容有华文水平测试的研发和学习者分级测试设计等,习得方面的内容主要是华裔学生声调偏误、词汇学习策略、句式偏误等方面的分析以及个体因素对汉语学习的影响。彭恒利在《华文水平测试研发的路线图及相关问题探讨》一文中提出华文水平测试的研发要基于华文教学的实际,可选择"猜测——反驳"的开发路线图。朱湘燕、徐逸君在《美国华裔汉语给予义句式习得偏误分析》中采用动词兼容性的敏感度测试的方式,对具有粤语背景的美国旧金山华裔汉语给予义句式习得偏误情况进行了调查分析,研究发现产生偏误的原因既与汉语本身各给予义句式自然度不同相关,又与给予义各句式在学习者所具有的粤语、英语两种语言/方言背景和汉语中的普遍性、标记程度不同相关。

"华文教材研究"文献12篇,主要是国别化教材的对比分析。其中周小兵、陈楠、郭珺在《基于教材库的全球华文教材概览》一文中系统考察了"全球汉语教材库"中861册面向华裔的华文教材。该研究先宏观考察华文教材的特性,然后微观考察华文教材的编写特点,最后指出华文教材的发展问题,并提出了具体建议。钱伟在《论中华传统蒙学读物在华语教学中的价值》中以中华传统蒙学含义和特点为基础,讨论了传统蒙学读物在华语教学中的语言价值和思想文化价值，并指出在逐渐兴起的"华语热"浪潮中，中华传统蒙学读物必须经过改编和锤炼，才能更好地发挥其在华语教学中的作用，体现其价值。

"华文教师发展研究"文献3篇，涉及的主要话题有东南亚华文教师培养研究，缅甸华文学校教师师资情况调查研究等。曾毅平在《略论多层次、多类型的东南亚华文师资培养》一文中针对东南亚华文教育发展的历史和现状，分析多层次、多类型培养华文师资的必要性，阐释该培养模式的含义、目标和意义，论述模式内容、模式建立的理论依据和实施条件，并从实践角度分析实施效益。

"跨文化传播及华文传媒研究"文献10篇，研究的主要内容涉及华裔青少年中华文化认同研究和中华文化海外传播研究两方面。刘燕玲《加州大学圣地亚哥分校华裔学生的双重认同研究》一文以实证的方法考察当代美国华裔大学生的身份认同状态，分析了其双重认同的表现和内在关系。刘文辉、宗世海在《华文学习者华文水平及其与中华文化的认知、认同关系研究》中用问卷调查方法，对暨南大学华文学院的外国留学生进行了调查。

"海外华语特点与使用现状研究"文献9篇，研究涉及不同国家、地区华语变异研究、海外华裔儿童家庭语言规划调查的研究等。康晓娟调查了马来西亚3～6岁华裔儿童家庭华语学习、使用及其家庭语言规划；施春宏从泰式华文用词特征研究华文社区词问题；王彩云研究了马来西亚华语介词的变异。

3. 华教学术著作

2015年度收录华教类著作35部，研究主题涉及海外华文教育研究、华语教材研究、华语课堂教学研究、中华文化传播与认同研究、海外华文媒体研究等。

严晓鹏、包含丽、郑婷的《意大利华文教育研究》，姚道中的《美国中文教学研究》分别对意大利、美国的华文教学情况进行了全方位的研究。邹工成主编的《华文教材编写研究》和张丽的《海外儿童汉语教材比较研究》是华文教材研究的代表性成果。前者梳理、展示了近20年来全球华文教材的编写和使用情况及相关的研究成果，包括编写原则、基础研究、使用现状、教材比较及教材数字化等方面。后者以儿童二语习得、儿童心理学的理论作为理论基础，考察了儿童汉语教材在词汇选取、课文编写和活动设计等方面的编写特点，并将具体描述这些理论如何应用于教材编写的实践。刘长征、毛悦的《汉语作为第二语言教学——汉语要素教学》全方位讨论了汉语作为第二语言教学中的要素教学问题。迟兰英、苏英霞的《汉字教学方法与技巧》，朱文文、苏英霞、郭晓麟、吴春仙、王蕾的《语法教学方法与技巧》，李先银、吕艳辉、魏耕耘的《词汇教学方法与技巧》分别从汉字、语法、词汇的角度对语言要素教学的问题进行了研究。叶军的《国际汉语教学案例分析与点评》，朱勇的《国际汉语教学案例与分析》《国际汉语教学案例争鸣》，周国鹃、李迅的《对外汉语课堂教学设计与技能》侧重于从教案、课堂设计的角度对华语课堂进行了剖析。

鞠玉华的《日本华侨华人子女文化传承与文化认同研究》从不同文化接触状况下"文化传承"与"文化摩擦"的角度来考察华侨华人子女的成长过程。刘华的《东南亚华文媒体用字用语研究》一书基于大规模语料库，利用计量方法，对东南亚华文媒体的字词进行了统计研究，为读者提供语料库计量研究方法和海外华语字词使用数据方面的参考。彭伟步的《海外华文报纸的本土化与传播全球化》阐述了海外华文报纸的历史与现状，及其与当地主流社会的关系，分析了全球化对海外华文报纸的影响，探讨了它们的本土化现象、全球化图景、社会影响力、面对的问题与机遇等因素。

第二部分

2015年世界华文教育大事记

1. 2015 年全国华文教育工作会议召开

2015 年 4 月 8 日，由国务院侨务办公室文化司、中国华文教育基金会主办，江西省外事侨务办公室承办的 2015 年全国华文教育工作会议在江西省召开。国务院侨务办公室文化司领导雷振刚、汤翠英，中国华文教育基金会左志强，全国各省市区外事侨务办公室、华文教育基地学校有关负责人共 150 多名代表出席了会议。江西省副省长谢茹致欢迎辞，国务院侨务办公室副主任任启亮出席并讲话。

任启亮在会上表示，华文教育是一项长期性、基础性工作，它面向广大海外华裔青少年。对于海外华人华侨来说，汉语不仅是技能、谋生手段，同时又是联系祖（籍）国的纽带。华文教育要适应海外华人和一切爱好华文人群的需要，为他们服务。通过弘扬中华文化，传播中国优良传统，通过语言文字等途径，让海外社会了解中国的历史、中国的文化。任启亮表示，文化是点滴润物无声的工作，华文教育工作者要研究华文教育规律，要带着感情和使命感做好华文教育。此外，还要创新华文教育的方式方法。

江西省副省长谢茹在致辞中代表江西省政府对会议在江西召开表示热烈的祝贺，并介绍了江西省省情和华文教育工作发展情况。谢茹说，江西省政府历来重视华文教育工作，把华文教育工作作为做好侨务工作的有效载体，以江西文化为纽带，"请进来"与"走出去"相结合，不断推动侨务工作朝着全方位、多层次、宽领域方向发展。江西将以这次大会为契机，学习兄弟省市的好经验、好做法，认真贯彻落实会议精神，进一步加大支持力度，推动江西华文教育事业再上新台阶。

根据会议议程，国务院侨务办公室文化司和中国华文教育基金会分别对"中国寻根之旅"夏/冬令营及"中华文化大乐园"工作、师资培训及外派华文教师工作、华文教育基金会项目工作等进行总结和部署。

2. 美国宣布实施"百万强"项目以密切中美青年交流

2015 年 9 月 22 日，美国总统奥巴马在白宫与到访的中国国家主席习近平举行联合记者会，宣布推出"百万强"项目，要求将现有的"十万强"项目从美国大学推广到中小学，并确定在 5 年内把美国学习中文的中小学生数量由目前的 20 万人提高到 100 万人的目标。

"百万强"项目是习近平主席访问美国期间中美双方达成的重要成果之一，意在密切中美青年交流，厚植支持两国关系的社会基础。该项目由美国非营利机构"十万强"基金会负责实施。2009 年，奥巴马宣布推出"十万强"项目，目标是在 5 年内推动 10 万名美国大学生到中国留学。在中美两国政府全力支持下，"十万强"的这一目标于 2014 年如期实现。

美国"十万强"基金会主席卡罗拉·麦基弗特表示，奥巴马总统发起推动 100 万名美国中小学生学习中文的"百万强"项目，是对未来美中关系的一笔投资，有助于培养下一代精通中文和中国文化的美国领导人。目前，"百万强"项目主要包括三个支柱内容：一是推动制定中文学习的标准和规范，使其与现有中学、大学预科科目考试结合；二是大幅增加中小学校的中文教师数量，在接收中方援派教师的同时，更注重培养本土中文教师队伍；三是利用网络等现代技术，帮助那些在偏远地区的学生学习中文。

3. "华文教育专业建设高峰论坛"举行

2015 年 12 月 2 日，"华文教育专业建设高峰论坛"在暨南大学华文学院举行。来自暨南大学、华侨大学以及新加坡、印度尼西亚、菲律宾、泰国、柬埔寨等国的华文教育机构代表、国内开设相关专业的院校代表及华文学院华文教育专业优秀校友代表共 50 余人参加了此次高峰论坛。

暨南大学、华侨大学是国内两所开设了华文教育专业的高校。此次"华文教育专业建设高峰论坛"的举办，旨在借华文教育专业创办十周年之机，广邀海内外华文教育界人士共同总结经验、分享成果，就如何更好地建设华文教育专业进行深入探讨。高峰论坛活动主要分为四部分："论坛主题报告""华文教育专业学生专业技能展示""华文教育专业建设座谈""华文教育专业学生多元文化与综合技能展示坊"。

暨南大学华文学院院长邵宜教授和华侨大学华文学院院长陈旋波教授分别就两校的华文教育专业建设情况作了主题报告。邵宜院长详细介绍了学院华文教育专业 10 年来从无到有不断探索的建设历程和建设成果，指出了当前存在的主要困难，并提出了未来的发展目标。陈旋波院长详细报告了华侨大学华文学院华文教育系设立 9 年来的办学历程、专业背景理念、招生就业、人才培养模式、实践平台与职业能力训练、多元文化活动、教学管理模式和存在的问题及改进措施。

在"华文教育专业学生专业技能展示"中，来自暨南大学的学生李英英和华侨大学的学生杨家忆分别展示了一段模拟课堂教学，得到了与会专家的高度评价。

菲律宾华文教育研究中心副主席杨美美、印度尼西亚西加华文教育协调机构副主席陈慧珍、印度尼西亚全国华文教育协调机构联合秘书处主任郑洁珊等20多位海内外华文教育界人士在"华文教育专业建设座谈会"上就各地区华文教育师资、生源、就业和华文教育事业整体发展等方面的现状和存在的困惑进行了深入讨论。此次华文教育专业高峰论坛全面总结了十年来人才培养经验，探讨了新形势下华文教育专业建设发展思路，加强了全国同类专业之间、培养单位与用人单位之间的沟通与合作。

4. 全德中文学校联合总会成立

2015年2月8日，全德中文学校联合总会在法兰克福新世界大酒楼成立。德国21所中文学校校长或代表参加成立大会，并成为第一批总会会员。中国驻柏林大使馆教育处公使衔参赞董琦和驻法兰克福总领事馆领事部卢奇志主任出席会议，并分别宣读了驻德大使史明德和中国国务院侨务办公室发来的贺词和贺电。

会上，董琦参赞介绍了目前在德国的华文教育情况。他说，目前在德国有15家孔子学院，第16家也已经批下来，学习中文的学生有上万人，参加活动的人数就更多，总体来说，中文学习的需求很大，孔子学院主要针对德国人学中文，而中文学校针对中国人子女学中文，是两个不同方面共同努力的一个群体。董琦期待将来中文学校能跟当地的孔子学院联合举办活动，发挥各自长处，力往一处使，使中国传统文化和语言在德国能进一步发扬光大，并通过语言和文化交流，促进德国人对中国的了解。

大会表决通过了联合总会章程，并选举产生了第一届理事会。理事会由7人组成，他们分别是汉堡汉华中文学校校长周开雾、斯图加特汉语学校校长陈薇、达姆施塔特华达中文学校校长苏鸿雁、巴伐利亚中文中心学校校长全向明、法兰克福华茵中文学校校长王宁范、纽伦堡中文学校校长李立和柏林华德中文学校校长傅春平。理事会最后推举周开雾为首任会长、陈薇为副会长、苏鸿雁为秘书长。

5. 意大利华文教育促进会成立

2015年5月，意大利华文教育促进会成立暨佛罗伦萨博识华文学堂创办一周年庆典在佛罗伦萨举行。中国驻佛罗伦萨总领事馆领事季刚、王建，佛罗伦萨塞斯托（Sesto）市市长Sara Biagiotti，塞斯托市建设局局长Michiel Adimatte等有关各方300余人参加了庆典活动。

意大利华文教育促进会前身为意大利佛罗伦萨社会文化促进会，成立于2013年12月。该会由旅意侨领、华文教育工作者、媒体与法律工作者、留学生代表等各界热心、关心华文教育事业的人士组成，旨在为了凝聚意大利华侨华人力量，整合华文教育资源，提升华文教育质量，推动意大利华文教育向专业化、规模化发展。意大利华文教育促进会的成立能够团结华文教育机构和各界有识之士进行更多的交流与合作，让海外的华人把中华文化的"根"留住。

6. 马来西亚董总新领导层就职，刘利民任董总主席

2015年6月10日，第29届董总中央常务委员会特别会议举行，会议最终议决解除叶新田和邹寿汉的主席与署理主席职务。叶新田等委员缺席会议。

8月23日，由改革派召开的董总特大会议在董总教育行政中心会议室召开，并通过选出新班底，由砂捞越州董联会主席刘利民取代原任改革派主席陈大锦，出任主席职；署理主席为陈大锦、秘书长为傅振荃。出席特大会议的有来自10州董联会的49名代表，而法定州及人数分别为7州及33人。

2015年10月，董总新领导层举行第一次会员代表大会后，随即举行华团团结宴和中委宣誓就职仪式，共有23个华团出席。马来西亚董总主席刘利民宣布，坚持秉持"团结一切可团结的力量"的策略方针，应对内与外的工作。他指出，新董总领导层也将优化组织运作，包括根据章程，以集体领导和民主决策，处理各项华教课题、活化各华教组织，发挥更大功能，强化华校董事功能与角色。

7. 南非将从2016年开始在小学普及汉语教育

为鼓励和促进南非与中国两国之间的文化交流与商贸合作，南非政府将进行教育改革，从2016年开始，逐步将汉语作为非官方语言引入南非，将汉语教学纳入南非国民教育体系。此项教育改革计划在经历数月讨论后，于2015年8月发布在南非基础教育部的一篇通告中。南非基础教育部2015年4月初还公布了《汉语作为南非学校第二语言教学大纲》，为2016年南非中小学校开设中文课做准备。根据大纲要求，从2016年1月起，四年级至十二年级学生可以将汉语作为第二语言在学校学习。同时，南非基础教育部要求国家和省级层面的公共教育主管部门做出具体的落实安排。

该教育改革计划在中国、南非两国于2014年签署一系列双边协议后首次提出，旨在加强两国商贸联系，同时扩展双边在教育方面的合作。南非教育部办公室表示，鉴于中国是南非最大的商贸伙伴，加强南非青少年对于汉语及中国文化的了解尤其重要。

8. 多场重要的华文教育学术会议举办

2015年举办了多场重要的华文教育学术会议，在全球范围内直接冠名"华（语）

文教育"的大规模学术会议举办 10 余场。会议主办方所涉国别和地区广泛，如中国大陆、中国台湾、中国香港、美国、英国、新加坡、西班牙等。参会主体来自 30 余个国家和地区，涵盖从事华文教育各个层次的人员，既有专家学者、一线教师，又包括硕博研究生。会议议题涉及多个层面，如华语文教育产业海外需求研究、华文网络教育研究、华文教育理论研究、华文教育史研究、面向华文教育的华语本体研究、华文课堂教学研究、华文习得研究、华文教材研究、华文师资培养、中华文化及其传媒研究等。比如 2015 年 9 月 9 日在新加坡义安理工学院举办的"第四届华文作为第二语言之教与学国际研讨会"，有来自英国、德国、中国大陆及台湾、香港等 17 个国家和地区的近 1000 名学者和教师参加，发表学术论文 200 余篇。2015 年 11 月 20 日在华侨大学召开的"第一届国际华文教学研讨会"，来自新加坡、菲律宾、越南、泰国、西班牙、中国大陆及台湾、香港等国家和地区 40 余所高校的近 70 位专家学者与会，发表学术论文近 60 篇。

第三部分

2015 年世界华文教育资讯

一　华教政策

1. 马来西亚马华公会2015年续推"精明化华小2.0计划"

2015年1月中旬,马来西亚马华公会总会长拿督斯里廖中莱宣布,马华公会2015年延续1998年推出的"精明化华小计划",推出"精明化华小2.0计划",致力打造华文小学成为卓越学校。

廖中莱指出,2.0不只是一个数字,而是必须与科技发达的时代并进,注重软硬件教材的发展。"精明化华小2.0计划"将是最重要的里程碑,关键是如何进一步加快提升华文小学的素质。作为开始,2015年内会选出首批20所华校,率先推行"精明化华小2.0计划"。

2. 马来西亚妇女、家庭及社会发展部副部长强调华文教育发展要拥抱世界

2015年1月19日,马来西亚妇女、家庭及社会发展部副部长周美芬在南方大学学院第九届董事会与理事会就职典礼上强调华教发展要走出边缘,拥抱世界。

周美芬部长在致辞中说,华社在发展教育的过程中,勿掉入"一切华教,唯有华教"的自我设限局面,应自我提升。她认为南方大学学院开办马来文系,对发展马来文系很重要,可通过学者对马来文的研究,宣传以马来文记载的华社对本地做出的贡献等,促进其他族群对华社的认同。

3. 巴西教育部将中文列为教育部正式课程

持续不断的"中国热"使巴西教育部门意识到,需要把中文教育列入巴西各学校的正式课程之中,培养懂中文的国际人才有利于进一步推动巴中关系的发展。2015年2月初,巴西教育部"语言无国界"项目总协调人丹尼斯·利马对媒体表示,教

育部将在近期开设中文和西班牙语两门语言课程。

巴西政府希望与中国在巴西的孔子学院等机构共同管理这个项目的中文课程。巴西政府正在积极推进与中国贸易往来频繁的多家大型企业加入此前推出的"科学无国界"项目中来，这样他们一方面赞助学生留学、支持国家政策，另一方面为自己今后开拓市场积累了人才储备，可以实现双赢。

"语言无国界"项目的目的在于配合巴西"科学无国界"项目及本国教育国际化等公共政策。项目于2013年正式启动。根据计划，此项目将为巴西学生提供英文、法文、西班牙文、意大利文、中文、日文及德文7种语言课程，同时向感兴趣的外国学生提供葡萄牙文课程。

4. 菲律宾马尼拉市政府与菲律宾华文教育中心签署外派教师支持协议

2015年2月27日，菲律宾马尼拉市长伊斯沓拉代表马尼拉市政府与菲律宾华教中心共同签署关于支持中国国务院侨务办公室外派教师到菲律宾工作的协议。中国驻菲律宾大使馆总领事邱健、领事陈美銮，陈延奎基金会董事长陈永栽以及马尼拉地区有关华校校长等50余人参加了签署仪式。

马尼拉市政府与华教中心签署合作协议，必将为菲律宾学生学习华语和中华文化带来极大推动力。按照协议，马尼拉市政府将确保中国国务院侨务办公室外派教师在菲律宾任教期间的安全和福利，保证华教中心引进中国外派教师工作方案的顺利执行，提供一切必要的协助和支持。

马尼拉市政府与菲律宾华教中心合作协议的签订，表明马尼拉市政府愿意为推动中菲两国的文化交流做出积极的努力，为中国国务院侨务办公室外派教师办理工作手续开启方便之门，从而有效解决了两年来困扰外派教师赴菲律宾的关键问题。

5. 美国犹他州100多所公立学校开展中文教学项目

2008年美国犹他州共和党参议员霍华德·斯蒂芬森（Howard Stephenson）起草了一份关于资助犹他州公立学校教授一些关键外语的法案，比如中文教学等。这一法案被当时的州长洪博培签署成为法律。

至2015年，犹他州118所公立学校开展了很多关于汉语的语言项目，用中文学数学是犹他州50/50浸入式双语教学的模式之一，意思就是学校里半数课程是使用外语教学，另外半数则使用英语教学。

6. 马来西亚仍不承认华文独中统考文凭

马来西亚教育部2015年年初表示，由于华文独立中学统一考试不符合1996年教育法令，因此政府目前仍无法承认华文独中的统考文凭。这也是教育部最新一次表明当局对华文独中统考文凭的态度。马来西亚第二教育部长依德里斯表示，由于华文独中统考文凭不是由马来西亚考试局发出，加上独中课程内容不符合国家教育政策，所以教育部仍不承认统考文凭。

马来西亚华社一直非常希望政府能承认统考文凭，以示对独中办学成果的肯定，并解决华小师资长年不足的问题。

7. 澳大利亚幼儿园试行双语教学，中文成为学龄前双语教育语言之一

2015年3月，澳大利亚联邦政府拨款980万澳元，用于在澳大利亚各地40多所幼儿园中推行双语教育的试点。这个项目提供日语、中文普通话、印尼语、法语和阿拉伯语的学龄前双语教育。

8. 联合国中文组将尝试远程授课

中文是联合国的六种官方语言之一，随着中国国际地位的日益提高，联合国职员和驻联合国的外交官对中文更加关注。

据联合国中文教学组组长何勇介绍，中文组面向联合国职员和驻联合国的外交官提供两种课程，一种是普通课程，分为一级到九级；另一种是选修课，专注于语言的某一个方面，比如口语或阅读。此外，还有一门书法课。全年分为3个学期，每个学期约有200名学生注册。虽然中文项目在联合国秘书处下面的5个分部都开设了课程，但联合国在全世界有62个驻地，目前开设中文课的规模还不是太理想，所以中文组正在进行网上教学和远程授课的尝试。

9. 马来西亚教育部将华文重新列入考试积分科目

马来西亚教育部2015年正式修改录取大学先修班的积分科目，将华文与淡米尔文列入积分科目，恢复原有机制。教育部官方网站已更正中学延修班（简称中六）入学条件附表，重新加入中文和淡米尔文作为积分科目。

10. 汉语水平考试成为泰国移民局警官入职新标准

2015年5月，泰国国家移民局做出决定，采用汉语水平考试（HSK）成绩作为移民局警官入职考试外语测试部分的汉语能力评定标准。这意味着，今后每位有意报考泰国移民局的候选人若是选择汉语作为外语测试语种，则必须参加汉语水平考试，并达到一定标准。这是在泰国汉语推广工作的一个标志性事件。

随着中泰关系的日益发展，两国在经贸、教育、文化和旅游等方面的交流越来越

密切。泰国移民局将汉语水平考试采纳为警官入职考试汉语能力评定标准，进一步拓宽了汉语水平考试成绩证书在泰国的使用范围，也提高了汉语水平考试在泰国的影响力。

11. 马来西亚华校教师总会支持关丹中华中学报考统考

2015年6月1日，马来西亚华校教师总会在第六十四届会员代表大会上形成共识，全力支持关丹中华中学报考独中统考，让华文教育在马来半岛东海岸进一步发展。董教总独中工委会学务委员在2015年4月18日召开的第二十三届董教总独中工委会全体委员会第三次会议上，提交了《关丹中华中学报考统考研究报告》。此次会议一致同意处理关丹中华中学（关中）学生报考统考一事，并交由董总与教总联席会议做最后的决定。

教总表示，吉隆坡中华独中、董总主席叶新田、关中和彭亨华校董联会曾个别致函教育部，表明关中将采用独中统考课程、报考统考，教育部也多次回函表示知悉，同时完全没有阻止或禁止关中学生报考统考，可说是政府政策的一项突破。有鉴于此，教总全力支持让关中报考统考，以促进华文教育发展。

12. 俄罗斯将汉语列入中小学生奥林匹克竞赛项目

俄罗斯教育与科学部2015年宣布，全俄中小学生奥林匹克中央组委会开会决定，该国中小学生将有机会参加新设的全俄汉语、西班牙语和意大利语奥林匹克竞赛。该部门指出，增加语言类奥林匹克竞赛的数量能提升学生们学习第二外语的兴趣。教育与科学部将继续努力，为意大利语和汉语科目引入俄罗斯国家统一考试创造条件。奥林匹克竞赛决赛中胜出的汉语、意大利语和西班牙语选手将获得由中国、意大利和西班牙大使馆提供的留学奖金。

13. 葡萄牙部分公立中学将开设汉语课程

2015年7月14日，中国国家汉语国际推广领导小组办公室在葡萄牙首都里斯本与葡萄牙教育科学部签署了在葡萄牙公立学校开展汉语教学试点项目的协议。

根据协议，在未来3年内，葡萄牙全国19个城市的21所公立学校约500名高中学生将在中国国家汉语国际推广领导小组办公室选派的汉语教师帮助下学习汉语。为确保项目成功实施，葡萄牙教育科学部将安排8所公立高校及其下属的澳门科技文化中心向来自中国的汉语教师在汉语教学与研究、葡萄牙语学习和在葡萄牙生活等方面提供帮助。

中国驻葡萄牙大使黄松甫代表中国国家汉语国际推广领导小组办公室与葡萄牙教

育科学部部长克拉托签署协议。黄松甫在签字仪式上表示，在葡萄牙开展中学汉语教学试点项目是中葡建立全面战略伙伴关系10周年之际中葡合作的又一成果。他祝愿试点项目成功实施，为葡萄牙及其他欧洲国家培养一批优秀的本土汉语教师，并为中国和葡萄牙政治、经贸、教育、科技和文化交流合作培养人才打下坚实基础。克拉托表示，希望能有更多葡萄牙中学生在汉语教学试点项目下学习汉语。

14. 南非将从2016年开始在南非小学普及汉语教育

为鼓励和促进南非与中国之间的文化交流与商贸合作，南非政府将进行教育改革，从2016年开始在南非小学普及汉语教育，宣布将汉语教学纳入国民教育体系。南非政府决定，自2016年1月起，逐步将汉语作为非官方语言引入南非。同时，南非教育部要求国家和省级层面的公共教育主管部门做出具体的落实安排。

15. 新加坡增加拨款推广双语政策

新加坡总理李显龙2015年宣布，教育部将从2016年至2020年，把三个推广母语学习委员会（华语、马来语与淡米尔语）的拨款提高50%，达到2500万新元，以便更有效地在学校与社会推广双语，让学生受惠。

新加坡从2011年至2015年给予三个推广母语学习委员会的拨款为1660万新元，其中，推广华文学习委员会获得1200万新元。在提高至2500万新元后，其中2000万新元由教育部直接拨款，剩余500万新元，教育部将以一元对一元方式，鼓励个别母语社群自行筹款。李显龙指出，拨款提高后能加强母语学习与使用的力度。他强调，新加坡依然着重双语政策，随着英语的使用越来越广泛，新加坡需要加大力度去保护和推广母语的使用，让新加坡人能够同时掌握英语和母语，以便具备全球竞争力。

16. 汉语正式纳入亚美尼亚中小学教学大纲体系

据中国驻亚美尼亚大使田二龙介绍，汉语已正式纳入亚美尼亚大、中、小学的教学大纲体系，成为许多学校的第一或第二外语。同时，亚美尼亚即将建立独联体境内第一所汉语学校。这样，该国的汉语教学将形成一条从小学到大学的完整教育链。

2015年9月，亚美尼亚三所重点中学——埃里温契诃夫55中、马加尔量29中、第二中学迎来了汉语纳入该国中小学教学体系后的第一堂汉语课。目前，55中有240名学生学习汉语，29中有120名学生学习汉语，第二中学有50名学生学习汉语。

17. 俄罗斯把汉语列入2016高考科目

2015年7月28日，俄罗斯联邦教育与科学部第一副部长娜塔莉亚·特列季亚克表示，从 2016 年开始，俄罗斯正式试行将汉语作为国家统一考试科目之一。汉语教学比较普及的莫斯科、圣彼得堡、远东等地学校将汉语纳入高考范围，相关教材将很快公布。

俄罗斯全国 19 个联邦主体在 2015~2016 学年举行了中文奥林匹克竞赛，决赛在阿尔泰国立师范大学举行。优胜选手将获得由中国驻俄罗斯大使馆提供的留学奖金。俄罗斯教育与科学部称，增设奥林匹克语言类竞赛的目的是促进学生学习第二外语的兴趣，并为把汉语引入高考做准备。

中国驻俄罗斯大使李辉表示，2015 年是中俄青年友好交流年收官之年，希望能借助语言这一桥梁，不断促进两国各领域交流。俄罗斯驻华大使杰尼索夫说，俄罗斯的目标不仅仅是培养会讲汉语的人才，更要培养航空航天、能源、法律、经济等专业领域的中文人才。

18. 76 所德国实科中学提供汉语正规必修课程

2015 年 8 月，中国教育部和德国文化部、外交部发布共同声明，双方将致力于促进汉语课程进德国校园行动的开展以及中德学生交流项目的推广。

德国汉语教学协会最新数据显示，截至 2015 年 10 月，在德国共有约 76 所实科中学提供汉语正规必修课程，其中大部分位于北威州。越来越多的德国中小学生把汉语选为第三外语。

19. 马来西亚华文理事会成立特别工作小组研讨华文考试模式

2015 年 9 月，马来西亚华文理事会成立了特别工作小组，负责研究和探讨马来西亚政府各项华文考试的模式与考卷，研究这些考试是否符合测试学生的目的。

针对小学六年级检定考试（UPSR）华语试卷的争议，马来西亚华文理事会副主席彭德生表示，特别工作组将邀请各机构负责人、大学老师及来自中国的学者们进行交流，以让考试局从中做出参考并进行调整，使华文考试更具公信力。

此前小学六年级检定考试华文试卷曾引起争议，这些试卷被指难度太大，被怀疑抄自中国某著名教育机构的题库，语言表述风格不够本土化。

20. 英国政府拨专款支持汉语教学

2015 年 9 月 24 日，英国财政大臣乔治·奥斯本在上海证券交易所发表演讲时表示，到 2020 年英国将新增 5000 余名学生学习中文，为此将专门拨款 1000 万英镑，用于招聘和培养 GCSE（普通中等教育证书）课程的汉语教师。英国文化协会教育项目负责人马克·赫伯特表示，2015 年中文学习人数增长了 18%，但相对于法语、西班牙语和德语，中文教育的投资仍然不甚理想。

21. 美国宣布实施"百万强"项目

2015 年 9 月 22 日，美国总统奥巴马在白宫与到访的中国国家主席习近平举行的联合记者会，宣布推出"百万强"项目，要求将现有的"十万强"项目从美国大学推广到中小学，并确定在 5 年内把美国学习中文的中小学生数量由目前的 20 万人提高到 100 万人的目标。

"百万强"项目是习近平主席访问美国期间中美双方达成的重要成果之一，意在密切中美青年交流，厚植支持两国关系的社会基础。该项目由美国非营利机构"十万强"基金会负责实施。2009 年，奥巴马宣布推出"十万强"项目，目标是在 5 年内推动 10 万名美国大学生到中国留学。在中美两国政府全力支持下，"十万强"的这一目标于 2014 年如期实现。

美国"十万强"基金会主席卡罗拉·麦基弗特表示，奥巴马总统发起推动 100 万名美国中小学生学习中文的"百万强"项目，是对未来美中关系的一笔投资，有助于培养下一代精通中文和中国文化的美国领导人。目前，"百万强"项目主要包括三个支柱内容：一是推动制定中文学习的标准和规范，使其与现有中学、大学预科科目考试结合；二是大幅增加中小学校的中文教师数量，在接收中方援派教师的同时，更注重培养本土中文教师队伍；三是利用网络等现代技术，帮助那些在偏远地区的学生学习中文。

22. 中国拟提供政府奖学金给"一带一路"沿线国家来华留学生

2015 年 10 月 12 日，中国驻马来西亚大使黄惠康表示，中国政府计划发放不少于 1 万名的政府奖学金名额给周边的东南亚国家。

经国务院授权，国家发展与改革委员会、外交部、商务部 2015 年 3 月 28 日联合发布了《推动共建丝绸之路经济带和 21 世纪海上丝绸之路的愿景与行动》（以下简称《愿景与行动》）。其中"民心相通"部分，《愿景与行动》明确提出："教育文化上，中国每年向沿线国家提供 1 万个政府奖学金名额"。

23. 马来西亚雪兰莪州政府承认华文独中统考文凭

2015 年 10 月 14 日，马来西亚雪兰莪州政府宣布承认华文独中统考文凭，并指出雪兰莪州政府属下的大学已正式录取获得这项文凭的独中生。

掌管雪兰莪州教育、人文发展、科学与科技及创新事务的州行政议员聂纳兹米表示，雪兰莪州政府已经承认独中统考文凭，目前州政府属下的国际伊斯兰大学

（KUIS）已可正式收取独中生入读，至于雪兰莪大学（UNISEL）还在处理相关细节，他将尽快提交州行政议会讨论。

聂纳兹米承认，虽然州政府承认独中统考文凭，但教育是中央政府权力，因此州政府暂时只能在州政府管辖的上述两所大学，落实民联这项大选竞选宣言。他表示，另一家州政府属下的雪兰莪州技职学院（Inpens），当局也会探讨如何跟进承认独中统考文凭。

雪兰莪州政府也宣布再拨款 200 万令吉给州内兴华中学、滨华中学、中华独中和光华独中等 4 所华文独中。这是民联 2008 年执政雪兰莪州后，州政府连续第七年拨款给独中。这也让这项制度化的常年拨款总额累积至 1400 万令吉。

24. 新西兰政府资助新西兰学校与中国学校建立校际关系

2015 年 10 月 28 日，新西兰高等教育部部长史蒂文·乔伊斯宣布，新西兰政府将通过中新友好学校基金向全国 25 所学校提供资金，帮助它们与中国发展校际友好关系，强化汉语教学。乔伊斯在声明中表示，中新友好学校基金设立以来，已促使新西兰多所学校与中国学校建立了友好学校关系。

25. 马来西亚两年内将安排 2634 名教师到华小任教

2015 年 11 月，马来西亚教育部副部长张盛闻表示，2016 年及 2017 年将有 2634 名老师被派往华文小学执教，华小在未来 3 年不会出现师资短缺问题。

26. 捷克将加大中文教学资金投入

2015 年 11 月 30 日，捷克总理表示，捷克将加大对中文教学的投入，培养更多的口译人才。

布拉格查理大学校长济玛称，每年约有 100 名学生报考该校的中文专业，但由于师资力量的不足，该校只能录取 10 人。捷克政府已经同意加大资金投入，查理大学将加强师资力量，增加中文专业的学生数量。此外，查理大学还准备建立"中国研究中心"，在包括中国在内的世界范围内聘请专家。

以往捷克的中文专业比较注重中国文化教育，但随着中捷经贸关系发展飞速，具有实用性的口译人才数量出现很大的缺口。

27. 汉语成为荷兰中学毕业考试科目

2015 年 9 月 24 日，荷兰教育、文化与科学部宣布，从 2017 年起，汉语将成为荷兰中学毕业考试科目之一。

荷兰教育、文化与科学部副部长桑德·德克表示，中国在世界舞台上的经济、政治和文化影响力持续增长，荷兰企业、知识机构和文化机构与中国合作伙伴联系密切，与中国发展良好关系对荷兰有利，故而对中国语言和文化的了解必不可少。因此，荷兰教育、文化与科学部决定把汉语正式列入荷兰中学教育科目。

汉语列入毕业考试科目，意味着更多荷兰中学可能根据学生需求开设汉语课，更多荷兰中学生可能选学汉语。

二 华教工作会议

1. 海外侨胞列席全国政协十二届三次会议

2015年3月3日,全国政协十二届三次会议在北京开幕,共有来自27个国家的38位海外侨胞列席会议。多位侨胞将关注的焦点落在中华文化"走出去"上。代表们建议中国侨务部门加大对华侨华人文化团体的支持,加强联系和交流,以华侨华人的独特视角,弘扬中华文化,提升中国软实力。

2. 美国圣地亚哥波威学区讨论开设"中文双语教学课程"

2015年4月1日,美国加利福尼亚州圣地亚哥县波威学区(Poway School District)举办公众听证会,讨论开设"中文双语教学课程"(Chinese Immersion Program)问题。

"中文双语教学课程"是指幼儿园和小学阶段的课程逐步用中文和英语教学,到四年级时达到中英文教学各占50%的比例,让学生在自然环境中学习中文。

此次公众听证会旨在增进小区居民和学区间互动,除增设课程议题外,还包括校园安全、教学环境、学生表现、财务资源分配等。

3. 2015年全国华文教育工作会议在江西省召开

2015年4月8日,由国务院侨务办公室文化司、中国华文教育基金会主办,江西省外事侨务办公室承办的2015年全国华文教育工作会议在江西省召开。国务院侨务办公室文化司领导雷振刚、汤翠英,中国华文教育基金会左志强,全国各省市区外事侨务办公室、华文教育基地学校有关负责人共150多名代表出席了会议。江西省副省长谢茹致欢迎辞,国务院侨务办公室副主任任启亮出席并讲话。

根据会议议程,国务院侨务办公室文化司和中国华文教育基金会分别对"中国寻根之旅"夏/冬令营及中华文化大乐园工作、师资培训及外派华文教师工作、华文教育基金会项目工作等进行总结和部署。

4. 全美第五届中文教学论坛举行，学者聚焦教学新标准

2015年4月11日，由美国加州中文教学研究中心与全美中小学中文教师协会联合主办的"第五届中文教学论坛"在旧金山海湾索菲特大酒店开幕。本届论坛为与会者提供了30场精彩的分组演讲和9场现场参与和互动的工作坊（Workshops）。来自不同国家和地区的中文教育界教师和管理人士300余人参加了论坛，出席会议的专家有斯坦福大学中文系主任孙朝奋教授、哥伦比亚大学中文系主任刘乐宁教授、北京大学对外汉语教育学院院长赵杨教授、张英教授、暨南大学华文学院副院长曾毅平教授以及中山大学国际汉语中心主任周小兵教授。

论坛聚焦业内重点问题，同时兼顾普遍性议题。2014年年底，"全美外语学会"全面修订了"21世纪外语教学标准"，取而代之以新的"World-Readiness教学标准"。本届论坛将如何在不同的中文项目里实施新的标准作为大会主题。论坛邀请了全程参与制定新标准的"全美外语学会"教育部主任Paul Sandrock就新标准做了主题演讲，还汇集相关专家围绕这一主题组织了由三场工作坊，从不同角度以Hands-on（亲自动手）形式系统介绍如何将新标准与中文课堂教学相结合。

5. 马来西亚举行2015国民型华文中学校长教育研讨会

2015年4月15日，马来西亚全国国民型华文中学校长理事会在晶木酒店召开第二十二届会员大会，并顺利选出新一届执委。陈德祥校长、林兴南校长与王文坂校长皆蝉联主席、副主席与秘书一职。马来西亚全国国民型华文中学校长理事会主席陈德祥校长指出，全国共有79所国民型华中，其中有14所为教会国民型华文中学，这些学校皆面对双重身份、地位与拨款等相关问题。全国国民型华文中学校长理事会秘书王文坂校长披露，马来西亚国民型华文中学校长理事会参加国民型华文中学拨款协调会议时，为14所拥有国民型华文中学和宗教学校双重身份的学校做出争取，要求将这些学校列入拨款受惠学校名单中，协调会最终原则上同意这一要求。

6. 第八届全美中文大会在美国召开，共议汉语教学发展

2015年4月16日至18日，由孔子学院总部与美国大学理事会、亚洲协会联合主办的第八届全美中文大会在美国亚特兰大市召开，来自美国各州政府教育部官员，大、中、小学校长，汉语教育专家及教师等1200余人与会，探讨如何进一步推进汉语教学在美国的发展。

亚洲协会联合执行副会长汤姆·纳戈尔斯基说，创办60年的亚洲协会旨在增加

美国和亚洲之间的相互理解,而这就必须首先实现美国和中国两国人民之间的相互理解。他说,通过学习中国语言和文化才能搭建好沟通的桥梁。

7. 中国驻克罗地亚使馆举办汉语教学推广研讨会

2015年4月,中国驻克罗地亚使馆举办以"克罗地亚汉语教学发展之路"为主题的汉语教学推广研讨会。来自中国和克罗地亚教育界和商界的8位代表与会发言,克罗地亚科教和体育部副部长斯克尼兹奇、萨格勒布大学校长博拉斯等高校负责人出席研讨会。

中国驻克罗地亚使馆政务参赞表示,中国使馆将为克罗地亚学习汉语的学生提供更多的机会,增进两国人民之间的友谊与合作。

8. 马来西亚华文理事会年度会员大会召开

2015年5月25日,马来西亚华文理事会年度会员大会在吉隆坡召开,会议改选了执委会,华文理事会主席唐威杰对理事会未来的工作提出了建议和设想。

唐威杰表示未来可以考虑成立华文基金会,作为开办中文班的基金,让更多华裔子弟可以免费学习中文,相信这将对华文发展带来很大的帮助。华文理事会将关注华文的发展,让华文在马来西亚,从小学到大学都有完整的发展,并确定不会在任何一个环节出现问题。他希望通过与其他团体配合,鼓励学生选修及报考华文。

9. 加拿大卑诗省中文协会举办研讨会

2015年5月下旬,加拿大卑诗省中文协会和所属的会员中文学校春季研讨会在本拿比市社区会议厅举行,18所中文学校的校长及老师们参加了研讨会。卑诗省中文协会会长王满霞、省议员李灿明、列治文市议员欧泽光、本拿比市议员王白进以及中文学校联合会会长卢群毅与会。

王满霞会长介绍了中国国务院侨务办公室举办的2015年中华文化大乐园、青少年"寻根之旅"夏令营以及校长教师回国研习营等系列活动。中国国务院侨务办公室两位外派教师为研讨会做了专题演讲。

10. 菲律宾华教中心举办中国国务院侨务办公室外派教师工作会议

2015年5月29日至5月31日,菲律宾华教中心主办、陈延奎基金会赞助的2015~2016年度中国国务院侨务办公室外派教师工作会议在马尼拉召开。陈延奎基金会董事长陈永栽,中国驻菲律宾大使馆参赞兼总领事邱舰、领事陈美銮,马尼拉市议员兼马尼拉华人区发展委员会副主席洪英钟,马尼拉华人区发展委员会秘书长施安娜、华教中心领导和国务院侨务办公室外派教师等200多人出席。

与会外派教师分中小学和幼儿园两个会场，观看教学录像，开展现场模拟教学，交流心得体会。5月31日，来自大马尼拉、吕宋、米沙鄢和棉兰老等50多所华校的董事长、董事、校长、主任和200名中国国务院侨务办公室外派教师参加了会议。会上，多位华校领导发言，介绍学校概况和办学成就，欢迎外派教师到来。

会议结束之后，菲律宾华教中心领导与各华校领导进行了座谈，并探讨了当今菲律宾华文教育面临的形势。黄端铭副主席认为菲律宾教育主管部门推出的新学制K-12对华校既是挑战，更是机遇，应该抓住这个机会让华校更上一层楼。他说全菲的华校是一个命运共同体，在进行良性竞争的同时，也应该同心协力，加强合作。

11. 第十二届全英汉语教学年会在伦敦举办

2015年6月中旬，由英国伦敦大学（UCL）教育学院（IOE）主办的第十二届全英汉语教学年会在伦敦成功举办。此次大会以"你、本校、辐射学校"为主题，吸引了来自英国各地的汉语教学工作者和中国文化传播者参加会议。

会议期间，来自不同领域的专家学者带来了十余场精彩的专题演讲，UCL副院长Nicola Brewer介绍了UCL全新的全球合作战略。中国驻英国大使馆教育参赞沈阳就今秋即将召开的中英高级别人文交流机制会议分享了自己独到的见解。此次大会设置了主题丰富的小型教学研讨会，参会者根据自己的领域需求选择适合的专题。

12. 泰国清迈地区华人村华文教师联谊会召开联席会议

2015年6月27日，在泰北华人村华文教育中心的协助下，清迈地区华人村华文教师联谊会在大谷地教联高级中学召开了联席会议。

联席会议上，王相贤会长向各校介绍了泰北华人村华文教育中心成立的由来和具体开展的工作，也向各校通报了中国驻清迈总领事馆和中国国务院侨务办公室2015年"示范学校""贫困华校"和"华星书屋"的评选情况。泰北华人村华文教育中心陇睿主任就公派和实习教师的申请、华人村校董到中国参观访问、学生到中国升学深造、泰北华文教育教学研究等工作进行了通报。

联席会议上，各华校就安排中国国务院侨务办公室公派老师每月赴相关华校进行教师教材培训、选拔优秀毕业生到中国升学深造等进行讨论并达成共识。

13. "华创会"第二届世界华文教育论坛在湖北开幕

2015年7月2日，"华创会"（即华侨华人专业人士创业发展洽谈会）第二届世界华文教育论坛在湖北武汉华中师范大学召开，来自中国、哈萨克斯坦、马来西亚、印尼、泰国等海内外专家学者围绕"中华智慧的传承与创新——信息化时代的世界华文教育"这一主题展开深入讨论。

与会专家认为，开展华文教育是传播中华文化、塑造中国世界形象的重要方式。华文教育的发展离不开专业的华文教师、本土化的华文教材、与时俱进的华文教育理念。

华中师范大学国际文化交流学院万莹教授指出，在"互联网+"时代华文教育要更新教学观念，依托互联网技术，开发并利用更科学更智慧的教学平台。为此，华中师范大学出版了立体化汉语速成教材——飞跃汉语系列教材《汉语听说入门》《汉语读写入门》，改革现有"综合课+技能课"的传统模式，听说先行，读写跟上，成效显著。教材已获得"经典中国国际出版工程"资助，越南语版已出版。

14. 美国中西部华文教育研讨会在芝加哥举办

2015年9月12日，由美国亚洲文化中心、全美中文学校协会主办，芝加哥瑞华中文学校、希林中文学校承办的首届美国中西部九州华文教育研讨会在芝加哥西北郊希林亚裔中心阿灵顿分部举行。

中国驻芝加哥总领事馆赵卫平总领事，芝加哥亚洲文化中心主任蔡军，芝加哥城市学院国际关系首席执行官尚摩西，以及来自美国科罗拉多、爱荷华、伊利诺伊、印第安纳、堪萨斯、密歇根、明尼苏达、密苏里、威斯康星等9个州的近百位参会代表，就美国中西部地区华文教育的经验进行深入的交流与探讨。

赵卫平说，此次研讨会是在全美首次举办的区域性华文教育专题会议，具有开创意义。相信通过本次研讨会议的交流，与会的华文教育工作者将对如何进一步促进中西部地区华文教育的发展形成更多共识，推动本地区华文教育沿着标准化、正规化、专业化的方向不断取得新的发展。

芝加哥亚洲文化中心蔡军主任表示，海外中文教育是一项十分艰苦的工作，希望参会的华教人士可以借助本次难得的研讨机会畅所欲言，共同提高教学方法、改进教学体制，为中华文化在海外的推广事业做出新的贡献。

15. 马来西亚举办高思维教学及华文教育研讨会

2015年9月21日至22日，马来西亚华文理事会与马来西亚留华同学会联合举办高思维教学与华文教育研讨会。

为了提升华文教师的教学成效，此次研讨会除了主题与子题演讲之外，也安排了示范教学环节，让一线教师与主讲人针对高思维教学研讨交换意见，分享成果与心得。

16. 法国教育部举办中文国际班教师研讨会

2015年11月2日，法国国民教育部在巴黎的法国国际教育研究中心举行中文国际班教师研讨会。研讨会旨在促进全法各地中文国际班教师就具体教学工作中的教学方法、遇到的问题进行经验交流、开展培训，并就预计于2016年出台的新中文国际班教学大纲可能出现的新内容展开讨论。这也是法国教育部首次举办关注中文国际班的研讨会。

会议邀请了法国各地35个中文国际班的38名教师参加。中国驻法使馆公使衔教育参赞马燕生及法国教育部国际司司长玛利亚娜·德·布鲁诺夫（Marianne de Brunhoff）出席活动，并与参会汉语督学及汉语教师们进行了亲切交流。

与孔子学院不同，中文国际班被纳入正规法国国民教育体系中，学生需经过考试，择优录取。法国中文国际班开设7年以来，受到越来越多的学校和家长的青睐，报名人数逐年增多，发展势头强劲，已成为学校招生宣传的王牌课程，也为开办中文国际班的学校争得了许多荣誉。

17. 非洲加纳大学举办汉语教学研讨会

2015年11月13日，加纳的加纳大学举办首届汉语教学研讨会，来自加纳大学、库马西理工大学、库马西科技大学、威斯康星大学、海岸角大学、弘儒学堂等机构的20多名汉语教师参会，探讨汉语教学之路。与会教师就汉语环境营造、多媒体等教学硬件设施改善、教材建设、语言要素教学方法、民族思维方式对语言学习的影响等问题展开了热烈的讨论。与会教师纷纷强调沟通交流的意义与价值，希望借助这个平台，互相交流教学与管理的经验，提高加纳汉语教学水平。

18. 加拿大卑诗省中文协会举行2015年度秋季研讨会

2015年11月15日，加拿大卑诗省中文协会一年一度的秋季研讨会及会员年度大会在铁道镇召开。近70位来自加拿大卑诗省26所中文学校的校长和老师参加会议，中国驻温哥华总领事馆侨务组组长郑轩领事、卑诗省议员李灿明先生、列治文教育局学委委员何锦荣先生亦到会并致辞。

会上，中文协会袁珑副会长就协会一年的工作及各项活动做了总结和汇报。李平理事和张秀雯理事分别做了财务和会员组的总结报告，大会选出2015~2016年度卑诗省中文协会新一届理事。为提高中文教师的学术水平，此次研讨会还结合中国国务院侨务办公室"华文教育教案比赛"及卑诗省中文挑战考试安排了专题演讲。

19. 马来西亚董总举办独中校长交流会

2015年11月23至24日，马来西亚董总举办"2015年全国华文独中校长交流会暨校长长期服务奖颁奖典礼"，大会主题为"面向独中、走近独中、关心独中"。

大会讨论议题包括华文独中教改纲领的检讨与修订、华文独中学校发展计划的制定、华文独中技能与职业教育改革以及华文独中资讯教学资源平台的发展规划等。

主办方希望通过大会的举办，让马来西亚独中校长、副校长以及教务主任聚首一堂，就上述各项独中办学课题集思广益，交换意见与看法，并寻求共识和对策，以便为华文独中未来办学注入新的教育思维和方向。大会还举行"第一届全国华文独中校长长期服务奖颁奖典礼"，以表彰一批长期为华文独中办学劳心劳力的资深校长。

20. 第三届中意华文教育论坛在温州举行

2015年11月4日，第三届中意华文教育论坛在温州大学圆满落幕。此次论坛由温州市外事侨务办公室主办，温州大学华文教育研究所承办。参与此次论坛的共有20余位来自意大利教育考察团和浙江省外事侨务办公室、温州市外事侨务办公室的嘉宾。

本届中意华文教育论坛，旨在加深双方的合作与理解，搭建中意教育的对话平台，促进意大利华文教育事业的发展，希望通过共同努力，扩大合作领域，实现互惠共赢。

21. "华文教育专业建设高峰论坛"在暨南大学华文学院举行

2015年12月2日，"华文教育专业建设高峰论坛"在暨南大学华文学院举行。来自暨南大学、华侨大学以及新加坡、印度尼西亚、菲律宾、泰国、柬埔寨等国的华文教育机构代表、国内开设相关专业的院校代表及华文学院华文教育专业优秀校友代表共50余人参加了此次高峰论坛。

暨南大学、华侨大学是国内两所开设了华文教育专业的高校。此次"华文教育专业建设高峰论坛"的举办，旨在借华文教育专业创办十周年之机，广邀海内外华文教育界人士共同总结经验、分享成果，就如何更好地建设华文教育专业进行深入探讨。高峰论坛活动主要分为四部分："论坛主题报告""华文教育专业学生专业技能展示""华文教育专业建设座谈""华文教育专业学生多元文化与综合技能展示坊"。

暨南大学华文学院院长邵宜教授和华侨大学华文学院院长陈旋波教授分别就两校的华文教育专业建设情况作了主题报告。菲律宾华文教育研究中心副主席杨美美、印度尼西亚西加华文教育协调机构副主席陈慧珍、印度尼西亚全国华文教育协调机构联合秘书处主任郑洁珊等20多位海内外华文教育界人士在"华文教育专业建设座谈会"上就各地区华文教育师资、生源、就业和华文教育事业整体发展等方面的现状和存在的困惑进行了深入讨论。此次华文教育专业高峰论坛全面总结了十年来人才培养经验，探讨了新形势下华文教育专业建设发展思路，加强了全国同类专业之间、培养单位与用人单位之间的沟通与合作。

三　华教机构变迁

1. 温州华侨中学获浙江省"千校结好"特色学校称号

2015年1月,浙江省第一批"千校结好"特色学校名单揭晓,浙江省华文教育基地——温州华侨中学榜上有名。

温州华侨中学创建于1957年,由海外华侨捐资创办。该校以烹饪专业为龙头引领其他专业的发展,形成了烹饪、旅游、宾馆服务、工艺美术设计等捆成一体的专业群模式,成为一所国家级重点职业学校。近年来,温州华侨中学与韩国、意大利、奥地利、尼日利亚、荷兰、俄罗斯、瑞典、挪威、法国、英国、德国、美国等10多个国家的院校结为友好学校,并开展多层次、多领域、多形式的教育交流与合作。与世界各国30多个侨团会建立了友好关系,与10多家国外企业建立合作关系,以灵活多样的方式拓展工学结合,大力推进"校企合作""订单培养",为本地华侨特色企业培养专门人才。

2. 佛罗伦萨炎黄华文学堂创办

2015年1月中旬,由意大利中华炎黄文化研究会与佛罗伦萨知名教育机构ISTITUTO联合开办的佛罗伦萨炎黄华文学堂正式开学。该中文学校的成立,不仅解决了佛罗伦萨市中心及边缘地带华侨华人子女学习中文的难题,也为热衷于中华文化的意大利人提供了学习中文的良好环境。

意大利佛罗伦萨炎黄华文学堂,位于佛罗伦萨市中心的Via Calimala 1号,紧临少女广场（la piazza signoria）。目前,学校主要开设拼音班、基础中文、少儿英语、成人意大利语（A1/A2教材）等课程,每周一、三、五下午及周六全天授课。

3. 西班牙青田同乡会成立青田华人中文学校

2015年1月,为了传承和弘扬中国文化,解决西班牙维哥大区孩子们学习中文的难题,西班牙青田同乡会在维哥开设西班牙青田华人中文学校。这所中文学校的落成,为当地的孩子们提供了一个学习中文和感受中国文化的良好环境与平台。

西班牙青田华人中文学校在维哥举行了开学典礼,倪晔敏会长代表青田同乡会发表讲话,他感谢当地大区政府以及 QUIÑONES DE LE 会长学校的支持与帮助,并鼓励小朋友们认真学好中文,努力成为今后传承中国文化的后备力量。

4. 全德中文学校联合总会成立

2015年2月8日,全德中文学校联合总会在法兰克福新世界大酒楼成立。德国21所中文学校校长或代表参加成立大会,并成为第一批总会会员。中国驻柏林大使馆教育处董琦公使衔参赞和驻法兰克福总领事馆领事部主任卢奇志出席会议,并分别宣读了驻德大使史明德和中国国务院侨务办公室发来的贺词和贺电。

大会表决通过了联合总会章程,并选举产生了第一届理事会。理事会推举汉堡汉华中文学校校长周开雾为首任会长、斯图加特汉语学校校长陈薇为副会长、达姆施塔特华达中文学校校长苏鸿雁为秘书长。全德中文学校联合总会的成立有助于增进中德文化交流互进,提升中华文化的国际影响力,以及整合资源、加强交流、推动华文教育向标准化、正规化、专业化方向发展。

5. 巴西里约州葡中双语学校成立

2015年2月9日,葡中双语学校——"若阿金·戈麦斯·德索萨"州立数学学校在巴西尼泰罗伊使举办新学年开学仪式,同时宣布该校正式投入运营。里约州教育厅厅长安东尼奥·内托、中国驻里约热内卢总领事宋扬以及该校师生共同参与仪式。

该校由河北师范大学和里约热内卢州政府共同创办,以巴西历史上著名数学家若阿金·戈麦斯·德索萨命名,是巴西境内首个以葡萄牙语、中文和英语三语为教学语言的高等中学。学校采用公开报名甄选的方式,已经接收了首批3个班,共计72名学生。同时,里约州教育厅从200余位报名者中招聘了20位教师教授普通高中课程,而中文教学方面的教师由河北师范大学派出。此外,中国驻巴西大使馆还会为这些学生提供奖学金计划,为表现突出的学生提供到中国留学的机会。

双语学校为巴西教育提供了一条新的思路。葡中双语高中是"双语学校"项目中的第27所,是中巴文化交流更进一步的见证。

6. 俄罗斯莫斯科州国立大学汉语暨中国研究中心揭牌

2015年2月12日,莫斯科州国立大学汉语暨中国研究中心揭牌仪式在莫斯科州国立大学主楼举行。中国驻俄罗斯大使李辉、江苏第二师范学院党委书记李洪天、莫斯科州国立大学校长赫罗缅科夫等共同为中心揭牌,中俄两国代表及在校师生 250 余人出席了此次活动。

莫斯科州国立大学汉语暨中国研究中心旨在教授俄罗斯中学生及大学生汉语,向他们介绍中国文化,并为计划到莫斯科州经商的中国人提供俄语言培训,进行政治、心理和经济方面的辅导。

江苏省和莫斯科州是友好省州,现在中俄两国建立了全面的战略协作合作伙伴关系,希望汉语暨中国研究中心能够培养出中俄间交流的友好使者,两国经济、文化、教育交流方面领域的人才。

7. 亚美尼亚埃里温市第 55 中学汉语语言文化中心揭牌

2015 年 2 月 27 日,中国驻亚美尼亚大使田二龙和夫人张英梅应邀出席埃里温市第 55 中学春节联欢会暨汉语语言文化中心揭牌仪式。亚美尼亚外交部、教育部和埃里温市政府官员,以及该校师生及家长代表共 150 余人参加。田二龙大使和 55 中学校长萨鲁哈尼扬分别致辞并共同为该校汉语语言文化中心揭牌。

8. 比利时蒙斯大学成立中国语言与文化系

2015 年 3 月 6 日,比利时蒙斯大学翻译学院正式成立中国语言与文化系,为学生开设汉语翻译硕士课程,中国驻比利时大使曲星,比利时前首相、现任蒙斯市长迪吕波特地前往祝贺。

翻译学院院长皮耶特在谈到设立汉语翻译专业的原因时表示,汉语是世界上仅次于英语的第二大语言,当今职场对这门语言能力的需求使得开设汉语语言翻译专业的呼声变得愈发迫切。皮耶特介绍,除了学习语言、掌握笔译和口译的技巧,学生们的课程中还将涵盖大量的历史文化类和政治经济类课程。中国驻比利时大使曲星表示,使馆方面将会为翻译学院的汉语教学尽可能地提供更多的支持,也让更多的比利时年轻人有机会去中国亲身感受中国文化。

作为比利时法语区的第一个翻译学院,蒙斯大学翻译学院在比利时久负盛名,与欧盟、北约、联合国等大型国际机构保持了长期的合作关系,从这里走出去的翻译者遍布世界各地。

9. 巴西圣保罗华助中心正式授牌成立

2015 年 3 月 13 日,由中国国务院侨务办公室批准成立的巴西圣保罗华侨华人互助中心,在市中心阿克力马松区的花园酒店举行授牌仪式。中国国务院侨务办公室国外司副司长林旭、中国驻圣保罗胡英副总领事、巴西华人协会会长朱苏忠、巴西华裔国会议员威廉巫以及华人协会理监事近 200 人参加了仪式。

在 2014 年 6 月举行的第七届世界华侨华人联谊大会上,中国国务院侨务办公室主任裘援平提出了"和谐建设年"8 个海外惠侨项目,华助中心就是其中的一项。华助中心主旨是为侨胞提供关爱帮扶,维护侨胞合法权益,助力侨胞生存发展,助力侨胞适应并融入当地社会。

巴西华人协会成为全球首批 18 个华助中心之一,有 6 个工作组,分别是安全委员组、编写巴西华人华侨生活指南组、法律政策援助组、教育组、慈善公益组和项目承接组。

10. 缅甸曼沽勐稳中学举行"海外华文教育示范学校"揭牌仪式

2015 年 3 月 22 日,中国驻曼德勒总领事馆靳仪鳞副总领事前往曼沽参加曼沽勐稳中学举行的"海外华文教育示范学校"揭牌仪式。靳仪鳞副总领事、胡润组领事、孔子课堂中方主任何林教授、福庆学校李祖清校长、腊戌果敢文教会代表、贵楷勐稳文教会代表、曼德勒云华师范学院和各华校代表以及 200 多名学生等参加了该活动。

11. 印度尼西亚棉兰崇文中小学举办二期工程落成典礼

2015 年 3 月 30 日,棉兰崇文中小学在二期新校舍院内举行新校区落成典礼仪式。出席活动的有中国驻棉兰总领事馆姜三菊副总领事、崇文教育基金会理事长苏用发伉俪、崇文中小学学校董事会主席黄两承老师等逾千人。

崇文中小学教育事业不断拓展,为两国更多的领域提供全能型人才,以"友好使者"的身份,助力两国合作发展。

12. 巴西海西飞华侨华人协会正式宣布成立

2015 年 4 月 5 日,海西飞华侨华人协会(Associação da Comunidade Chinesa do Recife,"ACCR")在海西飞 BOI BRASA 烤肉店正式宣布成立。王西安总领事、孔子学院王刚院长、海西飞中国和平统一工商会李民会长等各界侨胞参加。

协会第一届会长卢功荣讲话。他说,海西飞华侨华人协会的成立为在巴西生活工作的侨胞提供了一个平台以反映他们的诉求,维护他们的正当合法权益。他会带领协会积极努力为侨服务,推动建设和谐侨社,促进中巴人民的友谊与经贸合作。

13. 土耳其汉语俱乐部正式成立

2015 年 4 月 6 日,土耳其汉语俱乐部在土耳其首都安卡拉成立。中国驻土耳其大使郁红阳和夫人赵玫玫、安卡拉大学汉学系师生、中东技术大学孔子学院教师以及土耳其各界友好人士出席了成立仪式。

土耳其汉语俱乐部由安卡拉大学汉学系牵头组建,成员包括土耳其孔子学院和安卡拉大学汉学系师生以及中国文化和汉语爱好者。俱乐部目前共有成员40余名,今后将定期举办汉语学习、中国电影、中国绘画和中国书法等文化交流活动。

汉语俱乐部的成立,能够更好地提升汉语和中国文化在土耳其的影响力,加深土耳其民众对中国的了解。

14. 浙江省温州市外事侨务办公室为西班牙华校捐建蒲公英图书室

2015年4月,温州市外事侨务办公室向西班牙马德里华侨华人中文学校捐赠500册课外读物和《温州童谣》《海外华裔青少年"温州城市家书"征文比赛优秀作品选》等教学资料,帮助该校兴建蒲公英图书室。

"海外温籍华校蒲公英图书室"项目由温州市外事侨务办公室开展,是一项旨在帮助海外温籍华校解决中文课外读物缺乏问题、推动海外华文教育发展的公益活动。到目前为止,温州市外事侨务办公室已为意大利、西班牙、荷兰、葡萄牙、法国、奥地利6个国家的17所海外温籍华校捐建了蒲公英图书室,共捐赠中文图书2万多册。

15. 缅甸八莫华校举行华文教育示范学校授牌仪式

2015年4月15日,缅甸八莫佛经学校举行海外华文教育示范学校授牌仪式。

中国驻曼德勒总领事馆胡润祖领事、曼德勒福庆学校校长李祖清博士、教学中心主任林仙珍、八莫华文佛经学校顾问段宝昌先生等参加了仪式。仪式结束后,大家欣赏了来自八莫佛经学校学生们的精彩表演,还慰问了在八莫佛经学校工作的中国志愿者。

16. 英国成立第一所中英双语幼儿园

2015年5月,伦敦成立了英国第一所中英双语幼儿园(English-Mandarin nursery),幼儿园名叫"望子成龙"(Hatching Dragons)。在这里,英国的婴幼儿们唱中文歌、学中国字。每名学童各有一名英文和中文老师,他们唱中英文双语儿歌,玩中文文字游戏。这里的收费与伦敦中文家教钟点费相比不算高,而且低收入父母若想让孩子就读,伦敦市政府还会提供学费补助。

"望子成龙"执行长约翰(Cennydd John)说,许多英国家长看准中国即将成为全球最大经济体,希望孩子比同龄人具备会说中文的优势,因此他创办了这所"沉浸式学习"幼儿园,让孩子从小学习中国语言和文化。

17. 缅甸景栋中文培训学校成为"海外华文教育示范学校"

2015年5月15日,缅甸景栋中文培训学校"海外华文教育示范学校"挂牌揭幕仪式在缅甸景栋举行。中国驻曼德勒总领事馆沈利滨领事、曼德勒福庆孔子课堂中方主任何林院长、云南省海外华文教育中心缅甸分中心唐建军主任、福庆孔子课堂校长李祖清博士和景栋中文会话培训中心学校董事长欧阳文丽以及全校师生等200多人参加仪式。

18. 陕西师范大学华文教育研究中心揭牌

2015年5月29日，陕西师范大学来华留学生（华文）教育开展50年暨国际汉学院成立10周年庆典大会隆重举行。教育部国际司办公室主任郭军、陕西省政府侨务办公室副巡视员阚开沛、陕西师范大学校长程光旭等出席大会并为"陕西师范大学华文教育研究中心"揭牌。

2007年6月，国务院侨务办公室将陕西师范大学列为西北地区首个华文教育基地。自基地成立以来，陕西师范大学利用其自身区域优势，重点开展中亚及东南亚地区华文教育工作，特别是在华文教育师资培训、教材编写、东干族华侨华人子女培养方面取得了不少成果。陕西师范大学华文教育研究中心的成立能够更好地推动中国文化走向世界，推动海内外华文教育在新时期不断深入发展，促进陕西落实"一带一路"战略。

19. 泰国春府大众国际中学举行建校奠基典礼

2015年5月31日，泰国春府大众国际中学举行建校奠基典礼。中国驻泰国大使馆参赞兼总领事朱伟东主持奠基仪式。出席奠基典礼的嘉宾还有春府府尹空讪奕甲猜、春府府治委员会主席威他耶坤本、春府保福坛坛主唐伍山、泰国华文民校协会主席梁冰等。

春府大众国际中学建校60年来，在历届校理事会及热心华教人士的支持下，为传承中华文化，促进中泰友好做出了积极贡献。春府大众国际中学建校典礼的举行，标志着该学校再次实现了跨越式发展。

20. 意大利华文教育促进会成立

2015年5月，意大利华文教育促进会成立暨佛罗伦萨博识华文学堂创办一周年庆典在佛罗伦萨举行。中国驻佛罗伦萨总领事馆领事季刚、王建，佛罗伦萨塞斯托市市长Sara Biagiotti，塞斯托市建设局局长Michiel Adimatte等有关各方300余人参加了庆典活动。

意大利华文教育促进会前身为意大利佛罗伦萨社会文化促进会，成立于2013年12月。该会由旅意侨领、华文教育工作者、媒体与法律工作者、留学生代表等各界热心、关心华文教育事业的人士组成，旨在凝聚意大利华侨华人力量、整合华文教育资源、提升华文教育质量、推动意大利华文教育向专业化、规模化发展。意大利华文教育促进会的成立能够团结华文教育机构和各界有识之士进行更多的交流与合作,让海外的华人把中华文化的"根"留住。

21. 意大利中意学校那波里校区开班

2015年6月上旬,意大利中意学校那波里校区开班。学校将开设幼儿班、中文班、青少年意大利语班、成人意大利语班,以满足不同群体的需求。中文班将采用国内同步教材,结合多媒体教学。学校同时开设《QUI ITLIA》课程和《CILS》考级课程,学员可以进行多元化的课程学习。每周36个小时的课时由意籍教师结合汉语、意大利语执教。在学校里,学生不仅可以收看中文电视节目,关心国家时事,还可以参加乒乓球、篮球、围棋、中国象棋等体育娱乐活动。

22. 马来西亚董总新领导层就职

2015年6月10日,第29届董总中央常务委员会特别会议举行,会议最终议决解除叶新田和邹寿汉的主席与署理主席职务。叶新田等中委缺席会议。

2015年10月,董总新领导层举办会员代表大会,会后随即举行华团团结宴和中委宣誓就职仪式,并获得23个华团出席。新任马来西亚董总主席刘利民宣布,坚持秉持"团结一切可团结的力量"这一策略方针,应对内与外的工作。他指出,新董总领导层也将优化组织运作,包括根据章程,以集体领导和民主决策,处理各项华教课题、活化各华教组织,发挥更大功能,强化华校董事功能与角色。

23. 阿根廷国会大学成立中国文化之家

2015年6月11日,由阿根廷国会大学创立的首个"中国文化之家"正式成立。中国驻阿根廷大使杨万明、"中国文化之家"执行秘书阿烈杭德罗·拉索、阿根廷国会大学校长弗朗西斯科·皮尼翁出席了成立仪式。

"中国文化之家"是一个传播中国文化的综合平台、对接中国文化资源和阿根廷民众兴趣的纽带。"中国文化之家"成立后将陆续播放一系列中国题材纪录片和电影,展示当代中国社会各个层面,所有活动向阿根廷民众免费开放。

当前中阿双方各领域合作不断推进并构建了全面战略伙伴关系,文化作为中阿关系的重要组成部分,加强文化领域的交流有助于两国人民加深彼此了解和理解,对夯实两国关系具有重要意义。

24. 华侨大学在马达加斯加设立招生处

2015年6月15日,华侨大学代表团到访马达加斯加,宣布与马达加斯加华商总会合作并在当地设立招生处。

挂牌仪式上，代表团团长、华侨大学副校长徐西鹏与马达加斯加华商总会轮值会长任瑜杰共同签署协议书，并向后者赠授校标和牌匾。随后，徐西鹏代表华侨大学聘请马达加斯加华商总会副会长蔡金刚担任招生处主任，组织推荐当地学生就读，同时推进华侨大学与马达加斯加文化教育界的交流活动。

华侨大学近年来依托侨团侨社逐步在海外建立了40多个招生处。

25. "中国－东盟汉语言文化教育基地"在天津揭牌

2015年6月30日，"中国－东盟汉语言文化教育基地"在天津国际汉语学院揭牌。该基地由中国－东盟中心与天津国际汉语学院合作建设，致力于推进中国和东盟国家间的教育文化合作与交流。

基地将支持东盟国家人员来华学习中国语言文化，为东盟国家驻华外交官及其配偶定期举办所需的外交专项汉语培训班，为东盟国家从事汉语国际教育的教师提供师资培训等相关活动，为东盟各国参与"一带一路"建设的企业和经贸界人士提供有针对性的经贸汉语培训。

中国－东盟中心是中国和东盟国家间唯一的政府间国际组织，该中心秘书长杨秀萍出席基地揭牌仪式时表示，中国－东盟汉语言文化教育基地建设是中国创新汉语国际教育，促进与东盟友国睦邻互信的重要举措，希望通过该基地建设，加强中国与"一带一路"沿线国家教育、学术等人文交流。

26. 云南昆明新知第8个国际连锁华文书局落户南非

2015年7月，云南昆明新知集团南非约翰内斯堡华文书局正式开业，这是新知集团继柬埔寨、老挝、马来西亚、缅甸、斯里兰卡、泰国、尼泊尔之后，开设的第8个国际连锁华文书局，也是新知集团第一个跨大洲实施国际连锁的华文书局。中国驻南非大使馆文化参赞郑文、办公室主任潘宗学、中国驻约翰内斯堡副总领事孙艳清、南非约翰内斯堡市政厅官员等领导和嘉宾以及华人代表100多人出席了开业典礼。

约翰内斯堡书局经营总面积约1000平方米，所售图书分为教育（含外文）、社科（含经济）、文艺（含古籍、艺术）、少儿、音像、生活、科技、文化用品等8个分类，品种最大容量为2万种。

27. 缅北华文教育协会成立

2015年8月2日，为团结缅北华校和热心华文教育人士，加强与祖籍国联系，促进缅北各华校间的沟通，创新华文教育发展模式，提升华文教育发展质量，在曼德勒云华师范学院召开了"缅北华文教育协会"成立大会。

缅北果文文教会、缅甸各地区的250多所华校和华教组织共100多位代表参加了大会。会上，与会代表共同讨论制定了协会的宗旨、目标、章程和会员学校的权利及义务等。同时，协会成立了基金并选举产生了协会领导和组织机构及工作人员。

协会是一个由缅北地区华校组成的非营利性质的民间团体。通过从教师、教材、教法、考试等方面，对华校进行引导和实质性的帮扶。缅北华文教育协会的成立，是缅北华文教育史上一块新的里程碑，标志着缅北华文教育从此走上了一条有组织、有制度、规范有序、相互促进、共同发展的道路，将促进缅甸华文教育向标准化、正规化、专业化方向转型升级。

28. 华侨大学海外华文教育基地在巴塞罗那挂牌

2015年8月5日，华侨大学海外华文教育基地在西班牙巴塞罗那孔子学校挂牌。中国驻巴塞罗那总领事馆领事部主任王硕，中国华文教育基金会秘书长左志强，巴塞罗那孔子学校董事长麻卓民、校长陈绿亚，华侨大学华文教育处处长赵明光，华侨大学授课教师以及当地华文教师、华裔青少年近200人参加仪式。

华侨大学此次在巴塞罗那设立海外华文教育基地，旨在以此为平台和契机，在已有的华文教育合作的基础上更进一步加深与西班牙各界的密切联系，共同探寻华文教育现状和发展规律，开拓更多华文教育合作项目，拓展华侨大学在西班牙的办学空间，丰富办学内容，更好地服务当地的华文教育需求。

29. 全美中文学校协会总部揭牌

2015年9月5日，全美中文学校协会总部在伊利诺伊州投入使用，中国驻芝加哥总领事馆总领事赵卫平、全美中文学校协会会长张星钰共同为"全美中文学校协会"总部揭牌。

全美中文学校协会于1994年由五所中文学校倡议，初期联合了14州16校成立，21年来快速成长，在中文教育和中美文化交流发挥重要功能。以往协会会址没有固定会所，如今有了位于芝加哥西北郊的希林亚裔中心阿灵顿分部的总会会所，将更有效地发挥该协会的功能。

30. 西班牙特内里费首家中文学校开学

2015年9月12日，西班牙特内里费首家华侨华人中文学校成立仪式暨开学典礼在圣克鲁斯（Santa Cruz）市 SALON DE ACRTO DE CAJASIETE 隆重举行。中国驻西班牙大使馆领事部副主任张焰女士、Santa Cruz 市长等政府官员出席了开学典礼。

特内里费华人华侨中文学校是当地华人华侨协会主办的唯一一家中文学校,目前学校有3间教室、多位专业汉语教师。

中文学校的建立对于帮助华侨华人下一代学习、传承中华文化、增进当地多元文化交流有重要作用。特内里费华人华侨协会接下来将在特内里费南部再建立一所中文学校,以便利当地的侨胞子女学习中文,学习中国文化。

31. 江西省南昌市外事侨务办公室为"中国寻根之旅"夏(冬)令营教学基地授牌

2015年9月15日,南昌市外事侨务办公室刘崇盛副主任代表市外事侨务办公室向首批被授予"海外华裔青少年中国寻根之旅夏(冬)令营南昌教学基地"的单位南昌市瓷板画研究中心、南昌女子职业学校、南昌永红赣绣发展有限公司授牌。

建立"海外华裔青少年中国寻根之旅夏(冬)令营南昌教学基地"能够充分发挥南昌市拥有的人文资源优势,更好地服务于国家外事侨务工作,积极承办好"海外华裔青少年中国寻根之旅夏(冬)令营"。

32. 贵州师范学院被增补为国务院侨务办公室华文教育基地

2015年10月13日,贵州师范学院被正式增补为国务院侨务办公室华文教育基地,成为贵州省目前唯一的华文教育基地。

贵州师范学院被增补为国务院侨务办公室华文教育基地,将开创贵州华文教育的新篇章。国务院侨务办公室要求,基地要围绕海外华文教育工作目标、要求,充分发挥贵州师范学院办学特色,承担华文教育理论研究、华文教材开发、华文教师培训、举办华裔青少年活动等方面的工作。

33. 中国语言文化研习室在越南成立

2015年10月13日,中国语言文化研习室在越南雄王大学正式挂牌。据中国驻越南大使馆文化参赞刘三振介绍,中国民间和有关部门向中国语言文化研习室捐赠了20台电脑和近300册中文教学资料。

中国语言文化研习室由雄王大学和中国驻越南大使馆共同设立。雄王大学校长高文表示,开设中国语言文化研习室意义重大,将有力促进中文专业学生提高汉语水平,增进对中国文化的了解。

34. 中国"大使书屋"落户老挝中小学

2015年10月21日,中国驻老挝大使馆在老挝首都万象市万象中学和素巴栾小学举行"大使书屋"交接仪式，捐赠 6000 多册图书和书架、电脑等相关用品。

中国驻老挝大使关华兵、老挝教育体育部副部长李杜出席了在老挝万象中学举行的交接仪式，并与学校校长坎丹一起为"大使书屋"揭牌。

"大使书屋"为学生们提供良好的阅读环境，让同学们接触到更多更好的书籍，从中汲取精神营养，培养正确的人生观，为健康成长打下坚实的基础。同时，"大使书屋"播撒中老友谊的种子，让更多的青少年学生感受到中国人民的深厚友谊，成长为中老友好事业的传承人。

35. 缅甸曼德勒云华师范学院举行教学大楼落成典礼

2015 年 10 月 29 日，云华师范学院教学楼落成典礼在缅甸曼德勒举行，中国云南省侨务办公室主任杨炎平、中国驻曼德勒总领事馆总领事王愚、曼德勒华人社团、中国部分机关及高校代表、曼德勒中国企业商会代表以及缅北华校代表参加了典礼。

曼德勒云华师范学院由云南同乡会创办，与昆明华文学校合作办学，是一所集教学和文化交流为一体，以培养华文学校教师为主，小学至高中基础教育相结合的综合性公益学校。学院面向全缅招生，开展汉语言师范专业的大专学历教育，同时开展多种形式的中华文化的传承和交流活动。

云华师范学院自 2013 年创办以来，尊重当地风俗习惯，中缅文并重，积极融入当地主流社会，做中缅民间友好使者，成为建立中缅命运共同体的桥梁和纽带。

36. 暨南大学博士硕士日本教学中心在东京成立

2015 年 10 月 30 日，暨南大学博士硕士日本教学中心授牌仪式在日本东京千代田国际语学院举行。中国驻日本大使馆一等秘书谭永东，全日本华侨华人联合会会长颜安，暨南大学文学院院长王列耀、千代田教育集团理事长陈秀姐等各界代表出席了授牌仪式。

这是国内综合性大学首次在日本开设博士点，学制为 3 年，毕业后学历及学位等可在中国教育部网站查询。此次暨南大学与千代田教育集团合作建立的暨南大学博士硕士日本教学中心以弘扬国学、推广中国传统文化精髓为宗旨，向广大在日华人华侨传播博大精深的中华文化。

37. 维也纳中文学校图书馆开馆

2015 年 11 月，奥地利维也纳中文学校图书馆正式开馆。奥地利国会议员、维也纳中文学校名誉校长 Peter Wittmann 博士、中国驻奥地利使馆参赞丁雅贞、领事部主任钟奇、教育处主任董卫国、奥地利新世界集团董事长、维也纳中文学校名誉校长金剑平等参加了图书馆开馆仪式。

图书馆位于维也纳一区舍林街13号，馆内设有藏书室、阅览室以及多媒体会议厅等，藏书室存放综合性用书、历史地理、文学欣赏和少儿读物等各类图书1万余册，供读者挑选。

38. 圭亚那"华星书屋"成立

2015年11月，圭亚那中华会馆举行国务院侨务办公室捐赠图书交接及圭亚那"华星书屋"成立仪式，中国驻圭亚那大使张利民应邀出席并简短致辞。中华会馆执委、中文学校师生等参加了仪式。

张利民大使祝贺华星书屋成立，表示中国政府高度重视并积极支持海外侨胞在驻在国的发展和华文教育的推广。随着中圭各领域合作的深化，中文对促进两国友好关系的作用不断上升。张利民勉励同学们充分利用国务院侨务办公室捐赠的图书资料学好中文，为增进中圭两国人民友谊做贡献。

39. 温州市第二职业学校新增为市级华文教育基地

2015年11月5日，温州市第二职业学校举行了"温州市华文教育基地"挂牌仪式，温州市教育局与温州市外事侨务办公室联合为基地授牌。至此，温州已建成华文教育基地20个，其中国务院侨务办公室华文教育基地3个，省级华文教育基地5个，市级华文教育基地12个，为大力开展华文教育工作奠定了良好的基础。

温州市第二职业中等专业学校有着61年办学历史，学校现设有财经、商贸和形象设计3大专业群，共8个专业方向。近年来，学校在建设现代化中职学校的进程中，不断加强与国际的交流与合作。该校的加入，将有效弥补温州华文教育基地专业资源相对有限的缺憾，温州华文教育基地实力将得到进一步的补充和加强。

40. 泰国曼谷大学成立中文国际学院

2015年11月21日，泰国曼谷大学中文国际学院正式挂牌成立。中国驻泰国大使宁赋魁、曼谷大学校长披差等出席当天的揭牌仪式。

经泰国教育部高等教育委员会审批，曼谷大学成立中文国际学院，旨在响应"一带一路"倡议，培养符合时代需求的"中国和东盟"领域复合型专业人才。曼谷大学中文国际学院的教学语言为中、英、泰三语，特点是"汉语为主、英泰语为辅"。此举改变了泰国高校国际学院普遍以英语教学的单一状况，充分体现了汉语作为国际语言，在海外广泛传播的大趋势。

41. 华侨大学侨捐工程"善约善多楼"落成

2015年11月26日,由香港名医、菲律宾华侨庄善春捐资襄建的善约善多楼落成典礼在华侨大学泉州校区举行。中国侨联副主席、福建省侨联主席王亚君,福建省侨联副主席陈式海,华侨大学校长贾益民、党委书记关一凡,华侨大学原校长庄善裕与捐赠者庄善春、郑启鋆伉俪及外语学院师生共同出席落成典礼。

王亚君高度评价庄善春为促进旅菲华人华侨事业发展和中华优秀传统文化传播所做的大量实事好事,对庄善春伉俪矢志兴学、倾资助教的善心义举表示崇高的敬意,向大楼的落成表示祝贺。

42. 意大利侨团侨胞合力捐建中意学校"百汇书屋"

2015年12月,意大利中意学校在庆祝建校15周年之际举办"汇百家之力,成百草之屋"图书捐赠仪式。捐赠仪式上,那不勒斯南部贸易总会、那不勒斯华商会、意大利坎帕尼亚华商会、那不勒斯唐人商城等4个侨团和许建成、林国荣、焦国林等22位爱心人士,为意大利中意学校"百汇书屋"捐赠图书7950册,给广大那不勒斯地区青少年送上了一道中华文化盛宴。

"百汇书屋"建成后,将向那不勒斯地区青少年免费开放,努力让更多的人从中受益,让更多的海外游子感受到中文书籍中的温暖与力量,让中华文化的种子在异乡的土地生根发芽。

43. 缅甸曼德勒成立"海外华侨华人互助中心"

2015年12月13日,在缅甸曼德勒金多堰大礼堂隆重举行曼德勒"华助中心"揭牌仪式暨中医关怀团义诊活动开幕式。中国驻曼德勒总领事馆靳仪麟副总领事及檀结来领事、中国海外交流协会行政部张蔚副司长为首的中医关怀访缅团、曼德勒金多堰慈善总会领导、华助中心代表、曼德勒缅中友好协会、曼德勒各侨团华校代表等约400人出席。

2015年是中国海外交流协会确定的"惠侨行动年",并全面实施"海外惠侨工程"。其中,建设"华助中心"是惠侨工程的重点之一,目的是希望华社通过华助中心,能够团结凝聚华社力量,秉承帮扶关爱、慈善回馈、维护权益的理念,弘扬中华民族团结互助精神,为侨胞排忧解难、增强技能、维护权利、发展未来。

44. 阿根廷中文学校获中国国务院侨务办公室赠书建设"华星书屋"

2015年12月19日,中国驻阿根廷大使馆陈志军领事代表国务院侨务办公室,将6000余册图书赠送给阿根廷侨联中文学校。

这些赠送的书籍包括中国文学、中国历史、中国小说以及天文地理、科普知识、手工制作、儿童读物等内容，共计6000余册。这些书籍将用于建立侨联中文学校的"华星书屋"，让在阿根廷出生的华人孩子更多地了解中国，使学生们能够学习到更丰富的中文知识。

45. 昆明新知集团第9家华文书局落户印度尼西亚雅加达

2015年12月20日，云南昆明新知集团印度尼西亚雅加达华文书局隆重开业，这是新知集团继柬埔寨金边、老挝万象、马来西亚吉隆坡、缅甸曼德勒、斯里兰卡科伦坡、泰国清迈、尼泊尔加德满都、南非约翰内斯堡之后，开设的第9家国际连锁华文书局。

作为2015年中国印度尼西亚建交65周年的系列文化活动之一，新知集团雅加达华文书局的开业引起了广泛关注。开业当天，云南省新闻出版广电局副局长刘水云、云南省驻印度尼西亚商务代表处副主任杨宸锋、印度尼西亚国际日报社总裁赵金川、新知集团董事长李勇，以及部分中资公司出席了开业仪式，为书局开业剪彩。

新知印度尼西亚雅加达华文书局位于雅加达噶啦巴嘎丁区椰风大道，经营总面积680平方米，所售图书分为教育（含外文）、社科（含经济）、文艺（含古籍、艺术）、少儿、音像、生活、科技、文化用品等8个分类，品种最大容量为3万种。

四　华教交流与合作

（一）国内交流与合作

1. 云南省政协调研组赴云南师范大学调研华文教育

2015 年 4 月 15 日，由云南省政协副主席曾华带队，云南省政协部分常委、委员及有关部门专家组成的云南省政协调研组，围绕"面向南亚东南亚辐射中心建设，加强周边国家华文教育"这一主题到云南师范大学开展调研。

调研座谈会由云南师范大学蒋永文校长主持。会上，云南省侨务办公室主任杨焱平介绍了东南亚五国缅甸、泰国、老挝、越南、柬埔寨华文教育的现状，汇报了云南省华文教育工作情况，围绕调研主题，提出了云南华文教育发展的规划思路。与会人员围绕"建设面向南亚东南亚辐射中心，加强周边国家华文教育"这一主题做了发言。调研组成员与参会各单位领导就加强周边国家华文教育工作的有关问题进行了沟通交流。随后，云南省政协调研组与来自缅甸、老挝、泰国 40 所华校的校长、教师代表进行座谈，对三个国家华校的情况及华文教育发展现状做进一步的调研了解。

2. 国务院侨务办公室文化司司长雷振刚视察上海华文教育工作

2015 年 4 月 28 日，国务院侨务办公室文化司司长雷振刚专程看望赴上海参加 2015 年"中国寻根之旅"夏令营的东南亚华裔营员及领队，并参加了泰国、菲律宾华校负责人和领队座谈会。

座谈会上，雷振刚详细了解了夏令营、外派教师和华校建设方面的情况及问题，并介绍了文化司针对海外华校办学水平差别大、课程设置多样性、海外华裔青少年中文能力参差不齐等情况而推出的新举措和新手段。雷振刚勉励在座的华校负责人和老师进一步重视华文教育工作、转变教学理念，共同努力，把海外华校打造成华裔青少年学习中文和中国文化的首选平台。

在上海期间，雷振刚司长与上海市侨务办公室主任徐力就进一步提升华文教育工作能力等问题进行了深入探讨，并参观了旅美著名舞蹈、影视表演艺术家周洁创办的周洁艺术专修学校。

3. 中国华文教育基金会赴广东省中山市指导开展华文教育工作

2015年7月12日，中国华文教育基金会副秘书长方文国一行访问中山市，指导开展华文教育工作，听取即将参与海外名师巡讲团的教师的授课情况并予以点评。

在与中山市一中和市侨中的校长和教师的座谈中，方文国寄语该次赴美国、加拿大、瑞典和丹麦海外名师巡讲团的教师，希望他们结合海外华校教师和学生的特点，大力传播优秀中国传统文化，为促进中外文化交流做出应有的贡献。

4. 国务院侨务办公室文化司赴温州文成调研

2015年7月21日，国务院侨务办公室文化司司长雷振刚一行赴侨乡文成县调研华文教育工作。温州市外事侨务办公室主任邱华萍、副主任许捷、文成县副县长郑文东、米兰华侨中文学校校长陈小微、米兰华侨华人妇女会执行会长金瑞红陪同调研。

雷振刚一行听取了文成县外事侨务办公室副主任吴筠霄关于2015"中国寻根之旅"文成分营的工作情况汇报，到营地看望参加夏令营的孩子们，并为82名营员赠送了《新华字典》。

雷振刚司长对文成县的华文教育工作表示满意。他表示，文成县是温州市乃至浙江省的著名侨乡，承办夏令营责任重大。希望通过举办夏令营活动，向海外华裔青少年传播优秀传统文化，提升民族自豪感。同时文成县外事侨务办公室和承办营地要提升自身管理水平，把夏令营办得更具特色、更有成效、更具影响力。

5. 国务院侨务办公室国外司领导赴温州永嘉县调研侨务工作

2015年10月24日，国务院侨务办公室国外司副司长卢海田赴温州市永嘉县调研侨务工作，温州市外事侨务办公室副主任许捷，永嘉县外事侨务办公室主任黄少林、副主任李光训陪同。

会上，黄少林向卢海田详细汇报了永嘉县情、侨情，以及近年来永嘉外事侨务方面所做的工作，特别是在引资引智、侨情调查、基层侨务等工作所取得的成效。卢海田听取汇报后对永嘉县外事侨务办公室所做的工作给予了充分肯定。他指出，永嘉山清水秀，文化底蕴深厚，要充分发挥永嘉县所长，积极推广生态旅游业和农林业，吸引海外侨胞来永嘉投资，推进永嘉社会经济文化快速发展。

6. 国务院侨务办公室文化司赴温州调研中华文化大乐园才艺团赴美筹组工作

2015年11月19日,国务院侨务办公室文化司华文教育二处处长王梦黎等一行赴温州调研"中华文化大乐园——优秀才艺学生交流团"赴美国展演筹组工作,并与温州市外事侨务办公室主任邱华萍、副主任许捷就有关事宜进行了交流。

当天下午,王梦黎一行来到国务院侨务办公室华文教育基地——温州市少艺校,在校长李绍可的陪同下参观校史馆,观看孩子们的精彩演出。演出结束后,王梦黎对少艺校的华文特色教育给予了充分的肯定,并与少艺校艺术总监应真等校方人员就挑选优秀才艺学生赴美展演的筹组工作进行了深入沟通和交流。

7. 中国华文教育基金会赴广东禅武中心调研

2015年12月2日,中国华文教育基金会副理事长兼秘书长左志强赴广东禅武中心调研,看望正在禅武中心学习的"2015雅居乐海外华裔青年禅武文化研修班(第二期)"和"2015中国寻根之旅——马来西亚禅武功夫太极冬令营"学员,并与学员们进行座谈。一同出席座谈会的还有广东省人民政府侨务办公室文教处处长汤泗昌、副处长侯瑜、副调研员何新中,以及广东省华侨职业技术学校校长张侃、副校长钟志恒等。

左志强在座谈会讲话中回顾了基金会合作共办禅武中心的历程,对广东省侨务办公室、广东省华侨职业技术学校、禅武中心、禅武国际联盟,以及对举办禅武班项目进行无私捐赠的单位表示衷心感谢,并表示今后基金会将继续与广东省侨务办公室合作,希望禅武文化班能够继续举办下去且越办越好,他勉励学员们刻苦学习,努力提升自己的能力与素养。

8. 宁波市侨务办公室派团赴温州华教基地考察调研

2015年12月9日,宁波市侨务办公室副主任赵骏一行5人赴温州调研华文教育工作。温州市外事侨务办公室副主任许捷陪同赵骏一行走访了国务院侨务办公室华文教育基地温州大学国际合作学院,并就华文教育工作开展座谈交流,温州大学国际合作学院院长严晓鹏、副院长包含丽参加会议。

会上,严晓鹏介绍了温籍海外华校的生存现状,并从学术的角度对华文教育工作的发展方向提出看法。包含丽重点向调研组介绍了温州大学夏令营的办营理念及特色课程安排,并通过PPT展示历年夏令营工作取得的成效。

赵骏表示,温州大学国际合作学院开阔的工作视野、创新的工作思路、务实的工作作风以及典型的工作经验,都值得学习和借鉴。许捷感谢代表团对温州市华文教育工作的肯定,她表示,宁波侨务工作重点突出,亮点纷呈,双方要加强交流合作,相互学习取经,共同推进华文教育工作再上新台阶。

9. 国务院侨务办公室文化司一行调研广州市花都区华文教育工作

2015年12月29日,国务院侨务办公室文化司副司长周虹一行前往广州市花都区调研华文教育及夏(冬)令营工作,广州市侨务办公室副主任唐忆春陪同调研。

周虹副司长听取了广州市华文教育示范基地花城小学的校长和花都区侨务办公室的工作汇报,对花都区长期坚持开展夏令营活动,关心和支持巴拿马华裔子女回国读书工作给予了肯定。

近年来花都区开展华文教育工作成果显著,相继有3所学校获评广东省和广州市华文教育示范基地,其在《人民日报海外版》的专题调研报道获中央领导批示。

10. 华教基金会代表赴广西侨校颁发"金辉奖学金"

2015年12月28日,中国华文教育基金会项目部主任李晓梅、熊志远一行赴广西华侨学校,为150名海外华裔高中学生颁发"2015中国华文教育基金会海外华裔高中生学历教育'金辉'奖学金",颁发总额为69.64万元。

次日,两位代表与获奖学生代表进行了座谈。广西华侨学校雷丽芳副校长、相关科室负责人及工作人员参加了座谈。李晓梅主任对广西华侨学校奖学金的评比和管理制度表示肯定。同时,她也对学校的工作提出建议:一是应该继续对学生进行感恩教育,让获奖学生珍惜来之不易的奖学金,激励自己奋发向上;二是积极利用各种媒体平台扩大宣传效果,令捐助企业的仁心善举广为传扬。

(二)国际互访与交流

1. 澳大利亚中文教师在福建省开展文化教育交流

2014年12月27日至2015年1月3日,应福建省海外交流协会邀请,澳大利亚中文教育促进会资深中文教师福建文化教育参访团23人,赴福建福州、武夷山等地交流访问。

此次活动旨在"探访福建教育与文化,促进中澳校际交流与合作"。活动安排参访团赴福建师范大学附属中学和附属小学、南平市实验小学、武夷山一中、武夷学院开展教学与管理交流，安排教育管理、茶文化、朱子文化、中华文化传承等专题讲座。双方交流热烈，互动良好，并在教育管理、教学拓展、校际文化交流等方面形成共识，达成了合作的意向。

2. 浙江省金华市外事侨务办公室赴意大利华校慰问外派教师

2015年1月7日，浙江省金华市外事侨务办公室副主任金烨访问意大利温籍华校——佛罗伦萨中文学校，并看望慰问金华市在该校支教的五名外派教师。

金烨对外派教师工作中的突出表现给予肯定，希望她们牢记支教使命，辛勤耕耘，认真履行职责，为提高佛罗伦萨中文学校教学水平多做贡献。当天，金烨还参观了佛罗伦萨中文学校校园，并与佛罗伦萨中文学校校长潘世立、副校长谢群进行座谈，深入了解佛罗伦萨中文学校的办学情况和特色。双方就今后加强文化与教育方面的合作进行深入磋商，并达成广泛共识。

3. 意大利温州籍华校校长赴国务院侨务办公室华教基地交流访问

2015年2月3日，意大利罗马中华语言学校校长蒋忠华，意大利"大陆桥"意中文化交流协会负责人刘立夫在温州市外事侨务办公室副主任许捷的陪同下赴国务院侨务办公室华文教育基地温州大学国际合作学院交流访问。

温州大学国际合作学院院长严晓鹏与许捷围绕如何提高海外办学质量、深化中意教育文化交流等方面进行探讨。严晓鹏就中意文化交流相关事宜与刘力夫进行交谈。当天还举行了"一对一"结对帮扶捐书仪式，严晓鹏代表温州大学国际合作学院向意大利罗马中华语言学校捐赠360册中文教材。许捷为该校颁发由温州市外事侨务办公室和温州商报共同主办的2014年温州籍海外华裔青少年"温州城市家书——给美丽家乡写一封信"征文比赛获奖证书。

4. 中国海外交流协会访问泰国崇华新生华立学校

2015年2月4日，中国海外交流协会胡新明、广西南宁华侨学校副校长雷丽芳等人访问泰国崇华新生华立学校，洽谈海外华文教育合作与推广相关的事宜，崇华新生华立基金会主席关复兴及校领导接待了访问团。在洽谈当中，胡新明主任对崇华新生华立学校为海外华教做出的贡献表示肯定，并鼓励崇华新生华立学校继续在华教的道路上发扬泰北华教旗帜的作用，引领海外华教不断向前发展。

崇华新生华立学校与中国海外交流协会有着长期的合作关系。2013年崇华新生华立学校被中国海外交流协会评为"华文教育示范学校"，该校学生代表多次代表泰国参加中国海外交流协会举办的"海外华裔青少年中华文化大赛"，并曾获得第四名

（进士奖）；崇华新生华立学校现今有 15 名高中留学生在中国广西南宁华侨学校就读高中，已经毕业的 3 名毕业生考上了中国的华侨大学和上海交通大学。

5. 厦门大学代表团访问菲律宾华教中心及两所华校

2015 年 2 月 6 日，厦门大学新闻学院副院长兼厦门理工学院副校长赵振祥教授率领厦门大学代表团赴菲律宾进行文化艺术调研。

菲律宾华教中心常务副主席黄端铭向来宾介绍了菲律宾华文教育发展概况，就访问团感兴趣的文化艺术教育进行交流探讨。随后，访问团在菲律宾华教中心有关人员的陪同下，先后访问了中西学院和侨中学院。在中西学院，访问团了解了其作为菲律宾第一所华校的悠久历史和发展现状，同时参观了中西学院学生的国画作品。在侨中学院，访问团侧重了解了侨中艺术团舞蹈组、民乐团的发展现状和学生品德教育的推进情况。

6. 中国驻清迈总领事参访当地华校

2015 年 3 月 1 日，中国驻清迈总领事巢小良赴清迈府孟幸县边龙村参访光华中学，清迈中华商会终身名誉主席李健圆女士陪同出席。

巢小良总领事参观了光华中学的校园校舍，听取了办学情况介绍，并与学校师生和当地村民一起共庆元宵佳节。巢小良总领事对边龙村光华中学的校董和老师们在条件极其艰难的情况下仍然坚持推广华文教育、传承和传播中华文化表示钦佩和赞赏。他表示，中国的统一和强大是海外华人华侨的福音。总领事馆将继续为光华中学发展华文教育提供力所能及的帮助和支持。

7. 菲律宾华教中心赴河南省洽谈外派教师事宜

2015 年 3 月 9 日至 12 日，菲律宾华教中心师资部主任郝海庭女士到访河南省，就外派华文教师工作与河南省有关单位进行了工作交流。

访问中，河南省外事侨务办公室国外侨务处负责人肖伟介绍了河南省近年来开展华文教育和外派华文教师工作的基本情况，河南省教育厅中国国家汉语国际推广领导小组办公室主任徐恒振针对外派教师工作中遇到的问题及其解决办法作了详细解答，河南省外事侨务办公室副巡视员张胜谦介绍了河南悠久的历史文化和经济社会发展情况。

受国务院侨务办公室委托，2011 年以来，河南省外事侨务办公室先后选派 37 名教师前往菲律宾华教中心下属的华文学校任教。2015 年，河南省外事侨务办公室将向菲律宾华教中心新派 16 名汉语教师，延聘 11 名教师。

8. 中国驻意大利使馆官员走访罗马四所华文学校

2015 年 3 月 14 日，中国驻意大利大使馆参赞姚成、领事部主任李帆等使馆工作人员前往罗马中华语言学校等 4 所华文学校巡察调研，关心和了解罗马华校的华文教育情况，并观看了部分班级学生上课实况，与师生进行交流。

罗马中华语言学校创办于 2006 年 9 月，学校不仅在教学质量方面得到家长及社会各界的肯定和好评，在中意国际文化交流方面也做出了积极的贡献，更得到了罗马市政府教育部、意大利各文化协会及罗马市民和媒体的关注和认可。2011 年中国国务院侨务办公室授予该校"海外华文教育示范学校"称号。

9. 泰国华文教育访问团赴广西华侨学校参观交流

2015 年 3 月 17 日，泰国佛丕府光中公学校董会主席许镇宽率领考察团赴广西华侨学校参观访问，就新形势下如何加强双方华文教育的合作与交流进行了商讨。

座谈会上，广西华侨学校校长陈进超介绍了华侨学校的办学历史，重点介绍了学校开展华文教育的情况。双方就华裔青少年夏（冬）令营、华文教育师资培训、海外留学生高中学历教育内容等进行了深入的交流，力争在新形势下双方进行更加紧密的合作与交流。

广西华侨学校是国务院侨务办公室华文教育基地，学校具有鲜明的侨缘优势和东盟特色，吸引了越来越多的海外学生来校留学。目前在校留学生 500 多人，生源来自泰国、老挝、法国、西班牙、科特迪瓦以及中国香港、中国台湾等 10 多个国家和地区。

10. 山东省侨务文化交流团访问菲律宾华教中心

2015 年 3 月 18 日，由山东省侨务办公室副主任田西勇率领的山东省侨务文化交流团到菲律宾华教中心进行访问。

菲律宾华教中心常务副主席黄端铭向交流团介绍了菲律宾华教中心的机构设置，华文教育开展情况，并回顾了菲律宾华教中心与山东省侨务办公室合作开展的外派教师、学生活动、交流互访等活动。田西勇副主任表示，希望今后进一步加强山东省侨务办公室与菲律宾华教中心之间的文化交流与合作，为继承和弘扬中华民族的优秀文化做出积极贡献。随后双方举行座谈，就合作举办夏令营等事宜交换了意见，并期望进一步加强彼此的联系和合作。

11. 老挝华校华文教育考察团赴广西访问

2015 年 3 月 18 日至 20 日，在老挝万象寮都公学董事长林俊雄的率领下，老挝华校华文教育考察团先后走访了广西中医药大学、桂林理工大学和广西壮族自治区侨务办公室。

3月18日，考察团访问了广西中医药大学。他们首先参观了该校的第一附属医院，广西中医药大学校长唐农在门诊会议室接见了代表团成员。随后，考察团赴学校仙葫校区参观访问，广西中医药大学副书记董塔健会见了代表团，并与其展开座谈交流。

3月19日，考察团走访了桂林理工大学。双方在桂林理工大学屏风校区国际教育学院会议室进行了交流座谈，国际教育学院相关人员参加了座谈会。桂林理工大学副校长周国清向考察团介绍了学校的基本情况。林俊雄董事长代表考察团介绍了老挝华校华文教育的发展情况，随后双方就两校在中国—东盟合作背景下的国际教育交流以及来华留学生的合作培养等事宜进行了深入探讨。

同日，考察团到广西壮族自治区侨务办公室交流拜访，广西壮族自治区侨务办公室副主任陈洁接待了代表团。林俊雄董事长表示，近年来，随着中国和老挝两国关系的持续友好，老挝华文教育发展进入了黄金时期，懂中文的学生就业形势持续看好，许多老挝高级官员都愿意把子女送到华文学校就读。林俊雄希望广西侨务办公室能给予更多支持，帮助学校更好更快发展。陈洁表示，老挝寮都公学不仅华文教育做得好，其本土教育也成效显著，这十分难得。广西壮族自治区侨务办公室今后将做好服务工作，在外派教师、华裔青少年交流等方面给予相应支持。

12. 中国驻文莱大使访问文莱多所华文学校

2015年3月26日，中国驻文莱大使杨健赴文莱马来奕区考察马来奕中华中学、诗里亚中正中学，并分别拜会马来奕中华商会和海南公会。

4月20日，杨健访问了文莱都东中华学校。他表示，中国大使馆将会继续关注文莱华校之发展及需求，并在能力范围内给予必要的援助。

5月21日，杨健访问了文莱淡布隆培育学校，他在学校董事会的陪同下参观了学校教学设施，并与师生亲切交流。

6月17日，杨健访问了文莱那威中华学校，并在学校董事会成员和老师的陪同下参观了教学设施，与师生展开亲切交流。

13. 福建省领导与菲律宾侨领陈永栽共商华教发展

2015年3月31日，福建省副省长郑晓松在厦门会见了参加菲律宾华裔学生学中文夏令营开营式的菲律宾航空公司董事长陈永栽先生。

郑晓松副省长说，陈永栽先生是海内外享有盛名的闽籍侨领，恋祖爱乡，热心公益，从2001年开始，连续15年资助菲律宾华裔学生到福建参加学中文夏令营，为弘扬中华传统优秀文化做出了积极的贡献。当前福建正在深化改革、扩大开放，着力推进打造 21 世纪海上丝绸之路核心区和福建自由贸易试验区建设，希望陈永栽先生一如既往地关心支持福建发展，积极参与家乡建设。

陈永栽表示，学中文夏令营活动很受华裔学生欢迎，近年来到福建参加活动的学生越来越多，2015 年更超过 1000 人。他将继续举办这个活动，让更多菲华学生了解中华传统文化。

菲律宾华裔学生学中文夏令营活动由陈永栽先生组织并资助，自 2001 年迄今，已连续举办 15 届，受惠学生逾万人。该活动集"中文学习"与"文化寻根"于一体，深受菲律宾华裔青少年的喜爱，在菲律宾华人社会乃至海内外华文教育界影响广泛。2015 年的活动是 15 年来规模最大的一次，参加人数达 1022 人。

14. 奥地利温州籍华校校长拜访温州市外事侨务办公室

2015 年 4 月 1 日，奥地利维也纳中文学校校长吕小英拜访温州市外事侨务办公室，共商奥地利维也纳中文学校校庆事宜。温州市外事侨务办公室副主任许捷接待了吕小英。

据吕小英介绍，奥地利维也纳中文学校即将迎来建校 20 周年校庆，届时将举行盛大的庆典活动，邀请奥地利总统等政要参加活动，希望家乡侨务办公室能派员参加庆典活动。许捷对奥地利维也纳中文学校建校 20 周年表示祝贺，对学校多年来取得的成就予以肯定。她表示会在 2015 年的工作计划中予以考虑。同时，她希望奥地利维也纳中文学校再接再厉，为促进中奥两国的教育和文化交流、传播中华优秀传统文化做出新的贡献。

维也纳中文学校由温州籍侨胞吕小英创办于 1995 年，经过 20 年的发展，已开设汉语、珠算、中国书法、绘画、舞蹈、跆拳道等 30 余门课程，在校学生 400 余名。奥地利国民议会议员维特曼博士担任该校名誉校长。2008 年 2 月，该校成为海外第一所拥有"孔子课堂"称号的中文学校。2009 年 10 月，中国国务院侨务办公室和中国海外交流协会授予该校"华文教育示范学校"称号。

15. 中国驻柬埔寨大使走访桔井省华文学校

2015 年 4 月 1 日至 2 日，中国驻柬埔寨大使布建国分别走访了柬埔寨桔井省中山学校和中华学校。

布建国大使看望了在校工作的援柬汉语志愿者教师，详细询问他们的工作和生活情况，勉励他们要克服困难，不断提高业务素质，在华文教育中展现青春风采。布建国大使还参观了学校新建校舍、教师办公室和图书馆。自 2014 年走访中山学校后，布大使念念不忘改善志愿教师的生活住宿条件一事，一方面敦促校方努力提高住宿条件，另一方面协调中资企业予以帮助。目前志愿教师均已搬入新宿舍，各方面条件得到较大改善。布大使还代表使馆对中山学校礼堂建设给予捐助，同时向两所学校赠送了学生文化用品和志愿教师生活慰问品。布建国大使表示，使馆愿意为校方遇到的问题提供力所能及的帮助。校方表示一定要继续努力，发展壮大学校，为柬埔寨华文教育和柬中传统友谊做出贡献。

16. 华侨大学华文学院赴蒙古参加教育展

2015年4月3日至4月7日，华侨大学华文学院党委副书记王坚率代表团赴蒙古国首都乌兰巴托参加"第三届中国教育展览会"。

教育展期间，华侨大学华文学院代表团通过发放500多份中英文招生简章、短期培训项目资料、学院蒙文简介、学院画册等丰富多样的材料，全方位多角度宣传学院的办学特色，有效扩大了学院在蒙古国的知名度和影响力，加深了与兄弟院校的友好交流。优美的校园环境、雄厚的师资力量、优越的教学条件吸引了大批观众驻足询问，很多留学生对学院的长短期培训、学历教育表现出了浓厚的兴趣。

展会结束后，王坚副书记还拜访了当地侨领、校友，并参访旅蒙华侨友谊学校。王坚副书记介绍了近年来华文教育工作取得的成果、留学生工作开展情况及学院教学特色等情况，并邀请友好院校的优秀学生到华侨大学华文学院进行长短期学习。

17. 安哥拉总统基金会主席席尔瓦访问华侨大学华文学院

2015年4月9日，安哥拉总统基金会主席席尔瓦到访华侨大学华文学院，看望安哥拉政府青年科技人才班学生。华侨大学华文学院党委副书记王坚和学生办相关负责人接待了到访客人。

王坚副书记向席尔瓦介绍了学院"多元交融、和而不同"的校园文化特色。他表示，学院高度重视安哥拉政府青年科技人才班项目发展，针对学员特点，积极创设汉语情境与氛围，以汉语教学为重点，开展特色的课外活动、丰富多彩的社会实践，激发汉语学习兴趣，提升学员的综合素质能力。华文学院学生办负责人介绍了安哥拉学生在学院的学习生活情况，并陪同席尔瓦参观了安哥拉学生的教室和宿舍。在学生宿舍，席尔瓦与安哥拉学员们亲切交谈，了解学员们近一年来的学习生活情况。在教室里，安哥拉班班长雷迪在黑板上用中文写下"我们都是安哥拉学生"。席尔瓦表示，看到学员们的进步感到十分高兴。

2014年，华侨大学启动安哥拉政府青年科技人才班项目。该项目由华侨大学和安哥拉总统基金会共同举办，是落实中国总理李克强和安哥拉总统多斯桑托斯会谈结果的重要举措。华侨大学每年接受近30名安哥拉籍优秀高中毕业生到校就读，为安哥拉的战后重建培养大批急需的懂科学、懂技术的青年人才。

18. 华侨大学、昆明华文学校赴缅甸边境开展工作调研

2015年4月21日至25日，由中国华侨大学徐西鹏副校长及招生处、国际交流处、华文学院负责人在内的5人调研组与昆明华文学校相关人员赴缅甸的楚雄、德宏等地对缅甸华裔学生基本情况开展工作调研暨招生宣传工作。

位于边境地区的楚雄天人中学、瑞丽畹町中学是调研的重点学校，两所学校在读缅甸华裔学生人数分别为143人和92人。由于特殊的历史原因，边境特区的华裔学生不能取得合法的缅甸政府身份证继而不能获取缅甸政府签发的护照，持护照到中国留学困难重重。为此，调研组通过与学生见面、走访地州侨务办公室、召集边境华校负责人座谈等形式，真实而客观地了解边境地区生源情况以及办理缅甸护照的渠道和难度。

近年来，昆明华文学校在边境地区设立了13个教学先修点。在学的缅甸初、高中学生人数近千人，为华侨大学涵养了相当数量的境外生源。

19. 西班牙马德里中文学校校长拜访温州市外事侨务办公室

2015年4月23日，温州市外事侨务办公室副主任许捷会见了西班牙马德里华侨华人中文学校校长叶玉兰，欧洲华侨华人妇女联合总会常务副主席朱伟如，双方进行了友好的交流座谈。

叶玉兰介绍了西班牙马德里华侨华人中文学校的发展历程、近况以及遇到的困难。许捷充分肯定了叶玉兰女士对海外华文教育事业的热诚及其造福华裔子弟、传播中华文化的无私奉献精神。她强调，温州市外事侨务办公室作为侨胞的"娘家"，愿意为马德里华侨华人中文学校提供力所能及的帮助。叶玉兰还与温州市外事侨务办公室文宣处就中文教材、蒲公英图书室建设等方面工作进行了交流。

西班牙马德里华侨华人中文学校是全欧洲华侨华人中文学校中学生人数最多、规模最大的中文学校之一，也是中国国务院侨务办公室授予的第一批"华文教育示范学校"之一。

20. 泰国南方大学校长率团访问厦门大学海外教育学院

2015年4月28日，泰国南方大学校长到访厦门大学翔安校区与海外教育学院，协商派遣学生的相关合作。南方大学人文学院院长、东方语言系主任及中文系相关老师随行，厦门大学海外教育学院副院长黄冠华、吕子玄等代表学院会见了代表团一行。

双方就合作事宜举行了座谈会。会上，吕子玄副院长介绍了厦门大学的创建、历史沿革、校区分布、办学实力、海外教育学院的基本情况以及近年来的发展。随后，泰国南方大学校长对泰国南方大学作了简要介绍，并为大家展示了一段南方大学的视频资料。双方还就派遣学生的合作协议展开讨论，在学习经费、课程设置和学时学分的换算、生活住宿等问题上深入交换了意见。

21. 厄瓜多尔高等教育委员会赴暨南大学洽谈华文教育合作

2015年4月29日，厄瓜多尔共和国高等教育委员会大学和工艺学校常设委员会主席马塞洛·塞瓦略斯·巴耶霍斯先生、亚马逊大学校长胡利奥·塞萨尔·巴尔加斯·布尔戈斯先生和厄瓜多尔教育与产业协作促进会会长梅炬铭先生莅临暨南大学华文学院。暨南大学华文学院院长邵宜、副院长曾毅平和党委副书记侯宏伟等领导出席了座谈会。双方就开展华文教育工作的情况展开交流，并就华文教育合作进行磋商。

22. 中国驻温哥华总领事会见加拿大温哥华地区华校代表

2015年5月5日，中国驻温哥华总领事刘菲会见加拿大卑诗省中文协会、温哥华北京中文学校、大温哥华中华文化中心李树坤中文学校、侨道中文学校、环球中文学校和森森中学学校校董、校长等，肯定各校在传授汉语、弘扬中华文化方面做出的努力和贡献，指出中文教学在加拿大需求增大，华文教育大有可为，鼓励大家将华文教育工作越办越好。

23. 美国芝加哥埃尔金学院考察团访问温州华教基地

2015年5月12日，由美国芝加哥埃尔金学院副校长Shannon D. Howell等4人组成的考察团访问了华文教育基地——温州市实验中学。

考察团在温州市实验中学校长倪彤的陪同下，先后参观了校史馆、春草池、体育馆、艺术角、中山书院遗址等，深入了解该校的建校时间和发展历程。访问中，双方还就两国两地的教育现状以及合作意向进行了广泛的交流。双方表达了互派师生学习交流、建立长期友好教育交流关系的诚意和良好愿望。

美国芝加哥埃尔金学院创办于1839年，占地73000平方米，是伊利诺伊州最古老的私立学校之一，也是一所从小学、初中到高中一体化办学的学校。

24. 中国媒体代表团访问西班牙华校共论中华文化传播

2015年5月15日，由中国文化部牵头的中央媒体访西代表团应马德里中国文化中心的邀请到马德里进行采访。西班牙新东方文化学院的3位代表作为马德里中国文化中心汉语班的教学方,接受了来自中国北京的 6 家媒体代表的采访。

采访围绕"中国文化在海外的传播"的主题进行。新东方文化学院张忠民院长首先从对外汉语教学角度,介绍了西班牙人学习汉语,以及在汉语教学中所了解到的西班牙人对中国文化的了解与认识情况。马若兰副院长从一个西班牙人的角度,跟中国媒体代表团成员分享了自己对中国文化的深刻理解和亲身感受。

在采访座谈活动上,大家畅所欲言,并对今后的交流合作提出了各自的见解,表示将进一步促进中西文化交流,增进中华文化在西班牙的传承和弘扬。

25. 美国图桑国际学校师生赴南京华文教育基地学习交流

2015 年 5 月 18 日至 6 月 18 日,美国亚利桑那州图桑国际学校的师生、家长赴江苏南京浦口行知小学行知苑开展深度交流活动。这是继 2011 年之后,该校第二次到行知苑开展交流学习活动。

为了表达对两校交流的重视,图桑国际学校校长威廉先生此次随团前来,为两校接下来的合作,特别是"孔子课堂"建设的有效推进进行沟通。此外,他还为行知小学的学生上课,与老师们座谈,并前往行知中学、拉萨路小学等校开展交流分享活动。

学习华文、提升华文水平是此次活动的重要目的。在文化差异较大、中文水平有限的情况下,家长老师应积极鼓励孩子们走进小学和幼儿园的课堂,与行知小学的小朋友们无差别地共同生活学习了一个月,并且走进好朋友的家里体验中国家庭生活。

文化体验也是此次活动的重要内容。学生及家长的此项行程也使他们得到了充分的文化体验认知的机会。中山陵、明孝陵、夫子庙,古都南京的辉煌过去,新街口、滨江风光带,现代南京的魅力当下,让这些很多第一次来中国、南京的学生及家长开拓了眼界,增长了见识,加深了感情。

26. 菲律宾东棉省华工商联合会理事长访问厦门商谈华文教育

2015 年 5 月 19 日,菲律宾东棉省菲华工商联合会理事长刘锡吴先生等 5 人赴厦门湖里区侨联进行访问。

刘锡吴理事长希望中国政府在推动"一带一路"愿景时能助推菲律宾的华文教育,建立国际性、综合性华文学校,为渴望学习中文的菲律宾华裔和外国人服务,为两国文化的互动交流、为弘扬中华传统文化奠定根基。他表示,长期以来,菲律宾一些爱国华侨人士自发出资创办华文学校,目前这些华文学校面临窘境,尤其华文老师缺口较大。

27. 华侨大学代表团访问东南亚三国洽谈华文教育合作

2015 年 5 月 20 日至 5 月 29 日,华侨大学副校长曾路等 4 人赴泰国、马来西亚、印度尼西亚交流访问。

在泰国访问期间，曾路先后拜会了中国驻泰国大使馆、泰中文化经济协会、曼谷吞武里大学、兰实大学、泰国皇家警察学校、泰国国家研究院、法政大学，取得多项成果。

5月24日至25日，曾路到访马来西亚，看望了华侨大学马来西亚校友会部分校友，走访了董教总、马来西亚留华同学会。访问董教总期间，双方就独中升学考试、汉语课程规划、教材编写、语言测试、师资培训、华侨大学在马来西亚招生等方面进行了深入沟通。曾路介绍了中国国务院侨务办公室关于构建华文教育六大体系的计划，表示华侨大学愿意在以上诸方面与董教总开展合作。

5月26日至28日，曾路一行到印尼雅加达和泗水两地，先后拜会了智民学院校长、华侨大学校友陈玉兰博士，华侨大学雅加达校友会刘新华会长，华侨大学董事会副董事长郑年锦先生，泛华集团董事长、泛华学院名誉院长、华侨大学董事会副董事长林昌华先生，并专程看望了华侨大学在泗水地区的部分校友，介绍了华侨大学全球校友会的建设情况。在泗水期间，曾路一行还考察了学校驻印尼代表处，了解代表处的运作情况，并对今后工作提出新的要求。

28. 昆明华文学校张明军校长访问缅甸

2015年5月24日，昆明华文学校张明军校长访问缅甸，在缅甸曼德勒、仰光开展为期3天的文化交流与招生宣传。

张明军校长到达缅甸曼德勒后，就赶往昆明华文学校与曼德勒云南同乡会合作开办的云华师范学院，在尚兴玺董事长及各位校董的陪同下参观了学院。之后，张明军校长与学院全体校董和老师召开了座谈会。尚兴玺董事长对学院的招生办学等情况进行了详细介绍，并对存在的困难和问题提出了自己的看法，同时就师范类专科生到昆明深造、学生奖助学金、困难学生补助等问题请昆明华文学校给予支持。张明军校长表示，如果师范类学生明确表示学成后愿意从事华文教育工作的，昆明华文学校将向中国国务院侨务办公室、中国华文教育基金会、云南省侨务办公室申请，给予他们最大力度的支持。

5月25日，张明军校长前往仰光东方语言与商业中心、福星学校和福星孔子课堂进行文化交流与招生宣传，并与他们就南缅甸地区华文教育40多年的断代问题进行深入探讨。随后，张明军校长和仰光东方语言与商业中心曾圆香董事长进行座谈，双方就合作开办汉语言文学专科班进行洽谈，深入磋商双方的责权利、办学模式、招生方向、教育目的，并达成共识，签署合作办学协议。

29. 马来西亚沙巴州福建幼教考察团赴福建交流访问

2015年5月31日至6月5日，马来西亚沙巴州兵南邦中华幼儿园福建幼教考察团 40 人，在永定、厦门、福州等地交流访问。

访问期间，福建省侨务办公室党组成员、纪检组长闵蕙君在福州会见该访问团。她表示，马来西亚华文教育工作成效良好，兵南邦中华幼儿园及其所属单位亚庇中华工商总会，致力于海外华文教育事业，为当地华文教育事业的发展做出了积极贡献。此次活动旨在探访福建教育与文化，增进园所董事与教职员工的交流与合作，提升园所教学管理与合作水平。

在为期 6 天的行程里，交流团赴福建泉州幼儿师范附属学校、福州碧水芳洲小金星幼儿园等园所学习交流，赴永定土楼、厦门鼓浪屿、福州三坊七巷等文化旅游胜地考察探访。

30. 马来西亚华校师生访问泰国孔子课堂

2015 年 6 月 8 日至 10 日，马来西亚北海钟灵中学（卓越学校）海外交流营到访泰国南部国光中学孔子课堂，双方就汉语教学、文化项目和汉语考试等内容进行了深入交流。

泰国国光中学校长、孔子课堂泰方负责人素帕尼女士表示，希望通过交流营促进双方学校学生间的友谊、教师间的交流和校际间的合作。北海钟灵中学校长骆贵清在致辞中说，此次海外交流营选择国光中学孔子课堂，目的是学习孔子课堂的教学管理模式和文化活动开展经验，促进营员对中华文化的深入传承。

两国学生在交流营中举行了丰富多彩的中华才艺会演。北海钟灵中学领队舒永发认为，此次交流营让马来西亚师生了解了不同的文化及风土人情，拓展了学生的汉语文化知识和国际视野，交流营项目将成为马泰学生汉语交流的典范项目。

31. 马来西亚华教交流团赴深圳交流

2015 年 6 月 12 日，马来西亚沙巴州国民型华教交流团赴深圳龙华新区行知小学交流教学方法与教育经验。双方均表示愿意为缔结姐妹学校、加深华教交流而努力。

当天的交流内容包括教学方法与教育经验分享。行知小学校长满小螺的"如何做真的教育，如何培养真善美"的分享内容，不时博得华校教师们的阵阵掌声。拿督周伟怀指出，在深圳的交流之行让他们受益匪浅，并期望参加此次交流活动的华校能与行知小学成功结为姐妹学校。满小螺回应，很愿意与马来西亚的华校结为姐妹学校，用华教拉近彼此的距离，牵起同根之情。

行知小学从 2010 年开始成为深圳市侨务办公室授予的华文教育基地，与印尼圣彼得拉恩典学校等多所海外华校缔结姐妹学校，并多次委派优秀教师赴马来西亚、印尼支教。

32. 马来西亚侨领访遍马来西亚华小收集华教百年发展史资料

2015年6月26日,马来西亚前任教育部副部长丹斯里冯镇安博士,访遍马来西亚全国华小,积极收集华教百年发展史资料。冯镇安博士表示,他是在获得马来西亚教育部批准后,在不惊动学校董事的情况下进入华小参访,对于早期槟州各宗族乡亲为了传承中华文化、创办华小的艰难过程深表敬佩。

33. 柬埔寨柬华理事总会与暨南大学商议编写《华文写作》教材

2015年6月27日,暨南大学华文学院代表团访问柬华理事总会,深入了解柬埔寨华教环境,为将要编写的《华文写作》(柬埔寨小学、初中版)教材的前期工作同总会领导进行探讨,并听取意见。

柬华理事总会副秘书长罗世兴代表杨启秋会长接待了代表团。双方举行座谈交流。

34. 北京市侨务办公室副主任高云超访问巴西圣保罗圣本笃学校

2015年6月29日,北京市侨务办公室副主任高云超一行在中国驻巴西圣保罗总领事馆侨务领事张于成的陪同下,到访巴西圣保罗圣本笃学校。

高云超副主任一行对学校进行参观访问,并深入课堂感受圣本笃学校华文教育氛围和教学特色,并同圣本笃学校校监肖思佳、校长吴桂秋等进行了交流座谈。高云超对肖思佳校监和吴桂秋校长在圣保罗华文教育界取得的成绩和做出的贡献表示由衷的赞赏,希望今后北京市侨务办公室能够在华文师资培训、冬夏令营组织、华文教材编写等方面与圣本笃学校进行交流与合作,也欢迎肖校监和吴校长及华文教师多向北京市侨务办公室建言献策,推动圣保罗华文教育事业的发展。张于成领事在座谈会上展示了巴西华人协会圣保罗华助中心教育组成员学校合力编写的"生活葡语一百句"华侨葡语短期培训教材,并表示今后要大力研究编写具有巴西特色的华文教材。

35. 美国教委联合会代表团赴北京访问

2015年6月26日至7月9日,在中国国务院侨务办公室文化司与中国旅美科技协会的协助安排下,"华文教育·官员交流"美国教委联合会代表团一行17人到北京访问。

国务院侨务办公室文化司副司长汤翠英会见了访问团,向团员们介绍了国务院侨务办公室的工作职能和华文教育的开展情况,并就其关心的中文教育在美国学校的开展情况与团员进行了交流。随后,中国世界和平基金会常务副秘书长孔祥仁会见了代表团。双方就各自组织的运营情况作了介绍,并就中方教师赴美参加培训一事进行深入探讨，就校长培养、教师培训、学生交流和国际学校建设项目进行深入交流。

美国教委联合会代表团还参观访问了北京市第六十五中学、北京市新桥外国语学校、北京王府国际学校、北京市力迈国际学校和北京市东城区帽儿课程活动中心等地。

36. 印尼泗水新中三语学校董事长何文金赴湖北省访问

2015年7月1日，印尼泗水新中三语学校董事长、印尼"金饰大王"何文金先生一行访问湖北。

湖北省委副书记张昌尔会见了代表团。张昌尔副书记对何文金一行表示欢迎，对何文金为推动湖北印尼教育文化交流合作做出的贡献表示感谢。他希望何文金先生进一步发挥在海外华人中的影响力，更多地向海外推介湖北，开展多层次宽领域的交流合作，带动更多海外华侨关注湖北，来湖北投资兴业。

何文金对受邀到武汉参加华创会和湖北省选派优秀教师支持新中三语学校汉语教学表示感谢。他表示，将更多关注、推介湖北，为深化印尼湖北教育文化交流合作再做新贡献。

37. 国务院侨务办公室副主任任启亮会见泰中文化经济协会代表

2015年7月上旬，国务院侨务办公室副主任任启亮在北京会见了泰中文化经济协会会长颇钦·蓬拉军率领的代表团。

任启亮副主任充分肯定了泰中文化经济协会对泰国华文教育工作所做的贡献。他指出，自2005年起，在泰中文化经济协会的大力支持下，华侨大学启动的"泰国政府官员中文学习班"项目每年的规模和影响不断扩大，国别也由泰国一国扩大至泰国、印尼、菲律宾等国家，至今已成功举办10期，累计培养了480多名高级汉语人才，为中国和东盟国之间经贸、文化和教育领域交流做出了积极的贡献。

颇钦会长表示，泰国政府官员班毕业学员已成为泰中合作沟通的重要力量，泰中文化经济协会将一如既往支持泰国政府官员中文学习班项目的开展。他感谢中国国务院侨务办公室的帮助和支持，并希望加大邀请力度，让更多的往届学员到中国考察，进一步感受中国的文化和发展。双方还就推动华侨大学与泰国皇家学院合作办学模式进行了交流。

38. 浙江省社科联代表团访问意大利佛罗伦萨中文学校

2015年7月8日，浙江省社科联副巡视员周鹤鸣率浙江省社科联代表团对意大利佛罗伦萨中文学校进行友好访问。

意大利佛罗伦萨中意文化交流协会会长、意大利佛罗伦萨中文学校校长潘世立向客人们介绍了佛罗伦萨中文学校的概况，以及与温州大学的交流合作项目。双方就中意文化交流、华文教育以及学术研究等方面进行深入交流。

39. 国务院侨务办公室"海外华校普查代表团"赴荷兰、英国进行调研

2015年7月8日到15日，受中国国务院侨务办公室委托，华侨大学华文学院院长陈旋波、华文教育研究院副院长胡建刚率"海外华校普查代表团"赴荷兰和英国进行实地调研。

在荷兰阿姆斯特丹，代表团一行拜会荷兰中文教育协会，与协会主席陈华钟、副主席马玲梅、常务理事蔡树坚等具体商讨荷兰华文学校的普查事宜。陈华钟主席表示协会将全力支持在荷兰的普查工作，并系统介绍了荷兰的中文教育发展状况以及中文教育协会目前的重点工作。双方就开展其他合作也进行了深入探讨。

代表团一行还专程前往鹿特丹，拜访了鹿特丹丹华文化教育中心，与中心黄音主任、李佩燕校长等进行了深入交流。陈旋波院长回顾了华侨大学华文学院与丹华文化教育中心作为姐妹院校之间的长久合作关系，肯定了丹华文化教育中心的教学成果。李佩燕校长详细介绍了该校填写华校普查问卷的情况，并就普查信息点提出了建议。双方还就合作开展夏令营等工作达成了初步共识。

在英国伦敦，代表团拜会了英国中文教育促进会，与伍善雄会长等商议落实了在英国的华校普查事宜；参访了格林尼治区英华中文学校，并参加了该校的学期毕业典礼暨学校成立30周年庆典活动。为深入推动普查工作，英国中文教育促进会专门在伦敦华埠举办华校普查情况介绍会，30多名英国中文学校校长及代表和相关媒体与会。会上，胡建刚副院长就海外华校调查问卷的具体内容进行了详细说明，并现场回答了校长们提出的有关问卷填写的问题。

40. 2015"优秀华裔大学生文化参访团"访问上海

2015年7月11日，由中国华文教育基金会，上海市海外交流协会、市青年联合会、市海峡两岸交流促进会等联合主办的2015"优秀华裔大学生文化参访团"抵达上海，参加为纪念世界反法西斯战争胜利70周年和中国人民抗日胜利70周年而组织的"抗战"主题活动。参访团团员由英、法、美等9个国家和地区的80余名优秀华裔大学生组成，具体参与了重返抗日战场、重温抗战历史、走访抗战老兵等系列活动。

上海市海外交流协会文教宣传部部长邹芳介绍，在海外出生的华裔青少年对于日本侵华史实、中国军民在抗击日本侵略中付出的惨重代价等情况知之甚少，因此，主

办方精心安排，让优秀华裔大学生们对那段历史有所了解，从而更加珍视和平发展的环境。

41. 全美中文学校协会副会长邢彬到访安徽省侨务办公室

2015年7月21日，美国全美中文学校协会副会长邢彬到访安徽省侨务办公室。安徽省侨务办公室副主任黄英及侨务外联处负责人与邢彬进行了交流座谈。

座谈会上，邢彬介绍了美国中文学校发展的情况和存在的困难，希望安徽省侨务办公室在选派优秀华文教师、到皖举办华裔青少年夏令营、组派"华文教育·名师巡讲"和"中华文化大乐园"活动等方面对美国中文学校给予大力支持。

黄英向邢彬介绍了近年来安徽省侨务工作的开展情况，重点介绍了选派华文教师赴海外任教、举办"行走皖南路、体验徽文化"海外华裔青少年夏令营、"中国寻根之旅"等活动内容。黄英表示，通过邢彬此次来访，双方将加强交流与沟通，充分利用安徽省丰厚的"徽文化"资源，大力支持美国华文学校发展，让中华优秀传统文化在海外华裔青少年中得到传承与弘扬，使中华文化的基因在海外延绵不断。

42. 泰国华文民校联谊会访问团访问罗勇光华学校

2015年7月23日，泰国东北部华文民校联谊会、泰国西部华文民校联谊会访问团访问罗勇光华学校。访问团由泰国东北部及西部20多所华校的校董、校长、老师组成，共80余人。

访问团成员参观了罗勇光华学校的教学楼、图书馆和礼堂，并深入课堂听课。

访问团与光华学校的校董、校长及部分老师进行了座谈。光华学校校董会副主席赵坚以及泰国华文民校协会主席、光华学校永远名誉主席梁冰分别代表光华学校对访问团的来访表示欢迎。座谈会上，各华校校董、校长论及最多的是中文师资短缺的问题。光华学校终身名誉主席张步青在发言中感谢中国国务院侨务办公室、中国国家汉语国际推广领导小组办公室及中国驻泰国大使馆对泰国华校发展的大力支持，但各华校也要不等、不靠，积极培养本土汉语教师。泰国教师公会副主席李继寿表示，近年来教师公会本着"请进来走出去"的方针，加强与中国内地的大学合作，协会每年都举办各种培训班，请内地大学老师任教，提高本土老师的教学水平，选派优秀的毕业生到中国北京语言大学、暨南大学等学校留学，毕业后回到泰国华校任教。

43. "海外侨界杰出青年天府行"代表团赴四川考察

2015年7月28日，来自美国、加拿大、韩国、日本、比利时等19个国家的25名海外侨界杰出青年抵达四川进行实地考察。

海外侨界杰出青年对四川如何拥抱"一带一路"战略提出合理建议,并表示将向国际社会宣传推介四川,推动四川与各国在经贸、文化、旅游等领域开展友好交流与务实合作。此次考察增进了海外侨界,尤其是华裔新生代对四川经济社会发展、四川在国家"一带一路"战略规划中的地位作用、藏区发展等的了解。

44. 中国华文教育基金会秘书长赴意大利、西班牙和法国访问

2015年8月1日至9日,中国华文教育基金会副理事长兼秘书长左志强率"2015中国华文教育基金会海外中文学校项目检查团"到访意大利、西班牙和法国。

8月1日至4日,左志强一行先后访问了意大利罗马华文学校和罗马中华语言学校,详细了解学校的办学场地、师资、教材、生源等情况,实地考察往年基金会项目开展的实效,并广泛接触当地华人侨团,了解意大利侨史、侨情及华文教育现实需求。随后,左志强秘书长一行拜访了中国驻意大利大使馆,双方就海外华文教育和侨务工作进行了深入交流。

8月5日,左志强一行赴西班牙巴塞罗那进行调研、访问。检查团参加了由中国华文教育基金会主办、华侨大学承办、巴塞罗那孔子文化学校协办、完美(中国)有限公司资助的"2015共庆中国年——完美八闽文化走进西班牙"巴塞罗那孔子文化学校夏令营开营式。期间,左志强秘书长还与巴塞罗那主要侨领座谈交流,就当地侨情和华文教育开展情况进行了探讨。

8月7日至9日,检查团抵达法国巴黎继续访问,实地考察走访了中国国务院侨务办公室认定的首批法国3所"华文教育示范学校",即法国华侨华人会中文学校、法国潮州会馆中文学校和法国欧洲时报文化中心中文学校;会见了法国巴黎精英中文学校校长宣琛女士;并与当地侨团座谈交流,详细了解华人旅居法国侨史、当前侨情及华文教育发展现状。

45. 西班牙特内里费侨团积极推动中文教学

2015年8月26日,西班牙特内里费华侨华人协会邱增发会长携秘书长章仁勇、组织部长兼教育部长张积锞、联络部长周长栓、副秘书长陈金玉一行五人到达Arona市政府专程拜访分管文化及教育部门的Arona副市长Leopoldo Díaz Oda先生。双方就在特内里费南部地区开展中文教育、加强中西文化交流等方面进行了深入研究和探讨。

邱增发会长在交流会中表示,特内里费华侨华人协会在2015年2月正式宣告成立,协会成立之初就得到Arona市政府的大力支持。Arona市副市长Leopoldo Díaz Oda表示非常欢迎特内里费华侨华人协会一行再次来访。他表示,Arona市政府将会

尽自己最大的努力来帮助华人群体，协助推动中文教育事业的发展，进一步促进中西文化的交流与融合。

46. 东盟普吉泰华学校赴宋卡王子大学普吉孔子学院交流访问

2015 年 9 月 6 日，东盟普吉泰华学校赴泰国宋卡王子大学普吉孔子学院交流访问。普吉孔子学院院长阚怀未与东盟普吉泰华学校校长陈苏南进行了友好会谈，双方在相互信任的基础上共同商讨了赴华团、孔子学院奖学金等合作事宜。

陈苏南校长表示，参加赴华团以及前往中国学习深造是学生学习汉语、体验中国文化非常好的途径，对提高学生的汉语水平大有裨益。希望能得到普吉孔子学院的指导与帮助，为学校师生提供更多赴华交流与学习的机会。阚怀未院长对泰华学校的到访表示热烈欢迎，详细介绍了赴华团、孔子学院奖学金项目的相关细节，并邀请泰华学校参加孔子学院即将举办的"中文歌曲大赛"等活动。

泰华学校始建于 1910 年，由普吉华人侨领为传承中华文化共同出资创办，是泰南地区重要的华文教育基地。该校从幼儿园到高中均开设有汉语课程，办学层次丰富，为泰国本土培养高级汉语人才做出了巨大贡献。

47. 国务院侨务办公室副主任任启亮会见泰国教育部民教委访问团

2015 年 9 月 7 日，国务院侨务办公室副主任任启亮在北京钓鱼台国宾馆会见了泰国教育部民教委访问团一行。

任启亮指出，长期以来，在当地政府和泰国华文民校协会主席梁冰等热心人士的积极推动下，泰国华文教育事业取得蓬勃发展。中国国务院侨务办公室和中国海外交流协会也对此给予了大力支持和帮助。任启亮强调，双方未来合作空间广阔，希望进一步加强交流，在两国人民的共同努力下，造福泰国华文教育事业。

泰国教育部民教委副秘书长阿他鹏博士对此深表认同。他指出，越来越多泰国人想要学习汉语，"很多人觉得，如果不懂汉语，就将错失发展机会。"为此，泰国教育部正努力拓展汉语教学项目，并积极向基层教育机构延伸，在惠及在校学生的同时，也能让更多普通民众受益。

为进一步加强中泰两国华文教育领域交流合作，国务院侨务办公室文化司与泰国教育部民教委此后将进一步签订合作框架协议。目前双方已就相关问题达成共识。

48. 暨南大学华文学院与智利边境大学达成初步合作意向

2015 年 9 月 7 日，智利边境大学第一副校长爱德华多·黑贝尔·卫斯教授、外事处处长玛莎·特雷莎·拉米雷斯·瓦尔迪维亚教授等一行 3 人莅临暨南大学华文学院,与暨南大学华文学院副院长曾毅平等洽商华文教育方面的合作事宜,华文学院相关系部办负责人也出席了洽谈。

会上,曾毅平代表暨南大学华文学院对智利边境大学访问团一行的到来表示热烈欢迎,并简要介绍了学院各系部的专业和办学情况。爱德华多·黑贝尔·卫斯首先感谢暨南大学华文学院的热情接待,他表示智利边境大学非常重视此次会谈,着重介绍了边境大学的中文办学和学生学习情况及大学合作项目,希望能够与暨南大学华文学院开展华文教育方面的合作。双方就华文教育合作达成初步意向。

49. 印尼智民学院校长陈玉兰博士访问北京华文学院

2015年9月上旬,印尼智民学院校长陈玉兰博士受邀到访北京华文学院,共庆双方合作二十周年。北京华文学院院长周锋及副院长郭熙热情接待了陈玉兰校长一行。

会谈中,双方回顾了二十年的友好合作历史,交换了对当前华文教育现状的意见,并对未来的合作模式进行了沟通和探讨。陈玉兰校长表示未来愿意推荐更多的海外学生前来华文学院学习。周锋院长向陈玉兰校长赠送了纪念铜盘,与会人员合影留念。

50. 广西华侨学校考察团赴老挝交流访问

2015年9月16日至20日,广西华侨学校副校长雷丽芳率国际交流中心主任卢燕霞、高中部主任林立、国际交流中心副主任曾王成组成的考察团赴老挝交流访问。

考察团在老挝期间访问了万象的寮都公学、白云碧双语国际学校,并参加了老挝百细华侨公学八十五周年校庆活动。代表团还与各华校就华文教育在老挝万象当地的开展、中老学校之间的合作、华文教育的推广等内容进行了座谈。

51. 北京华文学院考察团赴阿根廷、巴西访问

2015年9月中旬,北京华文学院院长周锋率团到访阿根廷、巴西两国。

9月12日,代表团与阿根廷华文教育界教师召开座谈会,共同研讨阿根廷华文教育的现在与未来。座谈主要围绕阿根廷华文学校老师关心的海外华文教育的教材、教学师资认证、教师培训、华人子女的中文教育、教学合作等具体问题展开。

9月16日,代表团抵达巴西,并于当天下午举行圣保罗华文教育座谈会,与圣保罗华助中心教育组及圣本笃等6家中文学校、学院进行工作交流。座谈会上,周锋院长表示,北京华文学院将一如既往地支持圣保罗的华文教育工作。他也希望在获得中国国内支持的情况下,侨界能成立华文教育基金会,聚集华人华侨的资金和财力办

学，将华文教育持久深入地开展下去。

52. 中国驻阿尔巴尼亚大使走访当地中小学校了解华教情况

2015年9月22日至23日，中国驻阿尔巴尼亚大使姜瑜赴阿尔巴尼亚地拉那4所开设汉语课程的中小学校访问，分别与4位校长会面，并与学校师生亲切互动。

姜瑜大使积极评价了4所学校在治学办校方面取得的成绩，感谢校方为开设汉语课程、传播中国文化、促进中阿友好所做的积极努力，勉励同学们学好汉语，做传承中阿两国友谊的小使者。姜瑜大使还表示，中国驻阿使馆作为服务的平台、交流的窗口，愿继续为阿尔巴尼亚学校开设汉语教学提供积极协助，并进一步推动两国教育领域的交流与合作。

姜瑜大使在校长陪同下参观教室、图书馆，并走进课堂与师生互动交流，深入了解学校中文教学的情况。她还代表使馆向中文班学生们捐赠了体育器材和一批介绍中国的书籍，并为在场学生发放中国结、书包等纪念品。

53. 南澳大利亚州培德学校师生访问济南中学

2015年9月下旬，澳大利亚南澳大利亚州培德学校政教主任Andrew Richards率师生代表团一行22人到访济南中学。济南中学校长崔宝山、党委书记郑玉香等校领导热情接待并陪同参观校园。

欢迎仪式上，郑玉香向客人简要介绍了济南中学的办学历史、发展现状和取得的成绩。两校领导互赠代表两国传统文化特色的纪念品。澳大利亚客人参观校园，并观摩学生大课间阳光跑操活动。为了促进中外学生语言学习交流，学校特意为每位外国学生安排了一对一的语言小伙伴，中外学生共进午餐，加强了语言交流，增进了彼此友谊。临行前，中外学生依依不舍，合影、签名留念，并互相赠送中国书法、澳大利亚树袋熊玩具等礼物。

54. 德国弗里德里希艾伯特学校师生访问温州乐清中学

2015年10月15日至22日，德国弗里德里希艾伯特学校3位老师和18位学生到温州华文教育基地乐清中学进行了友好交流访问。

在访问的7天里，中德两校老师就各自的办学理念、办学模式、教育方式等多方面进行了交流。18位德国学生住在乐清中学结对的学生家中，体验中国家庭生活，与乐清中学结对学生一起参加雁荡山筋竹涧远足活动，一起学包饺子，一起参与中文、英语、历史、主题班会等课堂活动，还学习中国武术、书法、剪纸等中国传统文化课程，并举行足球友谊赛和中德学生联欢会。期间，德国师生还先后参观了乐清中学校史馆、乐清市非物质文化遗产馆、周昌谷艺术馆，考察了德力西集团、三禾文化俱乐部。

55. 荷兰华文机构访问团赴福建华文教育基地参访

2015年10月23日至28日，荷兰中文教育协会执行会长马岭梅率"华文教育·华教机构"荷兰访问团一行7人到闽参访，福建省侨务办公室副主任刘良辉在福州会见访问团。

此次参访活动围绕"探访福建教育与文化，促进中荷校际交流与合作"展开。在为期6天的行程里，访问团赴福州、武夷山、厦门等地，先后深入福州钱塘小学、武夷学院、华侨大学等福建省海外华文教育基地学校参访，观摩了钱塘小学的"智求博雅，善贵乐行"的办学方式及其所开展的特色系列专题活动，体验了武夷学院的茶及其食品学院的大红袍茶艺文化，还观摩了华侨大学华文教育研究院的智慧教学系统。

56. 中国驻墨尔本总领事馆举办公立学校校长团成功访华招待会

2015年11月2日，中国驻墨尔本总领事宋昱旻为墨尔本公立学校校长访华团举办招待会。约20位维州公立中小学校长及教师代表、州议员基得利、当地华文媒体代表以及总领事馆主要外交官出席会议。

宋昱旻总领事对校长们成功访华表示祝贺，赞赏墨尔本公立学校长期以来对华文教育的支持。访华团主要组织者、墨尔本新金山中文学校董事会主席孙浩良先生简要介绍了此次出访情况。基得利议员感谢公立学校的教师们为推动华文教育做出的努力，希望维州的华文教育不断向前发展。

此次访华团是墨尔本公立学校校长第四批访华。校长们访问了北京、天津、上海、扬州等地的中小学校，开展了多种形式的交流活动。

57. 中国华文教育基金会代表团访问印尼华校

2015年11月2日，中国华文教育基金会副理事长兼秘书长左志强一行7人抵达雅加达，对印尼培民三语学校进行访问，并和当地教师举行座谈交流。

当天下午，左志强和雅加达华文教育协调机构执行主席蔡昌杰在雅加达兴安会馆出席了华文教师培训班开课仪式，并向毕业学员颁发证书。随团访问的吉林省第二实验学校岳砚宝老师、东北师范大学附属实验学校赵丽静老师和王冬华老师分别给印尼老师传授了中国书法、美术和语文教学的技巧，并和当地老师分享中文教学经验心得。

代表团一行还拜会了印尼中华总商会常务副总主席张锦雄、辅导委员会主席郑年锦、印尼华裔总会总主席许世经、印尼雅加达华文教育协调机构辅导委员会常务主席杨健强等侨领，并就如何办好华文教育、促进中印尼文化交流进行深入探讨。

58. 意大利教育部访问团到访温州

2015年11月4日，由意大利相关学校负责人组成的意大利教育部访问团一行15人到访温州，深入交流华文教育问题。

访问团参加了在温州大学召开的第三届中意华文教育论坛，并访问了温州市第八中学、温州华侨中学、温州市第二职业学校等5所学校，实地考察温州教育教学情况。

据统计，海外"温"姓中文学校已有近50所，其中12所"温"姓华文学校获得国务院侨务办公室授予的"华文教育示范学校"称号，13位温州人获得"热心海外华文教育杰出人士奖"。此外，温州市有不少学校与国外学校结成姊妹院校，仅与意大利结对的就有20多所。

59. 意大利佛罗伦萨师生交流团访问瑞安市外国语学校

2015年11月12日，在意大利佛罗伦萨中文学校校长潘世立的牵线搭桥下，意大利佛罗伦萨圣托里诺学校师生一行9人抵达访问温州华文教育基地——瑞安市外国语学校。

瑞安市外国语学校对圣托里诺学校师生一行的到来表示热烈欢迎，并召开了交流座谈会。双方交换办学心得，深度进行文化、教育交流。

60. 北京华文学院访问英国中文教育促进会

2015年11月13日，北京华文学院院长助理曹正国率华文教育访英团到访英国中文教育促进会。

访问团首先到地处伦敦西区的依岭中文学校考察该校的班级情况和课堂设置。曹正国院长助理还饶有兴致地走进课堂，和教师们讨论了不同年级的教材选用情况。期间，访问团一行还参观了牛津高级中学，了解当地主流学校学生学习中文的相关情况。

61. 中国驻荷兰大使馆官员走访乌特勒支中文学校

2015年12月9日，中国驻荷兰大使馆领事部新任秘书袁春华走访了荷兰乌特勒支中文学校，看望全校老师和学生。

当天，袁春华走进乌特勒支中文学校各个班级，看望正在上课的学生，并与老师们和义工亲切交谈，深入了解学校的办学情况和特色课程。

62. 意大利佛罗伦萨中文学校开展校际教研交流活动

2015年12月10日，一场以提高课堂教学有效性、共享华裔学生教育成功经验为宗旨的校际教研交流活动，在意大利佛罗伦萨中文学校与佛罗伦萨Palaca小学之间展开。

在佛罗伦萨Palaca小学，交流活动以学校制度建设与提升教学质量的举措及成效介绍、开展教师交流研讨等形式展开。佛罗伦萨中文学校校长潘世立表示，此次校际教研交流活动，使两校对其共同拥有的华裔学生有了全方位的了解，同时有效地促进了中文学校与意大利学校、华文教师与意大利教师之间的互动交流，为今后更好地开展教学、管理工作提供了参考。今后，学校将继续积极开展校际教师交流活动，形成中意学校的教育合力，让每一位华裔学生健康成长成才。

63. 驻港中联办香港文化推广协会到访巴塞罗那孔子学府

2015年12月14日，中央人民政府驻香港特别行政区联络办公室（中联办）香港文化推广协会到访巴塞罗那孔子学府，与巴塞罗那华文教育机构就海外华文教育相关问题进行深入交流和探讨。中国驻巴塞罗那领事馆汤恒总领事、中联办杨健先生、巴塞罗那孔子学府麻卓民校长参加了此次教育研讨会。

研讨会上，巴塞罗那孔子学府校长麻卓民介绍说，巴塞罗那孔子学府成立于2004年，在巴塞罗那地区有4所分校，是巴塞罗那唯一一所拥有自己的教学楼的学校。孔子学府拥有自己的中西文双语教材，是继美国之后第二家在海外拥有自己教材的学校。目前孔子学府正朝着专业化方向发展，完全符合西班牙教育局对于语言学校的所有标准。孔子学府开始制定自己学校的汉语水平考试，七年级毕业生会参加中国汉语水平等级考试（HSK）。杨健认真聆听了麻卓民的讲解，并对语言教学与文化推广以及多媒体教育应用这两个方面提出了建议。

最后，孔子学府麻卓民校长代表学校向杨健赠送了学校的教材以及礼品，汤恒总领事陪同杨健参观了学校设施。

64. 国务院侨务办公室文化司访问意大利佛罗伦萨华校

2015年12月17日，国务院侨务办公室文化司副司长汤翠英到访意大利佛罗伦萨中文学校，中国驻佛罗伦萨总领事馆总领事王辅国夫妇、意大利协助发展中国家协会学校部部长、佛罗伦萨联盟学校代表、佛罗伦萨侨团代表等120多人出席欢迎仪式。

当天下午，汤翠英一行在佛罗伦萨中文学校校长潘世立先生的陪同下，实地参观了佛罗伦萨中文学校的教室、教学功能室等基础设施及教学设施，并深入课堂观摩中文课，与学生互动，全面了解海外华校的办学条件、师资力量和发展现状。

65. 意大利中意学校访问温州大学

2015年12月22日，温州大学国际合作学院院长严晓鹏会见了来访的意大利中意学校校长傅文武。双方就意大利那不勒斯东方大学中文系与国际合作学院进行学生交换事宜达成初步合作意向。

访问期间，双方介绍了各自学校的基本概况，并就意大利华文教育发展前景和趋势，以及合作内容进行了深入探讨。双方希望在友好交流的基础上，进行更深层次的沟通与合作，促进中意教育合作交流持续、深入开展。

（三）华文教育组织及机构间的合作

1. 深圳学校与泰国中学结为姊妹校合作推广汉语教育

2015年1月5日，在泰国环球文化教育中心的牵线搭桥下，中国深圳清华实验学校和泰国拉吉尼波中学正式缔结姊妹学校。从此，双方将进行全方位的教学互动。

中国驻泰大使馆教育组负责人周高宇在致辞中表示，近年来中泰两国教育领域合作发展势头喜人，此次签约仪式，不仅意味着汉语推广和教学有效地融合，更为中泰两国中小学生增进相互了解、普及语言知识奠定了基础。拉吉尼波中学校长素甘雅表示，希望能够通过彼此的交流、学习，更加增进中泰一家亲的关系，让中泰友谊世代相传。

2. 马来西亚汉语教育协会与法国学校合办新汉语水平考试

2015年1月上旬，马来西亚汉语教育协会与吉隆坡法国学校合作，成功举办了2015年第一场新汉语水平考试。此次考试由马来西亚汉语教育协会负责组织筹备、监考；法国学校负责报名工作、考场安排以及互相配合和监督。

马来西亚汉语教育协会主席兼中文之路创办人倪凤钗博士透露，该会已与多个国家学校商定在2015年为他们举办在校中国国际汉语考试。她表示，该会作为推广汉语文化传播的平台，必定会尽力与各方配合，以满足众多汉语学习者的需要。

3. 河南安阳师范学院与泰国培华学校共建国际汉语教学实习基地

2015年2月12日，河南安阳师范学院副院长杨新新出访泰国，与泰国北榄公立培华学校举行共建"国际汉语教学实习基地"签约仪式。双方就汉语国际教育专业学生课程设置、基本素质培养、赴泰国实习研究生的前期培训等问题进行了深入探讨和交流。根据协议,安阳师范学院将按照北榄公立培华学校汉语教学岗位要求,通过国家汉语教师志愿者项目、自主选派等方式,定期选派研究生到该校从事汉语教学和专业实习。

4. 阿根廷重点中学首次开设中文加强班

阿根廷首都布宜诺斯艾利斯市第十师范中学于2015年在学校的附属小学部下午班开设中文加强班。这是阿根廷公立学校首次设立中文加强班。该项目从一年级开始,采取半天上课制度,确保每天一节中文课程,教材采用中方提供的汉语课本。

布宜诺斯艾利斯市于2014年建立了拉丁美洲第一所公立的中西文双语学校,当年招收了50名学前班学生。第十师范中学2015年启动的教育项目则是在阿根廷公立学校中首度开设中文加强班。

5. 华侨大学与西悉尼大学开展合作助力两校华教发展

2015年3月21日,在澳大利亚福建乡情联谊会会长林锦珊的牵线搭桥下,华侨大学与澳大利亚西悉尼大学签署合作备忘录。双方将在中文教育、中华文化教学和研究以及学生互换、教师交流等领域开展合作。

签约仪式在华侨大学厦门校区举行,华侨大学校长贾益民、澳大利亚西悉尼大学校长葛班尼分别代表双方在备忘录上签字。福建省侨务办公室副主任刘良辉、西悉尼大学副校长戴琳达、华侨大学副校长曾路及林锦珊女士等参加了签约仪式。

葛班尼此次率团专门访问了华侨大学。贾益民在会见客人时介绍了华侨大学办学的基本情况,重点介绍了华侨大学作为"侨校"的办学优势和办学特色。他希望,双方在学生交换、教师互访、联合科研、文化艺术交流等方面建立联系。刘良辉表示,福建省侨务办公室将积极配合福建省在海外的侨领,为推进两校间的合作提供帮助。

6. 广西华侨学校与泰国芭提雅明满学校共建孔子课堂

2015年4月上旬,泰国芭提雅明满学校与广西华侨学校就双方合作共建孔子课堂事宜签约。广西华侨学校校长陈进超、副校长雷丽芳,明满学校校长陈松及相关人员参加了签约仪式。

根据协议,双方将在外派教师、学术交流、提供华文教育教材和教学资料及双方相关机构的人员交流活动等方面进行友好合作。双方选定陈进超、郑双喜为理事长,雷丽芳、陈松等为理事。这是广西华侨学校第一次与海外学校共建孔子课堂。签约后，双方将共建共赢，而广西华侨学校也将发挥自身优势，为明满学校提供更好的华文教育资源。

7. 厦门大学海外教育学院在蒙古国设立远程中文教学点

2015年4月24日，厦门大学海外教育学院蒙古国育才中文完全学校教学点本科远程教育开学典礼在蒙古首都乌兰巴托隆重举行。厦门大学海外教育学院院长郑通涛、副院长傅万里和育才中文完全学校校长巴雅尔、副校长其其格玛等为教学点揭牌并剪彩。

这是厦门大学海外教育学院在蒙古国开设的第一个远程中文教学点，也是蒙古国内首个与中国高校设立的远程教育中文教学点，在中蒙教育合作史上具有突破性的意义。中文教学点建立之后，育才中文完全学校毕业生将在蒙古国本国以远程教育的方式接受厦门大学海外教育学院本科教育，蒙古学生将成为厦门大学海外远程教育本科学员。其专业有汉语言、国际经贸、会计、市场营销和酒店管理等。除此之外，双方将互派学生开展暑期研修项目，厦门大学海外教育学院还将派出硕士研究生到该校进行国别化汉语教学的专项课题研究。

据了解，蒙古国在国内50多所中小学开设了汉语课，其中育才中文完全学校以汉语教学质量佳著称。该校目前有近1000名学生，在蒙古国举行的各类中文比赛和考试中名列前茅，多名毕业生考入中国名牌大学。

8. 华侨大学与泰国三所大学签署合作协议

2015年5月20日华侨大学副校长曾路率团访问泰国，拜会了中国驻泰国大使馆、泰中文化经济协会，访问了曼谷吞武里大学、兰实大学、泰国皇家警察学校、泰国国家研究院、法政大学，并取得多项成果。

华侨大学与曼谷吞武里大学签署了联合办学协议，双方同意联合开办中文本科专业；与兰实大学签署了合作谅解备忘录，双方就航空管理、媒体传播、旅游管理等领域开展合作达成共识；与泰国法政大学就东盟问题、"一带一路"研究、泰国本土华文师资培养、教师交换等方面进行了沟通，并达成诸项共识，签署了两校合作谅解备忘录。

9. 温州华教基地与加拿大两所院校建立合作关系

2015年5月25日，加拿大威尔士高中校长Ryan Wilson、加拿大安大略国际学院教务长Melanie Burke先后来到温州市华文教育基地——乐清市外国语学校访问，实地考察该校的办学情况。

访问期间,加拿大威尔士高中、加拿大安大略国际学院分别与乐清市外国语学校签订了建立友好合作关系意向书。乐清市外国语学校与加拿大威尔士高中将共同开办中加合作高中国际课程教学班,在完成中国普通高中课程的基础上引进美国 SAT、加拿大 IELTS 教学课程和部分加拿大高中核心课程教学内容,学生可根据本人意向选择在初一、初二、初三或高一转入加拿大威尔士高中,取得加拿大高中毕业证书,也可以在乐清市外国语学校完成高中学习,从而拥有选择在中国大学或直接进入加拿大、美国等各大名校继续深造的双重机会。双方还决定在教师培训、交换生、夏令营、双方教学上开展合作。乐清市外国语学校还将引进加拿大高中选修课程教学模式,开展围绕英语教学的多种课外活动。加拿大安大略国际学院与乐清市外国语学校也将在国际化办学方面开展合作,双方表示对未来合作前景充满信心。

10. 台湾世界华语文教育学会与暨南大学签署华文教育合作协议

2015 年 6 月 10 日,台湾世界华语文教育学会秘书长董鹏程先生访问暨南大学。暨南大学胡军校长,林如鹏、宋献中副校长会见了董鹏程先生,暨南大学华文学院邵宜院长、曾毅平副院长和学校港澳台事务办公室领导陪同会见。

双方就海峡两岸合作开展华文教育进行深入探讨,就合作开展华文教师培训、招生及培养兼读制华文教育研究生,普通话水平测试,举办两岸华文教师和研究生论坛,华文教育学术交流等达成合作共识,并签署《暨南大学与台湾世界华语文教育学会合作开展华文教育协议》。董鹏程秘书长还应邀访问暨南大学华文学院,就"全球化时代的华语文教育展望"这一主题与学院师生座谈交流。

11. 意大利佛罗伦萨中文学校和温州华侨中学达成交流合作项目

2015 年 8 月 29 日,意大利佛罗伦萨中文学校校长潘世立先生到访温州华侨中学,与温州华侨中学校长邱永飞座谈"行动中的青年"师生交流合作项目,并达成合作意向。

座谈中,潘世立代表意大利协助发展中国家协会介绍了项目的具体情况和合作意向。双方就项目交流合作模式、工作流程、启动时间和中外合作办学项目拓展等进行深入交流,并达成一致意见。

"行动中的青年"是由意大利托斯卡纳省政府、意大利协助发展中国家协会合作推出的对外交流项目。该项目于 2013 年 7 月启动实施,瑞安外国语学校是首个中方合作学校。目前,该项目已延伸到杭州、金华有关中学。

12. 山东黄岛齐鲁第一实验小学与美国剑桥中文学校结为友好合作学校

2015 年 9 月 5 日,山东黄岛齐鲁第一实验小学与美国波士顿剑桥中文学校共同签署了友好合作协议，正式结为友好合作学校。

黄岛齐鲁第一实验小学校长马丽霞首先对美国客人的来访表示热烈欢迎，并着重介绍了学校的基本情况。马丽霞表示，黄岛齐鲁第一实验小学将积极拓展与海外学校的交流，建立广泛、友好、多元的合作机制。美国波士顿剑桥中文学校校长陶凯女士表示，愿与黄岛齐鲁第一实验小学加强交流与合作，整合教育资源，为日后"快速学汉语"课程在海外的发展打下坚实基础。随后，现场来宾观看了"快速学汉语"课程的教学展示及精彩的少儿茶艺表演。

13. 中国海外交流协会文教部与泰国孔敬市政府签署华教合作协定

2015年9月18日，在广西南宁举行的第12届中国—东盟博览会上，中国海外交流协会文教部与泰国孔敬市政府签署协定备忘录，双方决定共同合作开展华文教育工作。中国海外交流协会文教部部长雷振刚出席了签约仪式。

该协定约定，双方将在教师中文培训、华裔青少年夏（冬）令营、华文教材和教学资料、机构人员交流等四个方面开展合作。其中，为办好在孔敬市举办的中文教师短期培训班，中国海外交流协会文教部将选派中文、美术、音乐、舞蹈等方面专家赴孔敬市讲学。同时，孔敬市政府每年可选派20名中文教师到中国参加师资培训班。在教材和教学资料提供方面，中国海外交流协会文教部将组织人员编写系列针对泰国华裔子弟的中文教材，供孔敬市政府所辖学校参考使用。

14. 华侨大学与缅甸、老挝、越南多所学校签署合作办学协议

2015年9月21日至30日，华侨大学校长贾益民率招生处、华文学院、国际交流合作处等相关部门负责人赴缅甸、老挝、越南，拜访当地使领馆、政府部门、重要华社侨领和学校等，洽谈合作办学项目，并签署多项合作协议。

9月21日至23日，贾益民一行到访缅甸。在缅甸，贾益民先后拜会了缅甸总统办公厅副主任Aung Thein、教育部部长DawKhin San Yee、中国驻缅甸大使洪亮，向他们介绍了华侨大学办学成果、特色，重点介绍了华侨大学外国政府官员中文学习班、预科教育、境外研究生班等项目，希望得到缅方的支持和帮助，共同促进缅甸华文教育事业发展。Aung Thein、DawKhin San Yee均肯定了华侨大学在缅办学的思路，表示将协助招收政府官员班成员，推动华侨大学与缅甸的学校合作联系，培养缅甸所需的定向性人才。在缅甸期间，贾益民一行还访问了缅甸福建同乡总会、缅甸福星语言与电脑学苑孔子课堂，并与仰光博睿国际学校校长莫汉就大学预科培养、专升本、全英教学、志愿者派遣等方面进行友好会谈，并签署合作协议备忘录。

9月24日，贾益民一行赴老挝先后拜会了老挝教育部副部长Kongsy Sengmany、

外交部副部长 Khamphao Ernthavanh，中国驻老挝大使关华兵。贾益民介绍了华侨大学的办学情况，说明此行到访老挝的目的和任务。Kongsy Sengmany、Khamphao Ernthavanh 均表示将积极推荐老挝万象大学与华侨大学合作。双方还就老挝政府官员来华培训、加强教育沟通与合作等事宜进行了广泛探讨和交流。在老挝期间，贾益民一行还参观访问了老挝最大的中文学校——寮都公学。双方在招生基地的设立、中文预科开办、海外硕士研究生培养等方面达成共识，并签订合作办学协议。

在越南期间，越南第二师范大学校长阮文线接待访问团一行，并回顾了2013年签署合作协议以来取得的丰硕成果。贾益民感谢越南河内第二师范大学为华侨大学输送的汉语学生。双方就2+2联合办学、海外硕士研究生培养以及师资培训等进行磋商，达成许多意向性合作项目。访问越南首都大学期间，双方就专升本、师资培训、校际交流等事项进行深入沟通、达成多项共识，并共同签署了合作协议书。

此次访问期间，贾益民还在曼谷机场拜会了泰国泰中文化经济协会秘书长蔡百山。双方就下一届中泰战略研讨会的开办以及泰国政府官员班等事项进行了交流，均表示要加强合作、密切沟通，为中泰友好做出新的贡献。

15. 广西华侨学校与印尼槟港市教育局签署友好合作协议

2015年9月23日，广西华侨学校与印尼邦加勿里洞省槟港市教育局签署友好合作协议书。双方在平等、协商一致的基础上建立文化交流机制，开展多项华文教育交流活动。

该协议约定，广西华侨学校与印尼槟港市教育局建立互访、互通信息机制，将在文化教学方式和教学经验领域开展文化交流信息。其中，槟港市教育局可推荐优秀中小学校与广西华侨学校共建姊妹学校，双方还可根据需要互派师生交流学习。

16. 国务院侨务办公室与澳大利亚西悉尼大学签署合作备忘录

2015年10月6日，中国国务院侨务办公室文化司司长雷振刚与澳大利亚西悉尼大学副校长丹尼丝在西悉尼大学共同签署合作备忘录。西悉尼大学行政主任柯林斯、国际发展部主任克里斯廷、西悉尼大学校长名誉顾问林锦姗，中国国务院侨务办公室文化司华教二处处长王梦黎出席了签字仪式。

备忘录中双方的合作项目包括：开发汉语教学课程，开展教材编写及研究项目，帮助西悉尼大学推广汉语教学；在澳大利亚或中国开展中文教师培训，培训对象为华侨华人开办的中文学校的师资，内容涵盖教学知识和教学技能，根据需求，可对政府中小学校中文教师进行上述培训；邀请西悉尼大学华裔学生赴中国参加"中国寻根之旅"夏令营活动；每两到三年开展一次文化推广项目，例如短期中国文化交流及汉语学习项目等；与西悉尼大学合作共同举办有关中国文化的巡回展览和讲座。

17. 澳大利亚公立学校校长访问团到访天津

2015年11月15日，天津市河北区侨务办公室接待了"华文教育·教育交流"澳大利亚墨尔本公立学校校长访问团。

访问团与河北区中心小学签订了中澳姊妹学校意向书。签约仪式上，河北区合作交流办介绍了该区的历史文化，墨尔本市政府驻津办介绍了其职能和基本情况，中外校长分别介绍了所在学校的办学理念。

此次墨尔本公立学校校长访问团的到访，对推动中澳教育文化的传播、促进中澳共同发展、拉近天津和墨尔本的距离将起到积极的促进作用。

五 华教活动

（一）夏令营·行在中国

1. 中国寻根之旅

（1）哥斯达黎加华裔青少年在广东河源"寻根"

2015年1月4日，由国务院侨务办公室、广东省侨务办公室主办，广东省河源市外事侨务局、源城区外事侨务局、河源公共外交协会承办的2015年哥斯达黎加华裔青少年"中国寻根之旅"冬令营河源营在雅居乐中学开营。

此次活动由哥斯达黎加河源同乡会组织。在9天的寻根之旅中，营员们先后前往东源、和平、连平等地，感受万绿湖水生态魅力，探访林寨古村落，学习和制作忠信花灯，学习综合汉语、中华书法课程等，在体验客家风土民情的同时，领略客家古邑文化。

（2）菲律宾华裔青少年福建开启"中国寻根之旅"

2015年1月19日，菲律宾菲华商总2015年华裔青少年"中国寻根之旅"冬令营一行25人抵达厦门，开启福建"寻根之旅"。活动主办方组织营员分别赴福州、三明、厦门等地，参观走访福建省海外华文教育基地、历史文化景点及具有福建特色的生产企业。这是菲华商总第4次组织此类活动。此次活动成员由菲华商总董事或各委员会负责人的子女组成，他们大都是在菲律宾出生的第二、三、四代华裔。

（3）"中国寻根之旅"冬令营山东营在山青世界开营

2015年1月20日，由印度尼西亚、韩国、越南、泰国等地的31名海外华裔青少年组成的2015年海外华裔青少年"中国寻根之旅"冬令营山东营在山青世界开营。此次冬令营为期两周，营员们学习国画、书法、面塑、武术等中华才艺课程，参加定向运动、攀岩崖降等户外运动项目，赴青岛、曲阜、济南等地体验齐风鲁韵的魅力，还与华文教育基地的青少年朋友联欢互动。

（4）台湾地区青少年"中国寻根之旅"福建冬令营开营

2015年1月23日，由国务院侨务办公室主办、福建省侨务办公室承办、华侨大学华文学院协办的2015年台湾地区青少年"中国寻根之旅"福建冬令营在华侨大学华文学院开营。福建省侨务办公室领导闵蕙君、华侨大学华文学院院长陈旋波、台湾中华两岸事务交流协会秘书长练卜鸣以及来自金门大学、台中科技大学、新竹高中等15所学校的45名青少年参加了开营仪式。闵蕙君和陈旋波共同为营员授营旗。在为期8天的活动中,营员们聆听中华文化讲座、学习中华武术、与华侨大学学生联欢互动,并赴厦门、泉州、漳州等地体验闽南文化,参观台商企业。

(5)"中国寻根之旅"云南玉溪春令营开营

2015年3月17日,"中国寻根之旅——七彩云南·玉溪春令营"开营仪式在玉溪师范学院举行。云南省海外交流协会、玉溪市外事侨务办公室、玉溪师范学院相关领导和来自泰国南邦、那瓦密等4所学校的50名华裔青少年出席开营仪式。此次春令营时长两周,营员们除了接受汉语和中国传统文化学习、体验中华才艺之外,还参观了玉溪市及周边文化景区、园区和部分中小学校。

在4月3日举行的闭营仪式上,玉溪师范学院向泰方领队老师及营员分别赠送纪念品、颁发结业证书。为鼓励在春令营活动中表现突出的营员,专门选出了12名优秀营员,为他们颁发了特别奖。

(6)"中国寻根之旅"菲律宾华裔学生学中文夏令营在华侨大学开营

2015年4月1日,2015年"中国寻根之旅"菲律宾华裔学生学中文夏令营开营仪式在华侨大学举行。菲律宾航空公司董事长陈永栽及夫人邱秀敏、福建省副省长郑晓松、国务院侨务办公室文化司副司长周虹等相关领导出席开营式。

来自菲律宾的1022名华裔学生和老师在华侨大学、集美大学、泉州师范学院、厦门外国语学校、泉州南少林国际学校等福建省海外华文教育基地学校开展了为期50天的中文学习活动。活动于5月20日闭营。

菲律宾华裔学生中文夏令营长期得到陈永栽博士、陈延奎基金会、菲律宾华教中心的支持。这是陈永栽博士连续第15年赞助菲律宾华裔学生到祖籍地学习。

(7)"中国寻根之旅"香港惠州新动力禅武文化功夫春令营在广东开营

2015年4月2日,由国务院侨务办公室、广东省侨务办公室主办、中华文化传承基地——禅武中心承办的2015年海外华裔青少年中国寻根之旅春令营——惠州新动力禅武文化功夫春令营开营仪式暨共建禅武夏(冬)令营五年启动仪式在禅武文化馆举行。来自香港的51名学员在此展开为期6天的文化营活动。营员们在禅武中心的教练及老师的带领下,学习禅武的礼仪礼节、禅武功夫操及马来西亚二十四节令鼓的基本鼓法等文化课程,聆听马来西亚二十四节令鼓文化讲座,并参观广东博物馆等地。

(8) 马来西亚华裔青少年"中国寻根之旅"莆田营开营

2015年6月1日，马来西亚华裔青少年"中国寻根之旅"夏令营——相约莆田营开营仪式在福建莆田市政府广场举行。莆田市政府、福建省侨务办公室相关领导，莆田华侨中学部分师生以及36名莆田籍马来西亚华裔青少年出席开营仪式。

此次活动由国务院侨务办公室主办，福建省侨务办公室、莆田市外事侨务办公室承办，福建省莆田中旅和莆田华侨中学协办。活动采取"游教结合，寓教于乐"的教学方式，包含参观莆田文化景区、体验莆仙特色文化等内容。活动期间，营员们前往莆田华侨中学参加活动，与侨中学生结对子，按照分组共进课堂一起学习汉语、书法、国画等课程，并举行篮球友谊赛；体验太极拳、莆仙戏、妈祖文化等文化课程；参观古谯楼、广化寺、石室岩、南少林等景点；亲手制作红团、豆腐等家乡小吃。

(9) 海外华裔青少年赴广西贺州体验瑶乡文化

2015年6月2日，由国务院侨务办公室和广西壮族自治区侨务办公室主办，贺州市外事侨务办公室承办的2015年海外华裔青少年"中国寻根之旅"夏令营——瑶乡体验贺州营在贺州市开营。41名来自马来西亚和泰国的华裔青少年参加了开营仪式，并与贺州八步区第三中学的同学结成对子、交换礼品、合影留念。开营仪式后，营员们参观了该校师生的100多幅书画作品展，从不同视角了解贺州的风土人情和秀丽景色。

此次瑶乡体验贺州营是2015年广西壮族自治区侨务办公室创新开展"中国寻根之旅"夏令营的特色专题营之一，以"瑶乡体验"为主题。瑶族文化是中华民族文化中的重要组成部分，贺州拥有丰富的瑶族文化遗产，是全国唯一的土瑶聚居地。在为期10天的夏令营活动中，海外华裔青少年前往华文教育基地贺州学院课堂体验瑶族文化课堂，到富川瑶族自治县、昭平县进行中华文化和少数民族风情体验活动，并随中方结对学生入户体验贺州人家庭生活。

(10) 海外华裔青少年"中国寻根之旅"枣庄营开营

2015年6月3日，2015年海外华裔青少年"中国寻根之旅"夏令营枣庄营开营仪式在山东省华文教育基地枣庄市中区文化路小学举行。山东省相关领导、马来西亚诗巫与加帛省津贴华小董联会主席张鹤岑和来自马来西亚的34名华裔青少年参加了开营仪式。仪式结束后，夏令营领队和营员参观了校园，并进行座谈交流。

此次夏令营以"汉语·中华文化·寻根"为主题。营员们在枣庄学习中华传统文化，开展国学、齐鲁文化等丰富多彩的教学和体验活动，还到台儿庄古城、墨子纪念馆等地进行参观。

(11) 海外华裔青少年"中国寻根之旅"泉州南音才艺营开营

2015年6月8日，2015年海外华裔青少年"中国寻根之旅"夏令营在泉州文化宫南音社演出场举行开营仪式，来自马来西亚、越南、新加坡、印度尼西亚的30多名爱好南音的华裔青少年朋友参加。这是福建省首次举行以"南音"为主题的海外华裔青少年夏令营活动。此次活动由中国海外交流协会主办，福建省海外交流协会、泉州市海外交流协会承办，泉州市文化宫南音社协办。营员们在10天的活动时间里学习了南音的一系列技法，领略了其独特的文化魅力，并进行了一系列交流考察活动。

（12）新加坡华裔青少年在上海开展"中国寻根之旅"

2015年6月9日，2015年新加坡华裔青少年"中国寻根之旅"夏令营在上海新中中学开营。2015年是中国和新加坡建交25周年，为庆祝中新友谊，中国驻新加坡大使馆特邀新加坡南洋女中、德明政府中学、华侨中学和立化中学的44名师生到上海参加此次活动。

在半个月时间里，营员们参访复旦大学、聆听中国文化讲座、游览上海著名景点，并到上海学生家中、学校课堂上体验同龄人的学习生活。

（13）海外华裔青少年"中国寻根之旅"夏令营在天津开营

2015年6月上旬，由国务院侨务办公室和天津市侨务办公室联合主办、天津国际汉语学院协办的2015年海外华裔青少年"中国寻根之旅"夏令营在天津开营，来自印度尼西亚的35名海外华裔青少年参加此次活动。活动为期12天，营员们学习汉语、武术、书法、诗词等传统文化课程，体验制作青铜器、剪纸、制作京剧脸谱等手工艺品，并参观游览天津古文化街、天津文化广场等景点。

（14）印度尼西亚华裔青少年"寻根"上海

2015年6月15日至29日，2015年印度尼西亚华裔青少年"中国寻根之旅"在上海举行。此次活动由国务院侨务办公室、上海市侨务办公室主办。在15天时间里，由印度尼西亚全国华文教育协调机构联合秘书处组织的130位师生分团在上海进华中学、金苹果学校、莘庄中学开展国学经典讲座、瓷盘制作等一系列丰富多彩的学习、体验活动。

（15）华裔青少年"中国寻根之旅"夏令营暨南大学营开营

2015年6月18日，由国务院侨务办公室和中国海外交流协会主办、暨南大学华文学院承办的"2015年海外华裔青少年'中国寻根之旅'夏令营"（暨南大学营）在暨南大学华文学院开营。

来自印度尼西亚全国华文教育协调机构联合秘书处、印度尼西亚苏南省和谐文化教育基金会、印度尼西亚印华百家姓协会廖省分会和美国亚特兰大现代中文学校的165名华裔青少年营员参加了此次活动。活动为期14天，营员们学习生活汉语课程，了解中国书法国画，练习中国武术、民族舞蹈，亲自动手制作陶艺、草编、灯笼，学习剪纸，并前往广州、深圳参与文化考察。

（16）印度尼西亚华裔青少年"七彩云南营"走进云南三市"寻根"

2015年6月18日至28日，由云南省侨务办公室主办的2015年海外华裔青少年"中国寻根之旅——七彩云南营"在昆明、大理、丽江举行，来自印度尼西亚的40名华裔青少年参加此次活动。活动主办方为营员们安排了丰富的课程和内容，不仅学习云南民族文化，并与当地学校进行联欢和文化交流。

（17）印度尼西亚华裔青少年佛山南海"寻根"

2015年6月20日，广东省佛山市南海区第八届华裔青年夏令营正式开营，来自印度尼西亚的19名华裔学生正式开启南海"寻根"之旅。夏令营以"把新一代带回家"为主题，为期12天，营员们学咏春、舞南狮、划龙舟，参观西樵山、叶问馆、松塘村等地，欣赏民族音乐，感受中华传统文化和地道的岭南饮食文化。

华裔青年夏令营是南海区面向全世界新生代华裔的品牌文化活动，此前已成功举办七届。

（18）海外华裔青少年相约上海开启"中国寻根之旅"

2015年7月6日，来自美国、加拿大、法国、匈牙利、奥地利、瑞典、印度尼西亚、迪拜、意大利等国家和地区的近500位华裔青少年抵达上海，参加由国务院侨务办公室、上海市侨务办公室主办的"中国寻根之旅"夏令营。

两周的夏令营，海外华裔青少年营员们在"文化营""舞蹈营"和"武术营"等7个营地里，开展文化研习、中文学习和参访交流等活动。

（19）海外华裔青少年桂林体验中华传统手工魅力

2015年7月7日，为期15天的2015年海外华裔青少年"中国寻根之旅"夏令营——中华传统手工桂林营开营。来自美国、泰国、加拿大的52名领队老师及华裔青少年在广西桂林市少年宫体验画京剧脸谱、水印木刻等中华传统手工，并赴漓江、兴安灵渠等地游览观光。

（20）"中国寻根之旅"优秀华裔青年首期商务营开营

2015年7月11日，来自法国、西班牙、意大利等9个国家的45名华裔青年参加了由国务院侨务办公室、温州市外事侨务办公室举办，温州大学承办的2015年华裔青少年"中国寻根之旅"夏令营相约温州营——"中国情，华商梦"优秀华裔青年首期商务营活动。

7月12日，夏令营在温州大学南校区岩松堂白鹿厅举行开营仪式。15天的夏令营，营员们聆听了"华裔青年与创业中国"专题讲座，学习商务谈判技巧和微信营销战略、走访电商企业，参加了名媛淑女、卓越绅士、篆刻、插花、茶艺体验、珠宝鉴赏、高尔夫、马术等课程。营地还举办了以"中国情，华商梦"为主题的华裔青年创业论坛。

（21）海外华裔青少年"中国寻根之旅"重庆营开营

2015年7月22日，海外华裔青少年"中国寻根之旅"夏令营——重庆营正式开营，来自比利时、荷兰、马来西亚、印度尼西亚、韩国、泰国、巴拿马、美国的90名华裔青少年参加活动。在12天的"寻根之旅"中，华裔青少年们学习了汉语、中国民族舞蹈、武术、书法、茶艺等中国传统文化课程，参观了世界非物质文化遗产大足石刻、千年古镇磁器口，学习綦江农民版画制作，观山城夜景、品地道美食。

（22）欧洲华裔青少年"中国寻根之旅"夏令营在广西开营

2015年7月23日，由国务院侨务办公室、广西壮族自治区侨务办公室主办，广西华侨学校承办的"2015年海外华裔青少年'中国寻根之旅'夏令营——美丽南方广西行"举行开营仪式。来自俄罗斯、奥地利、西班牙等国45名华裔青少年参加，夏令营活动为期10天，主要学习中国文化。

（23）海外华裔青少年湖北"寻根"

2015年7月26日，海外华裔青少年"中国寻根之旅"夏令营——湖北营开营仪式在武汉举行。来自德国、美国、瑞典、英国、卢森堡的40余名海外华裔青少年参加。此次夏令营由国务院侨务办公室主办，湖北省外事侨务办公室承办。至7月31日，40余名海外华裔青少年参观了黄鹤楼、长江三峡、荆州古城，还学习了中国武术、舞蹈、中式面点、泥塑、京剧等课程。

（24）逾百名华裔青少年游佛教圣地领略四川之美

2015年7月26日，来自美国、加拿大、英国、法国等20多个国家的180余名华裔青少年和领队老师参加了"2015年海外华裔青少年'寻根之旅'夏令营"。活动期间，营员们和领队老师参观游览了四川的乐山大佛和峨眉山。

（25）海外华裔暨港澳台地区青少年"中国寻根之旅"夏令营北京开营

2015年8月2日，由国务院侨务办公室主办、北京市侨务办公室承办的海外华裔暨港澳台地区青少年"中国寻根之旅"夏令营北京集结营在北京开营。此次夏令营共有武术、舞蹈、戏曲等以中华才艺为主题的9个特色专题营，来自54个国家和地区的1700多名海外华裔青少年参加。

夏令营期间，海外华裔青少年们除了学习中华文化外，还游览了颐和园、故宫、长城、天安门等名胜古迹，并举行了大型联欢活动。

（26）深圳市盐田区第十三届"我爱中华"夏令营开营

2015年8月5日，深圳市盐田区第十三届"我爱中华"夏令营在贵州青岩古镇举行闭营仪式，150名深港学子的"我爱中华"之行画上完美句号。活动期间，小营员们参观荔波小七孔、大七孔等景区；游览了西江苗寨，体验了独特的苗族文化习俗。"我爱中华"深港学生夏令营作为深港两地开展教育合作和实施德育素质教育的特色品牌,吸引了一批又一批深港青年学子加入其中。

（27）多国海外华裔青少年开启"侨乡泉州寻根之旅"

2015年8月6日,由国务院侨务办公室、福建省侨务办公室和泉州市外事侨务办公室、相关县（市、区）侨务办公室共同主办的"2015海外华裔青少年'中国寻根之旅'夏令营"活动拉开帷幕。

活动在南安、晋江、泉港、永春、惠安、洛江、丰泽、石狮等地开营,来自马来西亚、越南、菲律宾、印度尼西亚、美国和中国港澳台地区的500多名华裔青少年参加。营员们在永春学打白鹤拳、在惠安欣赏石雕艺术、在安溪茶乡品香茗、在石狮参观石湖港。营员们还到结对学生家中进行住家式体验。

（28）法国优秀华裔青少年游学营在北京开营

2015年8月9日上午,由国务院侨务办公室主办、北京华文学院承办的2015年海外华裔青少年"中国寻根之旅"夏令营——"法国优秀华裔青少年游学营"在北京华文学院回龙观校区顺利闭营。与会领导和嘉宾为汉语猜词比赛的获奖营员颁发奖品,给参加HKC（汉语口语测试）考试并通过的营员颁发等级证书。

（29）海外华裔青少年"中国寻根之旅"夏令营在江苏开营

2015年8月15日,海外华裔青少年"中国寻根之旅"夏令营江苏营在南京落下帷幕,来自德国的45名华裔青少年和领队老师参加了此次夏令营,活动历时15天。国务院侨务办公室文化司王梦黎处长出席开营仪式,江苏省侨务办公室文宣处朱杰处长出席闭营仪式。

（30）"中国寻根之旅·七彩云南"西双版纳行夏令营勐海营闭营

2016年8月13日,为期12天的"中国寻根之旅·七彩云南"西双版纳行——老挝、缅甸华裔青少年夏令营勐海营闭营。

此次夏令营由云南省侨务办公室、西双版纳州外事侨务办公室主办,勐海县外事侨务办公室承办,得到了勐海县人民政府、勐海县教育局、勐海县文化体育广播电视和旅游局的大力支持。

在12天营期里,来自缅甸、老挝的49名华裔青少年在勐海县高级职业中学8位教师的精心组织和倾情奉献下快乐地学习汉语,提高了普通话水平及汉语的使用能力。营员们还浏览了国家5A级景区西双版纳植物园和4A级景区茶马古道,到勐混曼召村观看傣族传统手工造纸,并且在动手包饺子活动中体会到了劳动和创作的快乐。

（31）"中国寻根之旅"云南夏令营在佤山开营

2015年8月21日,海外华裔青少年"中国寻根之旅"——七彩云南夏令营开营仪式在云南省沧源佤族自治县国门小学举行，来自缅甸佤邦勐冒县昆马区宇祥中小学的51名华裔青少年参加了此次夏令营。在12天的活动中，营员们学习中国地理、历史、书法等文艺文化知识，参加汉语口语水平测试，参观游览翁丁佤族原始村落、广允缅寺、葫芦小镇、国门小学等文化古迹和市政建设，体验包饺子，与中国青少年联谊联欢。

（32）东南亚华裔青少年"中国寻根之旅"夏令营在湖南长沙开营

2015年9月22日，"2015年海外华裔青少年中国寻根之旅湖南长沙营"开营，来自马来西亚和泰国的48名华裔师生由此拉开9天的"寻根"旅程，在湖南实地体验中国传统文化及研习汉语知识。此次夏令营由国务院侨务办公室主办，湖南省外事侨务办公室和长沙市外事侨务办公室承办。在湘期间，40余名海外华裔青少年学习了中国民族音乐、手工剪纸、中国绘画、中华武术、书法等传统文化课程，并在长沙、张家界等地参观湖南文化景点。

（33）海外华裔青少年"中国寻根之旅"秋令营在暨南大学开营

2015年10月10日，海外华裔青少年"中国寻根之旅"秋令营（暨南大学营）开营典礼在暨南大学华文学院顺利开营，来自泰国5个团队的营员及领队共203人参加了开营仪式。活动于10月22日闭营。

（34）泰国华裔青少年中华文化体验营在北京开营

2015年10月12日，由国务院侨务办公室主办、北京华文学院承办的2015年海外华裔青少年"中国寻根之旅"秋令营——"泰国优秀华裔青少年中华文化体验营"开营仪式在北京华文学院回龙观校区主楼会议室举行。

（35）泰国华裔青少年"中国寻根之旅"冬令营闭营式圆满举行

2015年10月12日，泰国华裔青少年"中国寻根之旅"冬令营开营。华侨大学华文学院为营员们精心安排了汉语学习、文化考察等活动。活动于10月20日落下帷幕。

（36）华裔青少年"中国寻根之旅"冬令营在天津开营

2015年11月25日，海外华裔青少年"中国寻根之旅"冬令营天津营活动在天津国际汉语学院拉开帷幕。来自马来西亚、韩国的46名营员走进天津文化中心、意式风情区、食品街、古文化街等地，游览城市风貌，感受津味文化，参加口语交际、京剧、书法等主题文化体验课，并参加国家汉语口语水平测试。

（37）"中国寻根之旅"冬令营福建安溪营开营

2015年12月1日，2015年海外华裔青少年"中国寻根之旅"冬令营福建安溪营在安溪茶业职业技术学校开营，来自马来西亚的65名华裔青少年和17名青年团成员参加。

此次活动由国务院侨务办公室、福建省侨务办公室、泉州市外事侨务办公室、安溪县外事侨务办公室联合主办，是马来西亚安溪总会第六次组织青少年回乡参加冬令营。活动在茶业技术学校和慈山农业中学举行，集水平、特色、实效于一体，历时10天，内容丰富多彩，涵盖马来西亚青少年与茶校学生结对子互动学习交流、现场学制茶、了解茶文化、体验茶乡生活、参观名胜古迹和参加寻根谒祖等活动。

（38）海外华裔青少年"中国寻根之旅"冬令营在广东开营

2015年12月1日，由中国国务院侨务办公室、广东省侨务办公室主办，广东华侨博物馆、东莞市外事侨务局承办，马来西亚华人博物馆协办的2015海外华裔青少年"中国寻根之旅"华侨文博冬令营在广东华侨博物馆开营。这是广东自1980年举办海外华裔青少年夏（冬）令营以来，首次举办以华侨文博为主题的海外华裔青少年"中国寻根之旅"夏（冬）令营。

36位马来西亚华裔青少年参加了此次冬令营，他们在广州、东莞展开为期10天的华侨文博之旅，除了学习书法、剪纸、陶艺、八段锦，还学习中国华侨历史、华侨博物馆基本知识，接受讲解礼仪及技巧培训，参观广州、东莞两地的文博机构。

（39）"中国寻根之旅"广州冬令营开营

2015年12月9日，2015年海外华裔青少年"中国寻根之旅"冬令营（广州营）开营。承办单位暨南大学华文学院的老师们为营员们精心设置了丰富多彩的课程，如生活汉语课，武术、民族舞蹈等中华才艺课，知识讲座，文化体验课等。其中，生活汉语课属于本次冬令营的语言课程，主要分为中国人口—民族—传统节日、中国八大菜系、广州早茶点心、中国茶文化、中国孝道、京剧的魅力等六大模块。营员们不仅学到实用的生活汉语，还领略了中华文化的魅力与风采。活动期间，暨南大学华文学院还专门为海外华裔青少年们开设了中国商业环境和华商企业管理课程。

（40）海外华裔青少年"中国寻根之旅"冬令营在海南开营

2015年12月9日，"2015年海外华裔青少年'中国寻根之旅'冬令营——海南营"暨"第十九届世界海南青少年冬令营"在海口开营，来自马来西亚、新加坡、澳大利亚、美国等国家的海外华裔青少年及海南大学生志愿者80余人开启寻根之旅。

在为期12天的活动中，营员们在海南参观海口石山火山群地质公园、临高角、东坡书院、千年古盐田、三亚南山佛教文化苑等著名人文景观。他们还在海南华侨中学学习中国历史文化及中国传统才艺课程，并与海南青少年学生联谊交流。

（41）泰国华裔少年"中国寻根之旅"冬令营在南宁开营

2015年12月14日，由国务院侨务办公室主办的2015泰国华裔青少年"中国寻根之旅"冬令营在南宁举行开营仪式，来自泰国孔敬市的40名华裔少年开启了为期近15天的游学行程。

2015年9月，中国海外交流协会文教部与泰国孔敬市政府签署合作备忘录，决定在华裔青少年冬令营、华文教材和教学资料开发、机构人员交流等方面开展合作。此次冬令营为双方合作项目之一。

（42）海外华裔青少年赴青岛开启"中国寻根之旅"

2015年12月16日，由国务院侨务办公室主办的2015年海外华裔青少年"中国寻根之旅"冬令营（青岛营）在中国海洋大学国际学术交流中心开营。来自澳大利亚、马来西亚、印度尼西亚、缅甸等国家的近150名海外华裔青少年在为期15天的冬令营期间开启"寻根之旅"。

夏令营期间，中国海洋大学为营员们安排了青岛印象、趣味手工、舞蹈等课程。营员们还体验了生态农场，游览青岛市区特色旅游景点，赴孔孟之乡山东曲阜考察，登游泰山。

（43）缅甸曼德勒新世纪师生开启祖（籍）国"中国寻根之旅"

2015年12月18日，应中国国务院侨务办公室邀请，缅甸曼德勒新世纪国际高级学校24名师生赴青岛参加"中国寻根之旅"青岛冬令营，19名师生赴哈尔滨参加2015年"海外华裔青少年中国寻根之旅——相约哈尔滨"冬令营活动。

缅甸曼德勒新世纪国际高级学校师生此次赴祖（籍）国学习了制作京剧脸谱、古诗词诵读等课程，还参观了两地最有代表性的景观。

（44）海外华裔青少年"中国寻根之旅"冬令营安徽营开营

2015年12月20日，2015年海外华裔青少年"中国寻根之旅"冬令营——安徽营在合肥开营，来自印度尼西亚和泰国的46名华裔青少年学生开启了为期10天的"中国寻根之旅"。

该活动由国务院侨务办公室和安徽省侨务办公室主办、安徽大学承办。在为期10天的活动中，海外营员们走进课堂，领略徽文化的深厚底蕴，学习富有地方特色的中华才艺课程；还实地参观和游览著名的徽州文化名胜古迹和自然风光，近距离感受中华文化，并且通过与当地的中学生交友互动、走入社区等多种形式，体验当代中国人的生活，搭建起友谊的桥梁。

（45）海外华裔青少年"中国寻根之旅"冬令营成都营开营

2015年12月22日，由国务院侨务办公室主办、成都市外事侨务办公室承办的2015年海外华裔青少年"中国寻根之旅"冬令营在四川成都开营。来自马来西亚、印度尼西亚、泰国、日本4个国家近150名华裔青少年在成都进行了为期14天的学习体验。

冬令营期间，营员们学习书法、国画、剪纸等中国传统文化艺术，参观杜甫草堂、武侯祠、金沙遗址等历史文化博物馆，体验都江堰、青城山等成都特色景观，还与成都嘉祥七中、泡桐树中学的学生进行联谊交流。

（46）海外华裔青少年"中国寻根之旅"华侨大学营开营

2015年12月28日，2015年海外华裔青少年"中国寻根之旅"冬令营——华侨大学营开营。近120名来自泰国、印度尼西亚的海外华裔青少年齐聚华侨大学，开展为期11天的冬令营之旅。

为进一步落实"大华文教育理念"，华侨大学华文教育处牵头组织此次冬令营团队中来自泰国瓦拉亚隆功皇家大学的空乘专业营员与华侨大学厦航学院联谊，共同参与"中国寻根之旅"活动。

（47）2015年"中国寻根之旅"武术冬令营福建营在泉州闭营

2015年12月29日，为期15天的2015年海外华裔及港澳台地区青少年"中国寻根之旅"武术冬令营福建营在泉州南少林国际学校武术套路训练馆举行闭营式。

2. 中国语言文化之旅

（1）"2014汉语考试冬令营"在北京华文学院落幕

2015年1月5日，由孔子学院总部/中国国家汉语国际推广领导小组办公室主办、五洲汉风教育科技（北京）有限公司和北京华文学院承办的"2014年汉语考试冬令营"闭营晚会在北京华文学院回龙观校区会堂举行。来自西班牙、爱尔兰、俄罗斯、英国、新西兰、蒙古、缅甸、菲律宾、印度尼西亚、韩国、哥伦比亚11个国家的179名师生参加了此次活动，营员们均为参加过HSK考试的优秀汉语学习者。

此次冬令营历时11天。主办方针对营员们国别不同、汉语水平参差不齐、年龄跨度大等特点将他们分成8个小班授课。营员们学习了听力、口语、写字等汉语课程，剪纸、书法、中国画、包饺子、武术等文化课程以及中国影视欣赏、汉语知识展示、教唱汉语歌曲、排练话剧等活动。主办方力图在形式上拓展汉语知识的学习，在内容上增加短期汉语学习的深度。

（2）第八届中华文化小天使交流体验营在泉州开营

2015年2月5日，第八届中华文化小天使交流体验营开营式在泉州南少林国际学校举行。来自台湾台中、嘉义、彰化、高雄、南投、新竹、台北等县（市）的100位小天使营员参加开营仪式。此次活动由国台办九洲文化传播中心主办，泉州南少林国际学校、台湾总会大中华国际同济会、龙美股份有限公司承办，台中市家长会协会、台中市北屯区家长会联谊会、台中市赖厝国民小学协办。

活动为期8天，营员们在此学习中华武术，兼学中国象棋、手工制作、民族音乐等课程。泉州南少林国际学校还特邀专家专为营员讲授闽台文化历史。活动期间，他们还实地参访了福州三坊七巷、民族英雄林则徐纪念馆、施琅纪念馆、郑成功雕像等名胜古迹。

（3）2015年荷兰高中学生汉语游学团在北京举行开班式

2015年2月22日，荷兰高中学生汉语游学团开班仪式在北京华文学院阜成门校区举行。此次游学团由周春花女士带领，共有18名学员参加。这是北京华文学院与荷兰组织方的第二次合作。活动主办方安排了汉语课程、文化课程以及外出参观行程。

（4）"中国文化行"潇湘文化营走进湖南湘潭开展交流活动

2015年3月24日，"中国文化行——湖南潇湘文化营（泰缅团）"走进湘潭江声实验学校开展文化交流活动。来自泰国和缅甸的50位华裔青少年营员参加此次活动，学习中国文字、武术、民乐、制作中国结等具有浓郁中国特色的文化课程。此次活动由中国华文教育基金会主办、湖南省外事侨务办公室及湘潭市外事侨务办公室共同承办。

（5）"我眼中的上海"澳大利亚小摄影家夏令营在上海开营

2015年3月31日，由上海市侨务办公室、上海晋元高级中学主办的"我眼中的上海"澳大利亚小摄影家夏令营开营。活动为期12天，来自澳大利亚新金山中文学校的营员们通过集中学习和游览参观相结合的方式，学习中国戏曲、木兰扇、武术、书法、国画、剪纸等文化课程，并走访上海博物馆、外滩、豫园城隍庙等景点，还进行了"做一天上海人"的实践活动，访问晋元高级中学学生家庭。活动期间，主办方特意为营员们安排了"中国与世界"讲座，分别讲述中国在二战时期的命运和1937年的上海，让营员们对中国抗战史有更为深刻的了解。

夏令营在结束上海之行后，安排营员前往南京参观、学习。

（6）海外华裔青少年"中文学习乐园"重庆营开营

2015年4月2日由中国华文基金会主办、重庆市外事侨务办公室和重庆暨华中学承办的"2015中文学习乐园——雅居乐重庆营"活动在重庆暨华中学开营。来自泰国清迈王子学校和泰国四色菊桥南学校的60名华裔青少年在重庆开展为期30天的学习生活。活动期间，他们学习汉语课程以及版画、书法、武术等中国传统文化，参观大足石刻等名胜古迹。

此次学习乐园还在4月11日全天进行"做一天重庆人"志愿者家庭日活动，营员们进入暨华中学在校学生志愿者家庭度过一天，亲身感受重庆人的周末。

（7）泰籍华裔青少年在广西体验华文之旅

2015年4月6日，由中国华文教育基金会主办、广西海外交流协会和广西华侨学校承办的"2015中国文化行——金辉广西侨校营"在广西华侨学校闭营，来自泰国各地的80名华裔青少年结束了为期12天难忘的华文之旅。

活动期间，营员们学习了汉语语音和汉语会话方面的知识，还体验了剪纸、舞蹈、武术、陶艺、中国画等中国传统文化课程，并游览青秀山、南宁国际会展中心等地，赴桂林考察民俗文化。

（8）"中文学习乐园——雅居乐河南濮阳营"开营

2015年4月7日，"2015中文学习乐园——雅居乐河南濮阳营"开营。在为期一个月的时间里，30名来自泰国的营员通过封闭式课堂学习和开放式参观游览，将学习汉语同了解中国传统文化、风土人情、当代崭新风貌有机结合，充分领略华夏文化，感受中原文明。

（9）2015"中国文化行——金辉昆明华校营"在昆明开营

2015年4月13日，由中国华文教育基金会主办，昆明华文学校、龙陵县侨务办公室、腾冲县侨务办公室共同承办，金辉地产资助的2015年"中国文化行——金辉昆明华校营"在昆明开营。此次活动为期12天，采取"主营+分营"的形式开展，主营在昆明华文学校，两个分营分别在保山市龙陵县侨务办公室、腾冲县侨务办公室。105名营员分别来自缅甸、越南，其中主营20人，龙陵分营45人，腾冲分营40人。活动本着"寓教于游，游教结合"的主旨，为营员精心设置了生活汉语、中国剪纸、脸谱绘画艺术、中国舞蹈、中国绘画与书法、制陶、皮影等丰富的课程，并组织参观云南民族村、西山森林公园、恐龙谷、金殿公园、腾冲侨乡等旅游景区，考察民俗文化。

"中国文化行"项目自2013年起多次在昆明华文学校举办，至今已有来自缅甸、越南、老挝、泰国、马来西亚、印度尼西亚、韩国7个国家共286名华裔青少年参加了该活动。

（10）2015"中文学习乐园"——雅居乐暨南大学营开营

2015年4月16日，由中国华文教育基金会主办、暨南大学承办、雅居乐地产控股有限公司资助的2015"中文学习乐园"——雅居乐暨南大学营开营典礼在暨南大学华文学院举行。泰国教育部中小学汉语教育委员会、泰华教育协会组织的60名营员参加此次活动。

（11）"2015中国文化行——雅居乐华夏文化营"在南昌开营

2015年5月6日，由中国华文教育基金会主办、北京华文学院承办、雅居乐地产控股有限公司资助的中国华文教育基金会"2015中国文化行——雅居乐华夏文化营"在江西省南昌市开营。江西省侨务办公室、中国华文教育基金会、北京华文学院相关领导与来自泰国、法国、印度尼西亚、英国、巴西、日本、柬埔寨、匈牙利、意大利、毛里求斯10个国家的70余名海外华裔青少年出席了开营仪式。

（12）海外华人文化社团中华才艺（武术）培训班开班

2015年5月8日，由国务院侨务办公室、中国海外交流协会主办，暨南大学承办的"第38期海外华人文化社团中华才艺（武术）培训班"举行开班仪式。来自美国、加拿大、墨西哥、芬兰、波兰、巴西、厄瓜多尔、巴拿马、韩国、蒙古、印度、孟加拉国、老挝、缅甸、关岛、印度尼西亚、毛里求斯17个国家和地区的35名海外华侨华人文化社团学员齐聚暨南大学展开为期半个月的培训学习。

本期才艺（武术）培训班的培训内容以太极拳、南拳的基本动作和入门套路为主，辅以中华传统文化知识、武术知识、运动损伤处理知识等方面的内容，这期间也安排团队参与凝聚力体验、龙狮体验、岭南文化考察等交流活动。

（13）2015年马来西亚禅武文化夏令营在广州闭营

2015年6月12日，马来西亚禅武文化夏令营闭营仪式在广东禅武文化馆举行。闭营仪式通过PPT图片回顾了来自马来西亚的50余名华裔青少年在禅武中心为期9天的求学时光。广东省侨务办公室副主任郑建民，马来西亚知名文化人陈再藩、广东禅武中心朱振武、新西兰合综门武术文化协会会长陆广生等顾问与营员及禅武中心师生等共同见证了二十四节令鼓队成立仪式。

（14）中华才艺（狮艺）培训班在广东禅武中心开班

2015年6月16日，由中国国务院侨务办公室主办、广东省侨务办公室承办的"第四十二期海外华人文化社团中华才艺（狮艺）培训班"在广东禅武中心举行开班仪式。来自意大利、美国、墨西哥、菲律宾、马来西亚、缅甸、新西兰、印度、韩国、加拿大、印度尼西亚、澳大利亚等22个国家的43名华裔青年参加了此次培训班。墨西哥墨华社团主席赵崇熹及新西兰等国家侨领出席开班典礼。

在为期15天的培训中，学员们学习南狮技艺，兼修传统功夫；学习禅武礼仪文化，聆听狮艺主题讲座；畅游广州，见证羊城发展成就。

（15）"2015中国文化行——雅居乐重庆巴渝营"开营

2015年6月16日，由中国华文教育基金会主办，重庆市外事侨务办公室和重庆师范大学承办的2015"中国文化行——雅居乐重庆巴渝营"开营仪式在重庆师范大学凯撒学术报告厅举行。此次夏令营活动自6月15日持续至26日，历时12天。来自印度尼西亚和泰国的50名华裔青少年在此学习汉语和舞蹈、书法、武术、剪纸等中国传统文化，并参观考察世界文化遗产大足石刻。

（16）"2015中文学习乐园——雅居乐华侨大学营"开营

2015年6月17日，由中国华文教育基金会主办、华侨大学承办、厦门外国语学校协办、雅居乐地产控股有限公司资助的"2015中文学习乐园——雅居乐华侨大学营"在厦门外国语学校高中部、海外部校区开营。70名来自印度尼西亚、泰国、美国等国的华裔青少年参加开营仪式。

此次夏令营活动为期半个月,营员们重点学习汉语口语、阅读、写作等基础汉语课程。营员们通过和厦门外国语学校学生结对子的学习方式破解中文学习心理障碍,通过学习民歌、民乐、书法、国画、武术等特色课程,增强中华才艺素质。他们还前往鼓浪屿、集美学村、土楼、德化、安溪、开元寺、南普陀、中山路和万石植物园等地参访,饱览闽南特有的自然风光和侨乡文化,并在华侨大学听取专家讲座,走进华侨大学各类实验室、厦门自贸区、软件园、集美新城等地,提升营员对于中华文化、中国发展现状及道路的认识和理解,更深入地学习中华文化。

(17)"2015中国文化行——完美荆楚文化营"开营

2015年6月19日,由中国华文教育基金会主办,湖北省外事侨务办公室和华中师范大学共同承办"2015中国文化行——完美荆楚文化营"开营仪式在华中师范大学举行。此次活动以荆楚文化为主题,为期12天,40名来自马来西亚和印度尼西亚的华裔青少年学习了汉语基础知识和发言训练等语言课,以及中国剪纸、国画、民族舞蹈等文化课,并赴荆州古城和长江三峡进行考察。

(18)"中国开平·印度尼西亚泗水"夏令营走进开平

2015年6月25日,"中国开平·印度尼西亚泗水"华裔青少年夏令营活动举行开营仪式。41名印度尼西亚学生到广东开平开展为期12天的夏令营活动,实地感受中华文化魅力。

夏令营期间,印度尼西亚泗水小太阳三语国民学校的学生走进开平小学课堂,与当地学生一起上课,学习中国舞蹈、书法、音乐、美术、厨艺等,聆听专家讲授开平华侨历史及开平碉楼与村落的文化内涵,参加多项团队合作训练科目,与当地学生进行汉语情景对话、做游戏,并到开平残联学校献爱心,参观百合马降龙碉楼群和立园等景区。此外,他们还前往中山、珠海等地参观旅游。

(19)中国华文教育基金会举办"南粤文化行"

2015年6月30日,由中国华文教育基金会主办、广东省人民政府侨务办公室承办的"南粤文化行——2015雅居乐海外华裔青年禅武文化体验班"在广东禅武中心举行开班典礼。中国华文教育基金会副理事长兼秘书长左志强等领导以及来自新西兰、澳大利亚、加拿大、印度尼西亚、俄罗斯、美国、中国香港等国家和地区的40名学员出席了此次开班典礼。

左志强秘书长等为体验班学员授予了此次体验班活动的班旗。在为期15天的体验班培训中,学员们学习太极养生法、研修传统功夫,聆听书法、国画、传统音乐、中医等主题讲座,实践体验禅武礼仪文化并畅游南粤侨乡。

（20）"优秀华裔大学生文化参访团——金辉江苏营"在南京大学开营

2015年7月2日，由中国华文教育基金会主办、江苏省侨务办公室和南京市侨务办公室共同承办、南京大学协办、金辉地产资助的"2015优秀华裔大学生文化参访团——金辉江苏营"在南京大学鼓楼校区开营，江苏省人民政府侨务办公室主任王华等领导、嘉宾同来自美国、加拿大、马来西亚、澳大利亚以及中国香港、中国台湾等国家和地区的49名优秀华裔大学生出席了开营仪式。

为期12天的日程，营员们聆听专题讲座并进行专项社会调研，体验中国画、剪纸、太极拳、昆曲等中华传统文化，并赴宜兴和扬州感受紫砂文化和瘦西湖的美景。

（21）海外华裔青少年走进湖南研习汉语及中国传统文化

2015年7月6日，"亲情中华·汉语桥"夏令营在湖南第一师范学院新校区开营。此次夏令营由中国侨联及中国国家汉语国际推广领导小组办公室主办，湖南省侨联承办。来自美国、老挝、泰国、澳大利亚、新西兰、瑞典等国家和地区的近70名海外华裔青少年和领队参加活动。期间，海外华裔青少年研习汉语和中华文化，并参观爱晚亭、岳麓书院、韶山毛泽东故居、常德诗墙等湖湘文化景点。

（22）海外华裔青少年夏令营在浙江湖州开营

2015年7月15日，2015年海外华裔青少年夏令营开营仪式在（浙江）湖州师范学院举行。来自美国、意大利、法国、日本、瑞典、加拿大、澳大利亚、中国香港等国家和地区的30名海外华侨华人青少年、回国创业海外高层人才子女参加活动。此次夏令营活动由湖州市外事侨务办公室、嘉兴市外事侨务办公室和湖州师范学院共同举办。在12天的夏令营中，营员们学习华文教育、书法、绘画、武术等课程，研习中华礼仪，并参观了太湖、莲花庄、湖笔博物馆、中国竹乡安吉、荻港古村落人文景观，学习江南特色传统工艺。

（23）马来西亚沙巴中华文化夏令营在深圳开营

2015年7月16日，由深圳市侨务办公室、深圳市海外交流协会主办，马来西亚沙巴州国民型华校董联会、马来西亚沙巴州中华文化协会及沙巴华幼董联会共同协办的"2015年马来西亚沙巴中华文化夏令营"在深圳拉开帷幕，马来西亚沙巴州的内陆区根华中学、斗亚兰县蔚蓝湾度假村和亚庇启华小学三个分营分别举行了开营仪式。

7月16日，沙巴国民型华校董事联合会、根华中学等负责人参加了开营仪式。根华中学是此次夏令营活动中参营学生最多、举办课程最丰富的营地之一，参营人数169人。活动主办方为营员安排了舞蹈、书法、武术和剪纸等活动。由马来西亚沙巴州中华文化协会协办的国学营60名营员在斗亚兰县蔚蓝湾度假村学习了国学、朗诵和武术等课程。由沙巴华幼董联会承办的剪纸活动是亚庇启华小学营地开展的唯一一项教学内容，营员为40名来自沙巴华校幼儿园的老师。

(24)"中国文化行"雅居乐黑龙江夏令营落幕

2015年7月18日，中国华文教育基金会"2015中国文化行——雅居乐黑龙江营"在哈尔滨落幕，来自西班牙、埃及、俄罗斯、日本和印度尼西亚的50余名营员参加了闭营仪式暨汇报演出活动。

夏令营期间，营员们先后访问了哈尔滨市、黑河市和五大连池市，学习了汉语、中华武术、民族舞蹈等课程，参观游览了哈尔滨科技馆、哈尔滨城市规划馆、太阳岛风景区、瑷珲历史陈列馆、闯关东影视基地、旅俄华侨纪念馆、中俄边境黑河口岸、中俄界江黑龙江和五大连池世界地质公园等。

(25) 华侨大学优秀境外生丝路文化考察团出征

2015年7月28日，华侨大学境外生夏令营丝路文化考察团前往青海省西宁市，开启丝路文化之旅。丝路文化考察团由来自中国香港、中国澳门、马来西亚、印度尼西亚、缅甸、菲律宾等国家和地区的37名华侨大学优秀境外学生及4名老师组成。夏令营以"根在中国"为主题，由华侨大学学生处主办。为期7天的丝路文化考察，团员们参观了青海湖、日月山、倒淌河、塔尔寺、黄河母亲像以及大沙漠等景点。

(26) 25名海外侨界杰出青年赴四川考察

2015年7月28日，"海外侨界杰出青年天府行"活动在四川成都启动，来自美国、加拿大、韩国、日本、比利时等19个国家的25名海外侨界杰出青年在5天时间里实地了解四川省经济社会发展情况。

(27) 东南亚华裔青少年在云南昆明参加中文学习夏令营

2015年8月17日，"2015中文学习乐园——金辉昆明华校营"举行了闭营仪式。来自越南、老挝、泰国的42名学员参加此次中文学习乐园夏令营。他们不仅学习了汉语课程，还学习了书法、绘画、剪纸、手工刮画等中华才艺，深入了解了云南的风土人情。

(28) 意大利佛罗伦萨圣托里诺学校师生到温州学习中华文化

2015年11月5日，意大利佛罗伦萨圣托里诺学校师生9人到温州市第八中学开展为期9天的学习交流活动，学生们不仅体验了武术、书法、剪纸、唱中文歌、中国厨艺等特色课程，还参加了汉语学习、中国课堂体验、实地参观、考察当地民俗等活动。

(29) 东盟华裔青少年赴广西学习中华文化

2015年11月12日，"2015中文学习乐园——金辉广西侨校营"在南宁闭营，60名来自泰国、越南、印度尼西亚的华裔青少年们，在仪式上展示了一个多月来的学习成果。

学校按照汉语水平的差异，把营员们分插入学校留学生的各个班级，每个人可以根据自身能力学习到相关知识。学校还安排营员们走出课堂，参观广西民族博物馆、广西科技馆，并到桂林、北海等地考察民风民俗。

（30）海外华人少年军集结活动在暨南大学开启

2015年11月30日，56名海外华人青少年军（少年军）在暨南大学华文学院完成首次集结并参加华文旅两天中华文化营地体验活动。在集结活动结束后，暨南大学华文学院根据自己的办学优势和特色，开展了两天一夜的营地体验教育，开设草编、泥塑、中国武术与舞蹈等特色的中华文化课程。

营地教育同样关注少年军们心智的引导与成长。在营地代表和老师们的爱心陪同与引导下，少年军积极融入集体，在集体中相互扶持与帮助，自行整理内务，独立就餐，学习自立成长。此外，在华文学院学生活动中心，少年军们与华文学院五洲学子一起互动联欢。

（31）广东高校侨生交流活动在暨南大学开幕

2015年12月5日，由国务院侨务办公室文化司主办，暨南大学承办的2015年"粤侨学子中华情"广东高校侨生交流活动在学校曾宪梓科学馆国际会议厅拉开帷幕。

仪式上，叶勤副校长等暨南大学领导分别为此前在"侨生杯"系列体育竞赛等活动中获奖的侨生颁奖。随后举行了经典阅读分享会赠书阅读仪式，并向各高校侨生赠送了有关中华文化、文学名著、"中国梦"、学生学习与发展等主题的系列丛书。最后，暨南大学侨生为交流活动带来了精彩的节目表演，包括缅甸学生演绎民族风情舞和学生艺术团带来印度尼西亚拍手舞。

仪式结束后，500多名侨生分批次先后赴广东佛山、河源等地开展岭南文化探索体验营活动。

（32）优秀华裔大学生文化参访团华侨大学营开营

2015年12月7日，"2015年优秀华裔大学生文化参访团——华侨大学营"开营。来自澳大利亚的30名营员和领队老师，开始了5天的封闭式课堂教学和开放式参观游览。

此次冬令营由中国华文教育基金会、福建省侨务办公室联合主办，华侨大学承办，澳大利亚福建省乡情联谊会资助。活动主办方精心安排了历史文化、武术、书法、二十四节令鼓、国画、舞龙等学习课程，并组织参观了闽台缘博物馆、开元寺、南少林寺等地，与本地学生共同参加户外拓展、体验中华文化特色和当地人文风貌。

（33）东南亚六国华裔青少年赴广东惠州体验客家文化

2015年12月15日，为期10天的"中国寻根之旅——第四届东南亚华裔青少年

（惠州）冬令营"正式开营，来自马来西亚、泰国、文莱等6个国家的262名海外华裔师生，开启了在广东惠州的客家文化之旅。此次冬令营活动由国务院侨务办公室与广东省侨务办公室联合主办，惠州市外事侨务局承办。

夏令营期间，他们分组学习客家山歌、民族舞蹈；参加汉语水平测试，入住结对子的学生家庭体验本土生活；观看小金口非物质文化遗产麒麟舞和龙形拳表演；参观游览叶挺纪念园、农民画博物馆、叶亚来故居、罗浮山景区等当地名胜，进行农耕体验、拓展训练及学习制作客家美食等。

（34）"2015中国文化行"冬令营江苏营开营

2015年12月16日，由中国华文教育基金会主办，江苏省侨务办公室、扬州市侨务办公室承办的"2015中国文化行——完美江苏营"在扬州举行开营仪式。来自印度尼西亚和马来西亚的50位华裔青少年齐聚扬州，在江苏扬州学习汉语、书法、武术等传统的中国文化。该营重点教授汉语、书法、武术等传统中国文化，还组织参观瘦西湖、个园、双博馆等扬州著名文化景观。

（35）国际华裔学子交流营开营

2015年12月15日，由《东南早报》、马来西亚紫慈国际基金会和福田公益促进会国际总会主办的2015年"阳光天使，文化之旅"国际华裔学子交流营在福建泉州开营。

交流团在南少林国际学校举行联谊活动。双方学子表演了节目。马来西亚华裔学子表演了大合唱《细水长流》等；南少林国际学校学生表演了舞蹈《荷花淡淡香》等。

该营在泉州开展了为期10天的活动，先后参访了南安、市区部分学校，参观游览了五里桥、九日山、开元寺、清真寺、关帝庙等名胜古迹，切身感受泉州"海丝"文化底蕴。

（36）海外华裔青少年与中国学子联谊传播中华文化

2015年12月25日，来自马来西亚、印度尼西亚、泰国、日本4个国家近150名营员和成都嘉祥外国语学校郫县分校的师生们开展交流联谊活动。

成都嘉祥外国语学校郫县分校的老师们向海外华裔青少年介绍了学校的概况及郫县的历史文化、地理优势、饮食习惯等情况。联谊会上，学生进行舞蹈、歌唱、民乐演奏、太极等表演。演出结束后，营员们参观了校园，并与中国同学一起进行体育活动。

3. 华教人士华夏行

（1）40多位侨领参加浙江省温州市"瓯越文化之旅"

2015年4月20日至21日，来自20多个国家共40多名温籍侨领在浙江省温州市参加温州市外事侨务办公室主办的"瓯越文化之旅——文成泰顺行"活动,深入文成、泰顺两地考察自然生态、现代农业、风俗民情。

(2) 24国海外华文教师赴陕西体验中华文化

2015年7月8日,由国务院侨务办公室主办、陕西师范大学承办的2015年"华文教育海外优秀资深华文教师华夏行"活动圆满结束。来自24个国家的180名海外优秀资深华文教师,在陕西师范大学参与了为期8天的教育培训及文化体验活动。

活动期间,海外教师参加了以"丝绸之路战略与中西方文化交流"为主题的古诗词赏析与教学,并聆听了中文教学技巧与方法以及汉字与汉字中的文化内涵等主题的专题讲座,还参观了秦始皇帝陵博物院、乾陵、大小雁塔、陕西省历史博物馆、大唐不夜城等景点。

(3) 东盟华文教育界人士参访贵州

2015年8月13日,"2015海外红烛故乡行——雅居乐贵州之旅"正式结束,来自马来西亚、泰国、菲律宾、越南、缅甸等国的华文学校校长、教师、校董等20余人参加活动。

此次活动由中国华文教育基金会主办、贵州省侨务办公室承办,旨在体现中国社会各界对海外华文教师的关爱,表彰其传承中华文化的功绩,鼓励华裔新生代积极投身华文教育事业。

东盟国家华文学校负责人先后到贵州省凯里第一中学、兴义第八中学、安顺第八小学访问交流。贵州省侨务办公室组织东盟国家华文学校负责人来到贵阳中医二附院,参加中医养生保健讲座并感受中医治疗方法。

(4) "2015海外红烛故乡行——雅居乐宁夏之行"启动

2015年10月12日,由中国华文教育基金会主办、宁夏回族自治区人民政府侨务办公室承办、雅居乐地产控股有限公司资助的"2015海外红烛故乡行——雅居乐宁夏之旅"启动仪式在宁夏银川举行。来自美国、丹麦、韩国、澳大利亚、匈牙利、泰国、印度尼西亚等国家的20名华文学校校董、校长和资深华文教师相聚宁夏,开始为期10天的参观考察和交流活动。

为了让海外华文教师们加深对宁夏社会、经济、文化的认识与了解,此次活动专门开设了"'一带一路'新丝绸之路建设概述""回族文化概述""毛泽东诗词析""西夏文化概述"等讲座,并带领海外华文教师到重点中学、小学参观、听课、座谈。主办方还安排海外华文教师们参观游览了西夏王陵、沙坡头、水洞沟、黄河文化坛、中华回族文化园等景点。

(5) "华文教育示范校和机构负责人华夏行"在北京启动

2015年10月13日至16日,来自全球20多个国家的115名华文教育工作者赴华参加"2015年华文教育示范学校和华教机构负责人华夏行"活动。此次活动由国务院侨务办公室主办，北京市侨务办公室承办。国务院侨务办公室文化司司长雷振刚，北京市侨务办公室副主任李纲、高云超等出席了在国子监举办的欢迎仪式。

活动期间，华文教育工作者们在国子监听取中国传统文化讲座，到中国戏曲学院了解京剧文化，前往百工坊体验老北京传统手工艺，在北京市十一学校等多家中学考察座谈，还参加华文教育论坛，参观故宫、慕田峪长城、鸟巢、水立方等景点。

10月20日，海外华文教育工作者考察团一行到素有"华人老家"之称的山西洪洞大槐树寻根祭祖。

（6）"海外红烛故乡行"在云南启动

2015年10月14日，"2015海外红烛故乡行——雅居乐七彩云南之旅"在昆明启动。来自泰国和缅甸的20名校董、校长和资深华文教师受邀回到祖（籍）国，游览故土重温中华文化。

在1周时间里，校董、校长和华文教师们赴大理、丽江等地游览，并接受身体检查，学习保健知识。

（7）"欧美资深华文教师神州行"活动成功举行

2015年11月9日至20日，由云南省海外交流协会主办的"2015欧美资深华文教师神州行"成功举行。来自美国、德国、新西兰、毛里求斯等国家和地区9所华校的11位校董及资深华文教师应邀参加活动。

活动期间，代表团一行先后在昆明、江西和湖南等地进行文化考察，深入体验中国多姿多彩的历史文化与民族风情，使之更好地推动华文教育事业的发展。

（8）"泰北资深华文教师神州行"活动圆满结束

2015年11月12日，为期10天的"泰北资深华文教师神州行"活动圆满结束。此次活动有来自泰北清迈地区华人村4所侨校的校董、校长和资深华文教师10人参加。活动期间，神州行团员一行参观了云南华文学院、常州大学国际交流学院，与两院的领导和教师进行了交流座谈，对今后开展华文教育合作交换了意见。

（二）夏令营·走在海外

1. "中华文化大乐园"巴黎营举行闭营式

2015年1月3日，由国务院侨务办公室主办、山东省侨务办公室与法国华文教育协会和欧洲时报文化中心共同承办的"2015中华文化大乐园——法国巴黎营"举行闭营式暨学习成果汇报展演。展演包括绘画、剪纸、书法、面塑、脸谱的作品展示以及唱歌、舞蹈和武术的表演。中国国务院侨务办公室和山东侨务办公室有关工作人员、中国驻法使馆领事部一秘李京生、欧洲时报传媒集团总裁张晓贝、法国潮州会馆会长吴武华、法国华侨华人会副主席兼中文学校校长陈丰华、法国中华会馆主席兼中华学校校长丁伟星和巴黎部分中文学校负责人出席闭营式。

此次"中华文化大乐园"活动吸引了来自法国华侨华人会中文学校、法国潮州会馆中文学校、法国中华学校、中华圣母堂中文学校、法亚友爱会中文学校、巴黎南郊中文学校和欧洲时报中文学校的150多名学生，包括很多热爱中国文化的法国孩子。教学老师由山东省侨务办公室挑选组派，来自山东济南、德州、潍坊等地，均为教学经验丰富的教学能手或拔尖人才。

2. "中华文化大乐园——泰国曼谷营"开营

2015年3月16日，由中国海外交流协会主办，中国华侨大学、泰国华文教师公会承办，泰国东方文化书院协办的"2015中华文化大乐园——泰国曼谷营"开营。中国驻泰国大使馆侨务参赞方文国、泰国华文教师公会主席罗宗正、泰国东方文化书院院长何韵、华侨大学教师团队、小营员和家长们共同出席开营仪式。来自华侨大学的7名授课教师在此开设汉语、中国书法绘画、中华音乐、传统手工、中华武术和中华传统舞蹈等丰富多彩的课程。

3. "中华文化大乐园——泰国普吉营"开营

2015年3月28日，由中国海外交流协会主办，中国华侨大学、泰国华文教师公会共同承办，泰国普吉市政府协办的"2015中华文化大乐园——泰国普吉营"在泰国普吉市石桥体育中心举行开营仪式。泰国普吉市政府相关领导、普吉市侨领、普吉泰华学校和中国华侨大学驻泰国代表处相关负责人，以及普吉营全体教师、营员和学生家长等1400余人参加开营仪式。此次"中华文化大乐园——泰国普吉营"历时近半年的筹备，向泰国普吉的小营员们传授了极具中华传统文化元素的课程。活动历时一月有余，于5月1日闭营。

4. "中华文化大乐园——英国伦敦营"开营

2015年4月1日，"2015中华文化大乐园——英国伦敦营"在伦敦Hackney社区学院开营。此次活动由中国国务院侨务办公室主办，广西壮族自治区侨务办公室、英国中文教育促进会共同承办。"大乐园"的150余名营员、教师团、家长，以及主、承办单位代表参加了开营仪式。

活动为期10天。营员们参加武术、速算、葫芦丝演奏、声乐、舞蹈、书法、中国画、手工制作等中国传统文化的学习和体验活动。

5. "中华文化大乐园——文莱营"闭营

2015年4月3日,"2015中华文化大乐园——文莱营"闭营式暨中国文化日在文莱中华中学举行。中国驻文莱大使杨健,文莱文化、青年和体育部副部长阿迪娜以及各国驻文莱使节等出席。中国海外交流协会代表石海强、广东省惠州市海外交流协会副会长游小慧率教师团以及文莱中华中学董事长及董事会主要成员、文莱中华中学师生等1000余人参加。活动于3月25日开营,为期8天,共有298名文莱本地华裔和非华裔青少年参加。12名来自惠州的指导老师向营员们传授了管弦乐、声乐、民族舞蹈、中国传统手工艺、武术、书法、中国画、民乐等中华文化。

活动承办方广东省惠州市于2015年4月23日召开总结工作会议,赴文莱出访教师团成员、出访教师所属学校领导、惠州市外事侨务局和广东省侨务办公室相关人员参加了会议。会议报告了出访的基本情况,参加大乐园工作的老师们报告了自身体会,与会人员探讨了进一步深入合作开展侨务工作、实现双赢效果等相关议题。广东省侨务办公室郑建民副主任、惠州外事侨务局刘巧慧局长出席并总结致辞。

6. "中华文化大乐园——斐济营"开营

2015年4月13日,由中国国务院侨务办公室主办,中国吉林省政府侨务办公室、斐济逸仙学校和斐济华人教育协会承办的"2015中华文化大乐园——斐济营"在斐济首都苏瓦开营。来自中国吉林省的12名教师向当地青少年传授民族舞蹈、书法、国画、武术、剪纸等颇具中国传统文化特色的才艺,以加深对彼此文化的了解,促进中斐两国间人文交流。这是"中华文化大乐园"第三次在斐济成功举办。

7. "中华文化大乐园——菲律宾马尼拉营"开营

2015年4月20日,由中国海外交流协会主办,中国华侨大学、菲律宾华文教育中心联合承办,菲律宾侨中学院协办的"2015中华文化大乐园——菲律宾马尼拉营"在菲律宾侨中学院总校大礼堂开营。营员们在此学习汉语、国画、武术、手工艺以及中国音乐、舞蹈等具有丰富的中华传统文化元素的课程。

8. "中华文化大乐园——菲律宾宿务营"开营

2015年4月21日,由中国海外交流协会主办,中国华侨大学、菲律宾华文教育中心联合承办,菲律宾亚典耀圣心学院协办的"2015中华文化大乐园——菲律宾宿务营"夏令营活动在菲律宾亚典耀圣心学院剧场开营。

这是菲律宾宿务亚典耀圣心学院协办"中华文化大乐园"夏令营活动的第8个年头,华侨大学教师团队尝试教学改革创新,特别为宿务营精心设计了独具特色的中华传统文化课程,除了汉语、国画、中华音乐、传统民间舞蹈基本科目外,首次开设舞龙舞狮、茶艺、中华传统厨艺课。

9. "中华文化大乐园——老挝沙湾拿吉营"开营

2015年5月13日,由中国海外交流协会主办、湖南省海外交流协会与老挝沙湾拿吉崇德学校联合承办的"2015中华文化大乐园——老挝沙湾拿吉营"开营。老挝沙湾拿吉中华理事会、崇德学校师生和湖南教师团等近180人在崇德学校大礼堂参加开营仪式。

此次活动以"感受华夏文明,增进中老友好"为主题。12位优秀湘籍教师通过开展汉语、中国历史地理常识、音乐舞蹈、书法、武术和皮影手工制作等丰富多彩的教学演出活动,使海外华裔青少年切实感受到来自中华艺术和传统文化的独特魅力,促进中老两国文化交流。

10. "中华文化大乐园——马来西亚古晋营"落幕

2015年5月31日,由中国海外交流协会主办,福建省海外交流协会、马来西亚砂拉越华校董事联合会总会承办,古晋中华第一、第三、第四中学校董会协办的"2015中华文化大乐园——马来西亚古晋营"在马来西亚古晋市中华第一中学正式开营。福建教师团成员,马来西亚砂拉越华校董事联合总会、马来西亚古晋中华第一、三、四中校董会代表,砂拉越州的225名华裔青少年参加开营仪式。刘全、吴宗斌为营员授旗。

此次活动为期12天,6月12日闭营,开设了中华文化、传统手工艺、中华武术、民族音乐、民族舞蹈、中国画、中国书法7门课程,选派的教师分别来自福建师范大学、闽南师范大学、福建幼儿师范高等专科学校、福建师范大学附属小学、福州实验小学、福建省实验幼儿园、福建省儿童保育院、福建师范大学附属幼儿园、福建省金山幼儿园等福建省海外华文教育基地学校。

11. "中国文化海外行——雅居乐日本营"在东京开营

2015年6月12日,由中国华文教育基金会主办、四川省外事侨务办公室承办、全日本华侨华人联合会和日本千代田教育集团共同协办、雅居乐地产控股有限公司资助的"2015中国文化海外行——雅居乐日本营"在日本东京千代田国际语学校开营。

活动中，语文教师陈波在世界文化史的视野下回顾了中日文化交流的两个重要阶段，在中日文化交流中探讨历史上不同时期吸收外来文化的经验以及得到的历史教益，引发同学们思考自己在中日文化交流中负有的责任和道义；书法教师杨凌峰就中国书法的历史演变、基本技法、艺术风格和在中日文化交流中的重要作用与学生进行了交流；武术教师田甜带领同学们学习了中国国家级非物质文化遗产太极拳；舞蹈教师尚娴娴演绎了中国古老的民族舞蹈——傣族舞，将傣族舞极具特色的步法和手位一一传授给学生。

12. 马来西亚青少年"中华文化营"落幕

2015年6月15日，四天三夜的"第12届马来西亚全国中华文化营"在马来西亚加影新纪元学院圆满结束。文化营的主题为"华夏·12 Young 文化"，由马来西亚雪州教育厅主办、加影育华国民型中学华文学会及新纪元学院文化推广中心承办，艺青出版社、共享空间专业舞团和紫藤文化企业集团及马来西亚书艺协会协办，《星洲日报》为指定媒体。营员在文化营内得以进一步了解相声、中华武术、书艺、茶艺、裹粽子、华族舞、捏面人、陶瓷及传统游戏等。

马来西亚新纪元学院院长莫顺宗出席闭幕典礼并致辞。他说，人们除了要懂得欣赏别人的文化，也要意识到本身还有未完成的使命，必须让中华文化走入现代化和迈向未来。

13. "中华文化大乐园——印度尼西亚坤甸营"开营

2015年6月23日，由国务院侨务办公室主办、辽宁本溪教育代表团承办的2015年"中华文化大乐园——坤甸营"活动在印度尼西亚西加省省会坤甸市开营。大乐园为期8天，于6月24日正式开始授课。

14. "中华文化大乐园——巴西圣保罗营"开营

2015年7月3日，"2015中华文化大乐园——巴西圣保罗营"在圣本笃中学开营。200多位华裔少年儿童、中国驻圣保罗总领事馆胡英副总领事等领导以及其他相关人员出席开营仪式。张于成领事、朱苏忠会长、孙禄峰教育副组长向四位学员代表授营旗。

为期一周的时间里，12位文化才艺老师向7到12岁的200多名小学员教授中国文化、历史地理、古诗诵读、民族舞蹈、音乐与器乐、中华武术等课程。

15. "中华文化大乐园——缅甸曼德勒营"闭营

2015年8月13日，中国海外交流协会主办、云南省海外交流协会承办、曼德勒福庆学校承办的"2015中华文化大乐园——缅甸曼德勒营",经过10多天的学习,在福庆大礼堂举行闭营仪式暨汇报演出。中国驻曼德勒总领事馆王愚总领事出席。云南省海外交流协会领导、中华文化大乐园教师、曼德勒各同乡会侨领、曼德勒各华校领导、缅北华校教授代表、学生等400余人参加了活动。活动现场展出了学员们的绘画、剪纸、书法等艺术作品,并进行汇报演出。

16. "中华文化大乐园——柬埔寨金边营"开营

2015年9月16日,"2015中华文化大乐园——柬埔寨金边营"在金边崇正学校大礼堂举行开营式。中国驻柬使馆领事部杨庆连主任,柬华理事总会、金边五大会馆、宗亲会、各华校等侨界代表应邀出席开营仪式,来自暨南大学的中华文化"大乐园"教师团和崇正学校全体教师及280多名营员参加了开营典礼。

此次"中华文化大乐园"活动共有14位专业教师担负授课任务。崇正学校280余名同学分营参加学习活动。课程设置主要有中国书画、手工、音乐、舞蹈、武术、龙狮、剪纸等10多个项目。

17. 泰国崇华新生华立学校举行"双语班汉语日夏令营"

2015年9月5日,泰国崇华新生华立学校举行"双语班汉语日夏令营"。参加此次活动营的是双语班一到五年级共9个班233名学生。崇华新生华立学校中文校长张静、泰文校长李姝贞出席了活动开幕式。

双语班是崇华新生华立学校教学创新项目,成立至今已有五年,设有从小学一年级到五年级双语班。双语班以泰语和汉语授课,由泰国籍和中国籍中文老师同时授课,除了主科外,其余科目如中文、体育、音乐、劳技、健康、美术、电脑都用中文授课。

"双语班汉语日夏令营"由中国籍和泰国籍中文老师共同组织,分为十个活动小组,每个活动小组都有自己的活动主题,学生们按照颜色分成不同的比赛小队。整个活动用中文完成,学生们从听活动规则到组员间的合作沟通,都必须使用中文,否则会被裁判扣分。获奖学生们能拿到学校精心准备的礼物。

18. "中国文化海外行——金辉印度尼西亚营"在巴厘岛开营

2015年10月19日,由中国华文教育基金会主办、湖南师范大学承办、印尼巴厘岛文桥三语学校协办、金辉地产资助的"2015中国文化海外行——金辉印度尼西亚营"开营仪式在巴厘岛文桥三语学校礼堂隆重举行。中国驻登巴萨总领事胡银全,中国华文教育基金会办公室主任徐婷婷,文桥三语学校董事长江睿及学校创始人江连福、总经理江道云,担任此次授课任务的湖南师范大学 6 位老师及文桥三语学校师生近 300 人出席开营仪式。活动为期 10 天,教授营员们中国器乐、舞蹈、中国武术等课程。

此次活动是中国华文教育基金会委托湖南师范大学连续第三年在印尼巴厘岛举办。活动得到当地华裔和友族学生家长以及社会各界的热烈欢迎和高度赞誉。

19. "中国文化海外行——完美南非营" 赴开普敦文化交流

2015 年 11 月 24 日,由中国华文教育基金会主办,福建省海外交流协会承办,全非洲中国和平统一促进会、南非中国文化发展中心、斐京华侨公学协办,完美(中国)有限公司资助的 "2015 中国文化海外行——完美南非营"(第四届)在南非行政首都比勒陀利亚斐京华侨公学正式开营。中国驻南非大使馆、全非洲中国和平统一促进会、中国华文教育基金会、福建省海外交流协会相关领导及斐京华侨公学校领导、教师团全体成员、斐京华侨公学 400 余名师生出席开营仪式。

"2015 中国文化海外行——完美南非营" 教师团首站抵达开普敦,于 11 月 18 日至 21 日分别在开普敦数学科技学院孔子课堂、开普敦中国国际学校、开普敦好望星中文之家开展中华文化教育交流活动。来自福建的 6 位教师分别讲授了中国剪纸、武术、书画、茶文化、民族舞、掌上木偶等中华才艺。教师团 11 月 22 日抵达比勒陀利亚,在正式开营前,已展开教学活动,教授中国剪纸、武术、书画、茶文化、中国鼓、掌上木偶 6 门课程,每门课程均分别开设 4 个班,共计 24 个班 423 名学生听讲。

(三)竞赛活动

1. 意大利华文学校举办丰富多彩的中文比赛

2015 年 1 月 7 日,为提高学生查字典的兴趣,让学生更好地掌握查字典的技能,意大利佛罗伦萨中文学校开展了二年级学生查字典比赛。比赛分为个人赛和小组赛。个人赛由老师给每位同学一张题卡,上面有三个生字,用部首查字法,看谁用最快的速度找到,并标出拼音和页码。小组赛由各组每位同学负责找一个字,看哪个组完成得又快又准确。

2015 年 3 月 9 日,意大利普拉托温瑞学堂为二年级学生举办了以 "写方方正正中国字,做堂堂正正中国人" 为主题的第一届汉字书写比赛。

2015 年 3 月 13 日,意大利佛罗伦萨中文学校举办说中文讲故事比赛。活动以国学经典小故事、美德故事、名人童年故事为主题，旨在激发学生课外阅读的兴趣，提高学生的中文口语表达与演讲能力，提升学生的综合素养，为学生搭建才艺展示的平台。

2015年4月28日，意大利佛罗伦萨中文学校初中一年级开展以"拥抱春天"为主题的手抄报比赛。比赛从30余份作品中评选出一等奖2名，二等奖和三等奖各3名，并在黑板上展出15份优秀作品。

2015年5月7日，意大利罗马中华语言学校举行"爱在五月，感恩母亲"第三届诗歌朗诵比赛。选手们或以经典故事为例，或以自己与母亲的小故事为出发点，或开门见山地阐述母亲在自己成长道路上扮演的角色，道出自己对母亲深深的感恩之情。比赛以班级为单位，设初、中、高三段进行评分。中国驻意大利使馆参赞姚成偕夫人专程前往观看比赛，姚夫人还在现场为学生们演绎了诗朗诵《我爱你，中国》。经过精彩而激烈的角逐，共有25组选手脱颖而出，成功晋级5月16日举行的总决赛。

2. 美华文媒体青少年中文写作赛波士顿赛区圆满收官

2015年1月31日，美国《侨报》第三届青少年儿童中文写作大赛总决赛在曼哈顿中城亚文中心举办。此次大赛由《侨报》主办，纽约州立大学视光学院孔子学院协办。当天共有来自波士顿、纽约、华盛顿、新泽西、费城、芝加哥以及北卡等多个赛区初赛选拔出的20多位优胜者参加。

此次大赛于2014年9月1日正式启动，为期4个月，旨在激发美国少年儿童学习中文的积极性，检验他们在中文学习中的成果，鼓励青少年更加努力学好中文，为华夏文化的传播增光添彩。大赛分儿童组、少儿组、少年组和青年组4个组别，比赛内容包括自我介绍、朗诵、知识问答和才艺表演。评选出各个赛区的初赛优胜作品，再通过第二轮决赛及现场考评，决出各个组别的一、二、三等奖及优胜奖得主。总决赛的优胜者获颁奖品、奖杯、奖状，同时获得参加"2015年美国《侨报》小记者俱乐部"甄选资格。

经过近四个小时的角逐，郭耀匀、李宛儒、魏青昀获得儿童组的前三名；王业、李浩成、周亿亿获得少儿组的前三名；陈雪铭、魏玮娜、董语薇获得少年组的前三名；叶玉环和袁佩仪获得青年组的第一名和第二名。

3. 泰北华文民校联谊会举办第三届华文学术比赛

2015年2月28日，由泰国北部华文民校联谊会主办、南邦公立育华学校承办的"泰北华文民校联谊会2015年第三届华文学术比赛"在南邦公立育华学校隆重举行。

比赛共分演讲、书法、抄写、中文歌曲、讲故事、朗读、剪纸7个项目，泰国北部地区11所华文学校132位选手参加了比赛。大赛分小学一至三年级段、四至六年级段、初中段、高中段4组展开角逐。

南邦育华教育慈善基金会秘书长韩文元、泰北华文民校联谊会主席陈汉展出席开幕式并致辞。南邦育华学校总经理王晓新主持颁奖仪式，各校评委为获奖选手颁发获奖证书和奖金。

4. 马来西亚华小举行华语诗歌朗诵赛

2015年3月11日，马来西亚中正小学主办的"2015年诗巫省华小校际华语诗歌朗诵比赛"闭幕。比赛旨在提升学生们对诗歌朗诵的认知和兴趣，从而带动学习的激情，并提升学生们对中华文化的认知，发扬中华文化，注重华文。活动也吸引了友族学生的参与。

5. 马来西亚霹雳州中学华语辩论赛开赛

2015年3月17日，第二十七届霹雳州中学华语辩论比赛开赛，共有27支队伍参赛。

此项比赛由霹雳州政府非伊斯兰事务局主办，林连玉基金霹雳州联委会与深斋中学联办，江沙崇华国民型中学、金宝培元独中、拉曼大学辩论坊协办，并获得多个单位包括州内华团、青年团和个人赞助。

6. 阿根廷举办首届中文作文及书法大赛

2015年3月19日，由中国驻阿根廷大使馆文化处和阿根廷南美创想传媒有限公司主办，阿根廷华人网承办的阿根廷首届中文作文及书法大赛正式开赛。此次大赛主题是孝道与感恩，目的在于弘扬中华文化，传承中华美德，得到了阿根廷社会各界的支持，参赛者踊跃。

比赛分成年组和青少年组、华裔组和非华裔组，使大赛参与面更广，参与人的年龄段更宽，受众面更大。

7. 缅甸曼德勒云华师范学院举行学生中文歌唱比赛

2015年4月4日，缅甸曼德勒云华师范学院举行首届学生中文卡拉OK歌咏比赛。经过以班级为单位的初赛，23同学入围决赛。

比赛历时3个多小时，参赛歌曲有流行金曲，也有经典老歌，有独唱，也有合唱。最终，2015级陆旅坤同学摘取桂冠。

8. 新加坡举办第二届"华文大比拼"趣味华文比赛

2015年4月24日,由《联合早报》和南洋女子中学联合主办的第二届"华文大比拼"趣味华文比赛在新加坡举行。比赛吸引了51所中学1200名中学生参加,比2014年的760人多出近60%。

比赛分初赛与决赛。初赛于4月10日在南洋女子中学以个人笔试作答的方式进行,学生们必须在一小时内完成100道与翻译、猜成语和选择正确词汇有关的题目。与第一届比赛不同,本届大赛每所学校的报名人数无上限,南洋女子中学就有足足200多人参赛。同时,比赛增设了"歌曲回合",比试学生对华语流行歌曲和新谣的了解。决赛在南洋女子中学校、圣公会中学和长老会中学之间举行,南洋女子中学校夺冠。

9. 首届"南美创想杯"中文作文、书法大赛举办

2015年4月,由中国驻阿根廷大使馆文化处和阿根廷南美创想传媒有限公司共同举办的阿根廷首届"南美创想杯"中文作文、书法大赛正式启动,得到了社会各界的关注。大赛收到阿根廷侨胞投递的《浅谈感恩》《做一个感恩的人》《在阿根廷谈孝与感恩》等参赛作品,对弘扬中华传统美德,传播优秀中华文化,推动汉语教学在阿根廷的发展有重要意义。

10. 印度尼西亚崇文中小学举办第三届汉语技能大赛

2015年4月18日,印度尼西亚崇文中小学第三届小学组汉语技能大赛在崇文中小学青松大礼堂举行。

此次活动由崇文中小学中文部主办、崇文中小学学生会协办,共有25位参赛选手进行角逐,主题为讲故事,包括中国神话故事、成语故事、寓言故事、童话等多种题材内容,以全员动起来、开心学习、快乐做事为目的,旨在为老师与学生们快乐学习与进步提供一个良好的机会与展示平台。

11. 旅俄华裔青少年《文明成长》知识竞赛在莫斯科举办

2015年4月18日,首届旅俄华裔青少年《文明成长》知识竞赛活动在莫斯科格林伍德国际贸易中心成功举行。此次活动由俄罗斯国际中文学校、莫斯科东方中文学校、莫斯科公立英才学校联合主办,中国驻俄罗斯大使馆和莫斯科格林伍德国际贸易中心给予大力支持。中俄师生及家长约500余人参加。活动旨在全面检验学生汉语知识掌握情况,增强孩子们学习汉语的热情,同时作为配合中国驻俄使馆"树立旅俄

中国公民文明形象"系列活动的一个重要专题，引导旅俄华裔青少年关注自己一言一行，懂得"知耻方能有所不为，励志才能有所作为"的道理。

12. 2015年"水立方杯"海外华裔青少年中文歌赛在北京启动

2015年4月27日，"炫动水立方"2015年"水立方杯"海外华裔青少年中文歌曲大赛在北京国家游泳中心正式启动。大赛于7月20日至8月3日在北京举办总决赛，8月8日举行颁奖晚会。

比赛分为海外选拔赛、北京总决赛和颁奖晚会三个部分，海外选拔赛由33个赛区的35家承办机构组织，每个赛区的两名优胜选手将获得来北京参加总决赛资格，获奖选手将有机会与国内知名演员联袂演出。

2015年8月8日，2015年"水立方杯"海外华裔青少年中文歌曲大赛颁奖典礼在人民大会堂举行。"水立方杯"海外华裔青少年中文歌曲大赛是由国务院侨务办公室、北京市人民政府、中华全国青年联合会共同主办，国务院侨务办公室宣传司、国务院侨务办公室文化司、北京市侨务办公室、北京市国有资产经营有限责任公司、北京电视台、北京国家游泳中心有限责任公司、北京市演出有限责任公司共同承办的一项大型公益性侨务文化活动。

"中国寻根之旅"夏令营北京集结营的1700名营员和"四海一家"香港创新创业交流团的1700名营员参加。

中国国务委员杨洁篪，北京市委副书记、市长王安顺出席颁奖典礼。国务院侨务办公室主任裘援平，全国政协港澳台侨委主任杨崇汇，国务院侨务办公室副主任任启亮，北京市委常委、宣传部部长李伟分别为"水立方杯"金银铜奖选手和网络人气奖选手颁奖。

来自阿联酋的营员摘得金奖，印度尼西亚与意大利的营员包揽银奖，菲律宾、美国、加拿大的营员获得铜奖。来自法国的胡嘉慧获得"水立方杯"最佳网络人气奖。

颁奖晚会上，"水立方杯"选手与2015年"中国寻根之旅"夏令营营员们同台演出，表演了歌曲、舞蹈、武术、朗诵等精彩的节目。

13. "中国熊猫杯"学生视频创作大赛在加拿大多伦多启动

2015年5月5日，由中国驻加拿大多伦多总领事馆主办、加拿大华文教育基金会承办、365网络电视台协办的"中国熊猫杯"学生视频创作大赛在多伦多正式启动。此次比赛是以中国熊猫为主题举行的众多针对当地华裔青少年的征文、才艺、书画等比赛中的一场，是首次视频创作比赛。比赛主题为"我与中国"，以华裔青少年的视角，展示故乡情、中华文化、中国景物、中加友好等。比赛分为小学组（1－8

年级）和中学组（9－12年级）两个组别，可以个人或集体共同完成。所有参赛作品需为原创视频作品，时长为两到三分钟，可以表现"我的故乡情"，也可以表现对中国文化的热爱及对中国景物的喜爱，也可以创作包含中国元素的小故事等。

14. 第九届韩国汉语演讲比赛在首尔举行

2015年5月9日，由韩中学术文化交流协会主办的"第九届韩国汉语演讲比赛"决赛在韩国中央大学举行。韩国国会议员黄仁子、中国驻韩大使邱国洪等作为嘉宾出席。

经过前期网上报名及预选，当天共有90组来自韩国各地的选手参赛。决赛分为小学生低年组、小学生高年组、初中组、高中组、大学组、普通人组及团体组进行，主要对参赛选手在演讲内容、发音、情感态度及表达能力四方面进行综合评比。

比赛角出3名大奖、7名金奖、6名银奖、5名铜奖以及1名特别奖。

15. 第六届荷兰普通话朗诵/演讲暨欧洲邀请赛在阿姆斯特丹举行

2015年5月17日，由荷兰中文教育协会主办的第六届荷兰普通话朗诵/演讲暨欧洲邀请赛在阿姆斯特丹举行。

主办方为了让欧洲各国的华校学生有一个互相交流学习的机会，比赛不仅面向16所荷兰华文学校，还邀请了来自英国、瑞典、法国等多所华文学校的学生参加，参赛学生约70人。比赛分为儿童组、少年组和外语组。比赛规则包括：朗诵/演讲内容、普通话的发音、朗诵/演讲技巧和仪态整体印象等。

16. 加拿大卡尔加里华文学校举办演讲大赛

2015年5月19日，由加拿大卡尔加里华埠狮子会主办的2015年演讲比赛，在卡城耆英会举行。此次演讲比赛是卡城华埠狮子会连续十多年主办和组织的全市校际公开朗诵演讲比赛，目的在弘扬中华文化，促进海外华文教育的发展，鼓励学生发展口才与演讲技巧，为17岁以下的华裔学生搭建一个展示汉、英两语才能的平台。

17. 第十三届全英普通话朗诵比赛伦敦赛区大赛举办

2015年7月13日，第十三届全英普通话朗诵比赛伦敦赛区大赛在伦敦西敏寺大学马洛本教学区隆重开幕。中国驻英大使馆李辉参赞、英国中文教育促进会会长伍善雄等嘉宾出席本次活动。会后，学生进行了会演，大赛为11所优胜学校颁发了奖杯，为这次比赛成功地画上了句号。

18. 2015 年"玄奘杯"汉语比赛在圣蒂尼克坦举办

2015 年 8 月 29 日,中国驻加尔各答总领事馆与印度国际大学中国学院在圣蒂尼克坦(和平乡)联合举办主题为"梦想中国"的 2015 年"玄奘杯"汉语比赛。中国驻加尔各答总领事馆代总领事周茂义、国际大学校长达塔古普塔等嘉宾出席并致辞。来自国际大学、贾达普大学、恰尔肯德中央大学、瓦拉纳西贝拿勒斯印度大学、阿肖克中学、BSS 中学、技术集团公立学校和比拉教育中心的 8 所大中院校的 70 多名同学参赛,有关学校师生、学生家长、汉语教师、总领事馆外交官和媒体记者等 200 余人观摩。本次汉语比赛分为大学组演讲和才艺表演两个环节,穿插中学组汉语秀。比赛经过 3 个多小时的激烈角逐,评选出演讲和表演的各个奖项,活动圆满结束。

19. 第二届葡国人唱中文歌比赛在里斯本举行

2015 年 9 月 5 日,第二届葡国人唱中文歌比赛在葡萄牙首都里斯本澳门科学文化中心举行。此次活动由葡萄牙教育科学部下属的澳门科学文化中心主办,共有 45 名选手参加比赛,他们来自葡萄牙 7 个汉语教学点的大中小学及保险公司等社会机构,主要是在校的大中小学生,年龄最大的 70 岁,最小的才 4 岁。在长达近 3 个小时的比赛中,参赛选手共演唱了 26 首中国歌曲,既有经典名曲、流行歌曲,还有难度较大的传统歌曲。经过激烈角逐,来自阿威罗大学一年级的女生塔尼娅以一首千回百转的《葬花吟》赢得评委的一致好评,获得一等奖,另有 6 位选手分获第二、三等奖,奖品为学习汉语的工具书和其他中文图书。

20. 泰国崇华新生华立学校举行小学组中文比赛

2015 年 11 月 12 日,泰国清迈崇华新生华立学校举行了一年一度的小学组中文演讲比赛,参加比赛的选手一共有 45 名,分别来自小学 1 年级到小学 6 年级,都是每个班最优秀的中文人才,最终演讲比赛决出了每个年级的前三名。

此次比赛的主题是"自我介绍",学生们对汉语掌握熟练,让台下观众称赞不已。比赛结束后,评委们当场给以中肯的点评。

21. "中国走进课堂"菲律宾中学生中国知识竞赛开赛

2015 年 11 月 14 日,由中国驻菲律宾大使馆文化处、菲律宾首都地区教育局、菲华各界联合会与华教中心联合举办的第九届"中国走进课堂"菲律宾中学生中国知识竞赛在大马尼拉市 17 个城市的 16 所公立学校中同步进行。

每所学校派出了 100 名学生参加,合计参加初赛的学生达 1600 人。初赛以中国历史、地理、文化、当代发展、菲中关系、世界反法西斯战争和菲中两国人民抗战历史为比赛内容,以笔试方式进行。此次活动由菲华各界联合会和有利东方旅游有限公司赞助,旨在增进菲律宾中学生对中国的了解,为菲中友谊长存播下希望的种子。

22. 第二届"华文教育·教案比赛"成功举办

2015年11月20日,为鼓励广大海外华文教师的教学热情,中国国务院侨务办公室和中国海外交流协会联合举办第二届"华文教育·教案比赛"。此次比赛由湖南师范大学承办,参赛对象为海外华文教师和中国国务院侨务办公室、中国海外交流协会派出的在任外派教师。比赛分海外华文教师组、外派教师组进行评比,每组设立5个奖项,总获奖人数230人。每个奖项设立若干数量,颁发一定的奖金。

23. 2015年华侨大学华文学院汉语教学技能大赛圆满落幕

2015年12月11日,华侨大学华文学院2015年汉语教学技能大赛在华侨大学厦门校区圆满落幕。经过初赛23名参赛选手的激烈角逐,共有8位来自华文教育和汉语国际教育专业的选手挺进决赛。最终2013级汉语国际教育专业的许威同学脱颖而出,夺得桂冠。来自华文教育专业的泰国留学生陈淑惠和来自汉语国际教育的洪加取得第二、第三名。

24. 泰国南部中小学生汉语文化技能大赛在泰国合艾举行

2015年12月20日,以"五年发展、续创辉煌"为主题的第五届"国光杯"泰国南部中小学生汉语文化技能大赛暨泰南华文教育研讨会在泰国合艾市隆重举办。该大赛由中国驻宋卡总领事馆主办、泰南华文民校联谊会和国光中学孔子课堂承办。

经各校选拔,泰国南部11个府(省)近70所学校的1500余名汉语优秀生代表获得参赛资格,分文化知识、演讲、小品、唱歌、书写、听写和中华传统体育七大项各四个级别进行比赛。泰国6所孔子学院的院长和3所孔子课堂的中方负责人担任各项目主评委。

25. 泰国崇华新生华立学校举行第七届"中国歌曲大家唱"比赛

2015年12月17日,泰国清迈崇华新生华立学校举行"第七届中国歌曲大家唱"比赛。此次比赛分为小学组、初中组、高中组,共91名选手参加,经过预选、初赛、决赛角逐各级比赛名次,表演的歌曲都是中国人耳熟能详的儿歌、民谣,以及健康向上的流行歌曲。

（四）文体活动

1. 海外华校、华社欢庆羊年新春

2015年1月18日，由中国侨联、温州市委统战部、世界温州人联谊总会、温州市侨务办公室、温州市侨联、温州广播电视传媒集团与意大利罗马华侨华人联合总会等侨团联合举办的"2015亲情中华天下温州人春节联欢晚会"在罗马上演。

2015年2月1日，菲律宾菲华工商总会、岭南国术总会在美加广场联合举办"工商杯"迎新春传统舞狮比赛。

2015年2月16日，泰国北榄公立培华学校举行2015年迎新春活动。近2200名师生家长欢聚一堂，共庆羊年新春。活动节目内容丰富，形式多样，包括舞狮、舞蹈、歌曲、小品等。而旗袍秀、抽奖、品中国传统美食、赏中国画、制作中国结等活动又让学生们深切感受到了中国传统节日中团圆、祥和的亲情，感受到中国传统文化的魅力。

2015年2月16日，马来西亚红毛丹国中举办庆祝新春活动。该校拥有三大种族学生，华裔学生虽然只占全校760名学生的17%，但校长慕斯达法卡玛坚持每年举办庆祝新春活动以促进各族和谐。活动内容有舞狮、派红包和派年柑等。

2015年2月17日，泰国崇华新生华立学校全校师生举行隆重的春节活动，庆祝中国农历羊年到来。崇华新生华立基金会主席关复兴先生为活动揭幕。活动内容包括舞龙舞狮表演、"中国娃娃"比赛、"中国歌曲大家唱"比赛、"中国城"展区购物活动、下象棋比赛、钓鱼游戏等模块。

2015年2月17日，泰北达府智民学校全体师生1800余人于学校室内体育馆举办"2015羊年春节文艺联欢会"，共同庆祝中国羊年春节。联欢会以舞狮表演开场，表演了乐器合奏、舞蹈、武术等节目，组织了认字卡、排列句子、朗读古诗、毛笔书法等与中文知识有关的趣味游园活动。

2015年2月17日，泰国清莱美赛光明华侨公立学校举办2015年春节联欢会。晚会上河南外派教师演唱了中国传统戏曲，学校组织安排了越剧、豫剧、京剧、黄梅戏戏曲大联唱、舞狮表演、古筝合奏等晚会节目，让身在异国他乡的外派教师过了一个愉快的新年。

2015年2月，菲律宾鄢市华语学校恩惠学校开展"中国周"迎新春活动。活动安排了"中国周"学生绘画作品展、乒乓球表演、春节文艺演出三项内容。

2015年2月19日，泰国坤敬公立华侨学校举办2015年春节联欢会，邀请学生家长一起参加。此次联欢会包括文艺表演、制作灯笼比赛、抄书比赛、画画比赛及知识问答竞赛等，旨在让学生们深入了解中国春节习俗的知识，增加学生对中国传统文化的认识。

2015年2月21日，丹华文化教育中心与碧荷基金会联合举办庆新春活动，活动包括中国传统的发红包、剪纸、绘彩画、描灯笼、共享传统小美食等，全体师生欢聚一堂，共庆佳节。

2015年3月7日，欧华汉语语言学校（原欧华中文学校）在布鲁塞尔金龙大酒店举办羊年新春中国日活动。

2. 菲律宾马尼拉华校学生举办艺术节

2015年1月24日，菲律宾马尼拉华教协会和曾景祥爱心文教基金会联合举办的第九届"马尼拉华校学生艺术节"在侨中学院大礼堂成功举办。来自10所华校的10个节目异彩纷呈，展现了各个华校的艺术风貌，给大家留下了深刻的印象。艺术节由王良霞、许文成主持，华教协会会长蔡蕊沓（中西学院校长）、菲律宾华教中心常务副主席黄端铭、侨中学院黄婉蓉院长致辞。

3. 新加坡"文学之旅"走进马来西亚华校

2015年2月12日，"南方文学之旅：相见恨晚，听听两岸四种的声音"巡回活动在马来西亚新山宽柔中学杨文富讲堂举办首站的演出与交流，吸引了约300名师生参与。

活动由马来西亚南方大学学院、南方诗社、马华文学馆、新加坡国家艺术理事会及新山宽柔中学联合主办，新加坡国家艺术理事会所赞助，旨在建立连接新、马两岸的"第四道桥"，即以文学艺术为桥梁，沟通并聆听两岸文学的声音。

4. 海外使领馆邀请驻外教师庆贺羊年新春

2015年2月13日，中国驻清迈总领事馆在清迈帝国酒店举行春节招待会，庆祝2015羊年新春佳节，清迈地区华人村华文教师联谊会应邀参加了春节招待会。教师联谊会属下的大谷地教联高级中学、安康立德中学、万仰忠贞中学、新村一新中学、辉鹏中华中学、美赛鹏搏冠学校、民模仁爱小学等十余所华校校董校领导、中国国务院侨务办公室外派教师代表和大谷地旭日慈善互助会代表出席了招待会。

5. 2015"文化中国·四海同春"慰侨访演隆重举行

2015年2月16日，中国国务院侨务办公室和中国海外交流协会组派9个艺术团组分赴欧洲、亚洲、大洋洲、北美和南美的13个国家及港澳地区共计29个城市开展"四海同春"慰侨访演活动，共计36场。

"文化中国·四海同春"活动于2009年春节正式启动，是国务院侨务办公室和中国海外交流协会倾力打造的春节系列文化品牌活动。每年以中华民族传统节日——春节为契机，组织国内高水平艺术团组到海外侨胞聚居国家开展慰侨演出和举办图片展等活动，与海外侨胞共庆中国传统节日农历新年。6年来，"四海同春"活动已累计向96个国家和港澳地区派出43个文艺团组，在五大洲184个城市演出283场，观众超过338万人次。

演出内容包括歌舞、声乐、器乐、戏剧、武术、杂技、魔术、龙狮、民俗等多种艺术形式。具体行程如下：

"文化中国·四海同春"赴欧洲艺术团一行43人，由中央民族歌舞团、总政歌舞团担纲，访演英国伦敦、爱丁堡，法国巴黎，意大利米兰、罗马3个国家5个城市，演出6场。艺术小组成员主要由广东禅武文化中心的功夫、狮艺教练组成，还包括戏曲绝活变脸大师及《中国好声音》学员等新生代流行歌手。首场演出于2月23日亮相英国伦敦。

"文化中国·四海同春"2015年春节慰侨访演美加艺术小组于2月6日启程，前往加拿大、美国进行为期13天的慰侨演出。此次赴加拿大、美国艺术小组以解放军总政歌舞团和铁路文工团为艺术班底，邀请了王秀芬等多位国家一级演员加盟，艺术小组全员共26人，由国务院侨务办公室国内司张凌处长带队，分别在渥太华、达拉斯、迈阿密、波士顿演出，演出形式包括舞蹈、声乐、器乐、杂技、魔术、相声。美国侨胞偏爱京剧，北美洲艺术团专门汇集了北京京剧院和大连京剧院的30多名京剧演员，为当地华侨华人献上一场豪华的国粹盛宴。

"文化中国·四海同春"赴南美艺术团于2月21日启程赴巴拿马、智利、巴西3国，并分别在巴拿马城、圣地亚哥、里约热内卢、圣保罗4城展开慰侨演出。南美观众钟情功夫，美洲艺术团就邀请少林武僧加盟。嵩山少林寺武僧团队员们既准备了具有视觉冲击力的"硬功夫"，又与河南省歌舞演艺集团的演员合作，在群舞节目中融入太极元素。

"文化中国·四海同春"赴大洋洲艺术团42人于2月23日启程，前往澳大利亚和新西兰两国进行为期16天的慰侨演出，分别在悉尼、墨尔本、珀斯、布里斯班、奥克兰5座城市演出5场。首场演出于2月25日在澳大利亚悉尼举行。艺术团首次加入了以《中国好声音》学员为代表的新生代青年歌手。

"文化中国·四海同春"亚洲艺术团一行38人从云南昆明启程赴缅甸仰光，由此展开为期19天的慰侨演出。此次亚洲艺术团到访3个国家的5个城市，分别是缅甸仰光、柬埔寨金边，以及韩国的首尔、光州、釜山，演出5场，演出形式包括民族舞蹈、声乐、器乐等。首场演出于2月24日亮相缅甸仰光。

6. 大金三角地区举办首届"中国文化节"

2015年2月27日、28日，大金三角地区举办首届"中国文化节"。此次"中国文化节"由中国驻清迈总领事馆、清莱皇太后大学孔子学院、清莱美赛鹏博冠学校联合主办，由鹏博冠学校承办。来自泰国、缅甸、老挝三国的多所华文教育机构和重要侨社侨团参加。

7. 第八届"东南亚华文诗人大会"在缅甸仰光成功举办

2015年3月上旬，由缅甸五边形诗社筹办的第八届"东南亚华文诗人大会"在缅甸仰光市举行，来自中国、文莱、缅甸、马来西亚、新加坡、菲律宾、印度尼西亚、德国、西班牙、荷兰等14个国家及地区的100多名诗人参与大会。

8. 美国圣大孔子学院组织孔子课堂学生参加第二届"华裔青年艺术节"

2015年5月23日，圣地亚哥州立大学孔子学院（圣大孔院）组织孔子课堂学生参加在Poway演艺中心举行的圣地亚哥第二届"华裔青年艺术节"。

此次"华裔青年艺术节"由《华人》杂志社主办，是为了庆祝母亲节和"亚裔传统月"而举办的，旨在为圣地亚哥地区推广中国文化做出贡献。表演者均来自本地中小学，节目涵盖舞蹈、唱歌、武术、短剧、朗诵、演讲、绘画等形式。

9. 泰国华校举行庆端午活动

2015年6月15日，泰国普吉中学孔子课堂举行庆端午迎新生游园会活动，借"庆祝端午，缅怀屈原"迎来新一届中文专业新生。学生们表演了话剧《屈原》，该剧讲述了端午节的由来和端午节的习俗。之后，师生一同学习包粽子，亲身感受中国传统文化。

2015年6月19日，泰国崇华新生华立学校举行了端午节中华文系列活动。全校师生欢聚操场，中文校长给大家讲述了端午节的由来；高中生代表向全校同学用中泰文讲解了端午节当地华人的各种庆祝方式。在6月19日端午节正式活动之前，崇华新生华立学校中文部还组织学生亲手制作粽子。6月5日，崇华新生华立学校还邀请清迈大学孔子学院的老师到学校指导学生们学习端午节中华文化。

2015年6月19日，为迎接端午佳节，泰国北碧府呈万育侨公立学校举办"浓情端午乐在校园"主题活动，开展了端午文化视频展播、划龙舟和包粽子等活动。全校师生1500余人参加了本次活动。

2015年6月20日,泰国罗勇光华学校与泰国潮州会馆罗勇分会联合举办欢度端午佳节活动。活动现场,光华学校中文校长蔡玲玲向各位来宾及光华学校的师生们介绍了端午节的来历和相关的民俗。光华学校的中文老师为来宾们现场演示粽子的包法。光华学校的学生也表演了丰富多彩的节目。

10. 澳大利亚中文学校联合会举行第三届"海外华裔青少年中华文化大赛"总结庆功会

2015年7月5日,澳大利亚中文学校联合会在悉尼唐人街举行第三届"海外华裔青少年中华文化大赛"全球总决赛庆功报告会。

澳大利亚各州共有2000多名华裔学子踊跃报名参加笔试及各种相关才艺比赛,共挑选出12名优胜者组成澳大利亚队,赴华参加总决赛。澳大利亚中文学校联合会代表队夺得知识竞赛总决赛亚军;曾乐同学荣获演讲单项冠军;陈艾迪同学荣获综合单项冠军;郑雅方同学荣获舞蹈单项亚军;陈艺同学荣获器乐单项季军。此外,澳大利亚代表队的宋如碧、林旋和吴桐还分别获得器乐、舞蹈、综合三个单项优异奖。

11. 华裔青少年在美国参加传统成人礼

2015年7月27日,美中文化交流学会和国际青少年商业创新促进会在美国艾尔蒙地ACCA礼堂联合为来自美国、加拿大、澳大利亚、法国、中国内地和香港的30名华侨华人青少年举办中国传统的"华夏志学礼"。"华夏志学礼"继承了成人礼习俗,青少年身穿中华传统汉服进入仪式现场,依次进行焚香静气、古琴静心、周礼拜祖、咏诵商铭等传统礼仪展示。

12. 海外侨团、中国驻外使领馆热烈庆祝中国第31个教师节

2015年9月5日晚,陈延奎基金会和菲律宾华教中心为庆祝中国第31个教师节,举行"2015年中国教师节招待会",邀请在马尼拉地区各华校任教的中国国务院侨务办公室外派教师参加。

2015年9月6日,由泰国清迈地区华人村华文教师联谊会主办、泰北华人村华文教育中心协办的"从头越·清迈地区华人村华文教师联谊会走进总领事馆十周年暨第三十一个教师节"活动在大谷地教联高级中学隆重举行。

2015年9月10日,中国驻曼德勒总领事馆总领事王愚等一行到曼德勒新世纪国际高级学校,看望并慰问全体中方教师及本土华文教师,并参加了该校举办的"庆祝中国教师节暨年度华文教师表彰大会"为荣获该校2014~2015学年度的"华文教

育优秀管理人员"和"华文教育特殊贡献奖"的教师颁发荣誉证书及奖金。活动结束后，学校董事会还向全体教师发送了节日红包。

2015年9月12日，巴塞罗那举行"孔子文化学校庆祝2015年教师节"活动。中国驻巴塞罗那总领事汤恒及夫人、西班牙巴塞罗那部分侨领、孔子文化学校外方校长、中方教师及学生代表等100余人出席。汤恒总领事在活动上致辞，ESERP孔子文化学校向汤恒总领事赠送自编教材。活动还向获得"孔子文化学校优秀教师"称号的教师颁奖。

2015年9月20日，缅甸仰光汉语教师协会举行"2015年庆祝教师节联欢会"，中国驻缅甸大使洪亮、汉语教师协会会员、华校及侨团代表共约600人出席活动。洪亮大使向教师协会全体会员及广大汉语教师致以节日问候，代表使馆向教师协会捐赠1000万缅元，并为获奖教师颁奖。

13. 菲律宾广东侨团总会举行中秋敬师会

2015年9月28日广东省侨务办公室选派至菲律宾马尼刺爱国中学支教的张相等4位老师出席菲律宾广东侨团总会举行的中秋敬师会。活动期间还举行了公益教育基金会第七届董事及华文教师联谊会第八届职员就职典礼、公益教育基金会董事向基金会转赠支票仪式。庆祝大会还安排了合唱、独唱等文娱节目。

14. 泰国崇华新生华立学校举行第五届"汉语优资班"成果汇报

2015年11月22日，泰国崇华新生华立学校举行了第五届"汉语优资班"教学成果汇报，汇报内容包括学生成果展、汉语优资班课堂教学展示和汉语优资班学生中文才艺表演，全面立体地向家长们及各位嘉宾展出了孩子们的中文水平及健康活泼的形象，同时也向清迈社会各界展示出了崇华新生华立学校中文教学的优秀风采。

15. 泰北华人村第七届"中华文化节"在育英中学举办

2015年12月5日至7日，泰国清迈地区华人村华文教师联谊会在清迈昌良村育英中学成功举办了泰北华人村第七届"中华文化节"。

本届"中华文化节"由清迈地区华人村华文教师联谊会主办、泰北华人村华文教育中心和昌良育英中学承办，并得到了中国国务院侨务办公室、中国驻清迈总领事馆、云南省侨务办公室、云南昭通市文化体育新闻出版局下属的市文化艺术剧院和昭阳区鹤舞高原艺术团的大力支持和关心。

为期三天两夜的第七届"中华文化节"，共举办了书法、演讲、各类球赛等12个大项25个小项的比赛。

16. 温州华教基地外国留学生"梦行浙江"展中华才艺

2015年12月17日,第九届"梦行浙江"外国留学生中华才艺展示在绍兴文理学院隆重举行,全省18所高校的250多名外国留学生齐聚绍兴,各展才艺。

17. 菲律宾华教中心第三届侨务办公室外派教师摄影作品展开幕

2015年12月20日,由菲律宾华教中心主办、华教中心常务顾问陈松山赞助的"第三届中国国务院侨务办公室外派教师摄影作品展"在马尼拉世纪公园大酒店举行开幕剪彩和颁奖典礼。

此次摄影作品展共收到93位教师的372幅作品,经过评委严格评选,160幅摄影作品入围参展,32幅被评为优秀作品,摄影内容包括外派教师教学工作、业余生活等各个方面。

(五)公益活动

1. 英国中文教育促进会举行助学金颁发和年刊发行仪式

2015年2月16日,英国中文教育促进会在伦敦举行羊年春茗、助学金颁发和年刊发行仪式。英国中文教育促进会会长伍善雄、中国驻英大使馆唐立总领事、李辉参赞,各界社团侨领、新闻媒体以及来自英国56所华文学校的代表参加了当天的活动。

英国中文教育促进会向52所中文学校颁发了助学金。这是促进会第13个年头向侨领、侨胞和爱心人士募捐善款,以给急需资助的中文学校颁发助学金。2015年颁发的助学金的总额是17700英镑。同时,英国中文教育促进会第二期年刊与大家见面。

2. 温州大学向温籍华校捐赠汉语教材

2015年3月23日,温州大学国际合作学院向海外温籍华校意大利佛罗伦萨中文学校捐赠近五百册中文教材。温州市外事侨务办公室副主任许捷、温大国际合作学院院长严晓鹏和意大利佛罗伦萨中文学校校长潘世立参加捐书仪式。

3. 中国驻外使领馆向海外中文学校、侨社捐赠教学资源

2015年3月24日,中国驻德国慕尼黑总领事馆向德国巴伐利亚州中文中心学校

等巴州4所中文学校各捐赠了一台笔记本电脑，用于改善学校办学条件，促进学校汉语教学活动开展。捐赠仪式在中国驻慕尼黑总领事馆举行，中国驻慕尼黑总领事朱万金和副总领事孙瑞英出席了捐赠仪式。

2015年5月9日，应在芬兰华社开展华文教育的请求，中国驻芬兰大使馆向芬兰华联会、华商会、华协会、华盟、图尔库华协、坦佩雷长城交流协会、华人教会、ESPOO市中文教育老师等赠送海外华文教材共400套。

4. 马来西亚太平华联独立中学举行校庆义卖活动

2015年5月10日，马来西亚华联独立中学举办校庆义卖会，以筹募校务发展基金。义卖会开设逾70个摊位，义卖各类美食与饮品、日用品，义务理发等。学校署理董事长陈再谷在董事与校长吴明槟的陪同下，视察所有参与义卖档摊并颁赠鸣谢表扬状。

5. 中国华教基金会华裔高中生"金辉奖"助学金在广西颁发

2015年5月19日，2014~2015年度"中国华文教育基金会海外华裔高中生学历教育金辉奖助学金"颁发仪式在广西华侨学校举行，来自泰国、老挝、印度尼西亚、越南、韩国的170名华裔留学生获得由中国华文教育基金会设立的海外华裔高中生学历教育金辉奖学金和助学金。颁奖仪式通过留学生的古诗词朗诵、中国民族舞蹈、《跪羊图》大合唱等才艺展示，向在座的领导、老师们进行了汇报与感恩。

6. 中国华教基金会资助昆明华文学校华裔生圆"上学梦"

2015年6月17日，2015中国华文教育基金会海外华裔初高中学历教育金辉奖学金发放仪式在昆明华文学校举行。该项目由中国华文教育基金会主办、昆明华文学校承办、金辉地产提供资助，专门资助海外华裔学生。2015年该项目总金额为70万元，来自昆明华文学校、昆明华文学校海外合作办学点、昆明华文学校边境先修教学点的195名缅甸、泰国、老挝的华裔学生获得资助。

7. 国务院侨务办公室向缅甸十所学校"华星书屋"赠书6000余册

2015年8月7日，中国驻曼德勒总领事王愚出席中国国务院侨务办公室向缅北华文教育促进会下属东宜光华、腊戌国民、和平育华等10所学校"华星书屋"赠书的仪式。王愚总领事在致辞中赞扬各华校为弘扬中华文化、传承华文教育、促进中缅友好所做的努力，勉励受赠学校师生要善读书、读好书，为中缅友好和民间文化交流做出积极贡献。10所华校共获赠图书6200册，金多堰慈善总会华助中心向每所华校捐赠图书运往各华校的费用。

8. 温州市外事侨务办公室向温籍华校赠乡土教材

2015年11月9日,温州市外事侨务办公室主任邱华萍、副主任许捷会见了来访的西班牙爱华中文学校校长黄小捷,并向该校赠送《温州非遗》教材。

《温州非遗》介绍了温州市已经列入市级以上的58个非物质文化遗产项目,其中既有乐清黄杨木雕、永嘉昆剧、泰顺木偶戏等耳熟能详的非遗精品,也有木雕、米塑、瓯绣等非遗绝活。

(六)表彰活动

1. 英国首相表彰华教义工推广中国文化和汉语教育

2015年2月23日,英国首相卡梅伦在唐宁街10号首相府举办新春招待会,近200名英中商界、文化界、外交界等各领域人士共聚一堂。卡梅伦首相在招待会上为英国华人邵怡颁奖,表彰她在英国向华裔孩子们推广中国文化和汉语教育、促进英国和中国学生交流做出的努力。

邵怡是英国中文教育促进会常务副会长兼财务,她于2000年加入了英国中文教育促进会,从文书、财务、中文教科书发放到协助会长处理会务,每项活动都有她的策划、参与和善后。十几年来,她组织了1000多名华裔学生参加"中国寻根之旅"夏令营,组织主流学校学生访问中国、教师回国培训、"中华文化大乐园"春令营等,付出了大量的时间和精力。邵怡在英国中文教育促进会默默奉献了15年,她当义工的事迹,感动了"Points of Light – 光亮之点"志愿者组织评选委员会。卡梅伦首相在国宾厅接见了邵怡并给她颁发"光亮之点"奖状。

2. 第十五届"华人少年作文比赛"在北京颁奖

2015年2月27日,第十五届"华人少年作文比赛"颁奖典礼在北京举行,比赛共有32个国家的华校参加,共收到国内外来稿20.7万件。与此同时,第十六届华人少年作文大赛正式启动,学友园教育传媒集团总裁梁学全宣读了征文启事,比赛主题是"地球故事——由恐龙灭绝想到自然、生命与人类的关系"。组委会向每个参赛学生赠送一本精美期刊,期刊中附带组委会提供的作文素材及免费稿纸,参赛学生可根据大赛组委会要求的参考内容,围绕主题将作品写在稿纸上。

华人少年作文比赛由国务院侨务办公室文化司、国家对外汉语教学领导小组、教育部关心下一代工作委员会、中国教育学会、教育部语言文字应用研究所等联合主办。该活动由已故著名教育家韩作黎先生于1993年发起，至今已经有20年的历史。

3. "2015海外华文师资研究生学历教育完美奖学金"在昆明颁发

2015年4月24日，由中国华文教育基金会主办，华侨大学、昆明华文学校承办、完美（中国）有限公司资助的"2015海外华文师资研究生学历教育完美奖学金（昆明）"奖学金颁发仪式在昆明华文学校举行。中国华文教育基金会项目二部主任李晓梅、华侨大学华文学院副院长李善邦、昆明华文学校副校长金海出席该仪式，共同为华侨大学2014级华语与华文教育昆明境外硕士研究生班的15名同学颁发了奖学金。

2014级华语与华文教育研究生班是由华侨大学与昆明教学部协商开设的硕士研究生班，专门针对海外，采用非脱产密集型授课方式，上课地点设于昆明华文学校，最大限度地为东南亚各国在职华文教师提供学业资助和便利，以适应缅甸、越南、泰国的经济文化发展，践行华侨大学办学宗旨，满足当地对高层次华文师资的需求。

4. 西班牙马德里华校举行结业典礼暨优秀生颁奖会

2015年6月27日，西班牙马德里华侨华人中文学校举行2015学年结业典礼暨优秀生颁奖大会。教务主任刘芸公布本学年各年级的优秀生、进步生和全勤生名单。西班牙马德里华侨华人中文学校校长叶玉兰与副校长林亦吟、叶则康等校领导为获奖学生颁奖。

5. 第二届"中国华文教育基金会耀华奖学金"国际班毕业生取得优异成绩

2015年7月10日，第二届"中国华文教育基金会耀华奖学金"国际班毕业生均取得优异成绩，全部进入中国排名前八的知名大学。来自缅甸的华裔学生傅其豪、尹显龙同时被北京大学、清华大学双录取；同样来自缅甸的华裔学生江丽航、叶佩佩进入清华大学，分别荣获特等奖学金和一等奖学金。

中国华文教育基金会提供专项奖学金，在深圳耀华实验学校设立了"中国华文教育基金会耀华奖学金"国际班，每年招收20名海外优秀华裔初中生进入该校高中国际部免费学习，毕业后将他们送入国内国际知名大学深造。

6. 菲律宾华教中心颁发大使奖学金并表彰优秀华文教师

2015年7月11日，由菲律宾华教中心主持的"中国大使教育基金2014–2015学年度奖学金、助学金颁发仪式暨中国国务院侨务办公室热心海外华文教育杰出人士、优秀海外华文教师表彰大会"在世纪公园大酒店隆重举行。中国驻菲律宾大使馆特命全权大使赵鉴华等200多人出席。

赵鉴华大使宣布新学年度设在菲律宾华教中心的"中国大使教育基金"奖助学金金额将增加10万元,总共20万元。此次共表彰了10位杰出人士和马尼拉领事馆区的81位优秀教师,同时向来自20所华校的20名学生颁发了奖学金,向30所华校的30名学生颁发了助学金。

7. "海外华裔学生大专学历教育金辉奖学金"在北京华文学院颁发

2015年7月17日,由中国华文教育基金会主办、北京华文学院承办、金辉地产资助的"2015海外华裔学生大专学历教育金辉奖学金"颁奖仪式在北京华文学院昌平校区举行。中国华文教育基金会项目二部主任李晓梅等及全体师生参加了颁奖仪式。

2005年至今,中国华文教育基金会与北京华文学院携手培养海外华裔大专学历学生已达800余人。

8. 第十六届"世界华人学生作文大赛"颁奖15人获特等奖

2015年7月18日,由中国侨联、全国台联、《人民日报海外版》、中国国际广播电台、《快乐作文》杂志等单位共同主办的第十六届"世界华人学生作文大赛"颁奖典礼在北京举行。来自中国、美国、加拿大、荷兰、奥地利、阿联酋等国家和地区的100多名获奖学生和指导教师代表欢聚北京。

此次大赛共吸引了24个国家和地区的760万华人学生参赛,经过各地学校推荐和组织单位初评,大赛评委会组织专家复评、终评,共有15名同学获得特等奖,8800名同学获得一、二、三等奖,8600名教师获得辅导奖,300个单位获得组织奖。

9. 中国华文教育基金会"海外华文师资函授本科学历教育'完美'奖学金"在华侨大学颁发

2015年12月10日,由中国华文教育基金会主办、华侨大学承办、完美(中国)有限公司资助的"海外华文师资函授本科学历教育'完美'奖学金"颁发仪式在华侨大学厦门校区举行。本届海外华文师资函授本科学历教育奖学金共资助马来西亚、泰国等国学员63名,奖学金生的覆盖面也扩展至体育教育专业和音乐舞蹈专业。

六　华教师资培养

（一）境内华教师资培养

1. "2015年海外华文教师海南培训班"在海南师范大学举行

2015年1月26日，由中国华文教基金会主办的"2015年海外华文教师海南培训班"开班典礼在海南师范大学举行。海南师大外事侨务处处长、国际文化交流学院书记黄培怡等领导，以及来自蒙古国的25名华文教师参加了开班典礼。

2. 湖南选拔"中华文化大乐园"外派教师

2015年1月27日，"中华文化大乐园"外派教师选拔在湖南湘潭举行。本次活动选拔出一批优秀的文史、地理、舞蹈、书画老师，并计划于2015年5至8月间派往欧洲执行"中华文化大乐园"教学活动，部分优秀教师还会进入湖南省外派教师人才库。

自2013年以来，湖南湘潭先后承接了"雅居乐湖南潇湘营""坤祥湖南潇湘营""振乾坤潇湘文化行""马来西亚、泰国学生冬令营"等海外华裔青少年团组，并先后选派了10名教师赴泰国、菲律宾进行为期一年的教学，取得良好效果。

3. 广东省中山市赴海外巡讲教师接受行前培训

2015年4月28日，中国华文教育基金会项目二部人员赴广东省中山市，为即将执行赴欧洲、美洲开展名师巡讲活动的中山市实验小学、纪念中学、中山一中和华侨中学进行业务知识培训。项目二部主任李晓梅向各位出访的教师全面地介绍了中国华文教育基金会的相关情况，并详细解说了项目执行的规范以及出访期间从事外事活动时的注意事项等。

4. 暨南大学召开"中华文化大乐园"教师培训暨新老教师交流会

2015年5月15日，暨南大学华文学院召开首届"中华文化大乐园"教师培训暨新老教师交流会。华文学院院长邵宜等领导出席了会议，15位新老教师认真学习培训内容，积极交流经验，共同推动2015年"中华文化大乐园"在柬埔寨金边营的有序开展。

新老教师们从教学、宣传、汇报演出、个人防护等多方面展开了深入交流，并达成了多项共识，包括教学要重点突出、特色鲜明、趣味性强，宣传要协同合作、丰富新颖、时效性强，汇报演出要形式多样、主题明确、整体性强，个人防护要从行前自我锻炼开始等。针对柬埔寨金边营的各项工作和突出特点，暨南大学华文学院制作了《2015柬埔寨金边营教师培训手册》，以帮助教师们了解当地办营条件和柬埔寨风土人情等。

5. 国务院侨务办公室（福建）2015年外派教师培训班在华侨大学开班

由国务院侨务办公室主办，福建省侨务办公室、华侨大学共同承办的2015年国务院侨务办公室（福建）外派教师培训班于2015年5月25日在华侨大学开班。福建省各地市侨务办公室选派的中小学、幼儿园教师近40人参加了培训。

此次培训为期5天，外派教师们系统地接受了《菲律宾、印度尼西亚等国国情与侨情介绍》《对外汉语教学法》《突发事件处理及心理辅导》《外事纪律及涉外礼仪培训》《外派教师经验介绍与交流》《国务院侨务办公室外派华文教师管理条例》等专题培训课程。

6. 国务院侨务办公室（广东）2015年外派教师培训班在华南师范大学开班

由国务院侨务办公室主办、广东省侨务办公室承办、华南师范大学协办的2015年外派教师行前培训班于2015年6月2日在华南师范大学国际文化学院开班，来自广东省内15个地市50所学校的61名外派教师参加了为期5天的培训。

此次培训的目的在于帮助外派教师了解外派国家国情、侨情及华文教育概况；掌握海外课堂活动组织及教学管理的方法、技能和技巧；掌握跨文化交际的技巧，提高海外教学质量；熟悉了解外事礼仪、外派管理和外派教师纪律要求。

7. 宁夏侨务办公室举办行前教育会为赴泰国教师做行前培训

2015年6月3日，宁夏回族自治区侨务办公室在银川市召开2015年度外派教师行前教育会，对2014年度优秀外派教师予以表彰，并对15名即将奔赴泰国任教的教师进行了行前教育培训。

宁夏回族自治区教育厅相关负责人就外派教师在海外的工作、生活、学习等提出了具体要求：一要注重形象。遵守所在国的法律法规和外派工作纪律，尊重当地的风俗习惯，主动服从管理，牢记使命，忠于祖国，乐于奉献；当好联络员和宣传员，积极宣传中华优秀文化，传播友谊，努力当好中西文化交流的使者。二要注重学习。珍惜赴外工作机会，在做好教学的同时要善于学习，汲取国外的优秀经验，不断提高自身素养。三要注意安全。注意自身的人身、财产安全，谨防社会不安全因素。

8. 中国华文教育基金会为赴意大利、奥地利巡讲团做行前培训

2015年6月10日，中国华文教育基金会秘书处派员赴广西南宁市，为即将赴奥地利和意大利开展名师巡讲活动的教师做行前业务知识培训。中国华文教育基金会项目二部主任李晓梅向出访教师全面介绍了意大利和奥地利两国华文教育情况以及在出访教学过程中的注意事项等。

通过培训，受训教师对中国华文教育基金会有了充分的了解，也对海外华文教育状况有了进一步的认识，并强化了要针对到访国华校的需求进行课程设计，把中华文化知识传授给当地华校教师与学生的理念。

9. 广东省梅州市选派18名教师赴海外华校任教

2015年7月2日，广东省梅州市选派18名教师到泰国、印度尼西亚等地华校支教。根据广东省侨务办公室和广东省教育厅联合制定的《广东省海外华文教育发展五年规划（2011—2015）》，广东省在此期间公派教师到印度尼西亚、泰国、菲律宾等地华侨任教，2011年至2014年已派遣教师351人次。支教期间以华语课程为主，兼顾音乐和美术。

10. 广西壮族自治区桂林市侨务办公室举办外派教师培训班

2015年7月22日，广西壮族自治区桂林市侨务办公室举办了外派教师培训班。来自桂林市的19名新老外派教师和参加"中华文化大乐园"夏令营伦敦营的执教老师参加了学习。培训期间，新老外派教师们围绕遵守外派纪律、完成工作任务、紧急事务处置、日常生活注意事项等进行了充分讨论。

11. 浙江省温州市外事侨务办公室召开2015年外派教师行前教育会

2015年8月26日，浙江省温州市外事侨务办公室召开了2015年外派教师行前教育会，对两名即将奔赴意大利任教的教师进行行前教育培训。

温州市外事侨务办公室文宣处负责人向外派教师传达了国务院侨务办公室关于外派教师工作的具体规定、任务和纪律，以及赴意大利华校任教的相关注意事项。温州

市外事侨务办公室副主任许捷在动员讲话时,希望两位外派教师珍惜此次难得的机会,克服一切困难,积极服从中文学校的教学安排,承担起传播中华文化的重要责任,在完成教学任务的同时,积极传播中华优秀文化,为海外华文教育做出贡献。

(二)海外来华师资培训

1. 专项教学能力培训

(1) 缅华妇协教育中心开展音乐课堂教学技能培训

2015年1月20日,缅华妇协教育中心开展了幼儿教师音乐课技能培训活动,全园所有教师参加培训。技能培训活动的授课内容包括:歌曲的演唱方法、上课的教态姿势、怎样对幼儿讲解歌词的含义及舞蹈表演形式、电子琴以及教具在课堂中的运用。

(2) "2015年海外华校武术教师四川培训班"在成都开班

2015年8月11日,由中国华文教育基金会主办,四川省外事侨务办、四川师范大学和致公党四川省委承办的"2015年海外华校武术教师四川培训班"在成都开班。来自美国、加拿大等11个国家和地区的35位华文学校武术教师在此参加了为期14天的培训。学员们聆听了中国文化及巴蜀文化讲座、武术基础理论讲座,学习了三星太极灵修养生功、青城太极环功、青城武术、道家青城玄门太极二十四式等。

培训班学员都是海外华文学校的武术教师,自身对武术和太极有深厚研究。此次培训班的开设,对于中国武术在世界上的推广和传承发挥着重要作用。

(3) 华文师资普通话正音及"新汉语"教学法培训班在天津开班

2015年11月23日,由中国华文教育基金会主办、天津市人民政府侨务办公室承办、天津国际汉语学院协办的华文师资普通话正音及"新汉语"教学法培训班在天津国际汉语学院举行了开班典礼。来自老挝、蒙古、泰国、马来西亚、韩国、印度尼西亚、法国7个国家的25名华文教师参加了此次培训。

此次培训班为期15天,华文教师系统研习了"汉语语音及语音教学""汉字及教学"等诸多"新汉语教学法"课程。

(4) 马来西亚华文小学教师"中华文化才艺培训班"在武夷学院举办

2015年11月25日,由国务院侨务办公室、福建省侨务办公室主办,南平市外事侨务办公室、武夷学院承办的马来西亚华小教师"中华文化才艺培训班"在武夷学院开班。

福建省侨务办公室、武夷学院领导和马来西亚华校教师会总会代表、培训班学员共同参加了开班典礼。此次研修班为期16天,结合中华文化、武夷文化特色,学员们研修了朱子文化、中国传统文化、中华才艺和美丽乡村体验四个方面的课程。该班于2015年12月8日举行了结业典礼。

(5)"2015海外华文教师信息技术雅居乐四川培训班"在成都圆满结业

2015年12月12日,由中国华文教育基金会主办、四川省外事侨务办公室承办、雅居乐地产控股有限公司资助的"2015海外华文教师信息技术雅居乐四川培训班"在成都圆满结业。来自澳大利亚15所华文学校的20位海外华文教师参加了为期15天的信息技术专项培训。培训期间,学员们还走进四川省乐山市实验中学,与学校老师们进行座谈,深入交流华文教育经验。

2. 华校校长培训

(1)2015年"华文教育·校长/教师研习"昆明班在昆明开班

2015年4月11日,由中国海外交流协会主办,云南省海外交流协会承办,云南华文学院、云南海外文化教育中心协办的2015年"华文教育·校长/教师研习"昆明班在云南师范大学举行开班仪式。来自缅甸、老挝、泰国的152位校董和华文教师参加此次研习班。

此次研习班分为校长培训和教师培训两个类别。校长班为期半个月,主要传授学校管理理论与方法、教学管理理念与体系,以提高华校校长的学校管理及教学管理水平,并组织观光活动增加学员们对祖(籍)国的了解。教师班课程内容针对性强,有理论学习,也有实地的考察实践。来自不同地方的老师利用此次机会,带着自己工作实践中存在的问题进行了交流和探讨。

(2)外派教师聘方校长研习暨侨务干部华教培训在长春开班

2015年9月11日,2015年外派教师聘方学校校长研习班暨侨务干部华文教育专题培训班开班仪式在长春市举行。国务院侨务办公室文化司司长雷振刚、吉林省外事侨务办公室主任王志伟、国务院侨务办公室文化司副司长汤翠英、吉林省外事侨务办公室副主任李建华以及100余位侨务干部和60多位海外教师代表出席了仪式。

(3)首期海外华教高层研修班在广州开班

2015年9月21日,首期海外华教高层研修班在华南师范大学开班。来自印度尼西亚、泰国、马来西亚、墨西哥、荷属库拉索5个国家和地区16所华校的27名学员参加了为期6天的学习培训。

此次研修班课程设置围绕"提升海外华校教学和管理水平,促进海外华文教育可持续发展"这一主题,邀请了中山大学、暨南大学、华南师范大学、广州培正中学、广州培正小学和广州市幼儿师范学校等单位的专家教授为学员讲授学校管理、当代国际教育新理念、华文教育课程体系及师资建设、国学等课程。学员们还赴培正中小学校及华南师范大学附属幼儿园进行了现场观摩学习。该培训班于9月25日上午结业。

（4）2015年"华文教育·校长/教师研习"马来西亚班在长春举办

2015年12月3日，由国务院侨务办公室主办的2015年"华文教育·校长/教师研习"马来西亚班在东北师范大学开班。来自马来西亚各地的97名华文教育工作者在此进行了为期15天的华文教育研习课程。

此次研习班分为校长和教师两个班级，为学员们讲授学校管理、教学方法以及教育理念等内容。学员们还参观并实地了解了中国北方的历史和文化。

3. 远程及学历师资培养

（1）华侨大学华文学院举行第二届日本硕士研究生班开班典礼

2015年1月7日，华侨大学第二届"日本硕士研究生班开班典礼暨中国华文教育基金会完美奖学金"颁发仪式，在华侨大学厦门校区国际学术会议中心举行。

华侨大学校长贾益民教授出席开班典礼，并为学员佩戴华侨大学校徽。日本文培学院院长李曼女士与华侨大学相关部处和学院领导参加了开班式。贾益民校长在开班典礼上指出，华语与华文教育专业海外硕士研究生班的学员们都是从事华文教学或中华文化传播的有志青年，有着丰富的教学经验，对海外华侨华人有着深刻认识和广泛了解，希望各管理部门和教学部门提高教学质量，重视教学相长，相互促进，共同研究和探讨日本华文教育发展的规律。在开班典礼上，中国华文教育基金会为学员们颁发了完美奖学金，贾益民校长特别为该班学员做了题为《大数据时代的华文教学》的主旨报告。

（2）2015年海外华文教师法国里昂市远程培训开课

2015年3月15日，由中国华文教育基金会主办、北京四中网校承办、完美（中国）有限公司资助的"2015海外华文教师完美远程培训"开课仪式，在北京四中网校和法国里昂市第七区区政府同步举行。

中国华文教育基金会项目二部主任李晓梅、北京四中网校副校长刘开朝以及相关教师出席了北京会场的开课仪式。在法国会场，中国驻里昂总领事馆副总领事邹建华、里昂第七区分管教育副区长保罗·达·果斯塔等和来自里昂、格勒诺布尔、安纳西、瓦朗斯、威耶纳等地的9所中文学校近60位华文教师出席了开课仪式。

目前，"完美（中国）"海外华文教师远程培训项目已在美国、澳大利亚、葡萄牙、西班牙、意大利、蒙古、文莱、印度尼西亚8个国家展开，数百位中文教师从远程培训课程中获益。

（3）华侨大学华文教育本科学历班（第五期）在泰国开班

2015年3月26日，由华侨大学主办的泰国华文教育本科学历班在泰国新育民中学举行开班仪式。随后，在2周时间内，华侨大学华文学院选派的任课教师为学员们讲授了"中国现当代文学""汉语成语""中国音乐欣赏""中国书画欣赏"等课程。泰国华文教育本科学历班的开办积极推动了泰国华文教育事业的发展。

（4）"2015海外华文教师完美远程培训"分别在西班牙和巴拿马举办

2015年3月21日和28日，由中国华文教育基金会主办、北京四中网校承办、完美（中国）有限公司资助的"2015海外华文教师完美远程培训"先后在西班牙马德里华侨华人中文学校和巴拿马举办。

3月21日，通过远程网络连线，马德里华侨华人中文学校校长叶玉兰女士、北京四中网校副校长刘开朝、中国华文教育基金会领导等分别出席了马德里和北京会场的开课仪式。仪式后，李颀老师为当地20多名华文教师主讲了"中文课堂教学方法与技巧"课程。

3月28日在巴拿马的开课仪式，标志着巴拿马正式加入"华文教师完美远程培训"项目。当日，中国华文教育基金会、北京四中领导出席了北京会场的开课仪式；中国驻巴拿马办事处领事张慧芬，巴拿马基督教仁爱书院董事韦饶元、校长钟金生以及巴拿马当地3所中文学校的多位教师参加了巴拿马会场的开课仪式。开课仪式后，授课老师李颀就"课堂管理与领导力"这一课题，主持了生动有趣的互动课堂，受到在座华文教师的欢迎和好评。

（5）"2015海外华文教师完美远程培训"在毛里求斯开课

2015年6月27日下午，由中国华文教育基金会主办、北京四中网校承办、完美（中国）有限公司资助的"2015海外华文教师完美远程培训"在毛里求斯新华学校举行开课仪式。

毛里求斯是首个加入华文教师远程项目的非洲国家。中国驻毛里求斯大使李立莅临仪式现场并讲话，中国驻毛里求斯使馆领事廖宁、新华学校董事长肖友进、副董事长林孟超、钟锦伦以及全体校董、老师、志愿者等近50人出席了开课仪式。

（6）上海华文远程师资培训首次在意大利米兰举行

2015年6月27日，上海华文远程师资培训在中国上海和意大利米兰同步举行。这是上海华文远程师资培训项目首次登陆欧洲。来自米兰龙甲中文学校的近30位华文教师参加了培训课程。

培训开始前，米兰龙甲中文学校的李群来校长代表学校全体教师和学生致辞；来自上海华文教育基地——杨浦高级中学的语文特级教师朱震国从作文教学的问题及对策、如何写出作文的意思来、作文教学的案例分析等三个方面介绍了如何激发海外华裔青少年中文写作的兴趣，提高中文运用的水平。

（7）暨南大学华文教育专业函授本科英国教学点首届毕业典礼隆重举行

2015年7月28日，暨南大学华文教育专业函授本科英国教学点首届毕业典礼暨"新生代华文教育管理人员研习班"开班仪式在暨南大学华文学院隆重举行。上述两项目均由中国华文教育基金会主办，完美（中国）有限公司资助。中国华文教育基金会副理事长兼秘书长左志强、英国中文教育促进会会长伍善雄、暨南大学华文学院院长邵宜等和毕业生、研习班全体学员出席仪式。

由"完美奖学金"资助的暨南大学华文学院华文教育专业英国教学点首届毕业学员共17人，他们通过"自学+面授+网络"的学习方式，如期顺利毕业。

为期2周的新生代华文教育管理人员研习班共25名学员，分别来自英国、瑞典、加拿大和印度尼西亚，研习内容包括了海外侨情、世界华文教育、中小学管理、海外华人社团概况、华教社团的组织与发展、中华才艺等。

（8）阿根廷召开华文教师"完美"远程培训开课仪式

2015年8月15日，由中国华文教育基金会主办、北京四中网校承办、完美（中国）有限公司赞助的"2015海外华文教师完美远程培训"阿根廷地区开课仪式，在北京四中网校和阿根廷侨联中文学校同步举行，两地通过网络进行了实时互动。阿根廷拉普拉塔国立大学孔子学院院长龙敏利、阿根廷侨联中文学校校长刘芳勇及阿根廷侨联中文学校、阿根廷富兰克林中文学校的30余名教师参加了开课仪式。

阿根廷的教师首先观看了中国华文教育基金会近年来在世界各地推广普及华文教育成果的电视专题片，随后聆听了来自北京的教师和有关领导对华文教育提出的学习方式和方法。

（9）远程教育本科"华文教育"专业印度尼西亚巴厘岛授课班开学

2015年9月5日，中国驻登巴萨总领事胡银全应邀出席暨南大学华文学院远程教育本科"华文教育"专业2015级巴厘岛开学典礼。暨南大学华文学院院长邵宜教授、印度尼西亚巴淡和谐文化基金会创办人陈朝明、会长黄愿字，政府代表及宗教界人士等应邀参加开学仪式。胡银全总领事和印度尼西亚巴淡和谐文化基金会黄愿字会长发表了致辞。

开学典礼上表演了巴厘岛迎宾舞、中国武术、中国反弹琵琶舞蹈、《世界一家》健身操等。胡银全总领事与邵宜教授、黄愿字会长分别敲响了铜锣，宣布该班正式开学。

远程教育本科"华文教育"专业巴厘岛授课点由中国华文教育基金会资助、印度尼西亚巴淡和谐文化基金会与暨南大学华文学院合作，系继印度尼西亚巴淡岛、北干巴鲁面授点之后的第三个面授点,采取网络函授与面授相结合的教学方式,2015级共招收约 30 名学员。

(10)意大利威尼托地区启动华文教师远程培训

2015 年 9 月 5 日,意大利中意国际学校与中国北京网络连线,加入"2015 海外华文教师'完美'远程培训"项目。该项目由中国华文教育基金会主办,北京四中网校承办,完美(中国)有限公司资助。北京四中网校副校长刘开朝、中意国际学校校长李雪梅、金龙学校校长张伟民、新玉学校校长许可、威尼托意中友协中文学校校友以及上述 4 所华文学校的多位教师参加了此次开课仪式。

北京会场的刘开朝副校长和意大利远程教育会场李雪梅校长发表了讲话。授课教师李岩与意大利的华文教师们开展了网络互动课,课程采用了意大利实际使用的《语文》教材内容为实例,针对意大利一线华文教师的实际需求,探讨中文的教学环节和课堂管理等教学问题。

(11)中国华文教育基金会海外华文教师面授培训走进法国

2015 年 9 月 13 日,由中国华文教育基金会主办、北京四中网校承办、完美(中国)有限公司资助的"华文教师'完美'远程培训"教师面授团在法国里昂市第七区区政府内,就"吟诵与书写""汉语课堂教学案例与课堂管理"两个专题,为来自里昂、格勒诺布尔、安纳西、瓦朗斯、威耶纳、南特、北伊泽而等地的近 60 位华文教师进行面授培训。里昂第七区区议员、罗阿-里昂华联会会长、里昂中文学校校长罗佳君先生,罗纳省议员让·路易·杜汉先生等嘉宾出席了此次培训活动。

(12)文莱中华中学 128 名教师获颁远程培训合格结业证书

2015 年 9 月 14 日,北京四中远程培训结业证书颁发仪式在文莱中华中学和平堂举行,共 128 位教师获得了各类远程培训课程的证书。文莱中华中学许月兰校长为老师们颁发了证书。

(13)意大利米兰龙甲中文学校参与华文教师远程培训

2015 年 10 月 9 日,由中国华文教育基金会主办、北京四中网校承办、完美(中国)有限公司资助的"2015 海外华文教师'完美'远程培训"项目开课仪式在北京四中网校和意大利米兰龙甲中文学校同步举行,两地通过网络进行了实时互动。北京四中领导及授课教师与近 40 位当地华文教师出席了开课仪式。

至此,参加中国华文教育基金会海外华文教师远程培训项目的意大利华校已达 7 所。

(14)海外华文教师"完美"远程培训项目走进德国

2015 年 10 月 24 日,德国埃尔朗根中文学校、纽伦堡中文学校、拜罗伊特中文学校正式加入由中国华文教育基金会主办、北京四中网校承办、完美(中国)有限公司资助的"2015海外华文教师'完美'远程培训"项目。开课仪式在北京四中网校和德国埃尔朗根中文学校同步举行,两地通过网络进行了实时互动。德国埃尔朗根中文学校校长谭振伦、纽伦堡中文学校副校长康婧以及3所学校的近30位教师出席了开课仪式。

(15) 暨南大学华文教育专业本科函授班面授在菲律宾华教中心举办

2015年10月25日,由菲律宾华教中心主办的第二期"华文教育"专业本科函授班面授在富都大旅社三楼会议室正式开始。在5天的面授时间里,来自暨南大学的专家讲授了"中级汉语""华语写作""教育学原理"与"教育管理学"四门课程。

(16) 华侨大学2014级昆明境外在职硕士研究生班在昆明华文学校授课

2015年10月31日,华侨大学2014级昆明境外在职硕士研究生班在昆明华文学校进行授课。在为期10天的教学中,来自越南、泰国和缅甸的14位研究生班学员,分别学习了"华文教育研究""华语文化传播研究""跨文化交际研究"三门课程。

(17) 海外华文教师"完美"远程培训项目走进荷兰

2015年10月31日,由中国华文教育基金会组织的"2015海外华文教师'完美'远程培训"于荷兰乌特勒支中文学校和北京四中网校举行开课仪式,两地通过网络进行了实时互动,同步举行。中国驻荷兰使馆秘书郑皓,荷兰乌特勒支中文学校董事会主席林太松、校长胡云飞率当地近40位华文教师参加了开课仪式。

(18) 西班牙爱华中文学校华文教师远程培训正式开班

2015年11月17日,中国华文教育基金会2015年西班牙马德里爱华中文学校华文教师"完美"远程培训正式启动开班,马德里爱华中文学校10多位老师参加了开课仪式。

(19) 海外华文教师"完美"远程培训项目走进南非

2015年11月28日,由中国华文教育基金会主办、北京四中网校承办、完美(中国)有限公司资助的"2015海外华文教师'完美'远程培训"项目南非区域开课仪式在北京四中网校和南非华文教育基金会同步举行。南非华文教育基金会主席韩芳、前任会长陈玉玲以及当地两所中文学校的教师出席了开课仪式。

(20) 海外华文教师"完美"远程培训项目走进加拿大

2015年12月3日,由中国华文教育基金会主办、北京四中网校承办、完美(中国)有限公司资助的"完美(中国)"海外华文教师远程培训活动首次走进加拿大,并在多伦多举行开课仪式。

加拿大是接受该华文教师培训项目的第17个国家,当晚通过远程网络,将北京与多伦多连接,来自当地超过10个学校的10多位老师接受远程培训。

（21）海外华文教师"完美"远程培训项目走进日本

2015年12月5日，中国华文教育基金会"海外华文教师'完美'远程培训"在日本同源中文学校举行了开课仪式。此次远程培训项目有助于同源中文学校推广华文教育，从而进一步促进中日两国的文化交流。

（22）湖南师范大学首届印度尼西亚华文教师汉语言本科函授学历班毕业

2015年12月27日，湖南师范大学第一届印度尼西亚华文教师汉语言本科函授学历班毕业典礼在雅加达举行。该班共招收学员100名，此次毕业的92名学员都将成为所在地区的骨干华文教师。

印度尼西亚雅加达华文教育协调机构主席蔡昌杰、湖南师范大学副校长蒋新苗等出席毕业典礼，为全体毕业生颁发毕业证书。

4. 幼儿教师培养

（1）"华文教育·教师研习"幼教班在福建举办

2015年6月2日，由中国海外交流协会主办、福建省海外交流协会承办、福建省海外华文教育发展中心和福建师范大学教育学院协办的"2015华文教育·教师研习"幼教班在福建师范大学仓山校区邵逸夫楼举行开班典礼。福建省海外交流协会副会长刘良辉、福建师范大学副校长许明和来自美国、加拿大、比利时、西班牙、荷兰、缅甸、柬埔寨、阿联酋、马来西亚等10个国家的51名华文幼儿教师出席了开班活动。

此次研习班开设教育心理学、幼儿活动课程观摩与研讨、幼儿文学作品欣赏及中国传统文化等精品课程，旨在提升海外华文幼儿教师素质，惠及海外华文教育向标准化、规范化、专业化方向发展。

（2）广东省广州市幼师举行第十一期海外华文幼师班结业典礼

2015年6月30日，由中国海外交流协会主办、广东省海外交流协会协办、广州市幼儿师范学校承办的第十一期海外华文幼师班结业典礼在广东省广州市幼儿师范学校顺利举行。来自印度尼西亚、马来西亚和柬埔寨的36位学员全部圆满结业。

广东省海外交流协会郑建民副会长等领导和印度尼西亚西加华文协调机构陈慧珍副主席、印度尼西亚邦加勿里洞省华教协调机构监事会叶均明主席、澳门朝阳学会陈瑜勇理事长等海内外嘉宾参加了仪式。

（3）第十二期华文幼师培训班广州开班

2015年9月11日，由国务院侨务办公室、中国海外交流协会主办，广东省人民政府侨务办公室、广东省海外交流协会承办的第十二期华文幼师培训班在广州幼儿师范学校举行了开班典礼，欢迎来自印度尼西亚、泰国、越南、菲律宾等国家的59名学员。

广东省海外交流协会副会长郑建民以及广东省教育厅、广州市教育局等相关部门领导出席了开班仪式。本期学员分别安排在广州幼儿师范学校和广东省华侨职业技术学校进行为期1年的学习,学习华文幼儿教学的基本技能技巧。

据了解,由中国海外交流协会主办、广东省海外交流协会协办的海外华文幼儿师范培训班从2004年开始,已举办了11期,为世界各国特别是东南亚各国培养了近800名华语幼师专业技能人才。

(4)"海外华校艺术类、幼儿师范培训班"举办

2015年11月中旬至12月中旬,为期一个月的"2015海外华文艺术类师资培训班"和"2015海外华文幼儿师范培训班"在云南昆明举行。培训期间,幼儿师资班所有学员前往昆明市第四十三幼儿园进行了观摩学习;师资班学员韩宝妮到该幼儿园进行了授课交流。两个师资培训班的结业典礼于2015年12月17日在华侨宾馆泰国厅举行。

5. 综合教学能力培训

(1)云南省保山市侨务办公室举办缅甸北部地区华文教师培训班

2015年3月4日,由中国海外交流协会、云南省海外交流协会主办,云南省保山市侨务办公室承办的2015年缅甸华文教师培训班开班典礼举行,来自缅北地区多所华文学校的50名华文老师参加了为期15天的汉语教学教法和中华文化的学习培训。

(2)马来西亚18所华校的华文教师赴云南省培训才艺

2015年3月15日,由云南艺术学院附属艺术学校承办的"2015马来西亚华小教师中华才艺培训班——云南行"在昆明市举行开班仪式,来自马来西亚18所华文学校的30位华文教师在昆明参加了为期8天的民族和歌曲培训。

此次活动由云南省海外交流协会主办,云南艺术学院附属艺术学校承办,云南海外文化教育中心协办。

(3)云南省德宏州举办2015年改编版教材教法培训班

2015年3月16日,由中国海外交流协会、云南省海外交流协会主办,德宏州侨务办公室承办的2015年改编版教材教法培训班开班,来自缅北地区的50名华文教师参加了此次培训。

此次培训为期14天,培训内容丰富多彩,涵盖了改编版教材的基本教学内容;培训方式多样,既有著名教师的授课,又有实际教学观摩活动。

（4）2015 年缅北资深华文教师神州行代表团先后赴滇及京津考察交流

2015 年 5 月 17 日，由云南省侨务办公室主办，云南海外文化教育中心承办的"2015 年泰北资深华文教师神州行"活动在云南举行，来自泰国北部 6 所中文学校的 10 位资深华文教师参加此次活动。

活动为了增进海外华文教师对云南、对祖（籍）国的了解和认识，组织全团参观考察昆明、楚雄等地的风景名胜，体验云南多姿多彩的民族风情和民俗文化。活动期间，为了进一步加强华校之间的联系，相互学习，相互借鉴，泰北资深华文教师团一行还参观了昆明华文学校与云南华文学院，并与两所院校负责人和教师进行了座谈。席间，各位华文教育工作者就各自华文教育情况作了相关的介绍与讨论。与会人员对发展华文教育需要国内外发挥各自的优势，加强合作，增进交流取得共识。

2015 年 5 月 21 日至 26 日，缅北资深华文教师神州行代表团离开昆明，前往北京和天津继续进行考察交流。离开昆明前，曼德勒云华师范学院校长与代表团成员们专门前往昆明华文学校，看望了正在那里读华侨大学预科班的云华师范首届毕业生，并鼓励学生好好学习，继续发扬吃苦耐劳的精神，争取为住在国的华文教育事业贡献力量。代表团抵达北京和天津后，先后参观考察了天津瓷房子、文化街、天安门广场、人民大会堂、鸟巢及长城等历史文化景点。成员们均表示对祖（籍）国的巨大变化感到震撼与骄傲。

（5）缅甸华校华文教师培训班在云南陇川开班

2015 年 6 月，由中国海外交流协会暨云南省海外交流协会主办，德宏州侨务办公室、陇川县侨务办公室承办的 2015 年缅甸曼沽地区华校华文教师培训班开班典礼在陇川县举行。来自缅甸曼沽地区 5 所华校的 50 名教师参加了培训。

（6）海外华文教师"完美"江苏培训班在南京晓庄学院举办

2015 年 6 月 5 日至 22 日，由中国华文教育基金会主办、江苏省侨务办公室承办、南京市侨务办公室和南京晓庄学院共同协办、完美（中国）有限公司资助的"2015 年海外华文教师'完美'江苏培训班"在南京晓庄学院莫愁校区举办，来自印度尼西亚的 25 名华文教师参加了此次为期 20 天的培训。这是南京晓庄学院自 2011 年成为"江苏省华文教育基地"以来首次承办海外华文教师培训活动。

培训期间，印度尼西亚的华文教师们围绕语言强化培训、中国文化体验、教育教学方法等课程展开学习，并赴南京市中小学及幼儿园参观交流，进行文化考察等。

（7）印度尼西亚本土汉语教师研修团在广西师范大学开班

2015 年 6 月 18 日，由中国国家汉语国际推广领导小组办公室主办、广西师范大学承办的 2015 年印度尼西亚本土汉语教师研修团举行开班仪式。20 名来自印度尼西亚的本土汉语教师开启了在桂林为期两周的汉语教学技能培训。该研修班以丰富的汉语教学理论与实践课以及中国文化体验活动为主要内容，旨在提升海外汉语教师的理论与实践水平与技能，更好地在印度尼西亚汉语教育教学中发挥骨干的示范引领作用。

(8)"华文教育·教师研习"印度尼西亚班在北京华文学院开班

2015年6月19日，"2015华文教育·教师研习"印度尼西亚班开班典礼在北京华文学院举行。

开班典礼上，国务院侨务办公室副主任、中国海外交流协会副会长任启亮指出，国务院侨务办公室正全面推进华文教育的转型升级，倾力打造支撑华文教育发展的"施教、教材、培训、帮扶、支撑和体验"六大体系。任启亮对印度尼西亚华文教育工作者提出三点希望：希望印度尼西亚华文教育工作者坚守使命，成为新时期印度尼西亚华文教育事业大发展的重要开拓者；希望印度尼西亚华文教育工作者奋发有为，成为中华文化走向印度尼西亚的重要传播者；希望印度尼西亚华文教育工作者勇于担当，成为实现民族复兴中国梦的积极贡献者。

此次印度尼西亚教师研习班邀请了北京四中、育新中学、中关村一小、北京师范大学实验幼儿园等重点中小学及幼儿园的专家授课。授课内容涵盖最新的教学理论、实用的教学技巧、多媒体课件制作、幼儿及青少年心理特点等多个方面。华文教师们还观摩了北京市重点中小学和幼儿园的课堂教学，并与北京的同行深入交流。

(9)"华文教育·官员交流"美国团到京访问

2015年6月26日至7月9日，"2015华文教育·官员交流"美国团一行17人在京访问。2015年6月29日，国务院侨务办公室文化司副司长汤翠英与美国教委联合会运营长查克·伍德拉夫进行了交流。美国团一行先后参访了北京市第六十五中学、新桥外国语学校、王府国际学校、力迈国际学校、东城区帽儿课程活动中心等。

7月2日，中国世界和平基金会常务副秘书长孔祥仁会见了美国团一行，双方对各自组织的运营情况作了介绍，并就中方教师赴美国参加培训一事进行了深入探讨，中方就校长培养、教师培训、学生交流和国际学校建设项目与美方进行了深入交流。

(10)"海外华文教师'完美'河南培训班"开班

2015年7月7日，"2015海外华文教师'完美'河南培训班"在河南开封开班。河南大学国际汉学院院长李卫国、马来西亚宽柔中学校长江守福出席并发表讲话。

此次培训内容包括汉语言专业知识及其教学、中国传统文化的考察体验两大部分，涵盖汉语知识及其教学、汉语教学理论与方法、现代教育技术在汉语教学中的应用、中国传统文化与当代国情等课程。

此次培训班为期14天。学员们学习了现代汉语、第二语言教学、中国方言文化、书法、诗词等语言文化课程，在观摩学习武术、太极拳、剪纸、木版年画等文化体验课程的同时，还参观考察了少林寺、龙门石窟、中国文字博物馆和开封的龙亭、铁塔等旅游胜地。

（11）华中师范大学举办第五届哈萨克斯坦华文教师培训班

2015年7月11日，第五届哈萨克斯坦华文教师培训班暨第二届中亚华文教师培训班开班典礼在华中师范大学10号楼会议室举行。湖北省侨务办公室副主任冯细国、华中师范大学副校长李向农等领导和来自中亚五国的共77位教师代表参加了典礼。

（12）马来西亚华文师资培训班吉林开班

2015年8月2日，由中国海外交流协会及吉林省海外交流协会主办、马来西亚霹雳州董联会及马来西亚留华同学会联办的"2015华文师资教学培训班"在吉林开班。马来西亚霹雳州董联会主席、拿督李官仁主持了培训开幕仪式，数十名来自该州的华文教师参与了此次培训。

（13）中国华文教育基金会海外华文教师金辉北京培训班结业

2015年8月7日，由中国华文教育基金会主办、北京华文学院承办、金辉地产资助的"2015中国华文教育基金会海外华文教师金辉北京培训班"结业典礼在北京华文学院阜成门校区举行。相关部门的领导与授课教师和来自马来西亚、泰国和日本的15位参训教师参加了结业典礼。

（14）海外华文教师广西培训班在广西民族大学开班

2015年8月12日，2015年海外华文教师广西培训班在广西民族大学开班。此次培训由中国华文教育基金会主办，广西壮族自治区侨务办公室承办。来自英国、奥地利、泰国、老挝、越南5国的25名华文教师接受了3周的培训。

参训教师们参加了汉语语音、汉语词汇等教育教学专题讲座，学习教学方法与技巧，并参与了民族音乐、民族舞蹈、剪纸艺术、书法、太极拳等富有传统中国文化特色的体验活动。

（15）温州海外华文教师培训班结业

2015年8月26日，温州2015海外华文教师培训班结业。此次培训班为期3天，来自意大利、西班牙的20余位海外温籍华校校长和华文教师参加。培训班开设了"欧洲华文教育现状及发展对策""新闻信息写作""巧借中华传统文化推动华裔班集体建设""基于课堂的儿童华文教育""任务教学法在课堂中的应用""汉语语音学习与教学"等课程。

培训期间，温州市外事侨务办公室还组织华文教师赴龙湾参观温州非遗馆，了解瓯越文化，并特别邀请了非物质文化遗产传承人现场为海外华文老师上了一堂中国剪纸课。

(16) 缅甸华文教师培训班在云南保山开班

2015年8月，由中国海外交流协会暨云南省海外交流协会主办，保山市侨务办公室承办的2015年缅甸华文教师保山培训班开班典礼在保山举行，来自缅甸腊戍、贵概的15所华文学校的近百名华文教师参加了培训。

此次培训为期10天，培训内容包括"小学语文教学法""教育学"和"电脑实用技术"等。

(17) "华文教育·教师研习"泰国班在南宁举办

2015年10月14日，由国务院侨务办公室主办，广西区侨务办公室协办，广西华侨学校承办的"2015华文教育·教师研习"泰国班在广西南宁举行开班仪式。广西区侨务办公室副主任陈洁等出席了开班仪式。

本次培训为期14天，40名来自泰国各地的华文教师重点学习了汉语教学技巧、普通话朗读教学、中国文化、多媒体应用技术、中华武术等课程，并积极开展第二课堂，交流分享教学经验。

2015年10月25日，"2015华文教育·教师研习"泰国班圆满结业，广西华侨学校副校长雷丽芳出席结业仪式并向学员颁发了结业证书。

(18) "华文教育·校长研习"马来西亚班在深圳开班

2015年11月25日，由国务院侨务办公室文化司主办、深圳市侨务办公室协办、深圳市耀华实验学校承办的"2015华文教育·校长研习"马来西亚班开班。深圳市侨务办公室侨务处有关负责人出席了开班仪式。由马来西亚华校董事联合会总会和华校教师会总会组织的来自马来西亚的60多名华校负责人和教师齐聚深圳，参加了为期10天的培训。

(19) "华文教育·教师研习"马来西亚班在湖南师范大学开班

2015年11月26日，由中国海外交流协会主办、湖南省海外交流协办、湖南师范大学承办的"2015华文教育·教师研习"马来西亚班开班仪式在湖南师范大学至善学术讲堂举行。湖南师范大学副校长周俊武出席并致欢迎辞。马来西亚留华同学会会长陈志成、湖南省海外交流协会副会长李祖元等出席了开班仪式。

此次培训结业典礼于2015年12月14日举行，中国海外交流协会文化交流部华文教育发展中心副处长王匡廷、湖南师范大学副校长蒋新苗等出席了结业典礼。

(20) 马来西亚华小教师研修班在厦门开班

2015年12月5日，由福建省人民政府侨务办公室主办，集美大学海外教育学院承办，马福联属会万挠福建会馆、永春会馆联合组织的"2015马来西亚华小教师研修班"在集美大学财经学院举行。来自马来西亚吉隆坡等地的38位华小教师参加了开班仪式。

此次研修班为期15天，研修学习内容除了书法、国画、茶艺、剪纸等中华文化特色课程外，主办方还为学员们安排了学科专家、资深教师与他们共同探讨华文教学和小学教育的教学技巧与方法，组织学员们走进小学课堂进行教学观摩与交流。

研修班于2015年12月15日在集美大学财经学院落幕。福建省侨务办公室副主任刘良辉、集美大学副校长曹敏杰、马福联属会万挠福建会馆、永春会馆会长郑江水等领导和嘉宾参加结业典礼，并为来自马来西亚的38位华小教师颁发结业证书。

（21）"海外华文教师雅居乐泰安培训班"在泰安举行

2015年12月14日，由中国华文教育基金会主办，泰安市人民政府外事侨务办公室、泰山学院承办，雅居乐地产控股有限公司赞助的"2015海外华文教师雅居乐泰安培训班"，在泰安举行开班仪式。

此次培训班共有来自印度尼西亚的30名华文教师参加，培训内容侧重于走进泰山、借山学史，感受民俗传统，加强互动，让教师们感受到祖（籍）国的文化特色。

（22）"华文教育·教师研习"印度尼西亚班在福建举办

2015年12月17日，由中国海外交流协会主办、福建省海外交流协会承办、福建省海外华文教育发展中心和福建师范大学海外教育学院协办的2015年"华文教育·教师研习"印度尼西亚班在福建师范大学仓山校区举行开班典礼。福建省海外交流协会副会长刘良辉等领导与来自印度尼西亚各地三语国民学校和补习学校的55名华文教师出席了活动。

此次研习班活动举办时间为2015年12月14日至2016年1月1日，为期19天。培训期间，主办方安排了汉语拼音、汉字学、汉语听力与口语教学、汉语语用学及中华文化等常规课程，以及一些"同课异教"课堂教学观摩与研讨等特色活动。

（三）境外华文师资培养

1. 国务院侨务办公室"华文教育·名师巡讲"系列活动

（1）中国华文教育基金会南美洲巡讲团走访巴西、智利和阿根廷

2015年1月25日至27日，中国华文教育基金会南美洲巡讲团在巴西展开华文教育巡讲活动。1月25日在圣保罗圣本笃学校举行开讲仪式。

1月28日，中国华文教育基金会南美洲巡讲团走进智利。1月29日在智利智京中华会馆中文学校举行巡讲活动开讲仪式。

2月1日，中国华文教育基金会南美洲巡讲团到访阿根廷并在阿根廷福清会馆举行海外华人教育座谈会。2月2日，巡讲活动在阿根廷中观寺侨联中文学校展开。

巡讲活动由中国华文教育基金会主办，福建省海外交流协会承办，弘阳集团资助，巡讲团共5人。团长是中国华文教育基金会副秘书长卢海斌；副团长是福建省海外交流协会副秘书长魏江平。巡讲团的老师由福建省海外华文教育基地校挑选的专家与名师组成。

（2）国务院侨务办公室华文师资培训团赴巴黎讲学

2015年4月21日，由国务院侨务办公室组派的赴法师资培训团在巴黎欧洲时报文化中心举办法国中文教师培训班，为期11天。

该培训团由国务院侨务办公室副处长刘畅率领，团员包括北京师范大学心理学院姚梅林教授、北京语言大学汉语进修学院张辉副教授、北京师范大学实验小学高级教师贾红斌。来自法国23所华校和中学的72名中文老师参加了培训。

（3）中国华教基金会师资巡讲团赴西班牙讲学

2015年5月7日，中国华文教育基金会师资巡讲团赴西班牙华侨华人协会举办为期8天的教学活动，为马德里各大中文学校的老师带去先进的教育理念和教学经验。此次巡讲活动由中国华文教育基金会主办，广东省中山市实验小学承办，完美（中国）有限公司提供赞助。

教学活动中，巡讲团黄海庆老师通过模拟观摩课和说课的形式，为大家介绍了许多有趣实用的拼音教学方法和识字教学方法；于柳老师讲授了《看图作文的教学方法》，她深入浅出地把指导课的教学方法清晰明了地展现出来，阐明了看图作文的指导要点。马德里华人华侨中文学校校长叶玉兰指出，此次教学活动紧密结合教学实际，将汉语言的学习与中华文化的熏陶融合为一体，符合海外华文教育现阶段的需求。

（4）中国华文教育基金会名师欧洲巡讲团赴葡萄牙讲学

2015年5月9日，由中国华文教育基金会主办、广东省中山市外事侨务局承办、广东省中山市实验小学协办、完美（中国）有限公司资助的"2015中国华文教育基金会名师欧洲巡讲团"一行来到葡萄牙里斯本讲学。此次巡讲团由中山市教育局主任陶国文和中山市实验小学校长刘道康带队，随行教师都是该校教学经验丰富的名师。

里斯本的华裔学生通过此次巡讲团教师的示范教学，领略了中国汉字、书法、剪纸、作文，以及民间神话的魅力，增强了学习中文的兴趣，进一步了解了中国传统文化。示范教学也使里斯本的华文教师得以聆听国内重点小学名师授课，学习先进的教学方法，领略不同教学理念带来的显著教学效果，对华文教师日后的教学产生积极的影响。

（5）中国华文教育基金会名师大洋洲巡讲团赴斐济苏瓦讲学

2015年6月13日，由中国华文教育基金会主办、山东省侨务办公室承办、完美（中国）有限公司资助的"2015名师大洋洲巡讲团（斐济、新西兰）"在斐济首都苏瓦举行开班仪式。中国驻斐济大使馆政务参赞杨朝辉及侨务领事王建国，南太平洋大学孔子学院院长李登贵，斐济华人教育协会会长、逸仙学校校董会主席袁志光出席，巡讲团全体成员及来自逸仙学校、劳托卡中文学校、南太平洋大学孔子学院的教师参加了开班仪式。

在斐济期间，李玉亮、刘红梅、梁文博三位巡讲团老师分别讲授了"中小学语文教学法""剪纸""现代汉语特点与课堂教学技巧""中国书画"等课程。

（6）中国华文教育基金会名师大洋洲巡讲团赴新西兰奥克兰讲学

2015年6月15日，中国华文教育基金会"2015名师大洋洲巡讲团（斐济、新西兰）"一行抵达大洋洲之行的第二站——新西兰奥克兰，在此举行为期2天的巡讲活动，首次为来自奥克兰的17所华校共计102位教师进行培训。

在开班仪式上，中国驻奥克兰总领事馆副总领事宋陈懋及领事湛玉会，新西兰教育部国际语言交流发展项目中文顾问王宇，新西兰中文教育学会会长、新西兰华人社区服务中心总经理王玲娟出席并分别致辞，巡讲团全体成员同54位奥克兰华文教师参加了开班仪式。来自祖（籍）国的名师巡讲团首次到奥克兰进行的华文师资培训，有利于中华文化在此传播，提升了华校校长的管理水平和华文教师的教学质量。

（7）中国华文教育基金会名师亚洲巡讲团赴马来西亚讲学

2012年6月23日至28日，由中国华文教育基金会主办、江西省外事侨务办公室承办、马来西亚留华同学会协办的"2015中国华文教育基金会名师亚洲巡讲团"在马来西亚开展巡讲活动。来自马来西亚197所华文学校的近700名教师参加了此次培训活动。巡讲团主讲教师为江西师范大学副教授饶思中、卢普玲和吴慧，培训内容包括汉语阅读、语法及写作等课程。

（8）中国华文教育基金会名师亚洲巡讲团在柬埔寨培训华文师资

2015年6月30日，中国华文教育基金会名师亚洲巡讲团一行赴柬埔寨培训该国华文教师，来自柬埔寨18所华校的92名华文教师参加了培训。在金边和暹粒两市，巡讲团3位老师通过深入浅出的讲解和周到细致的交流给教师们带去了崭新的华文教育理念和切合实际的教学方法，得到受训老师们的肯定。

巡讲团一行还走访了柬埔寨的两所国务院侨务办公室华文教育示范学校：金边端华学校和暹粒国立中山学校。他们深入两校教学第一线，同教学管理人员、授课教师和学生交流，了解了当地华文教育的实际情况。

(9)"华文教育·名师巡讲团"赴菲律宾培训当地华文教师

2015年8月13日,由国务院侨务办公室主办、江西省外事侨务办公室承办的"2015华文教育·名师巡讲"赴菲律宾讲学活动在菲律宾红奚礼市拉开序幕。来自吕宋地区18所华校100多名老师参加了培训,大多数为本土华文教师。

菲律宾华教中心常务副主席黄端铭先生、副主席杨美美女士以及吕宋华教协会对讲学团组的到来表示诚挚的欢迎。在10天时间里,巡讲团在菲律宾红奚礼市、丹辘市、达古坂市和马尼拉市举办了多场讲学活动,向当地华文教师讲授了青少年教育心理学、汉语教学及幼儿教育。

(10)中国"海外华文教育名师巡讲团"到访美国波士顿

2015年8月下旬,由中国海外交流协会和中国华文教育基金会主办,全美中文学校协会、剑桥中国文化中心承办的"2015海外华文教育名师巡讲团"到美国波士顿授课。来自大波士顿地区的数十位中文学校、公私立学校的老师,以及有志成为中文教师的市民,还有学校管理人员以及家长,在剑桥中国文化中心参加了此次授课。

由于往年巡讲团培训活动大受欢迎,2015年的巡讲团增加了路线和地点,三个巡讲团在全美分成三条路线,到访近20个城市和地区,培训规模大大超过往年,所有参加了完整培训课程的教师都可获得证书。

(11)湖南师范大学组织"华文教育·名师巡讲团"赴美讲学

2015年9月,受中国国务院侨务办公室文化司委托及全美中文学校协会邀请,湖南师范大学华文教育基地组织4人讲学团赴美国圣路易斯、哥伦布、底特律、明尼阿波利斯等地巡回讲学,为当地培训了一线中文教师300余人。

讲学团由湖南师范大学的优秀教师组成,分别讲授中国文化、汉语语法和小学华文教学法等内容。

在美巡回讲学期间,讲学团还深入了解巡讲沿线城市中文教育现状,访问全美中文学校协会以及俄亥俄州立大学中美国际教育研究与交流中心,并洽谈了湖南师范大学与全美中文学校协会的交流、互访事宜,促进了湖南师范大学华文教育基地与美国中文教育界的互动和了解。

(12)中国华文教育基金会名师欧洲巡讲团赴意大利讲学

2015年9月19日,由中国华文教育基金会主办、广西壮族自治区侨务办公室承办的"2015名师欧洲巡讲团"一行到意大利罗马和米兰,在罗马中华语言学校和米兰华侨中文学校培训当地的华文教师。

在培训中,巡讲团的专家们分别就幼儿阅读教学、小学低年级的识字方法教学以及七年级以上学生的作文教学等内容开展专业能力与专业技能的培训和讲座,并与参训海外华文教师进行座谈。

（13）中国华文教育基金会名师巡讲团赴美国、加拿大巡讲

2015年9月19日至26日，中国华文教育基金会"2015北美名师巡讲团"前往美国和加拿大，分别对纽约和蒙特利尔华文学校的教师进行培训，开展教学交流活动。

此次活动由中国华文教育基金会主办，完美（中国）公司资助，中山市第一中学承办。巡讲团的老师结合该校教学特点，分别于大纽约华夏中文学校和加拿大蒙特利尔英才学院，为学员们上了华文与美术的教学示范课。

（14）中国华教基金会名师巡讲团赴奥地利维也纳开展交流

2015年9月下旬，中国华文教育基金会"2015名师欧洲巡讲团"赴奥地利维也纳中文学校讲学，开展华文教学示范指导。

在培训中，巡讲团教师分别就"识字方法教学""幼儿绘本阅读""如何写记叙文"等课程对华文老师进行培训，并根据在校学生的年龄及中文掌握程度为在校学生上了一堂生动的示范课。

课后，维也纳中文学校华文老师就培训的内容特别是华文教学中的操作技巧和一些实际问题与巡讲团名师们进行了深入交流。

（15）"2015名师欧洲巡讲团"赴德国、英国巡讲

2015年10月17日至26日，由中国华文教育基金会选派，温州大学国际合作学院院长严晓鹏、杭州江南实验学校校长黄燕明、杭州天长小学校长楼朝辉等3位资深教师组成的"2015名师欧洲巡讲团"赴德国、英国进行巡讲。

2015年10月18日，巡讲团一行抵达德国，在纽伦堡中文学校为该校以及埃尔朗根中文学校的华文教师开展培训活动。

2015年10月21日至25日，巡讲团一行到英国，分别在爱丁堡华夏中文学校和伦敦威斯敏斯特大学为来自英国各地的华文教师开展培训活动，30多所中文学校的近130名教师参加了培训。巡讲团的3位专家为参加培训的教师讲授了教材、教法、语法等在海外华文教育中的应用，给与会的老师们展示了相关的教学示范课。

（16）中国华文教育名师巡讲团赴菲律宾讲座

2015年10月21日至11月1日，受国务院侨务办公室委托，由安徽省侨务办公室组派的"华文教育•名师巡讲团"一行4人到访菲律宾，分别在米沙鄢地区、马尼拉地区和怡朗市举办华文教育专题讲座。

在巡讲中，名师巡讲团的3位专家既介绍了先进理念，又重点讲解了实用有效的经验和教学方法，并根据菲律宾华人学习华文的特点和环境，强调了感情教育的重要性和针对性，参加讲座的菲律宾华校领导和一线华文教师纷纷表示收获很大，受益匪浅。此次巡讲受到了菲律宾华侨华人社团、华文教育中心、华文教育协会、华校校长、50多所华文学校的华文老师热烈欢迎,并给予了较高评价,对传承和弘扬中华文化、对菲律宾华文教育发展起到了积极推动作用。

(17) 中国华文教育基金会名师巡讲团南非开讲

2015年10月30日,中国华文教育基金会名师巡讲团抵达约翰内斯堡,对南非华文教育进行巡讲、指导和培训工作。来自福建省的3位小学名师对当地的华文教师进行了业务培训和指导,传授了先进的教学经验。南非华文教育基金会会长韩芳和创会会长、粤港澳总商会会长陈玉玲对此次巡讲给予高度评价。

(18) 中国华文教育基金会名师亚洲巡讲团印度尼西亚开讲

2015年11月3日,由中国华文教育基金会主办、吉林省人民政府侨务办公室承办、印度尼西亚雅加达华文教育协调机构协办、完美(中国)有限公司资助的"2015中国华文教育基金会名师亚洲巡讲团"在雅加达兴安活动中心开讲。来自吉林省第二实验学校、东北师范大学附属实验学校的3位专家为来自印度尼西亚各地华文学校的120余名教师授课。

培训结束后,中国华文教育基金会左志强副理事长向培训合格的教师颁发了证书。与此同时,巡讲团还考察了印度尼西亚培民三语学校以及雅加达华文教育协调机构,并与师生座谈,深入探讨印度尼西亚华文教育前景。

(19) 中国华文教育基金会名师巡讲团赴马达加斯加培训华文教师

2015年11月3日至5日,由中国华文教育基金会主办,福建省海外交流协会承办,完美(中国)有限公司资助的中国华文教育基金会名师巡讲团在马达加斯加首都塔那那利佛进行培训活动。在为期2天的培训中,巡讲团教师完成了文字、诗词和课堂管理技能的教学,为华文学校的教师做了小学教育的专题培训和"同课异教"的实地指导,受到当地华文教师的热烈欢迎。

(20) 中国华文教育基金会名师欧洲巡讲团赴瑞典、丹麦培训当地华文教师

2015年11月7日,应瑞典斯德哥尔摩华夏文化协会邀请,由中国华文教育基金会主办、中山市外事侨务局承办、中山市华侨中学协办、完美(中国)有限公司资助的"2015名师欧洲巡讲团"一行,在中国华文教育基金会副秘书长方文国率领下到瑞典开始系列访问和巡讲。当日,巡讲团参观访问了位于瑞典首都斯德哥尔摩市中心的雅迭特学校,培训华文教师。11月8日,斯德哥尔摩华夏文化协会邀请巡讲团到斯德哥尔摩市中心的职工教育协会大楼,面向全斯德哥尔摩华文教师进行第二场巡讲,为斯德哥尔摩华夏文化协会新星中文学校的老师进行示范教学。

11月10日,"2015中国华文教育基金会名师欧洲巡讲团"到丹麦哥本哈根丹麦华人总会中文学校为该校教师授课,并与总会负责人和中文学校的代表座谈。中国驻丹麦大使馆领事部主任张恕,华人总会中文学校副校长、校董、以及美人鱼学校的领导和教师代表等近 40 人出席座谈会。

（21）中国华文教育基金会名师亚洲巡讲团赴泰国巡讲访问

2015 年 11 月 7 日，"2015 中国华文教育基金会名师亚洲巡讲团"抵达泰国开展为期 4 天的华文教育活动。此次巡讲活动在曼谷培知公学举行了隆重的开班仪式，中国华文教育基金会副理事长兼秘书长左志强、中国驻泰国大使馆侨务参赞张东浩、泰国华文教师公会主席罗宗正等出席。来自泰国各华文学校的近 200 名教师参加了培训。

（22）中国华文教育基金会名师非洲巡讲团赴毛里求斯巡讲

2015 年 11 月 8 日，中国华文教育基金会名师非洲巡讲团圆满完成在毛里求斯的 3 场巡讲，返回北京。此次巡讲团由中国华文教育基金会项目二部主任李晓梅任团长，由 3 位来自福建的优秀小学教师主讲。巡讲团在毛里求斯华夏中文学校对当地华文学校的近百名中文教师进行了培训。

（23）国务院侨务办公室"华文教育·名师巡讲团"走进西班牙弘扬中华文化

2015 年 11 月 13 日至 24 日，由国务院侨务办公室主办、天津市外事侨务办公室承办的"2015 华文教育·名师巡讲团"走进西班牙塞维利亚、马德里和巴塞罗那，开展多场讲学活动，推广华文教育及中华文化。

此次巡讲团赴西班牙培训以儿童教育心理学、小学的语文教法、中国传统文化为主要内容，环节紧凑，内容实用。3 位老师都有着深厚的理论功底和丰富的教学实践经验，为当地华文教师带去宝贵的经验和新颖的教学理念。

（24）"华文教育·名师巡讲团"访问阿根廷推动当地华教发展

2015 年 11 月 17 日，由国务院侨务办公室文化司组织的"2015 华文教育·名师巡讲团"对阿根廷新太阳学校进行参观考察，与阿根廷侨校代表、新太阳学校负责人、侨联中文学校负责人就如何开展海外华文教育等方面进行交流与探讨。当天，代表团还为当地华文教师演示了一堂公开示范课，传授课堂教学技艺。

（25）"2015 名师阿联酋巡讲团"赴阿联酋培训

2015 年 12 月 18 日至 22 日，由中国华文教育基金会主办、北京师范大学承办、金辉地产资助的"2015 名师阿联酋巡讲团"在阿联酋迪拜国际学校和你好语言学校培训华文教师，受到当地华文教师的热烈欢迎。该团由北京师范大学汉语文化学院张和生教授、吕俞辉副教授和北京史家小学万平老师担纲授课。巡讲团还应邀出席了你好语言学校三周年庆典暨 2015 年毕业典礼。

此次培训，3 位教师分别讲授了语音、汉字、写作等课程，并在课后就教学方法等与参训教师座谈，展开热烈的讨论。

2. 各省、市专家赴外专项培训

(1) 菲律宾举办第十七届华文教育研习班

2015年1月24日至2月1日，菲律宾晋江同乡总会和菲律宾华文学校联合会成功举办了第十七届华文教育研习班。本届华文教育研习班受到国务院侨务办公室和中国驻菲律宾大使馆的大力支持，国务院侨务办公室特派专家组团赴马尼拉助力菲律宾晋江同乡总会校联华文教育研习班。中国驻菲律宾大使馆参赞兼总领事邱舰在结业式上致辞。

菲律宾晋江同乡总会已连续17年举办华文教育研习班，每年从中国聘请华语教学督导，举行华文教育研习班，为大岷区华文教师提供学习、研修、交流的平台，迄今已累计培训华文教师逾万人次，受到各华校老师的广泛欢迎和好评。

(2) "海上文坛"在美国旧金山开讲

2015年3月22日，上海市侨务办公室"海上文坛"旧金山地区开讲仪式在湾区佛利蒙举办。此次活动由上海市侨务办公室主办，旨在通过现代视频技术将上海先进的中文教学经验和特色鲜明的海派文化输送到旧金山湾区中文老师和广大侨胞身边。中国驻旧金山总领事罗林泉和上海市侨务办公室主任徐力同时在中美两地出席开通仪式并致辞。

上海市侨务办公室积极响应国务院侨务办公室关于大力开展文化交流和公共外交，满足海外侨胞对中华文化的精神需求的号召。举办"海上文坛"活动，就是上海市侨务办公室开展的一项举措，目前已在澳大利亚、加拿大等国家和地区开通。此次同湾区黄河长江中文学校合作，在旧金山开通"海上文坛"，是希望借助这一平台满足旧金山中文学校师资培训的需求，同时也为广大的旧金山侨胞开启一扇了解中华文化的新窗口。黄河长江中文学校校长顾丽青在开通仪式上发言，感谢上海市侨务办公室和中国驻旧金山总领事馆对湾区中文教育的支持，并对"海上文坛"今后工作的开展计划作了简要说明。开通仪式结束之后，旧金山"海上文坛"文化讲座开讲。当天讲座由上海中医药大学教授、曙光医院主任医师张伟荣教授主讲"中医保健"，主要介绍中医养生和常见病的预防。

(3) 云南海外文化教育中心在老挝开办中华才艺培训班

2015年7月20日至24日，应老挝寮都公学邀请，由云南省海外交流协会主办、云南海外文化教育中心承办的"2015中华才艺老挝培训团"在寮都公学顺利举办。此次培训班授课教师由昆明市艺术学校选派，她们将"云南民族舞蹈""民族声乐""手工制作"等特色课程带到老挝，受到当地学生和老师的欢迎和喜爱。来自寮都公学的60多位华裔学生参加了此次培训。

3. 海外华校（华教组织）自主培训

（1）佛罗伦萨中文学校为外派教师开设意大利语课

2015年1月15日，意大利佛罗伦萨中文学校专门为学校的10多位外派教师开设了意大利语课，以培养外派教师跨文化的交流与沟通能力，使她们能够迅速胜任海外华校教学任务。

意大利佛罗伦萨中文学校校长潘世立介绍，佛罗伦萨中文学校从2001年创办至今，坚持将意大利语作为外派老师培训的必修课程，取得了良好的效果。意大利语培训不仅受到了外派老师们的欢迎，也为学校进一步提高教学质量起到了至关重要的作用。

（2）缅甸曼德勒云华师范学院举行毕业班结业典礼

2015年1月20日，缅甸曼德勒云华师范学院举行首届师范学生结业典礼，驻曼德勒总领事馆靳仪麟副总领事、吴毅首席执行领事、云南海外文化教育中心缅甸中心唐建军主任应邀出席结业典礼。参加典礼的还有云华师范学院董事长尚兴玺先生及各位董事、学院全体师生。

尚兴玺董事长为典礼致辞，对所有嘉宾表示热烈的欢迎，对已结业的学生表示衷心的祝贺，对辛勤工作的各位教师表示诚挚的问候，对总领事馆一直以来对学院的大力支持表示衷心的感谢。尚董事长希望同学们，珍惜光阴，努力学习，不忘母校，将来学业有成，为缅华社会做出贡献。

（3）英国中文教育促进会举办2015年教师培训研讨会

2015年2月1日，英国中文教育促进会2015年首次中文教师培训研讨会在伦敦大学亚非学院举行，100多位来自30多所华文学校的义工中文教师参加会议。

中文教育促进会伍善雄会长亲自联系主讲老师，确定培训"运用科学方法提高学生学习中文的兴趣"的主题；正确评估学生的中文学习水平；了解英国的中文考试要求，提高学生的听说读写能力。研讨会特聘伦敦大学亚非学院中文系的宣力老师为首席讲师，聘请亚非学院中文系宋连谊博士、英国本土教材 *Chinese for AS* 的作者张小明老师担任主讲。

（4）菲律宾大马尼拉华教协会中小学华语骨干举办第六次培训班

2015年2月7日，菲律宾大马尼拉华教协会于侨中学院五楼视听室举行第六次华语骨干教师培训，共有来自侨中总分校、中西、培德等华校50多名学员参加培训。该培训班于2月21日举办结业典礼。

（5）新加坡华文补习教师修读硕士课程

2015年3月19日，由新加坡华文教研中心和香港大学教育学院联合开办的教育硕士（中国语文教与学）课程，其第二届学员共 18 名毕业生顺利毕业。这个为期 2 年的课程，着重于提升教育理论知识、华文教学效能及教育研究能力，致力于提高本地华文教师的水平。双方将于 2015 年 9 月开办教育博士（中国语文教育研究）课程，每年招收 15 名学生。

（6）泰国崇华新生华立学校举办教师中文培训班

2015 年 5 月，泰国崇华新生华立学校组织为期 2 天的教师中文培训，负责培训教学的是来自崇华新生华立学校的优秀中文教师。参加培训的泰国教师有 50 多位。

此次培训的内容包括学习日常实用口语、课堂用语以及学唱中国歌曲、观看中国风土人情影片等。培训有助于泰国教师更全面地了解中国、中文及中华文化。

（7）缅甸曼德勒新世纪学校为华文教师进行课件制作培训

2015 年 6 月，缅甸曼德勒新世纪学校为本土华文教师进行课件制作培训。此次培训共有 21 名学员参加。培训期间，培训师详细讲解了课件制作方法技巧以及具体操作。学员们进行实际操作与演练，提升了教学技能。

（8）泰国崇华新生华立学校组织年度泰籍老师中文培训班

2015 年 8 月 3 日，泰国崇华新生华立学校本土汉语教师汉语提高班和泰语教师汉语学习班开班。参加学习的泰国籍老师共 40 多位。培训班针对教学对象的不同，修订了新的教科书。

中文学习结束后，学校还为通过测试的学员出具了中文结业证明。此次学习时间为期 4 个月，负责培训教学的是崇华新生华立学校优秀的中文老师，教学对象扩大到了成人层面，培训内容有日常实用口语、课堂用语，以及剪纸、做灯笼等中华文化动手实践，学唱中国歌曲，观看中国风土人情影片等，内容十分丰富。

（9）泰国诗琳通公主委派教授赴泰国光中公学培训汉语教师

2015 年 9 月 12 日，泰国朱拉隆功大学孔子学院高级顾问傅增有教授应诗琳通公主委派到光中公学培训汉语教师。泰国西部华文民校联谊会会员学校的 80 多位汉语教师参加了此次培训。培训结束后，傅增有教授给参加培训的各校代表颁发了培训证书。

（10）缅北华文教育协会委派外派教师培训华文师资

2015 年 10 月，缅北华文教育协会委派中国国务院侨务办公室外派教师杨玉良到缅北华文教育协会的会员学校当阳孔圣中学进行教师培训，指导教学工作。杨玉良老师为全校老师做了 3 场讲座，分别从教育思想与观念的转变、课堂教学技能、班主任工作方法三方面进行深入的讲解。杨玉良老师还和学校领导一起对学校的长期、短期发展及规划进行交流、探讨，帮助明晰学校的办学方向。

（11）泰国美速智民学校举办泰北汉语教师培训班

2015年10月16日，泰国达府美速市智民学校举行泰国北部华文民校联谊会汉语教师培训班开班典礼。泰国工业部前部长、教育部前副部长陈万财博士，美速市全德善堂理事长张锦汉博士，泰国北部华文民校联谊会主席、智民学校校董主席陈汉展，泰国农业大学孔子学院院长高惠敏以及泰北14所华文民校67位汉语教师参加了开班仪式。此次培训包括文化、语法以及华文教育专题讲座等内容，为工作在一线的汉语教师们提供了一个交流学习汉语的平台。

2015年10月18日，为期3天的泰国北部华文民校联谊会汉语教师培训圆满结束。67位汉语教师获得培训证书。

（12）缅北南帕嘎龙兴中学成功举办第三期华文学校教师培训班

2015年10月19日，在缅北华文教育协会的支持下，缅北南帕嘎龙兴中学成功举办了华文学校第三期教师培训班。缅北华文教育协会副会长杨兴业先生出席于龙兴中学举行的开班仪式并发表讲话。此次培训为期3天，由缅北华文教育协会杨玉良老师和支教教师胡正聪老师从教学技能、教师思想和管理等方面，对周边9所华文学校的56位教师进行了培训。

（13）菲律宾米沙鄢华教协会举办年会广泛交流提升教学技能

2015年10月21日至23日，由菲律宾华教中心下属的米沙鄢华教协会主办、宿务中华中学承办的2015~2016年度年会在宿务市举行。米沙鄢华教协会会长、宿务中华中学校长许淑伟，华教中心常务副主席黄端铭，国务院侨务办公室（安徽）巡回讲学团等出席开幕式。

年会举行期间，来自宿务中华、宿务毓德等华校的华语教师分别展示了4节中小学公开课及4节幼儿园公开课，涵盖多种课型。

（14）菲律宾华教中心举办国务院侨务办公室外派教师交流会

2015年12月21日，菲律宾华教中心"2015~2016年度国务院侨务办公室外派教师交流会"在世纪公园大酒店公园厅开幕。陈延奎基金会董事长陈永栽博士、华教中心领导以及国务院侨务办公室外派教师240多人与会。

此次交流会开幕式由华教中心师资部主任郝海庭主持。华教中心常务副主席黄端铭致开幕词，刘佳丽、兰建民等外派教师进行大会发言。

当天下午进行分组讨论。小组会议上，外派教师积极发言、探讨，总结出了许多宝贵经验。华教中心还于当晚在世纪公园大酒店巴乔厅隆重举办了国务院侨务办公室外派教师"龙韵菲扬·华教情"文艺晚会，让外派教师在工作之余拥有一个展现自我的平台。

（四）华文教育·华文教师证书培训

1. 暨南大学举办印度尼西亚《华文教师证书》华文师资培训

2015年1月上旬，由国务院侨务办公室主办、暨南大学华文学院承办的《华文教师证书》印度尼西亚华文师资培训教学活动圆满完成。此次培训的目的是增进中国与印度尼西亚文化交流、提高印度尼西亚当地华文教师的教学水平、推动印度尼西亚华文教育"标准化、正规化、专业化"的发展。

师资培训得到了印度尼西亚华文教育界的热烈欢迎和高度重视。印度尼西亚全国华文教育协调机构联合秘书处副主任郑洁珊女士、西加里曼丹省华文教育协调机构副主席陈慧珍女士、南苏省望加锡华文教育协调机构主席罗荣钜等华文教育界人士精心组织，周到安排，保证了培训活动圆满举行。

2. 暨南大学举办"华文教育·华文教师证书"研习班

2015年4月7日，由国务院侨务办公室、中国海外交流协会主办，暨南大学华文学院承办的"华文教育·华文教师证书"研习班开学典礼在华文学院举行。暨南大学华文学院院长邵宜和来自世界各地的148名华文教师，以及部分授课教师出席了此次典礼。

邵宜教授结合目前华文学院的科研项目和工作重点以及目前海外华文教师教学的现状，向老师们阐释了《华文教师证书》的研发意义，即推广华文教学，提升师资队伍，发展华文教育事业。华文学院蔡丽老师就《华文教师证书》考试向证书班的学员做了简明扼要的介绍。

培训期间，国务院侨务办公室文化司副司长汤翠英一行专程莅临暨南大学华文学院，与来自不同国家的教师代表召开了座谈会。座谈会上，汤翠英副司长向老师们具体介绍了国务院侨务办公室正在开展的各项华文教育项目，包括研发网上课程和相关的题库等，并表示国务院侨务办公室已提早做好全年教师培训计划，及时面向海外发布，以方便老师们安排自己的参训行程。此外，国务院侨务办公室还计划设立公众微信号及时发布消息，教师们也可以在相关网站平台（如中国华文教育网、微信群）发表自己掌握的华文教育信息和从事华文教育工作的实践体会。教师们也对本次培训的课程设置、培训方式以及证书考试提出了意见和建议。

3.《华文教师证书》培训承办单位培训班在暨南大学开班

2015年5月16日至18日,由国务院侨务办公室文化司主办的"《华文教师证书》培训承办单位教学负责人培训班"在暨南大学举行。国务院侨务办公室文化司副司长汤翠英、暨南大学副校长林如鹏、暨南大学华文学院院长邵宜出席并致辞。来自全国16所高校及华文教育基地院校的40名相关领导及教学骨干参加了此次培训。

国务院侨务办公室文化司副司长汤翠英在开幕式上致辞,她介绍了《华文教师证书》的出台背景和必要性,并要求培训班须根据"培训、考核、认证"三位一体的思路对各单位的教学负责人进行系统培训,规范各项程序,提高讲学质量。

培训期间,项目组专家围绕《华文教师职业能力认证方案》《华文教师证书》培训、考试、认证操作流程,《华文教师证书》考试培训工作细则,测评大纲、试卷分析及讲学内容体系设计等几个方面进行讲解,并为参训人员介绍《华文教师证书》项目研发及题库建设情况,解读《华文教师职业能力认证方案》的五大主体内容,华文教师分级培训课程体系以及《华文教师证书》各考试科目的测评要点、命题类型和特点,让参训人员对"培训—考核—认证"三位一体的师资培养思路有全面的认识,对《华文教师证书》颁行的总体设计有深入了解。

4. 暨南大学举办《华文教师证书》考试题库命题员培训班

2015年6月17日至18日,来自国内19所高校及华文教育基地学校的30多名领导、命题教师齐聚暨南大学华文学院,参加由国务院侨务办公室文化司主办的《华文教师证书》考试命题员培训班。

在为期2天的培训工作中,学员们研修《华文教师证书》题库建设及命题原则和方法,《华文教师证书》题库平台功能介绍,以及考试、考查科目的测试大纲、命题与试卷分析等科目,并对题库建设和试题命制的相关问题进行了深入的研讨。

5.《华文教师证书》培训班老挝开班

2015年8月,由中国海外交流协会主办、四川省海外交流协会承办的2015年《华文教师证书》培训班开班典礼在老挝沙湾拿吉省崇德学校举行。

老挝沙湾拿吉中华理事会理事长李开明、老挝沙湾拿吉崇德学校董事会董事长马励娟、沙湾拿吉崇德学校校长李焕诚等领导与授课教师以及来自老挝全国各地的华文学校教师40余人出席了开班典礼。

此次培训班主要为老挝当地华校教师及学生讲授"中国文化概论""汉语基础知

识""汉语教学法"等课程，并同当地教师进行中国优秀传统文化、巴蜀文化的交流和讨论。同时，借助与海外侨胞的深度交流，开展了一系列侨情和有关海外华文教育工作的调研。

6. "华文教育·华文教师证书"暨南大学研习班开学

2015年10月11日，由国务院侨务办公室、中国海外交流协会主办，暨南大学华文学院承办的2015年"华文教育·华文教师证书班"开学典礼在暨南大学华文学院隆重举行。暨南大学华文学院副院长曾毅平等领导及全体学员共同出席典礼。

在此次培训中，来自27个国家的87名一线华文教学学习各项专业课程，并赴广州、深圳、佛山等进行文化考察，感受岭南文化的魅力。

培训班于2015年10月26日举行了结业典礼。

7. 泰南《华文教师证书》培训班在合艾国光中学举办

2015年10月17日，由国务院侨务办公室文化司主办，泰南华文民校联谊会协办的泰南《华文教师证书》培训班在泰国合艾国光中学隆重举行开班仪式。会议由陶华教育慈善中学中文校长蔡咏华主持，国光中学校长、讲师团全体教师及全泰南参加培训的华校老师60余人出席开班仪式。

此次培训教授"汉语知识与能力""汉语教学理论与方法"与"中国文化专题"3门课程，并在最后2天进行考试。

2015年10月22日，培训圆满落幕。中国驻宋卡领事馆总领事张晋雄、国光中学校董方志雄等领导出席结业典礼并致辞，学员100多人参加结业典礼。

8. 泰国东部《华文教师证书》培训班在春府结业

2015年10月25日，由国务院侨务办公室文化司、泰国华文民校协会主办，泰国东部华文民校联谊会协办，春府大众学校承办的泰国东部《华文教师证书》培训班在春府大众学校举行结业典礼。泰华文民校协会梁冰主席以及东部各华校校长与参加培训的老师共计100人参加了结业典礼。

在结业典礼上，春府大众学校校董会吴椿桦副主席等领导代表此次培训的承办单位分别致辞并向陕西师范大学刘珺教授等赠送了纪念品，梁冰主席为参加培训的老师颁发了结业证书并致辞。

此次培训自10月19日开始，分"汉语基础知识""汉语教学理论与方法"和"中华文化专题"3门课程，合计共42课时，历时7天。培训结束后，学员参加了"华文知识与能力"和"华文教学及中华文化"两个科目的考试。

9. 首期菲律宾《华文教师证书》培训班开班

2015年11月15日，由中国海外交流协会主办、福建省海外交流协会承办、菲律宾华教中心协办的菲律宾首期《华文教师证书》培训班在菲律宾侨中学院开班。菲律宾华教中心常务副主席黄端铭、侨中学院副院长蔡艺术、福建省海外交流协会讲学团李雪华一行4人，以及来自24所华校的近百名教师参加了开班仪式。

此次培训班为期7天，开设"汉语教学理论与方法""中华文化专题""汉语基础知识"3门课程，由来自福建师范大学的老师主讲，课程结束后进行书面考试和教学实践考查，成绩合格者颁发相应等级《华文教师证书》。

2015年11月22日，经过7天的培训，菲律宾首期"华文教师证书"培训班在菲律宾侨中学院举行了考试，并在考试结束后举行了结业典礼。

10. 国务院侨务办公室"华文教育·华文教师证书"武汉班开班

2015年12月2日，由国务院侨务办公室主办，华中师范大学国际文化交流学院、华中师范大学华文教育基地承办，湖北省外事侨务办公室协办的"2015华文教育·华文教师证书"武汉班在华中师范大学开班。湖北省外事侨务办公室副主任冯细国、华中师范大学副校长李向农等领导及来自泰国、韩国、马来西亚等教师出席并讲话。

此次培训班为期16天，以华文教育为主题，并结合语言课程和文化体验进行培训。来自泰国、马来西亚、日本、韩国和澳大利亚等多个国家的85名海外华文教师参加了培训。

11.《华文教师证书》培训团赴意大利进行培训与测试工作

2015年12月7日至15日，由国务院侨务办公室主办、暨南大学华文学院承办的《华文教师证书》培训与测试在意大利举行。国务院侨务办公室文化司汤翠英副司长带领来自暨南大学的讲学团，分别在罗马、普拉托、米兰、帕多瓦四地进行培训和考试。

讲学团在罗马中华语言学校、普拉托华侨华人联谊会中文学校、帕多瓦中意国际学校、米兰华侨中文学校的协助下组织培训和考试。来自拉齐奥、托斯卡纳、威尼托、伦巴第等大区22所中文学校的150多位华文教师接受培训并参加考试。

讲学团分罗马、普拉托，米兰、帕多瓦两个小组开展工作。根据《华文教师证书测评大纲》内容设置了"华文知识与能力""华语教学理论与方法"和"中国文化专题"三门培训课程，培训后对学员进行了"华文知识与能力""华文教学及中华文化"两个科目的测试和"华文教学实践"科目的考查。

国务院侨务办公室文化司汤翠英副司长和谢国桥先生先后参加了四个教学点的开班仪式或结业典礼，并进入课堂听课、巡视考场、参观中文学校。

12. "华文教育·教师研习"华文教师证书班暨马来西亚华文独中商科教师研习班在青岛开班

2015年12月11日，由国务院侨务办公室、中国海外交流协会主办，青岛大学承办，青岛市侨务办公室、青岛华文科技专修学院协办的2015年国务院侨务办公室"华文教育·教师研习"华文教师证书班暨马来西亚华文独中商科教师研习班开班仪式在青岛大学图书馆学术报告厅举行。国务院侨务办公室文化司王匡廷副处长和青岛市侨务办公室副主任李作瑞等领导参加了开班仪式。来自多个国家的88位现职华文教师在青岛大学参加为期18天的培训。

与此同时，由国务院侨务办公室主办的2015年国务院侨务办公室"华文教育·华文教师证书班"暨马来西亚华文独中商科教师研习班也在青岛大学开班。此次培训班共有来自亚洲、欧洲、大洋洲、北美洲四大洲共10多个国家和地区的121名华文教师参加培训学习。

培训期间，来自国家和地区的华文教师对相关语言课程和文化体验等常规华文培训进行了学习，并走进了青岛的学校进行教学观摩及交流。

13.《华文教师证书》培训班在印度尼西亚楠榜开班

2015年12月19日，由中国海外交流协会主办、广东省海外交流协会承办、华南师范大学国际文化学院协办的《华文教师证书》培训班在印度尼西亚楠榜福建会馆隆重开班，培训团一行4人及印度尼西亚全国华文教育协调机构联合秘书处、楠榜华文教育协调机构、楠榜当地华教界部分代表和全体学员共80余人参加了开班仪式。

此次培训团由广东省海外交流协会文化教育部相关人员带队，由华南师范大学国际文化学院选派专家组成，分别承担相关课程的教学和考试任务。参加此次培训班的57名学员，大多是当地三语国民学校、教会学校或汉语补习班的华文老师。此次培训旨在提高当地华文教师的中华文化素养和汉语教学的水平，并推广中国海外交流协会华文教师证书项目。

2015年12月23日，《华文教师证书》培训班在印度尼西亚楠榜顺利结业，并分别于25日、26日进行了三场考试。

14. 印度尼西亚《华文教师证书》培训班在文桥三语学校开班

2015年12月19日，印度尼西亚《华文教师证书》培训班在印度尼西亚登巴萨市的文桥三语学校举行开学典礼。中国驻登巴萨总领事馆刘士杰副总领事等领导,来自福建师范大学负责讲学的3位教师,文桥三语学校的老师们及参加培训的全体学员参加了开学典礼。

此次"华文教师证书"培训班由中国海外交流协会主办,福建省海外交流协会、印度尼西亚全国华文教育协调机构联合秘书处以及印度尼西亚文桥三语学校共同承办,为期10天,共有47名印度尼西亚华文教师参加培训。负责讲学的教师来自福建师范大学海外教育学院,并分别为学员讲授"汉语基础知识""汉语教学理论与方法""中华文化专题"等相关课程。课程结束后进行书面考试和教学实践考查,成绩合格者颁发相应等级《华文教师证书》。

2015年12月26日,培训班在印度尼西亚文桥三语学校举行结业典礼。印度尼西亚巴厘省华文教育统筹机构黄建辉主席、来自福建师范大学负责讲学的3位教师、印度尼西亚文桥三语学校的教师及参加培训的学员们参加了结业典礼。

七　华教资源建设

1.《华文》（初中柬埔寨版）专家审稿会举行

2015年1月7日，由暨南大学华文学院/华文教育研究院华文教材研发中心编写的《华文》（初中柬埔寨版）专家审稿会在广州召开。北京语言大学教授王建勤、厦门大学教授苏新春、华南师范大学教授王葆华以及柬华理事总会委派的崇正学校教务主任高文胜、端华学校教务主任姜福生等担任审稿专家，就教材编写、发行的各项工作进行评阅。国务院侨务办公室文化司司长雷振刚、华文教育发展中心副主任邱立国等出席指导会，广泛听取了专家的意见和建议。暨南大学出版社社长徐义雄带领出版团队也参加了会议，与教材编写组商议教材装帧、出版事宜。审稿会由教材总主编、华文学院院长邵宜主持。

专家组充分肯定和高度评价了教材编写工作，认为该套教材在总体框架设计、选文、教参、练习册编写方面适合柬埔寨华校师生的实际情况，充分体现了国别化、本土化的特点，在词表设计、单元主题汉字提炼与呈现等方面具有创新性，能较好地引导学生培养自主学习的习惯与能力，符合柬埔寨华文教育界和学生的实际需求，已具备出版发行条件。

2. 马来西亚华人公会将出版华人历史参考书

2015年1月19日，马华中委会议决由马华属下的华人教育基金会出资120万令吉，出版约30万本华校小学生必读的马来西亚华人历史参考书，参考书预计在2015年下半年出版。

该历史参考书将由历史老师及历史学家负责撰写及编辑，适合小学4年级至6年级的学生阅读。该套书将以参考书的形式出版，目的是弥补课本的不足，让学生能够更了解马来西亚华人历史。

3. 新加坡职总优儿学府启用新品格教育课程

2015年3月，新加坡新品格教育课程在职总优儿学府旗下的120所幼乐园（My First School）托儿所正式推出，超过7000名4岁至6岁的孩子在原有英文和华文课程以外，开始学习这套以华语授课的新课程。设计这套课程的是职总优儿学府华文课程策划主管林美莲博士。她说，课程要以母语授课主要是因为文化和价值观是母语教学的重要部分。

新品格教育课程着重灌输孩子负责任、诚实、尊重和关怀四个价值观，每个学期以一个价值观为主，主要是让孩子们在日常活动中身体力行，培养良好的行为习惯。

4.《会通汉语》系列对外汉语教材出版

《会通汉语》系列汉语教材由南开大学汉语言文化学院编写，人民教育出版社于2015年5月10日出版，全套共12册，是国内首部将对外汉语教学听、说、读、写完全紧密衔接的教材，课程分读写与听说两大类型，以读写为主，将主题式的情景功能与句型的应用功能结合，以学习者可以用汉语进行交际为最终目标。

《会通汉语》系列教材适用范围广泛，受众涵盖第二语言为汉语的本科生、研究生及长短期进修生。区别于传统语言教材以"高中低"划分级别，按照词汇量、语言点难度分出了不同的水平层次，学习者可根据实际水平自由选择相应级别的教材。它将汉语言与汉文化融为一体，提供大量的生活情景，涉及广泛的社会领域，既是汉语言的学习材料，也是学习了解当代中国社会、生活、理念、习俗的文化材料。

5. 南洋理工大学孔子学院推出两套华文辅助教材编写计划

2015年7月28日，新加坡南洋理工大学孔子学院举办"耕耘十载·继往开来"十周年庆典晚宴，正式推出两项教材编写计划。其中，《状元学堂·乐思华文》主要适用于小学生，由新加坡南洋理工大学孔子学院和教育出版商圣智学习（Cengage Learning）合作推出；另一项编写计划则主要为学前孩童撰写华文教材，由新加坡南洋理工大学孔子学院和山东师范大学协作编写。

6. 北京华文学院"华文教学实态资源库"获新进展

2015年10月，北京华文学院"华文教学资源实态库"项目组召开第六次讨论会，就"实态资源库"的整体框架、建设流程等达成共识，标志着该项目取得阶段性进展。

"华文教学实态资源库"项目于2014年9月正式启动，为海内外华文教师提供生动的华文教学课堂观摩样本，同时为华文教学研究储备海量的研究素材和宝贵的研究资料，此举将使广大华文教师受益，并进一步丰富和拓宽华文教学研究的对象和领域。

目前，"资源库"以教学实态视频为主体，规模涵盖19个班的教学实录文件，课型涉及语言类、专业类及文化类共计15种，未来将在此基础上建设华文教学音频语料库、文本语料库等。教学对象均为华文教育专业本科班学生。

7.《意大利华文教育研究》一书将出意大利文版

2015年11月4日，温州大学华文教育研究所与意大利协助发展中国家协会在温州大学签署合作协议，授权意大利协助发展中国家协会将专著《意大利华文教育研究——以旅意温州人创办的华文学校为例》翻译成意大利文出版发行，为意大利读者提供一扇了解意大利华文教育的窗口。

《意大利华文教育研究——以旅意温州人创办的华文学校为例》以意大利温籍侨胞创办的意大利佛罗伦萨中文学校、米兰华侨中文学校等6所华文学校作为研究案例，运用多元文化视角，深化了意大利华文教育学术研究，为侨务部门促进意大利华文教育发展及政策扶持提供了相应的理论依据，具有一定的理论意义和现实意义。

第四部分

世界华文教育
学术动态

一　华教学术会议

1. 第七届世界华语文教学研究生论坛在湖南师范大学举行

2015年1月25日至26日，由湖南师范大学和台湾世界华语文教育学会联合主办的第七届世界华语文教学研究生论坛在湖南师范大学举办。来自中国大陆、中国台湾、中国香港以及美国、泰国、越南等30余所高校的专家学者和研究生共150多人参加此次活动。会议收到论文150余篇，并遴选出25篇优秀论文在大会上发表。

此次论坛的主题是"多元文化视野下的华语文教学及中华文化传播研究"，讨论议题包括"华语本体研究""华语教学研究""华语数位辅助教学研究"和"华语文化及其传播研究"等多个方面，特邀湖南师范大学蒋洪新教授、台湾中央大学讲座教授暨认知神经科学研究所所长洪兰教授、香港中文大学中国语言研习所所长吴伟平教授等9位华文教学研究领域的专家学者作专题演讲。

世界华语文教学研究生论坛发起于2007年，旨在为世界各地华语文教学领域的研究生提供一个发表、讨论与交换研究成果的平台，通过交流讨论，提升研究生研究华语文教学的学术能力，增进相互间的学术与文化交流。自2008年以来，该论坛已先后在暨南大学、高雄师范大学、上海师范大学、中原大学、华侨大学、台中教育大学举办了六届。

2. 第四届华语文教育与侨民教育研究生学术研讨会在中原大学举行

2015年3月6日，第四届华语文教育与侨民教育研究生学术研讨会在中原大学举行。此次研讨会共分四场，分别由赖明德教授、刘德馨助理教授、方丽娜教授、蔡雅薰教授任主持。

来自台湾中原大学、政治大学、中国文化大学和大陆的四川大学等高校共计17位研究生作论文报告，报告涉及"华文教育现状调查""汉字教学研究""汉语语法研究""汉语词汇教学研究""教材编写研究"和"华文教育现代教育技术应用"等主题，每位报告人均得到夏诚华教授、江惜美教授、彭妮丝副教授、欧德芬副教授和萧惠贞副教授等学者的点评。

3. 汉语国际教育专业硕士课程设置与教材使用研讨会召开

2015年4月26日，由外语教学与研究出版社主办的汉语国际教育专业硕士课程设置与教材使用研讨会第一场在北京外国语大学召开；2015年5月15日，第二场由外语教学与研究出版社、华东师范大学对外汉语学院与华东师范大学国际汉语教师研究基地联合主办，在华东师范大学举行。此次研讨会邀请了包括北京语言大学赵金铭教授、毛悦教授，北京大学赵杨教授、赵长征副教授，复旦大学吴中伟教授，华东师范大学叶军教授，南开大学祖晓梅教授等在内的100余名专家学者以及一线骨干教师参加，围绕"汉语国际教育专业硕士课程设置以及如何创新使用教材"这一主题进行专题发言和讨论。

会上，赵金铭教授、吴中伟教授、毛悦教授、赵杨教授和赵长征副教授等分别就"学科建设""汉语技能教学""汉语要素教学""跨文化交际""第二语言习得""中华文化传播"和"国际汉语教育案例分析"作了专场发言。北京大学、复旦大学和北京语言大学的代表各自介绍了本校汉语国际教育硕士课程设置情况及办学特点。赵金铭教授做了题为《汉语国际教育硕士专业学位课程与教材研究》的主旨发言，对目前该学科建设过程中的问题进行了梳理并提出针对性的解决建议。作为外研社"汉语国际教育硕士系列教材"的总主编，赵金铭教授还对这套教材的编写理念和编写思路及特点作了整体介绍。

此外，中央民族大学、中国人民大学、复旦大学、北京大学和北京语言大学的代表介绍了各自学校汉语国际教育硕士课程的设置情况及办学特色。各校教师就教学实践中的现实问题进行了交流和学习。会议期间，外研社举办了汉语国际教学资源展。

4. 第十三届纽约国际汉语教学研讨会在美国佩斯大学召开

2015年5月2日，第十三届纽约国际汉语教学研讨会在位于纽约曼哈顿下城的佩斯大学召开。此次会议由大纽约地区中文教师学会、佩斯大学孔子学院和南京大学联合主办。来自美国、中国、英国、匈牙利等地的近240名专家学者出席。

大会共分4场，每场设6个分会场。专家学者们主要就"语料库建设""对外汉语教学研究""语言本体研究""教学方法和教学理论""国际汉语标准""跨文化交际""教材编写研究"和"网上资源的开发和应用"等主题进行了热烈的讨论。康奈尔大学的李玉芬、南京大学海外教育学院的程爱民、南京师范大学国际文化教育学院的段业辉、哈弗福德学院和布林莫尔学院的张长春、里士满大学的张新生、密歇根大学的博达伟、纽约大学的何柔彬等专家分别主持了小组讨论并做了主题发言。大会共有97位专家学者，做了79个主题发言。各位专家学者深入探讨，提供了世界各地汉语教学的最新动态和研究方向。

5. 第五届东亚汉语教学研究生论坛在香港教育学院举行

2015年5月8日，第五届东亚汉语教学研究生论坛在香港教育学院举行。此次论坛由香港教育学院主办，约有150位来自东南亚地区的近30所大学从事汉语研究的师生参加。

吴勇毅教授与阮黄英教授应邀在论坛开幕仪式上作专题报告，会议期间孟柱亿教授与孙金金教授作第二场专题演讲。论坛围绕"汉语作为第二语言教学""汉语作为第二语言习得""汉外语言文化对比""语言文化"和"汉语作为第二语言的课堂教学与教材编写"五个主题，进行六场报告，施仲谋教授、孟柱亿教授、吴勇毅教授、朱庆之教授、刘元满教授等知名学者对报告予以点评。

东亚汉语教学研究生论坛已成功举办四届，旨在增进东亚地区汉语教学领域的学术交流，为各地相关领域研究生提供发表论文、讨论与交流研究成果的平台。

6. 第五届开创华语文教育与侨民教育之新视野国际学术研讨会在中原大学召开

2015年5月8日，第五届"开创华语文教育与侨民教育之新视野国际学术研讨会"在中原大学举行。此次研讨会邀请陈振宇教授、刘珣教授和邓守信教授分别以"服务产业概念下的华语文教学：新思维与新策略""华语文教学的特点和教学理念"和"论华语教材编写的一些重要理论"为题作专题演讲。16位学者发表演讲并得到点评。此次研讨会还设华语实务工作坊，台湾大学陈立元和文化大学赵彦分别作《语法教学的全新思维与操作模式——以〈当代中文课程〉为例》和《华语语音教学：声调与节奏》演讲。

7. 高科技时代的对外汉语教学及服务研讨会召开

2015年5月9日至24日，高科技时代的对外汉语教学及服务研讨会召开。此次研讨会共有4场，由北京大学出版社、唐风汉语教育科技有限公司分别与复旦大学国际文化交流学院、南京师范大学国际文化教育学院、中山大学国际汉语学院联合主办，在北京大学、复旦大学、南京师范大学和中山大学举行。会上，北京大学对外汉语教育学院徐晶凝教授做了题为《慕课：第二语言教学的挑战与机遇》的演讲，介绍了"慕课"（MOOC，Massive Open Online Course）在汉语教学中的应用情况，讨论了学习者反馈对语言慕课教师的意义，探讨了语言慕课的困境与机遇。徐晶凝认为，要扩大中国高校汉语教学在全球汉语教育领域的影响力，慕课是必须利用的一个平台。

北京大学出版社王飙编审做了题为《锻造经典——博雅对外汉语精品教材的品牌与服务》的报告，分析了目前对外汉语图书出版形势。他还阐述了北京大学出版社的策略：一是由博返约，确立精品路线，如《博雅汉语》、北大版新一代对外汉语教材·口语教程系列；二是兼容并包，延揽优秀教材，如《汉语会话301句》《汉语口语速成》；三是重点打造，形成专题优势，如《汉字速成课本》《读报纸学中文》等。北京大学出版社宋立文副编审做了题为《报刊课教学法简介与教材分析》的演讲，介绍报刊课的教学定位、报刊课教学的基本原则及具体教学过程等内容。

李秀梅以"云移大物联时代的汉语教学服务"为主题，重点介绍了汉语国际教育云平台、"四合一"的智慧教学系统、移动学习软件《中文+》。

8. 第八届北京地区对外汉语教学研究生学术论坛在北京大学召开

2015年5月16日，第八届北京地区对外汉语教学研究生学术论坛在北京大学对外汉语教育学院举办。此次论坛由北京大学对外汉语教育学院主办。

此次论坛以"新媒体时代下的对外汉语教学研究"为主题，围绕"汉语国际教育专业及对外汉语教学学科发展研究""国际汉语教师发展及教师技能研究""对外汉语教材研究""二语教学背景下的汉语本体研究""中华文化传播与跨文化交际研究""二语习得与测试研究"和"跨学科或综合类研究"等七个议题展开研讨。

会上，北京师范大学汉语文化学院院长朱瑞平教授做题为《全球化背景下的中华文化传承与传播》的专题讲座，结合时代背景与国际形势对文化的传承传播提出了独到的见解。王添淼副教授做题为《国际汉语教师专业发展的理念与路径》的专题讲座，对教师发展这一学科的热点进行了详尽明晰的介绍。北京外国语大学硕士生曹丽梦报告论文《对外汉语语法教学中的形式聚焦研究》，北京大学博士生张未然报告论文《基于语料库的汉语词法能产性量化研究——以"儿、子、性、化、家"的派生为例》，引起现场的热烈讨论，得到专家的点评。

此次研讨会设9个分论坛，来自18所高校的71名与会代表分为9组宣读论文，报告后由对外汉语教育学院的资深教师参与讨论并加以点评。此次论坛的论文选题涉及范围广、论述视角新，既有对汉语本体、二语习得理论与测试的深入细致探讨，也有对学科建设、教学实践、教师发展与技能、跨文化交际以及跨学科研究等问题的反思与展望，充分体现出对外汉语教学界研究生们的学术潜力和学术素养。

9. 第一届语言学与汉语教学国际论坛在美国加州大学戴维斯分校举行

2015年5月9至10日，第一届语言学与汉语教学国际论坛在美国加州大学戴维斯分校举行。此次论坛由加州大学戴维斯分校和哥伦比亚大学联合主办。来自美国、中国大陆台港澳及其他国家和地区的上百名专家、学者、教师、研究生参加了论坛。论坛主题为"不同理论框架下的汉语语言学研究成果在汉语教学中的转化与应用"。陆俭明、周质平、徐杰、孙朝奋、冯胜利、赵杨、马真、刘乐宁、周小兵、孙德金、吴伟平、井茁、朱永平、储诚志等语言学与汉语教学知名学者先后作大会报告。

此届论坛共收到论文提要258篇，通过匿名评审选出74篇接受为论坛报告，其中14篇为大会报告。论坛设有4组大会报告及12组分组报告，并设一个全体参与、互动对话的圆桌讨论，交流其他入选论文，共同检视语言学与汉语教学关系的现状。

语言学与汉语教学国际论坛是一个旨在提倡以坚实的语言学研究为基础促进与提升汉语二语教学的学术年会。论坛由来自普林斯顿大学等8所海内外高水平院校的有关同仁共同发起并轮流组织，自2015年起在美国、香港和北京轮流举行。此届论坛的报告论文将结集出版。论文选将编辑为《语言学与汉语教学（Linguistics in Chinese Education）》第一卷，由北京语言大学出版社出版。

10. 2015年第四届汉语国别化教材国际研讨会在重庆大学举行

2015年5月23日至24日，第四届汉语国别化教材国际研讨会在重庆大学举行。此次研讨会由厦门大学、重庆大学、意大利米兰国立大学联合主办。来自美国、英国、意大利、日本、哥伦比亚、中国等12个国家的250多名师生参加。

此届研讨会围绕"汉语国别化教材"展开讨论，旨在促进对外汉语教材的研究，加快汉语国别化教材的建设和相关教学法的创新，满足各国汉语国际教育师生的迫切需求。美国哥伦比亚大学刘乐宁教授、意大利米兰国立大学兰珊德教授、中国人民大学李泉教授、中山大学周小兵教授、北京语言大学张博教授、厦门大学李如龙教授、厦门大学郑通涛教授、重庆大学龙藜副教授等8位国内外知名学者作大会主题发言。

分会场报告设有8个专题："汉语特征与对外汉语教学""汉语特征与国别化教材""汉语本体研究""特定群体汉语教材编写""对外汉语教材通论""对外汉语教材中的文化问题""教学法与课程设置"和"信息技术与对外汉语教材编写"。

11. 第十三届英国汉语教学研究会年会在牛津大学举行

2015年7月8日，第十三届英国汉语教学研究会年会在牛津大学召开。此次会议由英国汉语教学研究会（BCLTS）主办，牛津大学中国中心承办。研讨会为期3

天，主题为"国际汉语教学的历史、现状与展望"。

来自中国大陆、中国台湾、英国、爱尔兰、丹麦、比利时、奥地利、意大利、加拿大、马来西亚、韩国、日本和文莱等十几个国家和地区的高等教育及教学研究机构的180多位教师和学者参加会议，围绕高校汉语教师如何提高汉语作为第二语言的教学水平和科研能力，进行了深入的探讨与交流。

英国汉语教学研究会1997年成立于牛津大学，隶属于英国汉学学会，是英国大学汉语教师的非营利性学术组织，主要职能是帮助英国高校汉语教师提高汉语作为第二语言的教学水平和科研能力，为全球范围的高校汉语教师提供了信息交流机会和经验分享平台。研究会现有80多名会员，分别来自英国30余所开设汉语课程的大学。研究会迄今已成功举办了12届高校汉语教学国际研讨会。

12. "第六届汉字与汉字教育国际研讨会"在浙江外国语学院举行

2015年7月8日至10日，"第六届汉字与汉字教育国际研讨会"在杭州浙江外国语学院芳草园宾馆举行。鉴于汉字元素在不同亚洲民族语系中的独特地位（韩国人学韩文汉字，日本人学日文汉字，中国内地及新加坡的华人学简体汉字，香港及台湾人士学繁体汉字的现状），此次研讨会旨在为亚洲各国学者、研究员和教师提供交流的平台，促使他们就本土语系的汉字教学及汉字研究进行讨论交流、协作研究。

研讨会以汉字教育和汉字研究为主题，对汉字教育理念、汉字教育材料、汉字教育方法、汉字教育技术、文言文教育以及汉字史、汉字学史、汉字基础理论、汉字考释与整理等相关议题展开细致讨论。

13. 第十三届国际汉语教学学术研讨会在内蒙古大学举办

2015年7月9日，第十三届国际汉语教学学术研讨会在内蒙古大学举办。会议由内蒙古大学与美国佛蒙特大学联合主办，内蒙古大学承办，美国夏威夷大学、罗德岛大学、纽约城市大学、耶鲁大学的专家学者参与协办。

内蒙古自治区教育厅副厅长张亚民，第十三届国际汉语教学学术研讨会组委会外方主席、美国佛蒙特大学亚洲语言文学系主任印京华，第十三届国际汉语教学学术研讨会组委会中方主席、内蒙古大学副校长额尔很巴雅尔，第十三届国际汉语教学学术研讨会组委会外方副主席、美国佛蒙特大学汉语教授王觉非，第十三届国际汉语教学学术研讨会组委会中方副主席以及国际汉语教学领域的知名学者出席。

学者们围绕"国际汉语教学与中华文化"这一主题进行大会发言和学术报告。报告涉及语言教学中文化教学的内容与方法、语言教学中跨文化交际问题的研究与处理、国际汉语教师跨文化交际能力的培养、留华学生文化适应问题的研究与处理、汉语教材中文化教学内容的编排与处理、现代教育技术在语言及文化教学中的应用、短期与长期留华项目的管理 7 个主题。

14. 汉语中介语口语语料库建设与应用国际研讨会在南京大学举行

2015 年 7 月 10 日，首届汉语中介语口语语料库建设与应用国际研讨会在南京大学举行。此次研讨会由南京大学、北京语言大学、美国莱斯大学联合主办。60 多名来自海内外的学者、教师和研究生参加了此次会议。

会议开幕式上，北京语言大学张旺熹教授回顾了汉语中介语口语语料库的建设与发展历程，认为语料库在对外汉语教学与研究中发挥了重要作用，同时也指出了汉语中介语口语语料库建设中存在的诸多不足之处。他表示，此次会议将很好地实现会议宗旨，取得广泛而重要的学术共识，并在今后的语料库建设与应用研究中起到巨大的推动作用。

在大会报告环节，北京语言大学语言科学院张宝林教授作了题为《汉语中介语口语语料库建设方略》的大会报告。他首先阐述了汉语中介语口语语料库建设的重要性、紧迫性和现实性，然后从口语语料库的特点与建设原则，语料的转写与标注，语料的检索与呈现等方面深入探讨了汉语中介语口语语料库的建设问题。他特别强调，口语语料库建设涉及声音、文字，乃至图像，是一项多媒体建设工程。与此相适应，音像设备、高新技术的运用是口语语料库建设的显著特征，特别是语音识别技术和多媒体转写与标注工具的使用将极大地丰富建库手段，给建库工作带来极大的方便，甚至促进建库整体设计思路和建设方式的改变。莱斯大学 Salaberry 教授、南京大学曹贤文教授、厦门大学郑通涛教授、华东师范大学吴勇毅教授、同济大学刘运同教授也分别作了大会报告。上海师范大学曹秀玲教授、复旦大学吴中伟教授、华东师范大学叶军教授、南京师范大学钱玉莲教授、美国莱斯大学语言中心副主任叶萌教授等也出席了会议并发言。

在闭幕式上，北京语言大学张宝林教授代表主办方作大会总结。他以"特色鲜明，成果丰硕"八个字为此次会议作了简明概括。他认为此次会议主题明确、集中、单纯，代表们交流充分，讨论热烈，直截了当的学术表达方式特别值得提倡。他指出代表们对汉语中介语口语语料库建设的研究呈现出三个趋势：目的明确，强调口语语料库建设为教学服务；应用导向，专用型口语语料库建设更加细化，更加丰富；建设手段高科技化，例如语音识别技术、云语音平台、ELAN 软件的使用等。

15. 第五届国际汉语教师培养论坛在北京举行

2015 年 7 月 16 日，第五届国际汉语教师培养论坛在北京举行。此次论坛由国家开放大学主办。本届论坛以"精细化培养"为主题,来自中国大陆、中国香港、中国台湾以及英国、美国、澳大利亚、新西兰、马来西亚、新加坡、越南等海内外教育机构、高等院校的专家、教师、研究生等100余人出席,共同探讨国际汉语教学问题。

本届论坛沿着"汉语国际教育可持续发展研究""国际汉语教师培养研究""汉语国际教育对象研究"和"国际汉语教师职业发展与能力评估"四个分主题进行深入研讨。

此次论坛从不同区域、多个领域邀请专家学者作相关的大会主题报告。来自越南河内国家大学的阮黄英教授针对越南汉语教学日益扩大的情况下越南汉语教师存在的不足,对培训内容和培训方式提出了建议,以保障越南汉语教学的可持续发展;暨南大学郭熙教授则以"中文教学多样性的再认识"为题,重新梳理了中文教学的类型,论述了海外中文教学在学制、模式、对象、需求、师资以及教学方法等方面存在的多样性,从而提出海外中文教学多样性的应对方法。

本届论坛反映出当今全球汉语国际教育发展的几个态势:一是汉语国际教育正在朝着稳固根基、扎实推进,向纵深发展;二是国际汉语教师培养正在朝着"精细化培养"发展;三是对于国际汉语教师培养问题的研究正在越来越深入、精细。

16. 2015年中国语言文学研究暨汉语教学国际学术研讨会在兰州召开

2015年7月19日至20日,中国语言文学研究暨汉语教学国际研讨会在兰州召开。此次研讨会由韩国中国语文学研究会、西北师范大学、韩国中国语教育学会、韩国延世大学孔子学院主办。

研讨会主题为"基于交际与交流的文学、语言和历史、文化探讨"。来自中国、韩国、泰国、美国等国家的100余位专家学者参加了会议,与会专家围绕"中国语言研究的理论探讨""中国文学、历史、文化研究的理论建构与研究方法""汉语教学研究的理论探索与具体方法"等分议题展开研讨。

17. 语言与语言教育国际研讨会在成都召开

2015年8月23日,语言与语言教育国际学术研讨会在成都召开。本次研讨会由西南交通大学外国语学院与美国哥伦比亚大学联合举办。来自美国哥伦比亚大学的斯皮瓦克教授、普林斯顿大学的周质平教授、斯坦福大学的孙朝奋教授、香港中文大学的冯胜利教授、四川大学的曹顺庆教授、清华大学的陈永国教授、厦门理工学院的张跃军教授、西南交通大学的史迹教授等著名专家学者参加了此次研讨会。与会学者就"汉语国际教育的现状与前景""语言学研究与语言教育的关系"和"文学与语言教育的关系"等议题进行深入探讨。

18. 第四届"华文作为第二语言之教与学"国际研讨会在新加坡义安理工学院举办

2015年9月9日，第四届"华文作为第二语言之教与学"国际研讨会在新加坡义安理工学院会议中心举行。本届研讨会由新加坡华文教研中心主办，义安理工学院人文学院中文系、新加坡国立教育学院及新跃大学人文与社会科学学院联办，并由新加坡华文教师总会和新加坡中学华文教师会协办。来自德国柏林自由大学的顾安达博士、剑桥大学的袁博平博士、中国台湾师范大学的信世昌教授、香港中文大学的叶彩燕教授，以及新加坡华文教研中心的苏启祯博士等海内外17个国家近1000名学者和教师出席，共发表论文209篇。

研讨会开设了主题演讲及教师子会议，同步进行分场报告，以顺应不同背景与会者的交流需要。同时增设了六场大学专场报告及五场行动研究专场。顾安达博士认为欧洲的语言环境都是以字母书写，华文字的复杂性往往被低估，采用学习者母语来介绍汉字的方法可以提升成人的识字能力。顾安达认为，有了拼音的帮助，理论上学习者的华语会话可以达到中等水准。但他相信，如果"说"这方面要达到中上水准，不学习汉字是不可能的，因为较高程度需要更复杂的专业知识。信世昌教授认为，在语言的听说读写四种技能中，最适合应用数码教学的当属听力教学，希望能推广听力广度的教学概念。叶彩燕教授着重探讨，与单语儿童比较，双语儿童面临的挑战以及语言输入的质与量如何影响双语儿童的早期发展。袁博平博士从一项华语为"二语"学习的研究出发，探讨以母语为英语的华文学习者，在学习掌握带不及物动词的汉语语序时遇到的困难。苏启祯博士探讨了新加坡华文教学的方向，主要从学生能达到怎样的语文水平、华文课程的着重点、现有评估方式等七个方面进行了报告。

19. 第三届《世界汉语教学》青年学者论坛在北京语言大学举行

2015年9月19日，第三届"《世界汉语教学》青年学者论坛"在北京语言大学举行。此届论坛由《世界汉语教学》编辑部主办。来自北京、天津、上海、黑龙江、辽宁、河北、山东、山西、陕西、甘肃、四川、湖北、安徽、福建、广东、江苏、澳门等地61所大学和相关机构的460多位专家学者、教师、研究生和留学生出席了本届论坛。

本届论坛的主题为"汉语作为第二语言教学（TCSL）的跨学科研究"。经过长达9个月的公开征稿，经专家评审，从65篇来稿中精选出8篇论文：《构式省缩与情态依附——以让步条件构式为例》（董正存）、《汉语地点直示成分在句法结构中的表现》（刘探宙）、《语境中语块的加工方式及其对句子加工的提升作用》（郑航、李慧）、《"快要……了""就要……了"与时间状语搭配的问题》（朱庆祥）、《留学生汉语写作策略训练模式实验研究》（莫丹）、《英语母语者汉语写作中的词汇丰富性发展研究》（吴继峰）、《意大利学习者初级汉语口语词汇能力发展研究》（丁安琪、肖潇）、《泰国学习者汉语声调范畴化过程的模拟》（鲁骥）。

8篇论文涉及汉语研究和汉语作为第二语言教学研究的若干重要课题，大致在4个研究领域展开：第一，汉语本体研究，主要是语法研究；第二，第二语言习得研究，包括语块加工研究和学习者词汇能力发展研究；第三，汉语写作教学研究，包括写作策略训练模式和学习者汉语写作中词汇丰富性发展研究；第四，泰国学习者汉语声调范畴化过程的计算机模拟研究。论坛邀请中国社会科学院语言研究所副所长张伯江教授、北京大学中文系副主任郭锐教授、北京语言大学对外汉语研究中心江新教授、北京语言大学对外汉语研究中心主任孙德金教授、中国人民大学文学院李泉教授、北京外国语大学学术委员会主任文秋芳教授、北京师范大学汉语文化学院朱志平教授、北京语言大学信息科学学院张劲松教授8位专家分别对8位青年学者的报告进行了一对一点评。

北京语言大学赵金铭教授对本届论坛作学术总结并致闭幕词。他指出："本届论坛论文的研究范围比前两次有所扩大，研究内容更加广泛，论述也更加深入，各位点评专家的评述立意高远，眼光独具，不仅提升了论文的水准，更使大家受益匪浅。"

本届论坛呈现出高端、前沿、深刻、多元的特点，选题富有针对性，有鲜明的问题意识；既有宽广的理论视野，又有鲜明的应用取向，注重理论和实践的密切结合；研究工作扎实，方法科学可行。这是一次高水准的学术研讨会，不乏新思维、新观点、新材料、新见解、新方法，对今后的汉语研究和汉语教学一定会起到很好的推动作用。报告学者的学术责任感、不畏繁难的探索精神、扎实的工作态度和严谨的学风给与会代表留下了深刻印象。评论专家对青年学者报告的创新性予以充分肯定，非常到位地指出其学术建树和有待改进之处，并高屋建瓴地指导其后续研究的方向。

20. 汉语国际教育背景下的语言和文化国际研讨会在沈阳师范大学召开

2015年9月19日至20日，汉语国际教育背景下的语言与文化国际研讨会在沈阳师范大学召开。此次研讨会由沈阳师范大学主办、辽宁省语言学会协办、沈阳师范大学国际教育学院承办。来自俄罗斯、美国、韩国、哈萨克斯坦、蒙古、印度尼西亚等国家的专家学者和来自北京大学、北京师范大学、武汉大学等国内20多所高校的汉语学界、汉语国际教育学界的100多位专家学者参加了会议。

15位国内外特邀嘉宾在大会上作了学术报告。与会代表们就汉语教学与留学生管理、跨语言比较研究、教材与教学法研究、汉语教学研究、海外汉语教学研究、中华文化传播研究和现代汉语语法研究等方面进行了广泛的学术交流。会议共收到国内外论文87篇，评选出优秀论文20篇。

会议中，北京大学中文系教授陆俭明提出，为使汉语稳步、健康地走向世界，有必要注意汉语国际教育中一些导向性的问题；俄罗斯汉学家、圣彼得堡俄中友协主席、俄罗斯圣彼得堡大学索嘉威教授提出，异地风味与思想交流应该作为研究的重点；武汉大学语言与信息研究中心主任萧国政教授主张"把"字句的教学应以基础控扩展，以常式带变式，以功能、语义带句式等观点带有突出的创新性；中央民族大学研究生院院长吴应辉教授提出汉语国际传播新常态的各国主体性、朝阳性、服务性、市场化等八个特征；韩国高神大学中文系教授、沈阳师范大学访问学者崔世教授强调应进一步加强汉语阅读能力培养的重要性；渤海大学应用语言学研究中心主任夏中华教授提出的汉语传播过程中以语言为主、通过语言的传播带动文化的传播；沈阳师范大学国际教育学院院长张伟主张应探索一条以语言文化活动为突破口的、适合普通高校的留学生教育管理模式；北京大学中文系教授马真认为必须加强词语和句法格式的用法研究同时也需要重视词语和句法格式使用的语义背景的教学；韩国平泽大学国际教育学院院长朴起教授对汉语的国际化、中韩文化交流关系、汉语文化教育等问题进行了阐述；北京师范大学汉语文化学院执行院长朱瑞平教授强调经济发展导致文化传播，文化传播当以文化传承为基础；蒙古国立大学科学学院人文学系亚洲研究室奥其尔教授强调要重视文化教学尤其是该民族国俗的词语及国俗语义的教学；哈萨克斯坦欧亚国立大学东方学教研室主任杜肯·玛斯木汗教授提出目前哈国急需一本权威性的汉语教材或汉哈、哈汉词典并就在哈推广、推进汉语教学等具体问题进行了探讨。

此外，北京师范大学文学院刁晏斌教授倡导应以全新的视角对对外汉语教学进行研究；印度尼西亚雅加达建国大学人文学院国际合作与交流主任林雪莹建议汉语教材的词汇阅读资料及应用语言须适应印度尼西亚大学相关专业的性质；北京语言大学汉语学院李春玲教授以认知语言学理论为基础对17个离合词及其所形成的准构式进行多层面的语言接口研究等丰富了会议的主题。

21. 第十二届对外汉语国际学术研讨会在京召开

2015年10月17日，第十二届对外汉语国际学术研讨会在北京召开。此次研讨会由北京语言大学对外汉语研究中心和北京第二外国语学院联合主办，北京市语言学会协办。会议的主题是"多元学术视野下的对外汉语教学语法与语法教学研究"。来自美国、德国、新加坡、日本、韩国、越南、突尼斯、中国大陆及港澳台地区等国家和地区的220多名专家、学者和研究生出席了会议。

会议邀请美国伊利诺伊州立大学裴吉瑞教授，德国美因兹大学柯彼德教授，北京语言大学李宇明教授、崔希亮教授、赵金铭教授、王建勤教授，北京第二外国语学院潘先军教授，美国马里兰大学蒋楠教授，日本大阪大学古川裕教授，中原大学邓守信教授，香港中文大学冯胜利教授，中山大学周小兵教授，上海师范大学齐沪扬教授等10余位专家作大会报告，另有80余篇论文在分会场进行报告。与会代表在会议期间进行了深入的讨论，主要涉及"教学语法与语法教学研究""汉语本体研究""汉语习得研究""汉语教学研究""汉语教材研究"五个方面的议题。此外有近60篇论文通过展板报告形式进行展示，为与会代表创造了一个充分交流的平台。在17日晚召开了2场圆桌讨论会，代表们就普遍关心的研究问题进行了自由交流。

北京语言大学校长崔希亮教授、北京第二外国语学院校长曹卫东教授出席闭幕式并致辞。北京语言大学对外汉语研究中心主任孙德金教授作会议学术总结，北京第二外国语学院汉语学院院长潘先军教授主持闭幕式。孙德金教授在总结发言中指出，本届会议的各个环节，包括大会报告、分会场报告、圆桌会议、展板报告，都展现了汉语作为第二语言研究领域的最新成果，涌现了不少新课题、新视角、新观点、新方法、新材料。

22. 第四届汉语国际传播学术研讨会在天津大学举办

2015年10月31日，"一带一路"战略与汉语国际传播研究暨第四届汉语国际传播学术研讨会在天津大学召开。此次研讨会由中国语文现代化学会、汉语国际传播研究分会主办，天津大学国际教育学院承办。来自国内40余所高校及相关机构的百余名从事汉语研究和教学的专家学者参加会议，讨论"一带一路"战略下汉语国际传播研究的任务与方法。

天津大学校长助理张力新在开幕式上致辞指出，"一带一路"的提出为科研教学提出了新的课题和研究方向，中国文化的影响力如果要通过"一带一路"得到推广和发扬，必须在汉语的教育方面有的放矢。

中国语言现代化学会会长靳光瑾教授说，语言的研究要以国家的需求为核心。她还透露，国家语委正在制定的语言文字事业"十三五"规划，设定了四大目标，其中就有"语言传播的目标"。

中国高等教育学会外国留学生教育管理分会副秘书长于书诚强调，语言是文化交流和人文交流的桥梁，希望大会能够搭建交流平台，共同探讨"一带一路"建设背景下汉语国际传播的任务和方法。

此次会议旨在推动汉语国际传播理论与实践研究，促进汉语国际传播学科建设与人才培养，加强海内外专家、学者、汉语教师之间的学术交流与合作，提升中华文化的国际影响力，助推国家软实力发展。会议期间安排了主题演讲、专题研讨等活动，同时还召开了汉语国际传播研究会理事会议及常务理事会议。

23. 第七届世界汉语教育史国际学术研讨会在厦门大学召开

2015年11月6日至7日，近现代汉语国际教育史文献发掘与研究——第七届世界汉语教育史国际学术研讨会在厦门大学举行。会议由厦门大学中文系、厦门大学汉语国际推广南方基地共同主办。

开幕式上，厦门大学副校长詹心丽教授，世界汉语教育史研究学会会长张西平教授、副会长日本关西大学内田庆市教授分别致辞。张西平作了"耶稣会早期汉语学习基础教程《会客问答》研究"的主题报告。

来自法国、日本、马来西亚、意大利等国家的80多位中外学者参加了此次研讨会，围绕"近现代汉语音韵方言文献发掘与研究""近现代汉语语法文献发掘与研究""近现代汉语教育史文献发掘与研究""近现代西方传教士汉语教育和学习理论研究""海外汉学史、海外汉语文献语言研究""汉语国际教学及相关案例研究"六大议题展开了热烈的讨论。

研讨会后，世界汉语教育史研究学会召开了第七次会员大会，通过了理事会的新决议，选举张西平教授为学会会长，李真副教授为学会秘书长，并确定下届年会由中山大学承办。

24. 第二届华文教育国际学术研讨会在暨南大学举行

2015年11月7日，第二届华文教育国际学术研讨会在暨南大学华文学院举行。来自全球10多个国家和地区的126位专家学者出席，就"华文教育发展"这一主题进行深层次、多角度、全方位的深入探讨。

此次会议特邀14位著名专家学者作大会学术报告，各位专家学者分别就"华文教育理论与应用""华文教育的新发展与新问题"等专题展示了他们在华文教育研究方面的最新成果，如北京大学陆俭明教授的《华文教师应有的基本功及其他》、美国斯坦福大学孙朝奋教授的《现代汉语助词"的"的语用功能："我的爸爸"和"我爸爸"之别》、美国加州大学戴维斯分校储诚志教授的《华文教学中文化教学的现实性原则》、新加坡南洋理工大学国立教育学院吴英成教授的《家园变色：华裔身份认同解构》、日本神户学院大学胡士云教授的《在日华侨华人青少年的汉语水平报告——以"中华杯"汉语演讲比赛为例》、华东师范大学吴勇毅教授的《汉语国际教育本科专业学生专业发展需求调查——以华东师范大学为例》、台湾世界华语文教育学会董鹏程研究员的《从世界多元视角探讨华语文教学需求与发展》等。

小组论文报告围绕"本体研究""教学与习得研究""师资与教材研究""宏观理论研究""现代教育技术研究""文学文化研究"等议题进行，共提交105篇论文，分8个小组2个场次进行了研讨。新加坡华文教学研究中心吴福焕教授、华南师范大学王葆华教授、北京华文学院李嘉郁教授和台中科技大学应用中文系张群教授分别就小组论文报告进行了由点及面、深入浅出、简明扼要的总结。

25. 第一届国际华文教学研讨会在华侨大学举行

2015年11月20日，第一届国际华文教学研讨会在华侨大学华文学院举行，此次研讨会由华侨大学华文学院、华文教育研究院和海外华文教育与中华文化传播协同创新中心共同承办。来自新加坡、菲律宾、越南、泰国、西班牙、中国大陆及台湾、香港等国家和地区40余所高校的近70位专家学者与会。

首届会议以"继承与创新：华文教育与华文教学的多维研究"为主题，大会共收到58篇参会论文，与会代表围绕基于华文教学的华语本体研究、华语习得偏误研究、华语教学的国别化研究、新媒体时代的华文教学研究、中华传统文化教学研究等主题展开讨论。

开幕式上，华侨大学校长贾益民指出，华文教育是我们的留根工程、铸魂工程和圆梦工程。"一带一路"建设给海外的华文教育带来了新的机遇和挑战，在这种新形势下，希望专家学者奉上真知灼见，分享智慧，共同推动华文事业的发展，推动"一带一路"建设。

台湾世界华语文教育学会秘书长董鹏程在致辞中称，华文教育的转型提升势在必行，应通过"科技应用""传媒融入""产业思维""客户导向"促进海外华语文教育的发展。

会议邀请了新加坡国立大学周清海教授、陕西师范大学陈学超教授、北京语言大学张博教授、北京大学王海峰教授等7位专家作主旨发言。与会专家学者并分为华文教学研究、华文教育与中华文化传播研究、华语习得偏误研究等三个小组进行分组论文发表。

国际华文教学研讨会由华侨大学创办，旨在为国内外华文教育及汉语国际教育领域的学者们搭建沟通和交流的学术平台，进一步推动学术进步，促进学科发展。

26. 亚太地区国际汉语教学学会第七届年会在神户召开

2015年11月20日，亚太地区国际汉语教学学会第七届年会在日本神户学院大学举办。会议由日本关西汉语教师交流协会和日本神户学院大学国际交流学部承办。来自亚太地区10多个国家和地区的约170名汉语教学专家、教师等出席会议。

此次会议以"汉语在外教学——亚太各地区的机遇与挑战"为主题进行学术交流。会议期间，日本关西汉语教师交流协会还举办汉语教师培训班，以提升本地区的汉语教学和科研水平。

亚太地区国际汉语教学学会是亚太地区汉语教学领域的一个非营利性学术组织，以提升本地区的汉语教学水平、增进会员间的交流与合作为宗旨。

27. 海外华文传媒与中国文化传播研讨会在厦门筼筜书院召开

2015年11月28日，海外华文传媒与中华文化传播学术研讨会在厦门筼筜书院召开。会议由"中国新闻史学会台湾与东南亚华文新闻传播史研究委员会"与福建省社会科学研究基地厦门理工学院文化产业研究中心、厦门大学新闻传播学院共同主办，厦门理工学院数字创意学院承办。来自中国社会科学院、清华大学、中国人民大学、中国传媒大学、中国青年政治学院、南京大学、南京师范大学、厦门大学、暨南大学、辽宁大学、四川大学等近30所高校和科研机构的60多位专家学者，以及来自菲律宾《世界日报》的主编、来自美国《世界日报》的资深记者和中国台湾的媒体等60多位海外专家参加此次研讨会，探讨在新形势下，海外华文传媒与中华文化传播的新现象、新命题。

中国社会科学院中国特色社会主义研究中心主任尹韵公教授、中国人民大学新闻学院副院长王润泽教授分别向大会致辞并围绕"中华文化传播的当代意义""孔子学院在中国文化对外传播中的定位与战略思考"发表了主题演讲。清华大学新闻传播学院李彬教授、菲律宾《世界日报》主编侯培水先生、中国传媒大学新闻学院李磊教授、厦门大学新闻传播学院副院长阎立峰教授和厦门理工学院数字创意学院院长郭肖华教授分别就"国家建设与新闻传播""华文报与菲华文学"等主题作演讲。

28. 第二届当代语言学理论及国际汉语教育研究生学术论坛在上海举行

2015年11月28日，第二届当代语言学理论及国际汉语教育研究生学术论坛在上海举行。该届研究生论坛由华东师范大学研究生院、对外汉语学院主办，来自北京语言大学、澳门科技大学、白俄罗斯国立大学、上海外国语大学等高校的研究生参加了论坛。

此次学术论坛按照报告类型、研讨内容，在时间场次上分为6大讨论组，上下午各3场。在华东师范大学国际汉语教学楼的各大分会场内，专家学者犀利点评，与会代表热烈探讨。论坛共收到投稿论文25篇，评出10篇优秀论文荣获奖项。与会代表认为，当代语言学理论及国际汉语教育研究生学术论坛顺应了新时期研究生教育和学术发展的需求，为加强国内语言学理论及国际汉语教育研究生的研究水平和各高校之间的交流搭建了平台。

29. 首届汉语测试高峰论坛在北京召开

2015年12月5日,首届汉语测试高峰论坛在北京召开。此次会议由北京语言大学主办,教育部语言文字应用研究所和中国基础教育质量监测协同创新中心协办,北京语言大学汉语考试与教育测量研究所承办。来自北京大学、暨南大学等30家单位的100余名代表参会。

北京语言大学教授李宇明在致辞中指出,语言测试要同语言学研究和语言教学紧密结合,不仅要从技术上创新,更要注重拓宽学科发展平台,让测试走进教学。王晖教授介绍了教育部语言文字应用研究所的工作,对在语言测试领域与北京语言大学结盟充满信心,并期待未来开展更多的交流与合作。辛涛教授介绍了中国基础教育质量监测协同创新中心目前所做的工作,希望在语言测试领域进一步加强与北语的合作。

论坛以专家报告、同行点评、互动研讨的方式梳理汉语测试学科的历史脉络,探讨学科的发展方向。论坛分为三个阶段进行。第一阶段的主题为"学科历史与未来",刘珣教授做了题为《谈为教学和学科建设服务的汉语测试研究》的报告,张华华教授对"从汉语的自适应评测到自适应教学"进行了报告。第二个阶段主要面向汉语作为第二语言的标准与测试,李晓琪教授报告了《自动化汉语口语考试研发与题型设计理念》,王佶旻教授做了题为《汉语能力标准研究与建设》的报告,王汉卫教授对《华文水平测试的理念与方法》进行了报告。第三阶段的报告集中在汉语作为母语的研究领域,陈跃红教授做了题为《国民语文能力研究暨测试系统分级建设》的报告,张一清教授对汉字应用水平测试与大纲进行了介绍,王晖教授报告的题目为《普通话水平测试研究20年》。三个阶段的报告分别由郭树军副教授、张凯教授和聂丹教授主持与点评。

30. 第十二届国际汉语教学研讨会在华东师范大学召开

2015年12月9日,第十二届国际汉语教学研讨会在华东师范大学召开。此次大会由世界汉语教学学会、孔子学院总部/国家汉语国际推广领导小组办公室主办,由华东师范大学国际汉语研修基地承办,来自40个国家和地区的专家学者和一线教师近400位代表参会。

此届研讨会为期两天,与会代表围绕"国际汉语教学理论与实践——课堂教学案例示范与研究"主题,在1场大会论坛、4个专题论坛和10项分专题研讨中,就"国际汉语师范专业培养方案""国际汉语中小学教学""国际汉语教材编写""汉语语言要素案例""教师培养培训教学案例""新媒体技术应用"及"中华文化教学案例"等议题进行研讨和交流。此外,研讨会还进行了"汉教硕士教学大赛"获奖者教学展示。

31. 首届国际汉语教材建设与创新国际研讨会在北京召开

2015年12月12日,首届国际汉语教材建设与创新国际研讨会在北京召开。此次研讨会由北京语言大学国际汉语教学研究基地与美国特洛伊大学孔子学院联合主办,北京语言大学国际汉语教学研究基地承办。美国、韩国、丹麦、英国、泰国、中国香港等国家和地区,以及北京大学、中国人民大学、北京师范大学、中央民族大学、复旦大学、中山大学等30多家单位的百余名代表参加了会议。

北京语言大学王鲁新副书记在致辞中指出,近年来,海内外涌现出了一大批深受世界各国学生欢迎的教材,未来要开发出更多的精品教材和本土化教材,同时结合"互联网+"的时代特点,在教材的发展和建设方面要有所突破和创新。

大会邀请了15位专家、10位教材主编以及33位教材研究专家和学者就教材的理论建设,教材的国别化、本土化建设,孔子学院教材建设,教材资源库的建立与应用,各课型教材编写理念与实践,教材评估,网络化、数字化教材,少儿教材等的研发,以及文化如何在教材中落实等议题进行了研讨,达成的共识是在继承优秀教材编写理念的基础上进行创新。

闭幕式上,北京语言大学刘珣教授作了总结。他指出,此次会议可以用四个"度"来概括:一是超广度的覆盖面;二是超密度的信息量;三是超高度的质量;四是超深度的挖掘点。最后,张旺熹教授对合作单位美国特洛伊大学以及与会专家和代表表示了感谢,并呼吁大家加强联络与交流,为国际汉语教材的建设与创新尽心、尽力。

32. 首届汉语(二语)教学语法体系及标准建设国际论坛在北京召开

2015年12月12日至13日,首届汉语(二语)教学语法体系及标准建设国际论坛在北京西郊宾馆召开。此届论坛由北京语言大学对外汉语研究中心、北京语言大学教务处和北京语言大学出版社联合主办,《语言教学与研究》编辑部、《国际汉语教学研究》编辑部和《世界汉语教学》编辑部协办。

论坛主要围绕"汉语(二语)教学语法体系及标准建设中的基本理论问题""汉语(二语)语法体系整体框架中的词法、句法和语体问题""汉语(二语)教学语法体系中的语法项目确立、切分和描述问题"和"汉语(二语)教学语法体系及标准建设中对语法研究新成果的吸收问题"等议题进行了讨论。来自美国、日本、越南和中国内地各高校的24位对外汉语教学语法专家受邀在论坛上作主题报告。《语言教学与研究》主编施春宏教授、《国际汉语教学研究》主编张健教授、《世界汉语教学》主编张博教授,以及校内外相关单位的代表受邀出席论坛,此外还有百余名来自全国各地高校的教师和研究生参加了论坛。

本届论坛安排了一场圆桌会议,主要围绕"教学语法体系怎样突破议而不作的局面""怎样的行动方案有利于教学语法体系及标准建设"等议题展开了讨论和交流,达成了一定的共识。

闭幕式上,北京语言大学校长崔希亮教授对汉语作为第二语言教学语法体系及标准建设提出了几点希望,指出必须从汉语教学问题出发去建立体系和标准,细化语法清单,解决实际语法教学问题。

二 论文选介

（一）华文教育理论与华文教育史研究

1.《关于新形势下华侨母语教育问题的一些思考》

作者：郭熙

期刊名称：《语言文字应用》

刊期：2015 年第 2 期

摘要：海外的华文学习者实际上有两类：一类是中国公民，一类是外国人；前者是华侨，后者多称为华人。目前华文教育界常常把这两类学习者相提并论。文章认为，新形势下华侨子女的母语教育应当单独设类，它应该是中国国家语言战略的一个重要组成部分。文章分析了华侨子女母语教育的特点和目前存在的困难，并从操作层面提出了一些建议。

2.《两岸华文教育与文化传播协同创新的建构机制与运作模式研究报告之一》

作者：郑通涛、陈荣岚、方环海

期刊名称：《海外华文教育》

刊期：2015 年第 1 期

摘要：厦门大学两岸关系和平发展协同创新中心"两岸华文教育与文化传播协同创新的建构机制与运作模式研究"课题组在广泛收集整理有关台湾地区官方和民间机构以及高等院校开展华文教育的文献资料基础上，梳理总结台湾地区华文教育历史、现状和发展趋势之脉络，分析研究台湾华文教育体系的构成及其特点；实时跟踪两岸华文教育和两岸关系发展新动态，以实地考察、调研访谈、舆情分析和实证案例为切入点，论述两岸华文教育与中华文化传播协同创新的必要性、可行性及其走向，探讨两岸华文教育与中华文化传承传播协同创新的架构模式与运行机制，预测分析两岸华文教育和文化传播交流融合与协同创新过程中可能遇到的问题,并提出相应的措施和建议。

3.《两岸华文教育与文化传播协同创新的建构机制与运作模式研究报告之二》

作者:郑通涛、陈荣岚、方环海

期刊名称:《海外华文教育》

刊期:2015年第2期

摘要:文章在对比分析两岸华文教育理念与措施之共性与差异的基础上,从历史机遇、现实基础、民族文化认同以及两岸关系发展等方面,阐述两岸华文教育与文化传播协同创新的必要性、可行性及其前景,预测分析可能遇到的相关问题,并提出化解这些问题的相关对策。

4.《两岸华文教育与文化传播协同创新的建构机制与运作模式研究报告之三》

作者:郑通涛、陈荣岚、方环海

期刊名称:《海外华文教育》

刊期:2015年第3期

摘要:《海外华文教育》2015年第1、2期分别刊发了此研究报告之一和之二,文章在前两个研究报告基础上,对台湾华文教育和两岸华文教育交流合作的实证案例进行评析,分析探讨台湾开展华文教育的具体做法以及两岸华文教育与文化传播协同创新的舆情民意和发展态势,总结其中的成效和经验,为搭建两岸华文教育与中华文化传播协同创新平台提供相关参考依据。

5.《六十年台湾海外侨民教育之沿革》

作者:姚兰

期刊名称:《海外华文教育》

刊期:2015年第2期

摘要:文章回顾1949年至2008年60年间台湾地区海外侨民教育转型为华文教育之变迁过程,以及台湾地区推广海外侨民教育与华文教育之重要政策与具体工作,并依据其历史发展脉络与施行沿革,分析归纳成四个时期分别论述:(1)对外交流优势、独占华教市场时期(1948~1970);(2)退出联合国、对外交流孤立时期

(1970～1988);(3)本土化、数字化时期(1988～2000);(4)认同台湾、走向世界时期(2000～2008)。

6.《巴西华文教育现状探析》

作者:陈雯雯

期刊名称:《华文教学与研究》

刊期:2015年第2期

摘要:文章在调查研究的基础上针对巴西华文教育的办学形式、经营主体、教学类型、学生构成、师资力量、教材使用等方面的现状进行了论述,并就目前存在的问题提出对策与建议。目前巴西华文教育的主要办学形式是私立中文补习学校,经营主体主要是私人办学和团体办学,教学类型是作为第一语言的母语教学和作为第二语言的母语教学,其中作为第一语言的母语教学较复杂。巴西华文师资趋向年轻化和专业化,教材使用分为中国大陆和中国台湾出版两类。提高中文地位、办学正规化、师资专业化、引进评估考试等是巴西华文教育的方向。

7.《东南亚华文教育的过去、现在与未来:国家间关系的视角》

作者:曹云华

期刊名称:《东南亚研究》

刊期:2015年第1期

摘要:考察东南亚华文教育的发展历程,可以发现,东南亚国家的华文教育发展的每一个阶段都与中国有密切关联。尤其是在第四阶段,中国的和平发展是很大的推动力,文章从一个新的视角,即国家间关系的视角,探索东南亚各国华文教育在20世纪90年代之后出现的重新兴起和热潮,以及这股热潮背后的原因是什么,将产生哪些影响,今后的发展前景如何。

8.《第二次全国教育会议与国民政府初期华侨教育改革》

作者:于潇

期刊名称:《宁波大学学报》(教育科学版)

刊期:2015年第1期

摘要:南京国民政府初期,华侨教育改革取得了较大进展。究其原委,国民政府教育部于1930年在南京组织召开的第二次全国教育会议发挥了较大作用。在这次会议的影响下,华侨教育宗旨得以确立,管理趋于规范,侨校权益和经费得到一定程度的保障,华侨学校教育发展有所起色。

9.《当前海外华文教育发展之处境与对策分析》

作者：刘芳彬

期刊名称：《八桂侨刊》

刊期：2015 年第 2 期

摘要：海外华文教育是中华民族的海外"留根"教育。推动海外华文教育的发展不仅是中华文化"走出去"发展战略的重要途径和策略，也契合了世界"中国热"的需求。当前，海外华文教育正处在一个承前启后、继往开来的关键时期，机遇和挑战并存。随着"中文热"的持续升温，海外华文学校的不断增加，华文教育面临的挑战越来越多，甚至直接影响华文教育的效果和目标，成为制约海外华文教育进一步发展的瓶颈，突出表现在教材、师资、教法及办学资金等方面。文章分析了当前华文教育的处境，探索推动海外华文教育进一步发展的措施和对策。

10.《广西面向东盟的华文教育工作探讨》

作者：刘苗苗

期刊名称：《八桂侨刊》

刊期：2015 年第 2 期

摘要：在中国－东盟合作的背景下，作为中国重点侨乡之一的广西，发挥其地缘、亲缘优势，面向东盟各国开展海外华文教育工作，此举有力推进了广西与东盟国家文化交流。广西主要面向老挝、柬埔寨、泰国、马来西亚、越南、菲律宾等东盟国家开展华文教育工作，内容与形式以开展夏令营、外派教师援教、开展海外华文师资培训、建设华教基地、开展文化交流等为主。广西面向东盟的华文教育存在一些问题，如：地方政府认识有待提高；缺乏地方财政支持；华文教育的内容和形式较为单一；从事华文教育人员的水平不一。在东盟国家开展华文教育创新方法和内容的尝试，对推动中华文化走出去，传播中华优秀文化、促进中外文化交流、提升国家文化软实力都具有十分深远的意义。

11.《20 世纪 20 至 30 年代东南亚华文教育的繁荣》

作者：刘晓佳

期刊名称：《黑龙江史志》

刊期：2015 年第 3 期

摘要：20 世纪由于国内民族主义的高涨以及国民政府采取的一系列鼓励政策，东南亚各国的华文教育出现了繁荣的局面，教授课程、师资力量以及学校规模都较之前有了很大的发展。

12.《冷战前期美国对东南亚华文高等教育的干预与影响——以南洋大学为个案的探讨》

作者：张杨

期刊名称：《美国研究》

刊期：2015 年第 3 期

摘要：包括南洋大学在内，东南亚华人创办华文高等学府的梦想自萌生之初就备受挫折、磨难重重。文章通过考察 20 世纪 50 年代中后期美国东南亚政策的调整和变动，分析美国干涉南洋大学的政策和行动，以实现以下三个目标：首先，考察冷战如何影响了某些特殊群体（族群）的命运；其次，考察美国随形势变化调整其东南亚政策的历史，以及（美英）新旧势力更迭的历史进程；最后，考察中美对抗如何影响包括南洋大学在内的东南亚华文高校的走向。

13.《海外华文教育与对外汉语教学之资源整合》

作者：刘芳彬

期刊名称：《广州社会主义学院学报》

刊期：2015 年第 3 期

摘要：海外华文教育和对外汉语教学都是关乎中华民族整体利益的伟大事业，两者既有联系又有区别。在国际汉语热背景下，国家在大力推动汉语走向世界的过程中，应充分重视和利用海外华文教育的历史资源，并在师资培训、教材资源等方面大力扶持；同时，海外华文教育要借由中国国家汉语国际推广领导小组办公室健全的机构和丰富的教学资源涵养侨力、凝聚侨心、汇聚侨智，增进海外侨社与祖（籍）国的感情，并推进自身的发展。

14.《缅甸掸邦东枝华文教育状况及启示》

作者：乔翔、Wai WaiThi（邹丽冰）

期刊名称：《民族教育研究》

刊期：2015 年第 5 期

摘要：文章综合使用语言学、教育学、社会学的理论方法对缅甸掸邦东枝华文教育的现状和历史演变进行了梳理。目前东枝华文教育在师资、教材、课程设置和学校管理等方面均存在问题，对其进行分析有助于了解中国周边国家的华文教育。中国的国际汉语教育应适应经济发展新形势的需要，在教师培训、教材编写、课程设置、考试检验及政策导向等方面采取新的举措。

15.《马来西亚华文教育：华人社团和企业家的重要作用》

作者：张继焦

期刊名称：《民族教育研究》

刊期：2015 年第 6 期

摘要：在很多国家，教育通常作为一种政府出资的公共服务，而在马来西亚，华文教育不是一项完全由政府出资的公共事业，而是一项华人自救自强的公共事业。在几代马来西亚华人的不懈坚持和努力下，形成了一套从小学到大学的华文教育体系。文章综合运用公共物品理论、组织与权力理论、道义经济理论、社会交换论等，从多个角度深入分析了马来西亚的华文教育。由于政府不资助或者拨款不足，华文学校只能依托华人社会，尤其是华人社团。华人企业家或富商既是主要捐赠人，也在华人社团中起着领导性的作用；不但具有传统权力，而且拥有超凡权力，甚至法定权力。这些商人或企业家自然而然地成为华人社会的"教育代言人"和"文化守护人"。在马来西亚的华文教育发展过程中，华人社团和华人企业家发挥了重要的作用。

16.《泰国中文高等教育发展现状研究》

作者：何蕾

期刊名称：《当代教育实践与教学研究》

刊期：2015 年第 10 期

摘要：泰国是东南亚华人最多的国家，泰国中文高等教育的历史发展对东南亚各国的中文教育具有十分重要的意义。历史上泰国中文教育曾受到重创，因此发展一度受限。自中泰建交以来，泰国政府重视与中国的友好关系，这也为中文高等教育的发展和兴盛提供了契机和环境。但随之而来的一系列问题也出现了，如师资缺失、学习不系统、教材不统一等。文章围绕泰国中文高等教育的发展历程，针对其现状及面临的问题，提出解决问题的对策，对泰国中文高等教育的发展具有一定的参考价值。

17.《二战前旧金山华人中文学校教育的历史变迁》

作者：李永

期刊名称：《贵州社会科学》

刊期：2015 年第 10 期

摘要：二战前的旧金山唐人街作为美国第一大华埠，其华人教育发展的历史也最具代表性。文章从教育史的研究视角，从历史沿革、办学活动、教学活动、教学改革和教学效果五个维度来分析旧金山中文学校的历史变迁,并以此为个案一窥美国中文学校的发展历史。

18.《整合与分化——从华文教育看曼德勒华人社会的内部关系》

作者:刘权

来源:云南大学博士学位论文

发表时间:2015年5月

摘要:文章运用人类学的方法,集中关注缅甸华人社会中的一个个案——曼德勒华人社会,试图通过对一个社区的深入调查来透视缅甸华人内部关系的问题。经过长期的田野调查发现,通过对曼德勒华文教育的考察可以管窥曼德勒华人社会的内部关系这一问题。研究试图证明,华文教育中所体现的曼德勒华人社会这种既整合又分化的内部关系都是一种能动性的实践,曼德勒华人以此来对抗对自身不利的外部环境。最后文章提出"紧箍咒效应"这一全新的概念,指出曼德勒华人在华文教育中进行的能动性实践并没有致使其外部结构朝着对自身有利的方向变迁,而是导致了自身地位的进一步边缘化。

19.《印尼楠榜省华文教育现状调查及对策研究》

作者:刘富暄(Nova Merlinda)

来源:河北师范大学硕士学位论文

发表时间:2015年5月

摘要:随着中国、印尼国家交流的加强,两国之间的政治、经济、文化、教育等各领域的交流也日益密切,汉语教育空前活跃。文章介绍了印尼楠榜省华文教育现状,这是印尼小城市华文教育的一个缩影。通过调查介绍了印尼楠榜省华文教师与学习者的基本情况,发现并总结了楠榜省华文教育发展现状中的难点及存在的问题,包括:华文教学使用语言、传统与现代教育技术的使用、所采用的汉语教材和楠榜省华文教师教学水平等四个方面。文章最后针对现状提出对策,希望楠榜省的华文教育未来能够有长远发展。

20.《对珠三角地区华文教育的调查报告》

作者:刘于逸宁

来源:吉林大学硕士学位论文

发表时间:2015年6月

摘要:珠三角地区因其独特的地理位置优势,华文教育发展相对成熟。文章从

"语言与文化""教育与传承"的角度切入,对珠三角地区具有代表性的广州、深圳、珠海三地的四所大学进行调查研究。通过问卷、实地考察和综合分析,对其师资和学生情况进行汇总,对比各校语言教学、文化教学的异同、对侨生和留学生教学手段的异同,进而分析珠三角地区华文教育的现状。针对珠三角地区华文教育存在的问题进行探究,并结合当前教学现状提出一定建议。

21.《缅北腊戌华文教育发展研究》

作者:寸琳

来源:云南大学硕士学位论文

发表时间:2015年6月

摘要:文章研究的是缅甸腊戌地区的华文教育发展现状及其存在的问题。首先,回顾了缅甸华文教育的各个历史阶段,华人移民到腊戌及华文教育的变迁;其次,分析腊戌华校的建立、发展、现状、特点性质以及若干问题;再次分析了各种影响腊戌华文教育发展的因素;最后,展望未来,介绍了中国大陆和台湾对缅甸华文教育一直以来的支持和帮助。

22.《中国-东盟合作背景下的华文教育创新研究——基于文化软实力》

作者:刘苗苗

来源:广西大学硕士学位论文

发表时间:2015年6月

摘要:东盟国家是海外华侨华人聚居最集中的地区。广西作为中国和东盟的"桥头堡",与东盟各国的经济文化等方面往来日益密切,广西面向东盟各国开展海外华文教育迎来新的机遇和挑战,面临的问题也日益突现出来。文章通过对老挝、柬埔寨等国家的实地考察,在收集整理文献资料的基础上,对海外华文教育与文化软实力的概念特征、内容意义、相互联系进行分析,对老挝、柬埔寨、马来西亚等国家的华文教育现状,及广西面向东盟各国开展海外华文教育的内容、存在的问题等方面进行梳理、总结和分析,从文化软实力的视角,对广西在中国和东盟合作背景下开展海外华文教育工作提出一些意见和建议。

23.《马来西亚华语教育历程及发展研究》

作者:赵凌梅

来源:福建师范大学硕士学位论文

发表时间:2015年6月

摘要：文章在分析马来西亚基本国情和华语教育现状的基础上，梳理马来西亚的国家教育政策对华语教育的影响，以时间为纵线，具体重大教育政策为纲要，力求清晰阐述马来西亚华语教育的发展历程及现状，以及马华社团组织在与政府的持续博弈中不断抗争所取得的成就，并通过对马华教育体系、华语教材等方面的研究分析探讨存在的问题。以汉语国际传播视角对孔子学院发展进行分析，了解马来西亚孔子学院建设情况和华语教育最新讯息，憧憬马来西亚华语教育建设美好远景。

（二）华文教学研究

1.《语言能力描述与华文教学及评估的接口——以〈新加坡小学一年级华文口语能力诊断量表〉为例》

作者：范静哗

期刊名称：《华文教学与研究》

刊期：2015年第1期

摘要：在语言评估范式正从"对教学的评估"转换成"为教学的评估"的过程中，评估与教学对接的研究就尤为重要。在当今以能力为导向的教学理念下，评估与教学的接口主要是语言能力描述。文章在分析《欧洲语言共同参考框架》为代表的语言能力描述之后，提出为了使得语言能力描述更具有教学指导意义，语言能力描述应与语言能力诊断相结合，构建一种符合针对性和个体化教学理念的诊断性语言能力描述。文章在介绍《新加坡小学一年级华文口语能力诊断量表》研发理念的基础上，结合新加坡小学一年级的口语能力诊断与针对性教学实践，介绍了一套针对小学低年级口语能力发展的干预性教学策略，以此例证语言能力描述与华文教学及评估如何对接。

2.《澳大利亚中文学校汉语教学情况调查》

作者：吕俞辉、张和生、李晓梅

期刊名称：《云南师范大学学报》（对外汉语教学与研究版）

刊期：2015年第1期

摘要：文章从师资队伍、生源构成、教材教法、教师培训需求等方面对澳大利亚中文学校现状进行了调研，提出在汉语国际教育中应更加重视中文学校的作用，采用集中培训与常年培训、本土培训与来华培训相结合的方式，加大汉语本体知识、中国文化知识方面的培训力度，从而提高教师素质与教学效率。

3.《印尼华文教学的发展现状：基于雅加达三语学校的调研分析》

作者：施雪琴

期刊名称：《八桂侨刊》

刊期：2015 年 6 月第 2 期

摘要：三语学校的创立与发展是当代印尼华人社会发展华文教学的一种重要形式，依托三语学校，在苏哈托时代中断了 30 多年的华文教学，终于在印尼这个多元文化社会找到赖以生存与发展的土壤与环境。苏哈托威权统治结束后，印尼逐步完善民主化制度与多元文化制度，在此环境下，印尼雅加达华人社会摸索出三语学校的多种模式，并创办了多种类型的三语学校，对华文在印尼的传播发挥了积极的促进作用。文章通过对印尼雅加达八华学校、圣光学校、必利达学校、新华学校以及崇德学校等几所三语学校的访问与调查，以及对印尼华人社团雅加达中华中学校友会相关人员的访谈，做了一个初步的梳理与分析。

4.《基于任务的语文运用评价——新加坡中学华文评价方式改革启示》

作者：刘晶晶

期刊名称：《语文建设》

刊期：2015 年第 12 期

摘要：为了提升华文教师的评价素养，使教师在评价学生的学习时有依据，新加坡教育部于 2013 年 7 月编制了《中学华文评价指导》。从理论和实践两个层面为中学华文教师的教学和评价提供指导。其中，在评价方式上，《中学华文评价指导》指出，除了传统的书面评价，还应增加"基于任务的语文运用评价"。文章详细论述了"基于任务的语文运用评价"的概念界定、设计理念、设计过程及启示。

5.《我国"民族中小学汉语课程标准"与新加坡"小学华文课程标准"的比较研究》

作者：张洁、彭恒利

期刊名称：《云南师范大学学报》（对外汉语教学与研究版）

刊期：2015 年第 4 期

摘要：当今世界，教育的发展与改革已成为各国应对日趋激烈的国际竞争的重要战略。近年来，各国相继出台了基础教育课程改革的纲领性文件和新的课程标准，课程改革已成为世界性的趋势。2014 年，新加坡教育部颁布了新的《小学华文课程标准 2015》，中国教育部于 2013 年颁布了《民族中小学汉语课程标准（义务教育）》。

鉴于新加坡与中国少数民族地区都实施双语教育，文章对这两个课程标准中的语言能力描述进行了比较研究，分析两个课程标准的特点与差异性，讨论了在小学阶段汉语作为第二语言的能力描述。

6. 《越南高校汉语师范专业课程设置研究》

作者：LUU Hon Vu

期刊名称：《海外华文教育》

刊期：2015 年第 1 期

摘要：文章以越南三所高校汉语师范专业课程设置为研究对象，分析其在培养方案、课程结构、课程分布等方面的异同。各校的课程设置主要由公共课、学位课、教学实习、毕业论文（或替代课程）四大类组成。其中，学位课由语言技能课、语言学知识课、文化知识课、师范业务课四小类组成。各校的课程设置或多或少还存在一些不足，主要集中在学位课设置方面，并对这些不足提出了建议。

7. 《新加坡 2015 小学华文课程标准述评》

作者：刘晶晶

期刊名称：《华中师范大学研究生学报》

刊期：2015 年第 1 期

摘要："标准驱动（standards-driven）"课程改革模式是国际课程改革的标准模式，其标准的制定既能代表国家对人才培养的总体要求，又能作为课程目标制定、执行、评价的主要依据。为了进一步推广华文语言与中华文化、加强民族汉语言教育，2014 年新加坡教育部制定出了《小学华文课程标准2015》，该标准既体现出中国传统语言文化的底蕴，又吸收了大量西方现代文化研究成果，是传统与现代的和谐交织，对中国完善高质量的学业标准有一定的借鉴作用。

8. 《新加坡华文文学教学的困境与出路》

作者：王兵

期刊名称：《国际汉语教学》

刊期：2015 年第 1 期

摘要：当下的新加坡华文文学教学处在一个十分尴尬的低谷期，选修人数锐减，学生兴趣低落，甚至出现高分低能的现象。究其原因，可归结为偏重实用的教学心态、过于陈旧的教学方法、难易失度的教材选文以及不尽合理的评估方式等方面。但与此同时，目前新加坡的华文文学教学也处在变革与突围的关键时期。只要我们重新定位学科性质、转变教学理念、重新思考教材编写并革新评估内容和方式，新加坡的华文文学仍然可以走出困境，寻求发展。

9.《印尼坤甸高中华文课程教学研究》

作者：宋美芳

来源：苏州大学硕士学位论文

发表时间：2015年4月

摘要：坤甸是印尼华人最多的城市。论文运用文献法、调查法、观察法、统计法和综合分析法，首先分析了坤甸的概况，接着以坤甸6所有代表性的高中的华文教育作为调查对象，从当地政府和群众对华文教育的态度入手，进行了较为深入的分析，指出了华文教育课程设计与教学方法不甚合理、华文教师水平参差不齐、学生普遍存在畏难情绪等方面的问题，并在此基础上提出对策。

10.《基于学生跨文化能力的校本课程建设——上海 X 中学华文教育的个案研究》

作者：张苹

来源：华东师范大学硕士学位论文

发表时间：2015年4月

摘要：文章基于跨文化能力视角，选择上海市 X 中学华文教育校本课程建设作为研究对象，对基于跨文化能力的华文教育校本课程建设进行探索，从课程目标、课程内容、课程实施与课程评价四个方面进行分析，在此基础上得出结论，提出未来华文教育校本课程建设的建议。

11.《泰国清莱府美塞县华裔汉语教学现状调查研究——以美塞高级中学及其周边华文学校为例》

作者：邱超元

来源：云南大学硕士学位论文

发表时间：2015年5月

摘要：文章以美塞高级中学及其周边华文学校的汉语教师和华裔中学生为调查对象，采用问卷调查与实地考察相结合的研究方法，从学校概况、汉语教学情况、学生学习情况、汉语教学特点和问题等方面，调查美塞县汉语教师教学情况以及华裔中学生汉语学习现状，并从不同角度提出了改进该地区华裔中学生汉语教学的相关建议。

12. 《柬埔寨端华学校华文教学情况调查研究》

作者：刘红霞

来源：云南师范大学硕士学位论文

发表时间：2015 年 5 月

摘要：文章选取柬埔寨最具有代表性的华文学校——端华学校作为研究对象，主要采用问卷调查法和访谈法等对端华学校的教学情况作总体研究，通过整理调查数据信息，具体从教师、学生、教材、课程设置、教学方式、教学管理等方面进行详细分析。基于存在的问题，主要从中国方面、柬华理事总会方面、潮州会馆方面以及学校、教师、家庭、学生个人等方面提出了具体的解决措施和建议。

13. 《越南胡志明市华人与非华人汉语教育现状调查》

作者：杜明方

来源：南京师范大学硕士学位论文

发表时间：2015 年 5 月

摘要：文章采用问卷调查与访谈调查两种方法，考察胡志明市汉语教育的现状、学习者情况、汉语教育发展程度等，以期找出合理对策调整与改善胡志明市的汉语教育质量。调查的内容主要分成两个部分：一是对胡志明市汉语教育机构的汉语教师进行调查；二是对胡志明市华人与非华人汉语学习者进行调查。

14. 《泰国素叻他尼皇家大学中文专业汉语教学的调查研究》

作者：侯杨婧桐

来源：兰州大学硕士学位论文

发表时间：2015 年 6 月

摘要：文章在调查泰国高等院校汉语教学总体情况和素叻他尼皇家大学具体情况的基础上，采取问卷调查的形式，进一步对该校中文系汉语教学工作进行研究，通过对调查结果统计分析，指出该校中文专业在课程设置、教学方法、师资力量和教材选择等方面存在的问题。

（三）华文测试与习得研究

1. 《华文水平测试研发的路线图及相关问题探讨》

作者：彭恒利

期刊名称：《华文教学与研究》

刊期：2015 年第 1 期

摘要：文章提出，华文水平测试的研发要基于华文教学的实际，可选择"猜测－反驳"的开发路线图。在进行体系设计时，起点要高，应博采众长，整体设计，分步实施，突出特色和服务意识，借外力为我所用。对于研究中涉及的题库建设、考试方式等问题，要确立优先原则，突出重点，先考起来，以适应需要。

2.《少儿暑期班汉语分级测试设计——以"华语之桥"暑期汉语项目学生为例》

作者：好运

期刊名称：《国际汉语教育》

刊期：2015 年第 1 期

摘要：文章探讨了如何将来自美国的"华语之桥"暑期汉语项目学生按照汉语水平程度的不同进行分级。在考虑少儿学习汉语特点的基础上，针对该项目使用教材以及学生的情况，设计了适合他们的试卷并施测。最后根据施测结果以及统计指标对试卷进行了修改，并对分级测试试卷的设计进行讨论。

3.《澳大利亚布里斯班华裔小学生汉语保持研究》

作者：姜文英

期刊名称：《世界汉语教学》

刊期：2015 年第 4 期

摘要：文章从语言保持和语言更替两个概念入手，论述了海外华人汉语语言保持的意义；介绍了华裔小学生在澳大利亚学习汉语的四种途径；从研究对象的选择、调查与测试方法和数据采集程序等方面叙述了澳大利亚布里斯班华裔小学生汉语保持研究的研究设计；结果与分析部分总结了被试小学生汉语的使用、学习情况，汉语学习资源类别、分布、使用频度及其汉语水平测试（YCT）的结果。文章一方面呈现了华裔青少年汉语保持水平参差不齐的状况，另一方面为汉语水平不同的中小学华裔学生分班教学的主张提供了实证依据。

4.《美国华裔汉语给予义句式习得偏误分析》

作者：朱湘燕、徐逸君

期刊名称：《华文教学与研究》

刊期：2015 年第 1 期

摘要：文章采用动词兼容性的敏感度测试方法，对具有粤语背景的美国旧金山华裔汉语给予义句式习得偏误情况进行了调查分析。研究发现，产生偏误的原因既与汉语本身各给予义句式自然度不同相关，又与给予义各句式在学习者所具有的粤语、英语两种语言/方言背景和汉语中的普遍性、标记程度不同相关，还与标记形式错综复杂等因素密切相关。文章据此提出相应的教学建议。

5.《华裔与非华裔汉语学习者产出性词汇知识差异及其对写作质量的影响》

作者：莫丹

期刊名称：《云南师范大学学报》（对外汉语教学与研究版）

刊期：2015年9月第5期

摘要：词汇知识是语言理解的关键和语言产出的基础，其中产出性词汇知识对口语与书面语输出起着非常重要的作用。文章以非汉语环境中华裔与非华裔汉语学习者的作文为语料对二者的书面语输出进行对比分析，发现两类学习者写作质量差异显著，由此对二者的产出性词汇广度知识与深度知识差异及其对写作质量的影响进行了研究。结果表明，华裔与非华裔学习者的产出性词汇知识既有共性，又有差异，各项词汇知识变量对写作质量有不同程度的影响。文章探究了差异产生的原因，并据此提出了针对性的词汇教学建议。

6.《越南华裔大学生的个体因素对汉语学习的影响》

作者：姚沛君

来源：广西民族大学硕士学位论文

发表时间：2015年6月

摘要：不同的个体因素会形成不同的学习过程，导致不同的学习效果。华裔学生在汉语教学中是一个特殊的教学对象，亦是不可忽视的群体。文章采用问卷调查、课堂观察和访谈形式，通过了解越南华裔大学生的特点，总结出他们在汉语学习中所存在的共性与特性；同时，在对比所获数据的基础上，得出华裔与非华裔学生、高级水平班级与初级水平班级的华裔学生，在汉语学习中的异同点。文章通过调查结果分析个体因素对越南华裔学生学习汉语的正面影响和负面影响，了解越南华裔学生在汉语学习过程中的优缺点，并提出有针对性的教学对策。

7.《印尼慈育大学华裔学生汉语词汇学习策略研究》

作者：沈倩倩

来源：上海师范大学硕士学位论文

发表时间：2015 年 5 月

摘要：文章采用问卷调查和访谈的方法，对印尼慈育大学华裔学生汉语词汇学习策略的使用情况进行研究，包括该校华裔学生汉语词汇学习策略使用的基本情况，以及不同年级、不同年龄组的华裔学生在汉语词汇学习策略使用上的差异，并据此对慈育大学中文系华裔学生的汉语词汇教学提出一些建议。

8.《印尼非华裔汉语学习者声调习得实验研究》

作者：王璐

来源：华中师范大学硕士学位论文

发表时间：2015 年 5 月

摘要：文章通过实验的方法对印尼非华裔学生的声调（四声和轻声）习得情况进行研究，并通过与中国汉语教师的对比，找出其习得偏误。文章指出，印尼学生在汉语声调的习得过程中产生偏误的原因主要为母语负迁移、教学影响、语流音变及环境等因素。文章最后结合教学实际，提出改进意见。

9.《马来土著及华裔学生汉语声调习得偏误比较研究》

作者：张琳琳

来源：华中师范大学硕士学位论文

发表时间：2015 年 5 月

摘要：汉语教学界目前有关马来西亚学生的汉语声调偏误研究较少，文章以马来西亚土著学生和华裔学生两类不同来源的学生为研究对象，采用实验语音学的方法对不同母语来源、不同性别的学生的声调发音和听辨偏误情况进行实验研究，对其在调型、调域上的异同进行比较，考察其偏误成因，发掘母语、性别等因素对汉语声调习得的影响，并提出马来学生汉语声调教学的针对性建议。

10.《印尼非华裔汉语个体量词习得研究及教学对策》

作者：李菲菲

来源：福建师范大学硕士学位论文

发表时间：2015 年 5 月

摘要：个体量词是汉藏语系尤其是汉语中比较特殊的一种语法现象，然而在汉语作为第二语言教学中，个体量词并未受到应有的重视。文章采用文献检索法、对比分析法、问卷调查法、统计分析法、偏误分析法，对汉语个体量词与印尼语量词进行对比研究。文章以印尼非华裔汉语学习者和印尼汉语教师为研究对象，考察分析学习者对汉语个体量词的习得情况、偏误类型、偏误成因及教师教学情况并针对初、中、高级汉语学习者提出五点教学对策和建议。

（四）华文教材研究

1.《"读写一体"理念下马来西亚华文独中初中〈华文〉单元结构分析》

作者：宗世海、韩小萍

期刊名称：《华文教学与研究》

刊期：2015 年第 3 期

摘要：马来西亚华文独中初中《华文》首次将"读写一体"教学法引入海外华文教学的教材编写之中，是一项创举。但是调查发现，该教材对"读写一体"教学法的运用还有一些局限性：编者对"读写一体"做狭义理解，导致"读写一体"单元比重太小；由于编者没有严格以体裁、分体裁为纲安排单元，而是以自己确定的知识点为据，而且不少知识点是跨体裁的，结果导致"读写一体"单元内有大量同单元不同体裁选文的情况，大大影响了"读写一体"理念的贯彻效果。此外，全书还有不少其他单元间的交叠现象，也影响了"读写一体"理念的全面贯彻。体裁在"读写一体"教学法中具有核心作用，基于这一认识，文章给初中《华文》提出了具体的改进建议。

2.《基于教材库的全球华文教材概览》

作者：周小兵、陈楠、郭珒

期刊名称：《海外华文教育》

刊期：2015 年第 2 期

摘要：文章系统考察了"全球汉语教材库"中 861 册面向华裔的华文教材。首先，从教材分类、媒介语、适用学校与水平、资源类型等角度，宏观考察华文教材的特性。其次，选择有代表性的华文教材，从话题、词汇、课文修改等角度，微观考察华文教材的编写特点。最后，指出华文教材的发展问题，对华文教材的研发提出具体建议，展示华文教材研发的前景。

3.《海外国际学校中文教材漫谈》

作者：鲍思冶

期刊名称：《国际汉语教学研究》

刊期：2015 年第 2 期

摘要：海外越来越多的中小学开设中文课，选用教材成为不可回避的问题。文章主要讨论海外国际学校汉语教材的使用与开发，介绍国际学校中文教材的使用概况，指出目前中文教材开发的不足方面，并提出相关教材的开发建议。

4.《海外华文教材研究状况述评》

作者：陈晓蕾

期刊名称：《海外华文教育》

刊期：2015 年第 2 期

摘要：华文教材研究状况可以侧面反映出海外华文教育的发展水平。文章对以华文教材为对象的现有研究成果进行了较为全面的梳理，将其大致分为两个时期，着重阐述了 21 世纪以来的华文教材研究所涉及的类别及所表现出的特点，并对提高海外华文教材建设水平提出了建议。

5.《论中华传统蒙学读物在华语教学中的价值》

作者：钱伟

期刊名称：《广西民族师范学院学报》

刊期：2015 年第 1 期

摘要：文章在阐述中华传统蒙学含义和特点的基础上，讨论了传统蒙学读物在华语教学中的语言价值和思想文化价值。在逐渐兴起的"华语热"浪潮中，中华传统蒙学读物必须经过改编和锤炼，才能更好地发挥其在华语教学中的作用，体现其价值。

6.《印尼本土中文教材〈千岛华语〉和〈育苗华语〉的对比分析》

作者：王凯

来源：华中师范大学硕士学位论文

发表时间：2015 年 5 月

摘要：教材作为教师和学生的桥梁，对教师的教学和学生的学习都有着直接的影响。文章以印尼的两套本土教材《育苗华语》和《千岛华语》为研究对象，对两套教材的教材体例、课文、词汇、语法、练习五个部分进行对比分析，并提出建议。

7.《初级华文教材与我国小学〈语文〉课本课堂语言训练的对比研究——以〈中文〉〈语文〉为例》

作者：王凯

来源：四川外国语大学硕士学位论文

发表时间：2015 年 6 月

摘要：文章以暨南大学编写出版的华文教材《中文》和人民教育出版社出版的小学《语文》课本为研究对象，从课堂练习的题量、题型、题目训练内容三个方面入手，深入多角度对比，分析这两种初级汉语教材是如何进行课堂语言训练，并结合语言学当中儿童语言学习的相关规律，为初级华文教材课堂练习题的编写提供了借鉴。

8.《马来西亚高中〈华文〉教材研究》

作者：贝宥霓

来源：苏州大学硕士学位论文

发表时间：2015 年 5 月

摘要：马来西亚高中《华文》教材是依据马来西亚教育部课程发展中心颁布的大纲编写，并由教育部规定在政府中学的高中使用的华文教材。该研究主要针对中四（高一）和中五（高二）的两册华文教材进行分析和评价。首先从课文系统、语言技能活动、语言知识系统和助读系统四个方面剖析教材的内容编排情况，然后对使用对象即教师和学生的使用情况进行了问卷调查，将这两方面归纳综合分析，对教材进行了评价并提出相关建议。

9.《柬埔寨初中〈华文〉与中国初中〈语文〉的比较研究》

作者：王斌

来源：重庆师范大学硕士学位论文

发表时间：2015 年 5 月

摘要：对外汉语教学和中国语文教学同是以汉语作为教学内容，两种教学存在着一些共性。文章认为，柬埔寨柬华理事总会和教材编委会编订的初中《华文》教材以中国《语文》为蓝本，忽视了柬埔寨华文教育对象与中国《语文》学习者在实际汉语水平上的差异，对柬埔寨华文教育的定位有失偏颇，导致这部教材在实际应用上出现问题。该文从课文、体例、练习语言能力训练、语言基础知识训练、文化呈现方式等方面对这两部教材进行比较分析，结合汉语作为第一语言教学与第二语言教学理论对此进行分析。

10. 《两岸中高级汉语教材文化词语研究——以〈发展汉语〉和〈新版实用视听华语〉为例》

作者：张夏梦

来源：福建师范大学硕士学位论文

发表时间：2015年5月

摘要：教材是教学的基本依据，教材的好坏将直接影响着教学效果。文章选择了两套在两岸具有代表性并且以"文化"为纲的汉语教材——《发展汉语》和《新版实用视听华语》，考察海峡两岸中高级汉语教材中文化词语的选取和呈现编排，探究两岸中高级汉语教材文化词语的编写特点。在此基础上，总结两岸中高级汉语教材中文化词语的编写问题，并针对这些问题提出相关编写建议。

11. 《印尼高中课本〈华语〉教材分析与使用状况》

作者：李小雪

来源：上海师范大学硕士学位论文

发表时间：2015年6月

摘要：教材在汉语教学中起着非常重要的作用。文章选择了一套本土化的高中华文教材《华语》作为研究对象。从教材结构、教材编写特点、教材的内容分析（包括课文、词汇、语法、文化内容和练习）以及教材的本土化等方面分析这套教材，结合调查，列出《华语》教材的优点和缺点，以及对这套教材的一些改进建议。

12. 《〈菲律宾华语课本（中学版）〉教材分析》

作者：柳小叶

来源：兰州大学硕士学位论文

发表时间：2015年6月

摘要：《菲律宾华语课本》是菲律宾华校的主流教材，是由菲律宾华文教育中心经过实地调查研究，历时十年编写的一整套从幼儿园到中学的完整教材，在菲律宾华校的华语教学中发挥着巨大的作用。该文结合第二语言教学理论和教材编写理论对《菲律宾华语课本（中学版）》进行了比较详细的分析，从课文、生词、练习等几个方面进行了具体的分析，肯定了该套教材的合理之处，对其中与第二语言教材编写和教学理论不相符合的地方也通过举例、分析的方式加以指出，并给出了比较具体的解决方案和弥补措施。

（五）华文教师发展研究

1.《略论多层次、多类型的东南亚华文师资培养》

作者：曾毅平

来源：《海外华文教育》

发表时间：2015 年第 4 期

摘要：文章针对东南亚华文教育发展的历史和现状，分析多层次、多类型培养华文师资的必要性，阐释该培养模式的含义、目标和意义，论述模式内容、模式建立的理论依据和实施条件，并从实践角度分析实施效益。

2.《教师德育意识研究——以马来西亚华文独立中学 G 校为例》

作者：黄慧韵

来源：南京师范大学硕士学位论文

发表时间：2015 年 5 月

摘要：文章采用质性研究的方法，考察 G 校教师的德育意识现况，探讨教师的职业德育意识的现状与问题，分析了不同身份的教师如何培养学生的品德，教师对自己身份的认知程度、对教育与德育的掌握程度，学校如何培养学生的品德，教师与学生、教师间、校领导的关系现状与问题，并分析其形成的原因，主要由于教师缺乏德育相关理论的认识化及缺乏有效的德育管理。在理论的基础上，提出相应的提升策略。

3.《缅甸东枝地区华文学校师资情况调查研究》

作者：史玉欢

来源：云南大学硕士学位论文

发表时间：2015 年 5 月

摘要：文章以缅甸东枝地区的华文教育为例，以东枝华校的教师队伍为样本，通过教师问卷和学生问卷的调查与实地访谈等方式，对汉语教师队伍的现状进行分析研究。文章调查了整个东枝地区华文师资的基本情况、教师教学现状、教师培训现状，对调查结果进行分析，并提出相关建议。

（六）跨文化传播及华文传媒研究

1.《加州大学圣地亚哥分校华裔学生的双重认同研究——美国华裔青年身份认同的个案分析》

作者：刘燕玲

期刊名称：《世界民族》

刊期：2015 年第 1 期

摘要：文章以美国加州大学圣地亚哥分校（UCSD）的华裔大学生为个案，以实证的方法检验当代美国华裔大学生的身份认同状态，并分析其双重认同的表现和内在关系。通过对 USCD 华裔大学生的问卷调查和深度访谈，采用描述性和相关性分析的方法，得出以下两个结论：（1）在目前阶段，大部分受访华裔学生的双重认同（华美认同）特征较为明显；（2）在其双重认同的内在关系上，族裔认同（华人认同）和国家认同（美国认同）不存在相关性，而华美认同与华人认同、美国认同都具有较强的正相关性；在态度与行为的关系上，其自我认同、文化行为和跨国活动三者之间存在着某些显著的相关性。

2.《中华传统文化影响与海外华裔青年自我价值实现途径》

作者：严晓鹏、廖一帆

期刊名称：《八桂侨刊》

刊期：2015 年第 1 期

摘要：随着中国经济实力和国际地位的提升，中华传统文化对华裔青年的影响不断加深，中西方文化的撞击凸显海外华裔青年独特的人生价值，同时，双方面的矛盾影响着华裔青年自我价值的实现。海外华裔青年可通过做好中西合作的助推者、中华文化的传承者、中外交流的桥梁、中外和平的使者，进一步得到社会的认可，更快更好地实现自我价值。

3.《华文学习者华文水平及其与中华文化的认知、认同关系研究》

作者：刘文辉、宗世海

期刊名称：《东南亚研究》

刊期：2015 年第 1 期

摘要：文章用问卷调查方法，对暨南大学华文学院的外国留学生进行了调查，旨在了解他们的华文学习水平，他们对中华文化的认知、认同情况，以及华文学习水平与中华文化认知、认同的关系。结果发现，85.5%的被调查者认为学习华文有助于增加他们对华人、中国、华族和中华文化的认知；70%的被调查者认为学习华文有助于增加他们对华人、中国、华族和中华文化的认同。

4.《菲律宾华裔青少年的语言情感与文化认同——基于"词语自由联想"实验的研究》

作者：陈燕玲

期刊名称：《东南学术》

刊期：2015年第4期

摘要：语言的认同也是文化的认同，是一种文化心理的趋同现象，中国与菲律宾乃至整个东南亚国家有着千丝万缕的关系，菲律宾华裔对故国及故乡的语言情感如何值得进一步探究。文章运用心理学的"词语自由联想"方式进行实验，结果显示：在华裔青少年的心目中，"闽南话"的亲切度最高，"汉语"个人喜好度最高，但易懂度最低；"英语"的全球影响度最高；"菲律宾语"的易懂度最高，其次是"英语"。实验表明，汉语在东南亚的推广应充分借助华裔青少年的故土情感优势，要特别重视东南亚华裔的文化特征，寻求汉语国际推广的发展与突破，增强华裔的语言情感认同，促进祖国与东南亚各国的和谐发展。

5.《海外华侨华人新生代民族文化的传承与培养——以新加坡为例》

作者：康志荣、王桂红

期刊名称：《泉州师范学院学报》

刊期：2015年8月第4期

摘要：文章从新加坡华侨华人及新生代的特点以及现状出发，分析了其民族文化传承与认同在语言传承、习俗文化和身份认同中存在的问题，提出应加强宣传引导，拓宽宣传渠道；推进华文教育，弘扬中华文化；鼓励培训机构，培养有用人才；强化情感纽带，建立交流平台，从而逐步唤醒海外新生代的民族意识，培养海外新力量。

6.《印尼华人家庭语言使用与文化认同分析——印尼雅加达500余名新生代华裔的调查研究》

作者：沈玲

期刊名称：《世界民族》

刊期：2015年第5期

摘要：文章通过对印尼雅加达地区500多名新生代华裔所在家庭进行的语言使用与文化认同调查研究发现，印尼政府实行的华人同化政策客观上阻碍了汉语语言在家庭内部的代际传播。华人家庭各成员的语言能力与汉语水平呈现代际变化。从印尼华人对语言、宗教、祖先、历史、族际通婚等的态度可以看出，新生代华裔青少年对印尼的国家认同与情感归属明确，但他们对自己的祖籍国中国依然怀有亲近的情感，还保留着对本民族的文化认同度，只是在许多方面较其祖父辈相比，认同程度有所减弱。

7.《"一带一路"战略视阈下的马来西亚华人社会探析》

作者：蒋炳庆

期刊名称：《学术探索》

刊期：2015年第9期

摘要：马来西亚是中国推进"一带一路"国家战略海上丝绸之路的重要节点。华人是马来西亚的第二大族群，约占总人口的1/4。在马来西亚的经济社会发展进程中，华人在政治参与、经济发展、文化教育、族群关系等方面发挥着重要作用并有着鲜明的特点，同时也面临着诸多挑战。认真研究马来西亚华人社会政治、经济、文化、教育、族群关系等方面的问题，对于助推中国"一带一路"国家战略的顺利实施具有重要的意义和作用。

8.《传统文化维系下的家国认同——以南洋华侨教育为例》

作者：胡克丽

期刊名称：《黑龙江史志》

刊期：2015年第11期

摘要：近代南洋华侨教育所呈现的家国情怀，既延续了中国传统文化记忆，又在现代社会中有效地唤起了华侨华人新一代的文化传承与认同。南洋华侨教育的灵魂支撑是传统的家国意识，就其创办历程来看，经历了"家"情怀到"国"意识的转化。这里所说的南洋华侨教育主要指南洋华侨在侨居地创办的教育。

9.《泰国华人节俗与中国节俗对比及教学探析——以素攀莎完莹学校高三学生为例》

作者：李琪

来源：广西大学硕士学位论文

发表时间：2015 年 6 月

摘要：该文主要研究中国五大节日的起源、执行目的及各种禁忌，对这五大节日中泰不同节俗进行对比分析。文章以素攀莎完莹学校高三学生作为研究对象，对其进行为期 12 周的汉语教学，课程内容为中国的五个重要节日，同时对学生在课间及课后的学习结果进行比较。结果发现：100 名学生中，大多数课前对于五大重要节日来源知之甚少。基于此，从教师、教学、教材、教具及教学方法等五个方面对今后中泰重大节俗文化教学提出建议。

10.《缅甸东枝华文中学中华文化传播现状分析》

作者：瞿玉蕾（缅甸）

来源：中央民族大学硕士学位论文

发表时间：2015 年 4 月

摘要：文章以缅甸东枝地区最大的几所华文中学为研究对象，通过问卷调查、深度访谈和案例分析阐释东枝华文中学中华文化传播现状，提炼出东枝地区华文中学中华文化传播过程中存在的问题，并据此提出解决方案和建议。

（七）海外华语特点与使用现状研究

1.《海外华裔儿童华语学习、使用及其家庭语言规划调查研究——以马来西亚 3–6 岁华裔儿童家庭为例》

作者：康晓娟

期刊名称：《语言文字应用》

刊期：2015 年第 2 期

摘要：海外少儿华语教学是整个华文教育不可分割且独具个性的组成部分。文章选取马来西亚 3~6 岁华裔儿童家庭为研究对象，通过调查家庭华语学习和使用情况，了解他们对子女学习华语的期待与实现途径。

2.《从泰式华文的用词特征看华文社区词问题》

作者：施春宏

期刊名称：《语文研究》

刊期：2015 年第 2 期

摘要：文章从普通话视角分析了泰式华文和普通话的用词差异与特征，探讨了华文社区词和普通话词语的互动关系，对社区词的内涵提出了新的认识，认为社区词可以界定为"形式上是通用语而在某个社区流通的词"。文章还结合词语生成的多能性、语言调节的系统性以及语言交际与变异的社群性和时空性，讨论了语言交际的社群性和社区表达系统问题，倡导在国际华语交际互动中积极发展和建设普通话。

3.《马来西亚华语介词的变异》

作者：王彩云

期刊名称：《汉语学报》

刊期：2015 年第 2 期

摘要：文章采用语料库检索和对比研究相结合的方法，研究马来西亚华语介词的变异情况，发现使用频率和使用方法是变异的两大表现。语言的欧化及欧化程度、普通话的影响、方言的影响、语言的类推作用、同类词语间的相互作用以及词义的多寡等是导致变异的主要原因。

4.《分类词与量词的区分——以台湾地区华语为例》

作者：何万顺、林昆翰

期刊名称：《汉语学报》

刊期：2015 年第 4 期

摘要：文献中对于分类词（也称个体量词）与其他量词的区分缺少明确的标准，许多学者甚至不加以区分。文章的目的有二：一是以数学中乘法的概念将分类词与量词精准地区分开来；二是将区分分类词的标准实际应用于台湾地区华语，将实际区分出的分类词表列出来。在分类词与量词的区分上，论证两者在句法上同属一个词类，但在语义上分属两个次类。在此基础上，文章仔细检视了前人所列举出的台湾地区华语中的分类词，并且提出修正后的详细列表。

5.《马来西亚华语口语里的代词"酱"》

作者：赵敏、方清明

期刊名称：《汉语学报》

刊期：2015 年第 4 期

摘要：马来西亚华语是全球华语的一部分，具有华语的共性也具有自身的特性。马来西亚华语口语里的"酱"用法复杂，具有指代事物、事情、性质、状态、方式、程度等实指功能；"酱"的虚指功能表现在其前置用法、后置用法、语篇中间都不充当句法成分，既有近指标记功能，也有部分的远指推断标记功能；既有前指的事件指代功能，又有后指的推论功能。在语言演变当中，指示代词合音现象颇为常见，"酱"也应该属于合音虚化。

6.《〈华语官话语法〉疑问句系统考察》

作者：蔡建丰、周小兵

期刊名称：《华文教学与研究》

刊期：2015 年第 2 期

摘要：《华语官话语法》是第一部公开出版的对外汉语语法书。文章主要对该书有关疑问句的阐述进行梳理和研究，重点归纳疑问句的整体框架，分析其对疑问句的描述语言，并对其附录中列举的疑问句进行分类，对其存在的不足和价值进行了客观的评价。

7.《海外华语语言生活研究的理论与方法》

作者：刘华

期刊名称：《华侨大学学报》

刊期：2015 年第 5 期

摘要：文章基于口语生活场景式的语言生活观和语言风貌多媒体展示理念，设计了"概貌-个人-家庭-社区"的立体语言生活调查体系，进行海外华语语言生活的调查，通过文本、图片、音频、视频等多媒体形式展示和描述了海外华语语言生活的风貌。

8.《基于对比与定量统计的马来西亚华语形容词研究》

作者：李计伟

期刊名称：《云南师范学院学报》（哲学社会科学版）

刊期：2015 年第 1 期

摘要：与较为成熟的世界英语变体的描写与研究相比，海外华语的研究方兴未艾。在海外华语变体的描写上，"普-华"对比与定量统计是基本方法。形容词方面，马来西亚华语与现代汉语普通话在具体成员、意义及搭配范围上存在诸多差异。精确的描写是进一步拓展海外华语研究空间的基础。

9.《新加坡华语会话中"啦"多角度研究》

作者：张泠怡

期刊名称：广西大学硕士学位论文

发表时间：2015年6月

摘要：在华语语系界面上，新加坡基于特殊地缘政治背景，提供跨东西方文化的创造性场域，在多语接触环境中的语言表征尤为明显，语言自身的相对独立性与外部社会产生互动。语气词"啦"借自闽南方言、粤方言和马来语，成为新加坡华语标识性语言表征。文章采用文献法和对"活"语料分析的方法，通过新加坡华语语气词"啦"这一语言变项，探索语言政策与语言自身发展演变两者之间互动关系，进而引出对汉语（大华语）空间层次架构的预留空间的思考。

三 著作选介

1. 《日本华侨华人子女文化传承与文化认同研究》

作者：鞠玉华

出版社：暨南大学出版社

出版时间：2015 年 1 月

内容摘要：该书主要研究在日本的华侨华人子女学习与传承中华语言和文化的状况；考察不断受到来自家庭、日本社会、学校、媒体等各种相互交织因素的影响对他们文化认同、身份认同的困扰；研究华侨华人子女在成长的过程中、在日常生活和周围人的相互作用中，作为外来者、不同文化持有者被差异化后，为了消除差异所作出的不懈努力；研究被来自外部的概念规定为"中国人""日本人""在日中国人""华侨""华人"后，华侨华人子女自己本身又是怎样定位和置换的；从不同国家、不同文化接触状况下"文化传承"与"文化摩擦"的角度考察华侨华人子女的成长过程；研究中日文化接触中的"文化摩擦"对华侨华人子女人生成长的影响、所带来的利弊及家庭教育所应发挥的作用。

2. 《华语阅读金字塔·预备级：头发、肩膀、膝盖、脚》

作者：鲍思冶、曾凡静、张潇雪，黄三莹（译者）

出版社：华语教学出版社

出版时间：2015 年 1 月

内容摘要：该书是针对幼儿园、小学及中学学习汉语的外国读者或国际学校双语学习者的分级阅读故事丛书。预备级适合幼儿园阶段亲子阅读，以游戏、识物、培养习惯等话题为主，不要求词语的学习，旨在培养孩子的学习兴趣。配有导读手册，供老师及家长引导孩子阅读使用。该书作者均为一线的资深教师，编写时照顾到了学生的学习难点和兴趣点。整套图书故事生动有趣，词汇难度递增，配有精美的插画辅助读者理解故事内容，吸引读者阅读。

3.《汉语作为第二语言教学——汉语要素教学》

作者：刘长征、毛悦

出版社：外语教学与研究出版社

出版时间：2015年1月

内容摘要：该书着重讨论汉语作为第二语言教学中的要素教学问题。除了分析第二语言教学的基本理念和原则外，该书分别讨论了汉语语音、词汇、语法和汉字教学的原则、方法和技巧，同时注重引导学生的理论探索和创新能力，培养汉语国际教育专业学生的综合能力。

4.《意大利华文教育研究——以旅意温州人创办的华文学校为例》

作者：严晓鹏、包含丽、郑婷

出版社：浙江大学出版社

出版时间：2015年3月

内容摘要：该书聚焦意大利华文教育，主要以温籍侨胞创办的六所华文学校（意大利普拉托华人华侨联谊会中文学校、罗马中华语言学校、基督教罗马中文学校、意大利佛罗伦萨中文学校、米兰华侨中文学校、米兰第一中文学校）为例，全面探讨以其为代表的意大利华文教育基本特征及其存在的问题，并提出针对性的对策，以期为有关部门做意大利华文教育相关决策时提供理论参考与实践依据。

5.《跨文化交际》

作者：祖晓梅

出版社：外语教学与研究出版社

出版时间：2015年4月

内容摘要：该书系统介绍了跨文化交际学的基本概念和核心理论，着重阐述了与第二语言教学及国际汉语教学相关的跨文化交际内容及教学方法，分析了与汉语教师相关的真实跨文化交际案例，实用性、针对性强，有助于提高国际汉语教师的跨文化交际能力和跨文化交际的教学能力。

6.《世界华文教学（第一辑）》

主编：贾益民

出版社：社会科学文献出版社

出版时间：2015 年 4 月

内容摘要：该书以提升海内外华文教学与研究水平为目标，着重反映华文教学与研究领域的最新成果，是华文教育学术研究的重要平台。该辑收入相关文章 13 篇，分为四大类：华文教育理论研究、华文教学与习得研究、华语调查与研究、汉语研究。

7. 《汉语本体研究与对外汉语教学》

作者：伍依兰

出版社：世界图书出版公司

出版时间：2015 年 4 月

内容摘要：该书的内容包括汉语的本体研究和对外汉语教学两大部分。本体研究重视多层级多维度考察，研究实体包括汉字、词语、小句、句联、释义语等方面。通过对俗语的用字调查，提出常用字的选字建议；全面考察现代汉语词典，定量分析兼类词的类型与优先序列；阐述词语和句式的用法，强调入句观察，并从句法、语义、语用和认知等角度进行考察；开展句联研究，重视句联关系标记、句类、句型、句序、层构、焦点与认知等的综合研究以及汉英的对比研究；进行释义语研究，通过释义词语和释义句式的研究，探究释义语域的语言特点。该书还重视对外汉语教学的研究，包括二语习得的个案研究，高级阶段视听说教法研究，倡导多元文化教育观下的国际华语课程建设，在留学生毕业论文选题上强调贴近语言实践与提高综合素质相结合。

8. 《国际汉语教学案例分析与点评》

编者：叶军

出版社：外语教学与研究出版社

出版时间：2015 年 5 月

内容摘要：该书收集了 41 个国际汉语教学案例，全面展示了世界各地汉语教学的情况。案例涉及教学内容、教学方法、资源与评估、教学管理、文化与跨文化交际五大方面；地域涵盖亚洲、欧洲、大洋洲、美洲、非洲的 16 个国家和地区；教学对象既有大学生，又有中小学生，还有幼儿园学生和社会上的业余学习者；汉语水平从零起点到初级、中级、高级。帮助读者准确解读案例，评估教学行为，寻找教学门径，理解和掌握国际汉语教学的基本原则和方法。该书既可用作汉语国际教育硕士研究生案例课程教材，也可为其他课程的教学提供参考。

9. 《第一届东亚华语教学研究生论坛论文集》

编者：吴勇毅、曾金金、信世昌、徐子亮

出版社：华东师范大学出版社

出版时间：2015 年 5 月

内容摘要：该论文集精选了第一届东亚华语教学研究生论坛上专家们的演讲词及收到的研究生论文，如《基于研究现状统计的对外汉语教学学科框架再认识》《对外汉字教学研究初探》《华语新闻的模糊限制语分析》等，内容涉及汉语作为第二语言教学的各个方面。

10.《国际汉语教师入职必修十课》

作者：刘弘

出版社：商务印书馆

出版时间：2015 年 5 月

内容摘要：该书是一本以案例分析为特色的汉语师资培训用书。它以本科毕业生李华在国际汉语教学中的实践经历为线索，以案例的形式展现新教师入职之初所遇到的困难和种种困惑，并通过资深教师对他的点评、指导，帮助新教师找到方法、解除困惑。主要内容包括：如何听课、如何备课、如何试讲、如何操练、如何设计实施课堂活动、如何一对一教学、如何选择教材、如何用中文教中文、如何教中学、如何设计课程等，共计十个章节，都是国际汉语新教师入职之初的"必修课"，能够对新教师进行有效的入职指导和帮助。

11.《中华文化与传播》

作者：赵长征、刘立新

出版社：外语教学与研究出版社

出版时间：2015 年 5 月

内容摘要：该书在把握中华文化总体风貌的基础上，重点介绍其中的一些核心内容，如历史、哲学、宗教、文学、艺术、生活习俗等，力求帮助读者构建起对于中华文化整体结构的基本认识。该书还专门设置了"历史上的中华文化对外传播"和"对外汉语教学中的对外文化传播"两章，以突出对外汉语教学专业的特色，帮助学生拓展视野、增强职业使命感，并具体指导学生的教学实践。

12.《马来西亚华人史：权威、社群与信仰》

作者：宋燕鹏

出版社：上海交通大学出版社

出版时间：2015 年 5 月

内容摘要：该书是作者关于马来西亚华人史研究的学术论集。作者并未对马来西亚华人史进行面面俱到的铺陈，而是选取了华人社会权威、华人社群和华人信仰三个领域做专题研究。其中，"华人社会权威"选取马六甲华人甲必丹和青云亭主为研究对象，"华人社群"选取吉隆坡福建人为研究对象，"华人信仰"则选取高僧德、汉传佛教寺院和华人神庙为研究对象，代表了作者研究选题的主要方面，涵盖了马来西亚华人史的三个主要维度。此外，三篇书评也体现出作者对马来西亚人史研究路径的一些思考。附录为作者在马来西亚报章上所发表的书评，对研究马来西亚华人史也有一定的参考价值。

13.《国际汉语教学语法教学方法与技巧》

作者：朱文文、苏英霞、郭晓麟、吴春仙、王蕾

出版社：北京语言大学出版社

出版时间：2015 年 6 月

内容摘要：该书是一本针对汉语语法教学的参考书。该书系统地梳理了汉语语法基本知识，阐述了汉语语法教学的教学原则、教学方法和教学要点，具有"易懂性""针对性""实用性"的特点。该书第三章和第四章结合具体案例，对对外汉语语法教学实践中的基本环节和教学方法逐一解析。

14.《国际汉语教学：综合课教学方法与技巧》

作者：姜丽萍、赵秀娟、吴春仙

出版社：北京语言大学出版社

出版时间：2015 年 6 月

内容摘要：该书吸收目前相关教学法领域的研究成果，依据中国国家汉语国际推广领导小组办公室国际汉语教学通用课程大纲、国家汉语能力标准中关于读写的相关规定，对初级阶段读写教学技能进行了详细的描写、分类、归纳、总结。内容简练，实用性强，有助于提高青年对外汉语教师理论基础和从业技能。

15.《国际汉语教学汉字教学方法与技巧》

编者：迟兰英、苏英霞

出版社：北京语言大学出版社

出版时间：2015 年 6 月

内容摘要：该书的内容主要包括汉字基本知识介绍与汉字教学方法两部分。该书第一章对汉字的历史、特点等进行了较为全面的介绍，旨在帮助教师，特别是非中文

专业出身的教师加强相关知识储备，提高专业素养。第二章探讨了汉语作为第二语言教学的主要理念和教学模式，指出汉字教学的难点之一是写与说难以同步进行。该章还对"语文并进"和"先语后文"两种模式进行了对比，并在此基础上提出了汉字教学的基本原则。第三章介绍了不同环境下汉字教学的内容、方式等方面存在的差异，并提出了个性化的解决思路。第四章把汉字教学分为"汉字识记"与"汉字书写"两大部分，首先对教学基本思路和教学原则进行了概括，突出了"先语后文""语文分开"理念的具体体现，并在总结汉字教学经验的基础上，提出了"汉字教学十五法"，结合教学案例，对每一种方法都进行了详尽的分析。第五章主要介绍综合课上的汉字教学环节，指出在国内外不同教学机构，汉字教学情况不尽相同，具体的汉字教学环节与步骤的设计，教师们还需要根据自己任教机构的特点和教学要求来确定。第六章对初级阶段常常出现的错字进行了分析，并针对不同的错误类型提出了有针对性的解决对策，通过对不同教学对象、不同错误类型的了解，采用有效的教学方法。

16.《何以为家：全球化时期华人的流散与播迁》

作者：胡其瑜，周琳（译者）

出版社：浙江大学出版社

出版时间：2015 年 6 月

内容摘要：该书讲述在全球化进程中，华人移民在拉丁美洲、加勒比、东南亚等地区迁徙与谋生的曲折故事。这些流离播迁的人们，不仅改写了自己的命运，也参与塑造了当地的政治、经济与文化。这一进程持续数百年，至今仍影响着我们生活的世界。

17.《汉语国际教育：中华文化精神的源流、继承与传播》

编者：李均、王曰美

出版社：北京语言大学出版社

出版时间：2015 年 6 月

内容摘要：该书有三大特色：第一，兼顾古今。该书以研讨中国传统文化的代表《论语》和剖析山东当代作家所体现的山东文化精神为主要内容，既帮助学生了解了中国传统文化的源流，又通过其在当代中国的体现，深化了学生对中国文化精神传承的理解。第二，传授理念。该书注重引导学生建立中国文化自信，传授向外国人传播中国文化的经验和体验，引导学生形成中国文化使者的理念和技能。第三，立足本土。该书立足山东和曲阜的文化资源，由了解这些文化资源、富有文化传播经验的专家研究、撰写，充分发挥本土优势。

18.《全球华语研究文献选编》

编者：郭熙

出版社：商务印书馆

出版时间：2015年7月

内容摘要：该书精选华语研究文章43篇，涉及华语研究的方方面面，文章源自海内外的学术刊物、报纸、论文集等，是华语研究领域不可多得的参考资料。该书既可以作为相关领域研究人员的参考资料，又可以配套对外汉语专业本科系列教材中的《华文教学概论》《对外汉语教学概论》使用。

19.《国际汉语教学优秀课例集》

编者：孔子学院总部、中国国家汉语国际推广领导小组办公室

出版社：北京语言大学出版社

出版时间：2015年7月

内容摘要：该书有四大特色。第一，示范性。契合大纲（修订版）新增的"汉语课堂教学常见课型结构流程建议表"及"汉语课堂常用综合教学模式课例"，课例内容既包括教案，也包括课堂实录，体例规范、清晰，具有引导示范作用。第二，实操性。每篇课例均来自一线汉语教学，提示明确的教学目标，详解具体的教学步骤，帮助使用者据此复制出成功的汉语课，具有很强的实际指导作用。第三，多样性。每个分册按照"常规模式""任务模式""主题模式""跨学科模式"分类展现，类型丰富，体现多种教学理念，融合各式教学手段，给使用者提供多元化的选择。第四，启发性。所收课例以点带面，对汉语教师极具启发性，可以实现"授人以渔"的目的。

20.《晚清民初南洋华人社群的文化建构：一种文化空间的发现》

作者：薛莉清

出版社：三联书店

出版时间：2015年7月

内容摘要：该书涉及跨地域（中国与南洋）、跨学科（如历史与文学）、跨文化（中、西、南洋本土），以及很多重要的、有价值的理论课题（如族群、空间、文化身份认同）。紧扣文化空间这一重要主题，围绕旅行、旅人和游记，作者考察了1877年至1937年这一重要转型时期南洋华侨社会文化建构的历史脉络和进程。作者把空间划分为地理概念空间、旅行现实空间、文化话语空间、日常生活空间，分别选取了

旅人与游记，新加坡博物馆与极乐寺，家庭与学校，在祖籍国中国与南洋本土、华人移民与殖民统治之间，情景再现地勾画并分析了上述各个层面的关联与差异，以及背后文化对话与霸权的主题和发展谱系。

21.《国际汉语教学案例与分析（修订版）》

编者：朱勇

出版社：高等教育出版社

出版时间：2015年8月

内容摘要：该书共分七章，分别是：教学环节、教学与管理、汉字教学、语言要素教学、文化与跨文化交际、语言技能教学和少儿与老年人汉语教学。该书既可以作为教材、培训材料使用，也可以作为课外阅读资源，主要适用于汉语国际教育专业的本科生和硕士生、外派志愿者、海内外新手教师、广大国际汉语教学研究者，以及有志攻读对外汉语学术硕士学位和汉语国际教育硕士学位的同学等。

22.《国际汉语教育 2015 辑》

编者：《国际汉语教育 2015 辑》编委会

出版社：外语教学与研究出版社

出版时间：2015年8月

内容摘要：该书是一本介绍国内外汉语教学信息、宣传中国汉语推广政策的论文集。其宗旨在于让国内对外汉语教学界真实、全面地了解国外汉语教学的历史和现状，让国内同人及时把握国外汉语教学界的新情况、新成就、新问题，促进全球汉语作为第二语言教学同行间的合作与交流，并适时地为教育部、中国国家汉语国际推广领导小组办公室制定相关政策提供可参考的资料。目前，该书已被中国知网（CNKI）全文收录。该论文集所收录的文章主要探讨了汉语国际教育硕士专业课程设置与教材开发、沉浸式教学、慕课平台在对外汉语教学中的应用等问题，是相关院校及教师学者了解学界热点问题和研究成果的重要资料。

23.《国际汉语教学案例争鸣》

作者：朱勇

出版社：高等教育出版社

出版时间：2015年8月

内容摘要：该书是《国际汉语教学案例与分析》的姊妹篇。该书精选了案例与分析的 100 道思考题，汇集了 100 余位国际汉语同人的观点，供读者因地制宜、因人而异地选择教学解决方案。该书还有针对性地提供了理论介绍和参考文献,有助于读者加深和扩展对教学实例的理解和认识。

24.《海外华文报纸的本土化与传播全球化》

作者:彭伟步

出版社:中山大学出版社

出版时间:2015 年 8 月

内容摘要:该书系统阐述了海外华文报纸的历史与现状,及其与当地主流社会的关系;全面分析了全球化对海外华文报纸的影响;深入探讨了它们的本土化现象、全球化图景、社会影响力、面对的问题与机遇等因素。作为少数族群传媒,海外华文报纸在新媒体冲击下仍然能够生存与发展,与其独特的传播环境有关。该书认为,本土化是海外华文报纸赖以生存的基础,全球化是其实现全球传播、扩大影响、维系族群身份和文化认同的重要途径。面对全球化的冲击,只有本土化,海外华文报纸才能生存;只有全球化,它们才能整合资源,改变过多过小、无序竞争的局面,从而更好地完成全球传播的任务,增强海外华文报纸的影响力,维护海外华人的权益,实现中华文化在海外的传播,改善和提升华人的形象。

25.《海外儿童汉语教材比较研究》

作者:张丽

出版社:人民出版社

出版时间:2015 年 9 月

内容摘要:该书搜集、整理有关儿童二语习得、儿童心理学的理论作为研究的理论基础,在此基础上考察儿童汉语教材在词汇选取、课文编写和活动设计等方面的编写特点,并具体描述这些理论如何应用于教材编写的实践。通过剖析这些教材的内涵和外延,检验这些理论的指导意义和可操作性。

26.《国际汉语教学词汇教学方法与技巧》

作者:李先银、吕艳辉、魏耕耘

出版社:北京语言大学出版社

出版时间:2015 年 9 月

内容摘要:该书将传授知识和教授技能结合起来,内容包括现代汉语词汇的基本知识和词汇教学的基本理论与基本方法,帮助读者在语言基本知识和教学基本技能方面打下良好的基础。该书坚持理论阐述和案例分析相结合,既概述词汇教学的目的、内容和原则，也结合实例阐述词汇教学的基本方法、教学环节和步骤，可以直接应用于个人的汉语教学实践中，做到了"既观森林，又知树叶"。该书适合有志于从事汉语国际教育的非本专业人士学习，也适合汉语国际教育的硕士生、博士生及新教师借鉴和提高，同时为汉语国际教育的专业教师提供了一个交流的契机。

27.《东南亚华文媒体用字用语研究》

作者：刘华

出版社：暨南大学出版社

出版时间：2015年9月

内容摘要：该书是国家语言资源监测与研究中心"海外华语研究中心"的研究成果之一。该书基于大规模语料库，利用计量方法，对海外华语——东南亚华文媒体的字词进行统计研究。统计数据充分翔实，不仅对语料进行介绍，还对研究方法和术语进行说明，为读者提供语料库计量研究方法和海外华语字词使用数据方面的参考。

28.《中华文化与华侨华人》

编者：中华文化学院

出版社：学习出版社

出版时间：2015年10月

内容摘要：该书精选了"中华传统文化与华侨华人"论坛上收到的40余篇论文，论文探讨了中华文化与华侨华人、华侨华人与文化交流、华侨华人与华文教育等内容，具有一定的学术价值和实践意义。该书涉及的内容广泛，有中国梦与华侨梦、中华文化与华侨华人、华侨华人历史回望、华侨华人与公共外交、华侨华人与文化交流、华侨华人与对外开放、华侨华人与华文教育等方面。

29.《美国中文教学研究》

作者：姚道中

出版社：华语教学出版社

出版时间：2015年11月

内容摘要：该书既囊括了宏观的中文教学研究，也包括了一些微观的测试和教学研究，是一本重要的研究美国中文教学的学术著作，对于想了解美国中文教学的大专院校学生及学术工作者具有参考价值。

30.《华文教材编写研究》

作者：郭熙

出版社：商务印书馆

出版时间：2015 年 11 月

内容摘要：该书梳理、展示了近 20 年来全球华文教材的编写和使用情况及相关的研究成果，包括编写原则、基础研究、使用现状、教材比较及教材数字化等方面，并在此基础上对该领域存在的问题和未来的发展前景进行了深入思考，对华文教材建设具有理论参考价值和实践指导作用。

31.《汉语国际教育硕士学位论文选》

编者：周小兵

出版社：中山大学出版社

出版时间：2015 年 11 月

内容摘要：该书集收入中山大学国际汉语学院汉语国际教育优秀硕士学位论文 16 篇，内容包括《对外汉语中级听力教学实验研究》《语文分进的教学模式对汉字能力的影响》《基于语篇的词汇练习题型对词汇习得效果的探究》《中级口语教材课文语料难度影响因素探析等汉语教学研究论文》《泰国学生汉语动态助词"着"习得研究》《汉语描写性状语与罗曼语对应成分的对比研究及偏误分析》等汉语习得研究论文，《〈官话篇〉与〈官话急就篇〉文化内容比较分析》《中文分级读物汉语风的词汇考察》《三套中韩儿童汉语教材练习的考察》等汉语教材研究论文。

32.《国际汉语（第 2 辑）》

编者：周小兵

出版社：中山大学出版社

出版时间：2015 年 11 月

内容摘要：该书反映世界范围内汉语教育、汉语文化传播、汉语国际应用等领域的最新研究成果，用以交流业内经验，提供有用信息，推动国际汉语教育、传播与应用事业的发展。该书适用于国内外从事汉语国际教育、汉语与中华文化传播、汉语国际应用的各类人士，包括汉语教师、研究人员、从业人员、相关专业学生及其他感兴趣的人士。

33.《汉语知识与教学技能》

作者：周小兵

出版社：北京语言大学出版社

出版时间：2015 年 12 月

内容摘要：该书共分五个部分。绪论部分简单介绍现代汉语的概况，介绍现代汉语在语音、词汇、语法、文字上的主要特点，方便学习者总体了解现代汉语的内容和各个部分的主要特点。其余四章，分别从语音、词汇、语法、文字四个方面，简单介绍现代汉语的基本知识，重点讲解语音、词汇、语法、文字方面的教学内容、教学原则、教学方法和技巧。在教学部分，有详细的教学步骤和大量的练习方法。此外，还列举了大量外国学生常见的学习难点，展示了解决难点的具体技能。

34.《对外汉语辞书调查与研究》

作者：解海江、郑晓云、章黎平

出版社：外语教学与研究出版社

出版时间：2015年12月

内容摘要：该书全面考察了国内外辞书编纂理念的几次重大转变，重点调查了对外汉语辞书的出版、用户使用情况及用户需求，以商务印书馆《学汉语词典》和 Oxford Chinese Mini Dictionary 等十多种代表性学习型语文辞书为基础，详细比较并分析了对外汉语辞书在收条、结构、释义和例句等方面的特点、主要优势及存在的问题，并有针对性地提出了改进建议。

35.《对外汉语课堂教学设计与技能》

作者：周国鹃、李迅

出版社：苏州大学出版社

出版时间：2015年12月

内容摘要：该书是为汉语国际教育硕士研究生和对外汉语本科学生编写的一本教材，旨在介绍对外汉语课堂教学规范，使新教师能遵照教学规范实施有效的教学。该书从一般课堂教学设计及技能入手，结合对外汉语教学实际，吸收汉语国际教育最新研究成果。该书主要内容包括：初级阶段的综合课教学、中高级阶段的综合课教学、汉语综合课教材分析、听力教学相关研究概述、汉语听力课型研究、听力微技能的培养等。

第五部分

华教天地

一　华文教育基地

为了适应海外华文教育快速发展的形势，中国国务院侨务办公室自2000年开始陆续在国内遴选实力雄厚、独具特色的高校和部分中学作为"华文教育基地"，为海外华文学校编写教材、培训师资，并承接海外华裔青少年的"中国寻根之旅"及冬夏令营等活动，有的基地还定期选派一些教师赴海外任教。这些活动的积极推广取得了良好效果，在一定程度上缓解了海外华文教育的教材与师资问题，推动了华文教育事业健康有序地发展。继前三辑年鉴之后，《世界华文教育年鉴（2016）》继续选择10个"华文教育基地"进行介绍，它们分布于中国多地，既有传统高校，也有优质中学。在中国国务院侨务办公室的领导下，这些"华文教育基地"与其他"华文教育基地"一起，从高处着眼、细处入手，为留住华夏儿女"共同的根"、延续"共同的魂"、实现"共同的梦"而贡献力量。

（一）华文教育基地名录

表 5-1　华文教育基地一览

序号	基地院校名称	所在省（自治区/直辖市）	所在城市
1	暨南大学#	广东省	广州市
2	华侨大学#	福建省	泉州市/厦门市
3	北京华文学院#	北京市	北京市
4	广西华侨学校#	广西壮族自治区	南宁市
5	昆明华文学校#	云南省	昆明市
6	安徽大学☆	安徽省	合肥市
7	安徽师范大学△	安徽省	芜湖市
8	东北师范大学☆	吉林省	长春市

续表

序号	基地院校名称	所在省（自治区/直辖市）	所在城市
9	海南大学*	海南省	海口市
10	海南师范大学☆	海南省	海口市
11	河南大学☆	河南省	开封市
12	湖南师范大学#	湖南省	长沙市
13	华东师范大学#	上海市	上海市
14	华中师范大学*	湖北省	武汉市
15	九江学院☆	江西省	九江市
16	辽宁师范大学*	辽宁省	大连市
17	南京师范大学*	江苏省	南京市
18	青岛大学*	山东省	青岛市
19	山西大学☆	山西省	太原市
20	陕西师范大学*	陕西省	西安市
21	上海师范大学*	上海市	上海市
22	四川大学*	四川省	成都市
23	泰山学院△	山东省	泰安市
24	天津大学*	天津市	天津市
25	温州大学*	浙江省	温州市
26	西北师范大学△	甘肃省	兰州市
27	厦门大学#	福建省	厦门市
28	延边大学△	吉林省	延吉市
29	浙江大学*	浙江省	杭州市
30	郑州大学△	河南省	郑州市
31	重庆师范大学△	重庆市	重庆市
32	北京海淀进修实验学校☆	北京市	北京市
33	成都树德中学☆	四川省	成都市
34	重庆市暨华中学#	重庆市	重庆市
35	哈尔滨外语学校☆	黑龙江省	哈尔滨市
36	杭州学军中学△	浙江省	杭州市
37	河南省实验中学△	河南省	郑州市
38	山东泰安艺术学校△	山东省	泰安市
39	深圳耀华实验学校△	广东省	深圳市
40	温州市少年艺术学校#	浙江省	温州市
41	温州体育运动学校	浙江省	温州市

续表

序号	基地院校名称	所在省（自治区/直辖市）	所在城市
42	张家口市第六中学	河北省	张家口市
43	贵州师范学院	贵州省	贵阳市

注：带△号者为《世界华文教育年鉴（2016）》重点介绍基地；
　　带☆号者为《世界华文教育年鉴（2015）》重点介绍基地；
　　带＊号者为《世界华文教育年鉴（2014）》重点介绍基地；
　　带#号者为《世界华文教育年鉴（2013）》重点介绍基地。

（二）华文教育基地院校风采

1. 安徽师范大学（安徽芜湖）

安徽师范大学是安徽省建校较早的高等学府，也是全国建立较早的综合性大学之一，是国务院侨务办公室的华文教育基地、汉语国际推广基地、国家HSK考点、安徽省汉语国际推广中心。它的前身是1928年创建于安庆市的省立安徽大学，1946年更名为国立安徽大学，1949年12月迁至芜湖与安徽学院合并，成立新的安徽大学。后又经历了安徽师范学院、合肥师范学院、皖南大学等几个办学阶段，1972年正式定名为安徽师范大学。

安徽师范大学一贯重视国际教育交流与合作，已与30多个国家和地区的几十所高等院校、科研机构、学术团体建立和发展了长期友好合作关系，并先后与英国、德国、澳大利亚、新西兰、韩国、日本、越南等国家和地区的教育机构联合举办了学历与非学历教育项目。安徽师范大学是全国较早获准招收公费外国留学生的高校之一，也是国家华文教育基地之一（与安徽大学联合申报），先后接收了30多个国家和地区的3000多名留学生来校学习和深造。

安徽师范大学国际教育学院（外事办公室）是集全校外事管理和外国留学生教育为一体的综合性部门，具有行政职能和教学的双重性质，负责全校外事管理和外国留学生教育，承担着学校的国际交流与合作、外国专家以及外国留学生教育等工作。

安徽师范大学华文教育基地作为国务院侨务办公室的华文教育基地，除充分利用学校总体的条件和资源外，另拥有专门的管理机构及配套的教学和生活服务设施。基地还同安徽省内，特别是皖南风景区管理部门和各参观游览景点建立了密切的合作关系，这些均为学校基地活动的开展提供了有力的支持。

2. 泰山学院（山东泰安）

泰山学院是经国家教育部批准设立的一所本科层次的全日制普通高等学校，由泰安师专等五所院校合并组建而成,其前身可追溯到1905年创办的泰安府官立师范学堂。学校坐落在泰山脚下,毗邻碧波荡漾的天平湖,校园环境幽雅、花木繁茂,碧草如茵,景色宜人。学院设备完善,师资力量雄厚,是山东省有一定影响的师范学校。

学校注重树立国际化办学理念,重视培养学生的国际意识、国际交往能力和国际竞争力。先后与美国、澳大利亚、泰国、日本、韩国、中国台湾、中国香港等国家和地区的14所高校建立了交流与合作关系。自1982年开始常年聘任多名外籍教师到校任教,1995年开始招收外国留学生,1999年申报为国务院侨务办公室华文教育基地(与泰安艺术学校联合申报)基地之一,每年都有多名教师被公派出国任教。

近年来,学校在上级党委、政府的领导下抓住机遇,加快发展,教育教学质量和整体办学水平不断提高,先后荣获全国卫生工作先进单位、社会实践先进单位,山东省"文明单位""文明校园""德育工作优秀单位""平安校园"等称号。目前,学校正以科学发展观为统领,坚持"特色发展、服务地方"的办学思路,继续发扬"敢于争先、敢创一流"的办学传统和精神,为实现学校"十一五"规划和"三步走"战略,促进学校又好又快发展而努力奋斗。

泰山学院中国语言文学系前身是泰安师范专科学校中国语言文学系,始建于1958年。1980年中文系汉语言文学专业被山东省教育厅评为普通高校重点专业,1999年被山东省教育厅评为山东省普通高等学校教学改革试点专业。中文系教师积极从事教学与科学研究,创设了"以教师为主导,以学生为主体,以发展为主线"的"主体性教学模式",形成了良好学风和教风,显现出强劲的基础学科实力,传统优势较为突出。该系汉语国际教育专业注重汉英双语教学,以培养汉语和英语基础扎实,对中国文学、中国文化及中外文化交往有较全面了解的对外汉语专门人才以及能在中外文化交流相关岗位工作的应用型语言学人才。

3. 西北师范大学(甘肃兰州)

西北师范大学是甘肃省人民政府和国家教育部共同建设的重点大学、国家重点支持的西部地区14所大学之一。2012年,国务院侨务办公室依托学校设立"西北师范大学华文教育基地"。

学校注重国际合作与交流,积极推进国际化发展战略。与美国中田纳西州立大学、美国南伊利诺伊州立大学、苏丹喀土穆大学、英国胡弗汉顿大学、白俄罗斯国立师范大学、新西兰奥克兰大学、香港大学、台湾新竹教育大学等国外及港澳台地区高校建立了长期稳定的战略合作伙伴关系,与海外70多所科研机构签订了学术合作与交流协议,在学生联合培养、教师互访、科学研究等方面开展实质性合作。目前,学校已与苏丹喀土穆大学、摩尔多瓦自由国际大学、波斯尼亚和黑塞哥维那萨拉热窝大学分别合作，建立了 3 所孔子学院。

西北师范大学国际文化交流学院成立于 2012 年 6 月，是西北师范大学专门从事对外汉语教学和研究的二级学院，主要承担本科生、研究生、留学生、华裔学生等不同类型学生的教学、培养、培训和文化传播任务。

学院拥有一批高水平的对外汉语师资队伍，大多数教师具有海外汉语教学经验。师资队伍专业结构、年龄结构、梯队结构和学缘关系合理。现有专职教师 22 人，外聘实务部门指导教师 2 人，外聘海外教师 3 人。

学院现有本科生 257 人，汉语国际教育专业外国籍硕士研究生 11 人，汉语国际教育专业中国籍硕士研究生 97 人以及来自美国、韩国、土耳其、苏丹、蒙古、摩尔多瓦、西班牙、肯尼亚、摩洛哥、巴拿马、巴西、哈萨克斯坦、土库曼斯坦、吉尔吉斯斯坦、白俄罗斯、荷兰、罗马尼亚、菲律宾 18 个国家的语言生 95 人。

学院将继承和发扬百年师大教学育人优良传统，以"推广汉语语言，弘扬中国文化，促进国际交流"为使命，不断提高办学水平，为向国内外输送优秀的汉语国际教育及国际文化交流人才贡献力量。

4. 延边大学（吉林延吉）

延边大学成立于 1949 年 4 月，坐落在享有"教育之乡"美誉的吉林省延边朝鲜族自治州首府延吉市，是一所具有鲜明民族特色的地方综合性大学，也是国家"211 工程"重点建设大学。

延边大学汉语言文化学院成立于 2000 年 4 月，其前身是 1949 年组建的汉语教研室。1955 年建立汉语言专业，2001 年建立对外汉语专业（即汉语国际教育专业）。经过半个多世纪的建设，现已发展成为拥有汉语言专业、对外汉语专业两个本科专业和对外汉语教学研究中心、双语教学研究所、《汉语学习》杂志编辑部等在内的教学和科研实体，同时还是中国国家汉语国际推广领导小组办公室设立的对外汉语教学重点学校和国务院侨务办公室设立的华文教育基地。

延边大学汉语言文化学院于 1981 年获得国家首批硕士学位授权点——汉语言文字学硕士学位授权点，1998 年该学位授权点又被批准为吉林省重点学科，2011 年被评为中国语言文学一级学科硕士点，2012 年被评为吉林省"十二五"优势特色重点学科。今后，学院将重点建设汉语言、汉语国际教育两个本科专业，努力申请汉语国际教育专业硕士学位授权点，将学院建设成为国内同类院校中水平一流、双语文化特色鲜明、国际声誉较高的对内、对外汉语人才培养与研究基地。

5. 郑州大学（河南郑州）

郑州大学是国家"211 工程"重点建设高校、国家"中西部高校提升综合实力计划"入选高校、河南省人民政府与教育部共建高校。已完成综合性大学布局。学校设有哲学、经济学、法学、教育学、文学、历史学等12个大学科门类,各学科门类均衡发展。

郑州大学与美国、英国等40多个国家和地区的180余所知名高校建立校际合作关系。其中,与澳大利亚莫纳什大学、伍伦贡大学及波兰华沙大学、罗兹大学等国外高校合作办学,与美国波特兰州立大学、美国威斯康星大学密尔沃基分校、美国南伊利诺伊大学、德国杜伊斯堡埃森大学等国外高校建立学生互派交流机制。学校每年接待国(境)外来访1000余人次、数百名师生出国(境)访问交流。学校在印度开设了孔子学院。

郑州大学文学院的前身为郑州大学中文系,始建于1956年。1963年,郑州师范学院中文系并入。在学科建设方面,中国古典文献学为博士学位授权点,中国语言文学、艺术学理论、戏剧与影视艺术为一级学科硕士学位授权点,其中中国语言文学一级学科硕士点涵盖中国古代文学、中国古典文献学、中国现当代文学、比较文学与世界文学、文艺学、汉语言文字学、语言学及应用语言学和秘书学8个二级学科硕士点,此外还有美学硕士学位授权点和汉语国际教育专业硕士学位授权点。学院科研实力较强,多数教师都承担有国家社科基金和河南省社科规划项目,主办了3个公开发行的学术刊物,即《语文知识》《美与时代》和《中国古典文学与文献学研究》。此外,学院还有3个社会服务性质机构,即国家汉语水平考试(HSK)郑州大学考点、郑州大学语言文字工作委员会普通话测试与培训中心和郑州大学秘书职业技能培训中心。

6. 重庆师范大学(重庆)

重庆师范大学创办于1954年,是新中国成立后较早成立的高等师范学校之一。学校是国务院学位委员会批准的首批学士学位授权单位,也是1986年获得批准的第3批硕士学位授权单位,是国务院侨务办公室在西部设立的"华文教育基地"。经过50多年的建设和发展,学校已成为一所以教师教育为特色、自然科学与人文社会科学协调发展的多科性高等师范大学。

学校坚持以学科建设为龙头,以教学科研为中心,立足科学前沿以及地方社会经济和教育发展的需要,注重加强基础研究和应用研究,推动理论创新和原始创新,科学研究取得丰硕成果。经过多年的培育与建设,一批优势和特色学科日益壮大,新的学科点不断崛起,富有特色的学科体系基本形成。

重庆师范大学国际合作与交流处(含港澳台办公室、华文教育基地办公室)是代表学校开展国际事务的职能部门,是学校执行党和国家外事政策和处理涉外工作的部门，负责制定学校国际交流工作与港、澳、台工作以及华文教育基地工作的年度计划和年度工作总结，负责华文教育基地的日常事务管理工作，并牵头会同有关部门深入挖潜，不断拓展华文教育工作的深度和范围，开拓新的工作项目。

学校积极开展国际合作交流，先后与美国、俄罗斯、加拿大、澳大利亚、瑞典、马来西亚、印度尼西亚等 20 多个国家和地区的教育机构建立了长期的合作交流关系。学校是经国务院外国专家局批准的具有 A 一级资格证书的外国文教专家聘请单位，也是教育部批准的接受外国留学生和港、澳、台学生的院校。

重庆师范大学国际汉语文化学院可以提供汉语言专业（本、专科）、对外汉语教学专业（本科）、汉语语言研修、短期合作交流、华文师资培训、HSK 辅导等多层次、多形式的汉语教育。经过多年的教学实践，学院逐步总结出了"授课班小，分类指导，课内精讲多练，课外搭桥牵线"的教学经验。在精讲多练的课堂教学之外，组织外国学生与文学院、外国语学院、教育科学学院、音乐学院中普通话水平较高的中国学生结对子、交朋友，并组织汉语文化旅游、中国社会实地考察、语言活动课、中外学生联欢会等丰富多彩的活动，让学生们更直接地感受灿烂的中国文化，在实践中提高能力。

7. 杭州学军中学（浙江杭州）

杭州学军中学（原杭州大学附属中学），创建于 1956 年，是浙江省一级重点中学、浙江省一级普通高中特色示范学校。学军中学的办学目标是：积极吸收国内外先进教育思想，发扬"和谐、求实、创新"的校风，努力把学校办成一所高水平、现代化、在全国具有较高知名度的一流学校，使之成为教学改革、科学研究的实验性学校，教育教学示范性学校，对外开放的窗口学校。

杭州学军中学素以学生素质高、师资队伍强、校园环境优美、教学设施精良而蜚声于省内外。学校重视学生个性特长的发展、现代教育技术环境建设和信息技术教育以及校园文化氛围建设。

杭州学军中学是国务院侨务办公室华文教育基地、浙江省和杭州市重点涉外单位，拥有开放的胸襟和国际化的视野。作为浙江省对外开放较早的"窗口学校"、国务院侨务办公室华文教育基地和杭州市政府确定的杭州市首批重点涉外单位，自 1972 年至今，学校已经接待了 58 个国家和地区的外宾 46000 余人，并和美国、英国、德国、法国、日本、加拿大、澳大利亚、意大利、西班牙、瑞典等国的名校建立互相交流、互派师生的友好合作关系。学校还每年选派优秀学生赴新加坡南洋理工大学、新加坡国立大学以及法国、日本的著名大学留学，通过对外交流，扩大师生视野，提升办学理念。

学校对外交流的开展，加深了外国朋友对中国学生的了解，树立了中国教育的良好形象，也使学校的学生开阔了眼界，促进了外语教学水平和学生听说能力的大幅度提高，与各国的青少年朋友建立了深厚的友谊，为今后步入现代化、国际化社会打下了坚实的基础。

8. 河南省实验中学（河南郑州）

河南省实验中学是河南省教育厅直属单位，是河南省首批示范性高中。学校创建于1957年，原名郑州师专附中，1979年定名为河南省实验中学。自建校以来，河南省实验中学全面贯彻党的教育方针，坚持实施素质教育，注重培养学生的道德修养，规范学生的行为准则。学校先后获得国家级绿色学校、国家级体育传统项目学校、全国学校体育卫生工作先进单位、全国先进科研教改实验学校、省级文明单位、河南省办学管理规范化学校、省级安全文明校园等称号。

河南省实验中学国际部创建于2003年，以"培养高素质、综合型、具有国际视野、能够代表中国参与世界竞争的国际化人才，实现中原儿女步入世界一流大学、角逐世界舞台的梦想"为办学目标。目前，该校国际部有中加、中日两个项目，24个教学班，外籍教师26名（教授英语、数学、物理、化学、生物、历史、地理、综合科学、戏剧、日语等高中学科），在读学生800名。河南省实验中学注重加强对外合作与交流，与美国、加拿大、澳大利亚、日本等国的教育机构和学校建立了友好合作关系，成为基础教育对外开放的重要窗口。

近两年，日本麻布中学、韩国丰山高中、美国卡瑞中学等友好学校的师生先后到河南省实验中学交流访问，进行多种形式的文化交流，例如上国画课、领略中国功夫、开展篮球友谊赛、参观校史馆、参观河南省博物院等。厚重的中原文化和灿烂的中华文明给友好学校的师生们留下了深刻印象。河南省实验中学和友好学校每年定期互访，分享经验，实现优质资源共享，为双方更好地在国际平台和更宽视野中加强合作、共谋发展打下坚实基础。

9. 山东泰安艺术学校（山东泰安）

山东泰安艺术学校创建于1985年，是一所经教育部认定的国家级全日制普通中等专业艺术学校，是山东省百所骨干示范学校之一，是中国艺术教育研究会理事单位，中国中等艺术教育学会理事单位，国务院侨务办公室批准的华文教育基地之一（与泰安师范专科学校联合申办）。

学校坐落于泰山脚下，规模宏大，占地面积47087平方米。学校师资力量雄厚，其中高级讲师25人、讲师56人，拥有研究生学历者14人。有多人到日本、文莱、澳大利亚、泰国、英国等国家访问学习和交流。建校以来，学校秉承"以市场需求为导向、以服务贡献于社会"的办学宗旨，向社会输送了大批优秀的艺术人才。

改革开放以后，山东泰安艺术学校广泛开展国际交流合作，引进国外智力资源，促进自我发展，不断提高办学水平。面对改革开放的有利时机，该校遵循邓小平同志的"教育要面向现代化，面向世界，面向未来"的指导思想，积极扩大对外交流，引进国外智力及国外先进的科研成果及教学管理经验，极大地促进了学校教学、科研工作的发展。

山东泰安艺术学校开展外教（专）聘请工作较早，管理工作完善，聘用效益显著。国外智力人才的引进在教师中产生了积极的影响，中外教师相互交流，共同探讨教学方法，提高了学校教师队伍的整体业务素质，带动了全校师生学习英语的热情。山东泰安艺术学校还积极开拓各种渠道，促进学校对外交流和对外汉语教学的发展。1993年7月，该校与加拿大高桂林学院签订协议，结为友好学校，协议相互交流办学经验及互派人员进修学习。1995年，经山东省教育委员会批准，学校获得招收留学生资格，随即组建对外汉语教学队伍，制定教学大纲以及有关留学生教学和生活管理的各项规章制度，开展留学生的招收和教学工作，现已有日本、美国留学生在校学习。1998年，学校与美国环球教育协会（CGE）建立了联系，该协会已派其外事办的负责人到泰安艺术学校考察，并协商建立有关校际交流的事宜。泰安艺术学校有着多年的丰厚积淀，目前又面临着良好的发展机遇，全体教职工正在进一步深化改革，励精图治，与时俱进，为把泰安艺术学校打造成名牌学校而奋斗。

10. 深圳耀华实验学校（广东深圳）

深圳耀华实验学校创办于2004年5月。学校位于深圳市中心地区，东依莲花山，南靠香蜜湖，占地31117平方米，建筑面积25000平方米。建校以来，该校彰显办学特色、强化教学管理、致力于提高办学质量，使学校进入了良性发展的轨道。学校的办学目标是"创建最具中国特色、与国际接轨的世界名校"。选择性教育、国际教育是学校的两大亮点。办学10多年来，该校为深圳市提供了数以千计的优秀毕业生，成为社会公认的优质学校。

2009年，经深圳市教育局批准，该校开展国际课程实验，创立了领先的国际教育教学培养模式——社会实践、留学推荐为一体的"一站式"服务；实现了与世界名校（如美国新常青藤院校克莱蒙特大学联盟等）的战略合作，并取得了丰硕的办学成果。同时国际部为每个学生量身定做留学规划、留学申请和文书策划。国际班每间教室均配备多媒体交互式触摸一体机，运用现代教育技术，积极探索适合该校实际的教学模式。

深圳耀华实验学校是一所重视公益事业的民办学校。2010年，学校捐资3000多万元设置了"中国华文教育基金会耀华奖学金"，拟在5年内培养100名高素质的华裔人才。2012年5月9日，深圳市耀华实验学校被中国国务院侨务办公室授予"华文教育基地单位"，首届华文教育国际班19名学生分别来自泰国、菲律宾、印度尼西亚、缅甸、老挝等国。该校已成功承办多届海外华文教师的来校考察、研习活动，受到了社会各界的好评。深圳耀华实验学校董事长田贵联表示，学校将充分利用基地的"品牌"效应，努力提高华文教育基地的人才培养质量，力争把国务院侨务办公室华文教育基地建成特色鲜明、国内一流的示范基地。

二 华文教育示范学校

建设海外华文教育示范学校是国务院侨务办公室为推动新时期海外华文教育发展而采取的一项新举措,首批示范学校建设于2008年启动,并取得了一定成绩,积累了经验。在此基础上,本着"成熟一批,评选一批,建设一批,成功一批"的基本原则,国务院侨务办公室于2011年初再行启动第二批评选活动,在众多候选学校(组织)中确定了15个国家的46所学校(组织)作为第二批"华文教育示范学校(单位)"。"华文教育示范学校(单位)"的评选得到广大海外华校的热烈响应,2013年有27个国家的88所海外华文学校(组织)入选第三批"华文教育示范学校(单位)",2014年有7个国家的18所华校(组织)入选第四批"华文教育示范学校(单位)"。目前的"华文教育示范学校(单位)"总数已增至207所,覆盖五大洲35个国家。

从2010年起,国务院侨务办公室在教材编写与提供、教师培训与培养和华裔学生活动等方面加大对示范学校的支持力度。目前,示范学校的办学水平、办学规模和办学影响均得到了明显的提高,带动了当地其他华校提升办学水平,进一步促进了所在国家和地区的华文教育发展。继前三辑年鉴之后,《世界华文教育年鉴(2016)》继续选择20所遍布海外的"华文教育示范学校(单位)"进行介绍。

(一)国务院侨务办公室华文教育示范学校

表5-2 2009年首批"华文教育示范学校(单位)"入选名单(58所)

国家	入选学校(单位)名称
菲律宾	1. 菲律宾中正学院*
	2. 菲律宾侨中学院#
	3. 宿务耶稣会圣心学校*

续表

国家	入选学校（单位）名称
菲律宾	4. 描戈律大同中学☆
老挝	5. 万象寮都公学#
	6. 沙湾拿吉崇德学校*
	7. 百细华侨公学*
蒙古国	8. 旅蒙华侨友谊学校#
日本	9. 横滨山手中华学校*
	10. 神户中华同文学校#
泰国	11. 北榄公立培华学校*
	12. 国光慈善中学*
	13. 育华学校*
	14. 智民学校#
缅甸	15. 东方语言与商业中心△
	16. 福星语言与电脑学苑#
	17. 福庆学校*
文莱	18. 文莱中华中学#
韩国	19. 汉城华侨小学#
	20. 韩国大邱华侨小学☆
奥地利	21. 维也纳中文学校#
	22. 维也纳中文教育中心*
丹麦	23. 丹麦华人总会中文学校#
	24. 美人鱼中华文化学校*
荷兰	25. 旅荷华侨总会乌特勒支中文学校#
	26. 安多芬中文学校*
西班牙	27. 马德里华侨华人中文学校#
英国	28. 伯明翰华联社中文学校*
	29. 伦敦普通话简体字学校#
	30. 华夏中文学校☆
意大利	31. 意大利普拉托华人华侨联谊会中文学校*
	32. 米兰华侨中文学校#
加拿大	33. 蒙特利尔佳华学校#
	34. 亚省中文学校☆
	35. 侨文中文学校*
	36. 湾景周六中文学校△
	37. 温哥华北京中文学校*

续表

国家	入选学校（单位）名称
美国	38. 希望中文学校#
	39. 南侨学校*
	40. 圣地亚哥华夏中文学校☆
	41. 尔湾中文学校☆
	42. 休斯敦华夏中文学校☆
	43. 亚特兰大现代中文学校*
	44. 华夏中文学校△
	45. 希林亚裔社区中心△
澳大利亚	46. 澳大利亚汉语国际推广中心#
	47. 南澳中华会中文学校☆
	48. 苗苗中文学校*
	49. 神州中文学校☆
新西兰	50. 基督城路易·艾黎中文学校#
	51. 奥克兰现代中文学校☆
毛里求斯	52. 新华学校#
巴西	53. 圣保罗华侨天主堂中文学校*
	54. 袁爱平中巴文化中心☆
苏里南	55. 广义堂中文学校#
法国	56. 法国华侨华人会中文学校#
	57. 法国潮州会馆中文学校*
	58. 法国欧洲时报文化中心中文学校☆

注：带△号者为《世界华文教育年鉴（2016）》重点介绍学校；
带☆号者为《世界华文教育年鉴（2015）》重点介绍学校；
带*号者为《世界华文教育年鉴（2014）》重点介绍学校；
带#号者为《世界华文教育年鉴（2013）》重点介绍学校。

表5-3 2011年第二批"华文教育示范学校（单位）"入选名单（46所）

国家	入选学校（单位）名称
菲律宾	1. 菲律宾中西学院☆
	2. 菲律宾华文教育研究中心△
	3. 怡朗新华学院
	4. 三宝颜中华中学
柬埔寨	5. 金边端华学校☆
	6. 崇正学校△
	7. 福建会馆民生中学

续表

国家	入选学校（单位）名称
缅甸	8. 缅甸东枝东华语言与电脑学校☆
	9. 缅北腊戌果文中学△
泰国	10. 泰京培英学校☆
	11. 罗勇府公立光华学校△
	12. 龙仔厝府三才公学△
	13. 呵叻府磨艾县公立育侨学校
	14. 帕府中兴学校
	15. 泰南勿洞中华学校
澳大利亚	16. 悉尼大同中文学校△
	17. 丰华中文学校
	18. 悉尼中文学校
	19. 中华会馆黎明中文学校
阿根廷	20. 富兰克林中文学校☆
德国	21. 柏林华德中文学校☆
	22. 巴伐利亚中文中心学校△
	23. 不来梅华威中文学校
	24. 汉堡汉华中文学校☆
	25. 斯图加特汉语学校
荷兰	26. 丹华文化教育中心△
加拿大	27. 渥太华欣华中文学校△
	28. 大温哥华中华文化中心李树坤书院-中文学校
	29. 卡尔加里育丰中文学校
美国	30. 哈维中文学校△
	31. 美中实验学校
	32. 剑桥中国文化中心
	33. 瑞华中文学校
葡萄牙	34. 里斯本中文学校△
瑞典	35. 瑞青中文学校△
	36. 瑞京中文学校
比利时	37. 布鲁塞尔中文学校△
西班牙	38. 马德里爱华中文学校△
	39. ESERP孔子文化学校
	40. 中国文化学校
	41. 中加西友好学校

续表

国家	入选学校（单位）名称
意大利	42. 基督教罗马中文学校△
	43. 意大利佛罗伦萨中文学校△
	44. 米兰第一中文学校
	45. 意大利金龙学校
	46. 罗马中华语言学校

注：带△号者为《世界华文教育年鉴（2016）》重点介绍学校；
带☆号者为《世界华文教育年鉴（2015）》重点介绍学校。

表5-4　2013年第三批"华文教育示范学校（单位）"入选名单（88所）

国家	入选学校（单位）名称
菲律宾	1. 罗申那同和中学暨附小
	2. 红奚礼示立人中学
	3. 菲律宾怡省毓侨中学
	4. 怡朗华商中学
	5. 宿务中华中学
	6. 碧瑶爱国中学
	7. 仙朝峨中华中学
韩国	8. 光州全南中国侨民学院中国华侨学校
柬埔寨	9. 公立广肇中学
	10. 暹粒中山中学
	11. 西哈努克省公立港华学校
	12. 立群学校
老挝	13. 老挝琅勃拉邦新华学校
缅甸	14. 缅甸仰光九龙堂天后华文补校
	15. 八莫佛经学校
	16. 曼沾勐稳学校
	17. 抹谷千佛寺学校
	18. 景栋中文培训中心
日本	19. 同源中国语学校
	20. 九州中国人学者技术人员联谊会附设习悦中文学校
泰国	21. 曼谷培知公学
	22. 芭提雅明满学校
	23. 大城强华学校
	24. 网銮公立建华学校
	25. 清迈崇华新生华立学校

续表

国家	入选学校（单位）名称
泰国	26. 彭世洛醒民学校
	27. 清莱网攀公立中华学校
	28. 泰国坤敬公立华侨学校
	29. 乌汶第二华侨学校
	30. 德教树强学校
	31. 泰国合艾陶华教育慈善中学
	32. 东盟普及泰华学校
爱尔兰	33. 爱尔兰华协会中文学校
波兰	34. 华沙汉语中心
	35. 华沙中文学校
比利时	36. 安特卫普中文学校
德国	37. 德国柏林益智中华文化学校
	38. 德国华达中文学校
	39. 汉园杜塞尔多夫中文学校
	40. 纽伦堡中文学校
法国	41. 法国语言文化国际交流协会附属精英中文学校
	42. 法国中华学校
捷克	43. 布拉格中华国际学校
挪威	44. 挪威中文学校
葡萄牙	45. 维拉贡德中文学校
瑞典	46. 斯德哥尔摩新星中文学校
	47. 哥德堡第一中文学校
瑞士	48. 日内瓦中文学校
西班牙	49. 塞维亚中文学校
	50. 巴塞罗那中国学校
英国	51. 英国共和协会中文学校
	52. 英国依岭中文学校
	53. 英国格林威治中文学校
	54. 苏格兰华夏中文学校
	55. 曼城侨联社华人子弟学校
意大利	56. 米兰龙甲中文学校
哥斯达黎加	57. 中哥文化教育中心
加拿大	58. 蒙特利尔孔子学校
	59. 孟尝会中文学校
	60. 怀尔逊中文学校

续表

国家	入选学校（单位）名称
加拿大	61. 侨道中文学校
美国	62. 特拉华州春晖中文学校
	63. 美洲中华中学校
	64. 美国夏威夷明伦学校
	65. 德克萨斯达拉斯现代语文学校
	66. 底特律中文学校
	67. 西北中文学校
	68. 克利夫兰当代中文学校
	69. 亚省现代中文学校
	70. 圣路易现代中文学校
	71. 长城中文学校
	72. 密歇根州新世纪中文学校
	73. 俄亥俄州现代中文学校
	74. 亚省希望中文学校
	75. 安华中文学校
	76. 大辛辛那提中文学校
牙买加	77. 牙买加中华会馆中文班
阿根廷	78. 阿根廷侨联中文学校
澳大利亚	79. 悉尼实验中文学校（原大同中文学校）
	80. 樱桃小溪华人协会中文学校
	81. 布里斯班中文学校
	82. 同心中文学校
	83. 亚洲语文学校
	84. 新金山中文学校
	85. 新金山文化学校
新西兰	86. 惠灵顿中文学校
	87. 新西兰华人社区服务中心文化学院
	88. 奥克兰华新中文学校

表5-5　2014年第四批"华文教育示范学校（单位）"入选名单（18所）

国家	入选学校（单位）名称
柬埔寨	1. 贡布省禄山市公立华侨学校
	2. 逢咋叻县觉群学校
缅甸	3. 曼德勒云华师范学院
	4. 大其力大华佛经学校

续表

国家	入选学校（单位）名称
泰国	5. 泰国春府大众学校
	6. 光明华侨公立学校
	7. 横色令县公立敬德学校
	8. 武哩喃公立华侨学校
	9. 陶公复兴学校
英国	10. 伦敦哈劳中文学校
	11. 曼彻斯特中国教育文化社区协助中心中文学校
加拿大	12. 萨城中文学校
	13. 环球中文学校
澳大利亚	14. 澳华公会中文学校
美国	15. 光华中文学校
	16. 明尼苏达明华中文学校
	17. 凯瑞中文学校
	18. 匹兹堡中文学校

（二）海外华文教育示范学校风采

1. 缅甸东方语言与商业中心

缅甸东方语言与商业中心于2002年由缅甸福建同乡总会、缅甸华商商会、缅甸广东工商总会、缅甸云南同乡会、缅华妇女协会、南洋中学校友会和华侨中学校友会等8个侨团联合创办。建校13年来，在社会贤达的无私奉献和历任校董的不断开拓下，现在拥有800名学生、65名教职员工，并设有从幼儿园、小学、初中到高中的一系列汉语课程。

学校多年来得到了中国国务院侨务办公室、云南省侨务办公室以及中国驻缅甸使领馆的关心与支持，是与中国云南师范大学合作创办的华文教育机构。经过十余年的摸索与改进，该中心制定出了符合缅甸国情及本校校情的各项规章制度。学校管理逐步规范化，并于2009年荣获中国国务院侨务办公室授予的"华文教育示范学校"荣誉称号。

缅甸东方语言与商业中心自2011年3月启动"课堂教学实践与探究"教学活动。在教学实践中，学校进一步加强教学常规的指导与督查，注重处理教师的"教"与学生的"学"两者之间的互动关系，尽量做到寓教于乐；要求教师加强教育教学理论的学习、注重教育教学理念的更新、在意教育教学方法的创新，尽量做到因地制宜、因材施教；鼓励教师们在教学中积累教学经验，力争形成个人的一套"行之有效"的教学风格。

缅甸东方语言与商业中心多年来秉承"见贤思齐"的理念，积极鼓励学生主动学习、努力学习、积极参与课外文体活动。学校为这些学习优秀、活动中表现突出的学生举办隆重的颁奖典礼，一来是肯定获奖学生的努力与付出，二来是对未获奖学生的鼓舞与激励，希望以此带动全校学生努力学习和参加活动的积极性。为此，学校尽量将奖项多样化，使获奖面更广，让更多学生获得荣誉。

2. 加拿大湾景周六中文学校

加拿大湾景周六中文学校隶属于约克区教育局，是加拿大安大略省约克郡教育局开办的一所中文学校，设有幼儿园大班到八年级共9个年级的简体国语班、繁体国语班和粤语班，开设从幼儿园大班到八年级的繁体字、简体字、普通话及粤语课程。课程兼顾听、说、读、写的基本能力，并根据当地社区及教育局的要求，对教学内容进行合理安排。目前，学生汉语听说能力学习占60%～80%，读写能力学习占20%～40%。幼儿学生以听说为主，学习难度按年级递升而增加。

学校简体字国语班以暨南大学编订的《中文》为主要教材，繁体字国语班以《生活华语》为授课教材，粤语班则使用约克郡教育局编订的教材。学校积极采纳世界各地编订的优秀素材，根据学生的不同需求灵活选用。

除校长及教师外，学校教职员工还有办公室助理及学生志愿者20余人，分别来自中国大陆及港澳台地区、新加坡、马来西亚等地。所有教师在原居地均获得大专资历和教育学位，具有丰富教学经验。教学过程中，老师们不断进修，努力获取安大略省中小学教师执照或幼儿教育执照，或者通过攻读硕士、博士学位等方式提升自己。此外，老师们都积极参加各种培训课程，包括国务院侨务办公室举办的暑期汉语教师研修班和本地华文教育团体举办的研修班等。

学校以华侨子弟居多，部分在加拿大出生，也有非华裔学生，包括加拿大、韩国、日本、菲律宾、南美洲、非洲等不同国家或地区。学生们秉承对汉语言和中华文化的热忱，每周六一早便到学校上课。学校教学涵盖汉语学习的听说读写各方面，特别强调对学生的听说训练，以适应当地学生的实际需求。学校备有多种教学材料及资源，包括丰富的视听教材、各类图书、字典等，并购置了计算机和投影机，以推进教学现代化发展。学校教学资源丰富，教学成果显著，为海外华文教育推广做出了重大贡献。多位外籍学生在社区举办的华语朗诵比赛中屡获冠军。

3. 美国华夏中文学校

美国华夏中文学校成立于1995年2月，1996年开始建立分校。华夏中文学校选用人民教育出版社出版的《标准中文》和暨南大学编写的《中文》教材。开设的班级包括学前班、拼音班、一到八年级语言班以及高级中文班。学生在校学习时间可长达10年。作为一个非营利组织，学校以教授中文、弘扬中华文化、服务社区为宗旨，实现以总校董事会为领导，总校长负责的校委会管理运作体系。华夏中文学校的精神就是"热爱中华文化并为之无私奉献"。

华夏中文学校现已发展为一个教育系统，机构设置有华夏总校和各分校。总校主要致力于组织大型活动，协调总校与分校以及各分校之间的关系，并向分校提供管理和业务上的指导意见和交流平台。华夏中文学校董事会由各分校和总校的代表组成，是学校的最高权力机构。董事会下设总校部，由总校长及若干成员组成，负责华夏中文学校的日常工作。所有分校都是独立运作、独立核算的单位，但对华夏中文学校系统或总校有一定的权利和义务，同样华夏中文学校系统或总校对分校也有一定的权利和义务。

作为始建于新泽西州的一所教授汉语拼音和简化字的学校，华夏中文学校的建立引起华人社区广泛深远的响应和热情的支持参与。十几年来，学校成长壮大，由刚开始的70多位学生增加为目前的7000多名，20所分校遍及新泽西州、纽约州、宾夕法尼亚州和康涅狄格州，已成为全美规模较大的中文学校。

华夏中文学校以教授中文、提高学生中文水平为宗旨。来自四面八方的学生共同参与形式多样、生动活泼的中文学习竞赛。为满足外籍学生日益高涨的学习中文的热情，华夏许多分校还增设了"汉语作为第二语言"学习班。此外，学校每年举办多姿多彩的大型校际活动，如"华夏之夜""华夏之星""华夏田径运动会"等，每个学生都有展现才艺和才华的机会。华夏中文学校也是许多华人家庭交友娱乐的好去处。

4. 美国希林亚裔社区中心

美国希林亚裔社区中心由希林协会于2003年1月成立，是一个非营利组织。该组织致力于为大芝加哥地区的亚裔社区服务。希林亚裔社区中心利用多元文化的优势，创造了一个充满活力的多元化社区中心，为社区家庭的儿童和老人提供各种资源，包括教育、文化资源等。

希林亚裔社区中心以更好地服务芝加哥地区的亚洲人群为使命。中心提供的教育计划旨在为移民儿童和成人创造跨文化的双语环境。中心承诺为想要得到全面发展的人提供各种丰富的教学资源，包括成套的中国语言、文化、数学和英语课程。通过与美国当地教育机构合作，中心设计了明确的教学方案。通过对中美教育体系的研究，希林亚裔社区中心设计了独特的教学方法，通过为学生提供跨文化学习的机会，使学生充分利用双语文化进行语言学习。中心的课程任务是尽可能地挖掘学生的潜能和创造力。

希林亚裔社区中心下属的希林艺术中心（现更名为希林画院）成立于1996年，设有成人表演艺术团、少儿艺术团。希林艺术中心致力于传播中国文化，致力于成为北美国最大、最全面的儿童艺术教育机构。表演团体已应邀在全美范围内的许多重大文化活动上演出，表演团也受邀参加在中国举办的国际儿童艺术节。希林艺术中心一直在芝加哥地区创造新的多元文化表演形式。希林画院每年都举行一次盛大的希林元宵节。希林元宵节已经成功运行超过10年，成为内珀维尔市的一种文化传统。

希林亚裔社区中心致力于通过举办中国文化展览和一些特别的活动来扩大中华文化圈，希望通过参与文化活动，进一步加强社区间的跨文化交流，传播中华文化。

5. 菲律宾华文教育研究中心

菲律宾华文教育研究中心于1991年5月24日成立，是一个服务于菲律宾华文教育与汉语教学单位的学术研究和行政协调机构，宗旨是发展菲律宾华社的华文教育和主流社会的汉语教学。作为菲律宾专业民间组织，华教中心与菲律宾政府机关，如教育部、高等教育委员会、移民局等，建立了比较密切的协作关系，共同为推动菲律宾华社的华文教育和主流社会的汉语教学而积极努力。

菲律宾华文教育研究中心最初由"老华人"捐建，由侨中学院董事、校友以及各旅菲校友会、进步党总部及各支部、新联公会和热心社会人士等捐资设立基金，开展工作。陈清楠先生纪念教育基金、李淡先生纪念基金、蔡建华教育基金、施雨良教育基金、蔡国明教育基金、庄中蔚曾金金教育基金、施灿悦教育纪念基金各投入100万比索作为创建基金。畲明培先生纪念基金会、李国箴许美真伉俪基金会、爱心文教基金会等每年拨款捐献给中心，积极支持中心的工作。

菲律宾华文教育研究中心办公室负责开展各项具体工作，下设信息部、出版部、师资部、交流部、考试部等专业功能部门，由专人负责。1992年4月20日，成立正式立案的全国性华语教师组织——菲律宾华语教师协会，作为附属机构开展有关华语教师业务、福利、联谊的工作和活动。2003年10月底起，成立4个正式立案的地区性华文教育组织——大马尼拉华教协会、吕宋华教协会、米沙鄢华教协会和棉兰老华教协会，覆盖全菲律宾，会员学校共104所。下属的4个华教协会在中心的统一协调下，在本地区推动华语第二语言教学，提高华语教学质量。

菲律宾华文教育研究中心立足菲律宾，面向世界，与五大洲 32 个国家和地区的有关单位和人士建立联系，开展各种方式的交流活动。特别是与中国的教育部、文化部、国家汉语国际推广领导小组办公室、国务院侨务办公室以及地方教育部门、大专院校、幼儿园交流密切，合作广泛。2002 年 12 月，在中国北京设立驻北京办事处，负责办理在华的有关事务。

6. 柬埔寨崇正学校

柬埔寨崇正学校坐落于柬埔寨首都金边市中心，是柬埔寨客属华人创办的著名华文公立学校。学校的宗旨是培训人才，弘扬中华文化。1942 年由曾腾岳、李雨轩、李益谦等人创办，当地政府拨给空地建校舍。1956 年约有学生 600 人。建校 10 余年后，柬埔寨的政局开始动荡不安，1970 年"朗诺政变"后，学校被迫关闭。1993 年，学校复课。

学校复课之时正值柬埔寨内战刚结束不久，柬埔寨客属华人会馆、崇正学校的领导以及热心华文教育的柬华人士顶住了各种压力，克服了重重困难，战后复课之路异常艰辛。经过多年来不断总结经验教训，崇正学校风雨兼程。在柬华理事总会的领导下，老师们兢兢业业，辛勤耕耘，努力提高教学质量，不断提升办学水平。在柬华理事总会、客属会馆诸位会长和各界热心人士赞助下，崇正学校的软硬件不断得以改善。加上历届学校校长和教师们的努力拼搏，2015 年崇正学校的学生规模约 3200 名，有幼儿班 14 个，小学班 51 个，中学班 14 个，专修班 7 个，还设有柬文正规班。崇正学校规模虽大，但运转有序，桃李遍天下，培养了一批又一批出色的华语人才，办学能力受到柬埔寨政府的公认。

7. 缅北腊戌果文中学

缅北腊戌果文中学创办于 1966 年，至今已有 50 年的历史。"果驾诚正"是果文中学的校训，"弘扬果敢文化，致力民族教育"是其宗旨。学校的办学理念是：第一，建立一支有爱心、有责任心、有进取心，具有奉献精神的知识化、专业化的教师队伍；第二，培养学生独立自学的能力，使其多元化发展，并逐渐养成果文人特有的品质——果敢坚毅、文明理性、中道平和、学以致用；第三，营造一个优美和谐的教学环境，打造一所具有品牌效应的知名学校。

果文中学开办自幼儿园到高中十三年制的课程，每年春季入学。每学年结束后，小学六年级、初中三年级、高中三年级学校均颁发毕业证书。学校以汉语作为第一语言教学。为了使学生今后升读大学院校，有更好的选择和发展空间，学校按国民教育制度，设置了国文、数学、英文、汉语、物理、化学、生物、历史、地理、应用文等科目，且均用汉语授课。

果文中学聘用的教师有两类，一类是初中、高中毕业的有教学经验的老教师；另一类是本校初中、高中毕业班的同学。这种做法有利于培养新一代的华文教育接班人，贯彻"以校养校"的宗旨，壮大学校的师资队伍。为了提高学校的教学质量，学校每年都安排年轻教师赴中国昆明、保山、楚雄、台湾等地参加师资培训。中国国务院侨务办公室也定期委派资深教授赴缅做讲学培训，腊戌地区是定期培训的试验点。通过这种方式，年轻教师的教学水平不断提高。

2011年11月，腊戌果文中学被中国国务院侨务办公室授予"华文教育示范学校"称号。2012年，果文中学又协同福庆学校、东枝东华学校，共同成立了"缅北汉语华文教学促进会"。2013年8月，果文中学作为"中国海外交流协会缅甸巡回讲学团腊戌师资培训班"的协办单位，广泛与周边学校沟通信息，鼓励各校派人参加培训，最终使众多华校都派出老师参加培训，甚至连一百多公里以外的当阳南木昔南华学校，也派出了多位老师。此外，腊戌果文中学在汉语水平考试和中华文化知识大赛等活动中也积极地开展了组织工作。

8. 泰国罗勇府公立光华学校

泰国罗勇府公立光华学校位于泰国东部罗勇府，是一所在当地政府注册的全日制学校。学校由华侨华人先贤、社会热心教育人士于1926年创办，苦心维持，度过了风雨艰难的岁月。几十年来，在广大华人华侨的拥护下，在历届校董用心办理及老师们精心管教下，不断发展壮大。2005年1月29日，学校新校舍落成。随着学生快速增加，教室不敷应用，2007年5月9日再召开大会决议增建第二座教学大楼。2009年11月14日，拥有55间教室的大型五层现代化教学楼落成。

罗勇府公立光华学校现开设幼儿园、小学、初中和高中，现有学生2200余名。2013学年，学校有中文教师33名（其中中国籍中文教师23名），泰文学科教师80余名。每班每周中文课时总数为10节。

在上下一心的努力下，罗勇府公立光华学校的办学质量得到了广泛认可。2002年，泰国教育部授予该校"标准学校"荣誉证书。2008年，该校再次获得泰国教育部"标准学校"评估。同年，该校得到曼谷东方书院允予，开设罗勇分院，为广大喜爱学习华文的人士提供求学机会。2009年，在中国国务院侨务办公室支持下，该校校董会与昆明华文学校签订联合开展华文交流活动合作协议书。2011年被国务院侨务办公室评为"华文教育示范学校"，同时幼儿园部亦被泰国教育部评为"皇家御赐幼儿园"。

9. 泰国龙仔厝府三才公学

泰国龙仔厝三才公学由泰籍华裔联合兴办。2001年，在社会各界热心人士的大力资助和推动之下，由泰国著名侨领黄迨光博士领导建校筹备委员会，开始进行集资办学。随后，学校成立"龙仔厝华教促进公会"，并把学校命名为"龙仔厝三才公学"，黄迨光博士担任龙仔厝华教促进公会暨龙仔厝三才公学校董会主席。

龙仔厝三才公学隶属于龙仔厝华教促进公会，是龙仔厝府建立的第一所教授中、英、泰三种语言的私立华校，开办年级自幼儿园到中学。学校代表色为白色和绿色，白色代表仁义、道德；绿色代表自信、自律。学校徽章以太阳和航船为标志，含义是太阳光明普照大地，发扬光大振兴华教。

三才公学从幼儿园至高中全部开设汉语课，课堂全部采用汉语进行教学，给学生营造了良好的语言和学习环境。小学部所用教材为《汉语》和《说话》，每周平均有五节"汉语"课，两节"说话"课。一至六年级开设了中华才艺课，包括中国舞蹈、绘画、唱歌和古筝，学生自愿选择课程进行学习。初一采用《汉语》第七册，初二和初三采用《快乐汉语》初级，高二和高三采用《体验汉语》第二册。三才公学规定每周一是"中文日"，就是在升旗仪式结束以后用十分钟的时间学习一个中文词汇。同时，三才公学还重视中国文化的学习，端午节教学生包粽子，元宵节教学生包汤圆，春节教学生说祝福语、给学生发红包等。这使得学生能够更进一步感受中国文化的博大精深。

建校以来，三才公学多次举办校内中文比赛，包括诗歌朗诵比赛、记单词比赛、中文歌曲比赛、讲故事比赛等，还成功举办了西部"汉语桥"比赛。在汉语水平考试中，该校学生取得了良好的成绩。龙仔厝三才公学将努力把中华文化展示给泰国朋友，给当地人民播撒中泰友谊的种子。

10. 澳大利亚悉尼大同中文学校

澳大利亚悉尼大同中文学校于1992年由荣获悉尼大学教育学院博士学位的张立中先生与夫人张月琴女士创办。学校开办至今已有15年历史，学生人数由第一天的不足10人逐步发展到如今的280人。学校所开设的课程由开创时期的中文课，发展到目前的以中文为主兼设配套课程的教学体系，深受华人家庭和学生的好评。配套课程包括英语写作、数学、少儿美术、素描、声乐、长笛、芭蕾基础训练、中国传统舞蹈、棋艺、篮球、武术等。现任校长为张学丰先生。

悉尼大同中文学校师资优秀，设备良好，管理严谨，声誉卓著，多名学生先后荣获教育部长奖、国际小学生中文作文比赛奖、侨校绘画比赛大奖等各类奖项。近年来，悉尼大同中文学校每年都有多名学生参加汉语水平考试，并取得好成绩。学校学生也多次参加中国国务院侨务办公室组织的"中国寻根之旅"夏、冬令营活动。

2010年，悉尼大同中文学校作为悉尼汉语水平考试中心授权开办孔子课堂的学校之一，开办了两个孔子课堂班级，分别在每周六的11：40－14：10和周日的10：00－12：30授课。孔子课堂采用汉语考试中心编撰的步步高汉语教材，学员以中文程度较低的高中生和大学生为主。

11. 德国巴伐利亚中文中心学校

德国巴伐利亚中文中心学校毗邻阿尔卑斯山北麓，坐落于欧洲著名的经济、文化、科技中心——巴伐利亚州首府慕尼黑市。学校于1995年建校，秉承"弘扬中华文化，服务海外华人"的办学宗旨，从最初的两个小班24名学生发展成为拥有450名学生、20多名教师、德国南部规模最大且影响最广的中文学校，并荣获中国国务院侨务办公室授予的"海外华文教育示范学校"称号。

巴伐利亚中文中心学校是一所公益学校。1999年，学校在慕尼黑地方法院以公益性协会形式正式注册。学校培养的主要对象为5～20岁的海外华人子女。全校分一年级到十年级，再加上1个学前班，共20多个班级。一直以来，该校坚持实施母语普通话和简体汉字教育。学校教学侧重于培养学生中文听、说、读、写能力，使用的教材以暨南大学专门为海外学生编写的《中文》为主。除此之外，为使孩子们在学习中文的同时，能更多地了解中国、热爱中国，学校还增加了中国历史、习俗、地理等文化知识的教学内容，既有统一规范的教学计划，又凸显教师的个人特色。

为大力推广中华语言文化，学校与主要负责向海外推广中华语言文字的慕尼黑孔子学院等汉语机构相互交流，共同开展汉语教学研究；与长期推广中华文化的慕尼黑中华文化交流中心等公益协会密切合作，举办文化交流活动。

如今，学校不仅成为华人子女翘首以盼的中文学习园地，也是家长相互交流、畅叙同胞情谊、了解国内信息的重要场所，在南德地区的中德文化交流中发挥着不可替代的作用，影响广泛深远。

12. 荷兰丹华文化教育中心

荷兰丹华文化教育中心是荷兰一个颇具规模、有较高素质的教育团体，于2000年6月5日成立，由丹华基金会、丹华中学、鹿特丹青年语言文化学校联合组成。丹华文化教育中心成立的目的在于：开办各种文化学习班，推动荷兰的华文教育；编写适合海外华裔学生的一系列教材，提高海外华文教育的质量，与中国HSK汉语水平考试接轨；举办各种文化教育的交流活动，适应世界频繁的经济文化交流，适应世界信息事业的空前发展。

丹华文化教育中心开办了小学部、中学部、青年普通话班。2007年9月新学年，中心已有21个教学班，全校学生已增加至500多名。学校拥有一支高素质的教师队伍。丹华文化教育中心成立后编写了《中国语文》初中一、二、三年级的课本、练习册和教师手册；《中国历史文化故事》上、中、下三册课本；《中国地理旅游》上、下两册课本以及《学说普通话》上、下两册课本等。

丹华文化教育中心创办了欧洲第一个推动华文教育的专刊《桃李园》。《桃李园》设有"教育通讯""语文教坛""教师园地""丹华家长三言两语""学生作业选登""语文博览""读者来信"等栏目，深受荷兰教育界人士、教师、学生和学生家长的欢迎。丹华文化教育中心经常举办丰富多彩的中华文化活动，还积极鼓励学生参加世界华人学生作文大赛，激发学生的汉语学习兴趣。

13. 加拿大渥太华欣华中文学校

加拿大渥太华欣华中文学校成立于1994年，有20年的丰富海外办学经验，有一支优秀的教学团队，为渥太华地区的孩子免费提供周六中文教育，包括普通话、简体字、汉语拼音、中国文化、历史、地理等科目，还为讲广东话的孩子提供普通话教学。除此之外，还开设了开发孩子智力的兴趣课，例如奥数、美术、舞蹈、国际象棋、成语故事、围棋、手工、羽毛球、篮球、音乐等。

欣华中文学校拥有一支实力雄厚的师资队伍。任教老师全部来自中国大陆，受过高等教育，并且都有在校工作的丰富经验，既有执教几十年的国家级特级教师、全国优秀园丁、模范班主任、先进工作者，也有一批幼儿师范毕业、充满爱心的中青年专业教师。大部分教师都具备英语交流能力。

欣华中文学校自办学以来，本着教授中文、弘扬中华文化的宗旨，以中华五千年文化的代表人物孔子的教育理念、儒家五常"仁、义、礼、智、信"为基础，帮助学生们树立正确的价值观和人生观。

欣华中文学校一年级至六年级中文教材使用暨南大学编写的《中文》。近年来，受中国务院侨务办公室的委托，欣华中文学校组建了"上海寻根之旅"渥太华团，让孩子们组团去中国寻根。除此之外，渥太华欣华中文学校还积极协助中国国务院侨务办公室举办"中华文化大乐园"等活动。

14. 美国哈维中文学校

美国哈维中文学校成立于1998年12月，坐落在哈维郡哥伦比亚市，是在马里兰州注册的非营利性、非政治性、非宗教性组织，是全美中文学校协会会员单位。现有注册学生近千人。哈维中文学校的管理团队由董事会和校委会组成，由家长会协助学校的各项活动。学校的办学宗旨是教育下一代学习中文，促进家长之间的互相交流，弘扬中华民族的语言文化。

哈维中文学校招收年满五岁以上中外儿童和成人学生，教授普通话、汉语拼音及简体字。学校设有从幼儿园大班至十年级等中文班，还开设有双语班，另有绘画班、儿童及成人的舞蹈和合唱班、数学、武术等课后班。上课时间是每星期日中午12：00至下午6：00。中文教材采用由中国课程教材研究所编写、人民教育出版社出版的《标准中文》和马立平多媒体教材。

近年来，哈维中文学校在教学管理上获得不小的成就，得到了广大家长的认可和赞扬。同时，学校筹建分校的准备工作也在稳步进行。哈维中文学校对中国传统文化的热情逐年提高，举办春节联欢晚会，开展以汉字为主题的中文T恤设计活动等等。

15. 葡萄牙里斯本中文学校

葡萄牙里斯本中文学校成立于2000年5月，由葡萄牙中国城管理委员会、中国学生学者联谊会和葡华通讯联合创办。学校租用里斯本 Martin Muniz 商业中心的一间房子作为教室，租金由中国城管理委员会支付。里斯本中文学校是葡萄牙规模最大、开办时间最长的中文学校。其办学主旨是教授当地华人孩子学习汉语和中华文化，使学生能够正确使用母语进行日常交流、书籍阅读和文字表达。

从2000年12月开始，该校在里斯本高等中医学校的教室上课，并开始独立管理、收取学生学费支付学校各种开支。2006年11月，由里斯本市政厅联系，学校迁往里斯本 Escola EB1 no.26 等几所小学上课至今。学校每星期六上课，主要对华人子女开设汉语课程，现有9个班级，186名学生，7位教师。为增强华侨子女的兴趣，寓教于乐，学校还开设中国舞蹈和书法班。

长期以来，里斯本中文学校致力于中国文化的传播和汉语教学，有着丰富的教学经验，深受旅葡华侨及其子女的欢迎和信任。2015年，里斯本中文学校积极参与由国务院侨务办公室主办的"中华文化大乐园——葡萄牙营"活动，吸引了里斯本当地200多名华裔子女参加。

里斯本中文学校从无到有，从小到大，经历了很多困难。但在学校工作人员以及诸位侨领们的不懈努力下，拥有了相对固定的教学场所，并逐渐发展到今天的规模。

16. 瑞典瑞青中文学校

瑞典瑞青中文学校成立于2008年1月12日，是一所周末制中文学校，已向当地政府注册。该学校的承办和组织者为青田同乡会，其校董事会成员均为成功的企业家代表，协会聘任王梅霜女士为校长。学校经费来源是学生学费，每周中文课总时数为3.5小时。学生总人数为180名，其中华裔155名，非华裔25名，幼稚园20名，小学部110名，中学部30名，高中部20名。教师总人数为12名，中文教师10名，其中受过师范教育的4名，具有本科学历者3名，硕士及以上学历者9名。现用教材为《汉语》。

瑞青中文学校位于斯德哥尔摩著名中学 Sdra Latins Gymnasium 的校舍，该校址交通便捷，历史古老悠久。瑞青中文学校以传承中国文化为己任，致力于为学生们提供高质量的中文成长环境，并促进多元文化之间的交流。学校运用"寓教于乐"的快乐教学理念，教学中融入富有中国古典文化和现代科技的新元素，借鉴中国音乐、美术、舞蹈等多种艺术形式，并广泛应用视频教程丰富学生眼界，提高学习兴趣。同时，瑞青中文学校也鼓励教师们勇于创新，积极引导学生领略中国文化的儒雅与渊博。教师们让远在波罗的海沿岸热爱汉字文化的瑞典学生和家长感受到泱泱大国文明的丰富多彩，让更多的人爱上中文学习。

17. 比利时布鲁塞尔中文学校

比利时布鲁塞尔中文学校于1998年成立，是由旅比华人华侨捐资兴办的一所非营利性业余中文学校。学校是比利时第一所教授简体字、汉语拼音和普通话的学校，也是比利时唯一获得海外"华文教育示范学校"称号的中文学校。

该校的最高领导机构为董事会，现任董事长是陈爱雄先生。校务委员会是日常执行机构，现任校长是傅伯弟先生，常务副校长是陈亚琴女士。学校现共有7位教师，220名学生，分上、下午12个班级。开设汉语课程，使用中国国务院侨务办公室提供的简体《汉语》教材。学校拟开设初中班，使用中国国内初中语文课本。

2012年，时任国务院侨务办公室副主任马儒沛率领"文化中国·四海同春"艺术团抵达比利时慰问演出。在中国驻比利时大使廖力强的陪同下，马儒沛专程考察了布鲁塞尔中文学校。校长傅伯弟向马儒沛一行汇报了学校现状、未来规划与存在困难。马儒沛在实地了解情况后，提出了一些发展思路与建议。

学校还积极参加各类中文活动。如2013年，学校组织学生参加由中国驻比利时大使馆教育处主办、欧洲华商扶贫基金会、华商时报社承办的比利时第六届"我和中国"汉语演讲比赛。

近年来，中比双边关系发展势头良好，未来面临很多发展机遇并有着广阔、积极的合作前景，学习中文在比利时大有可为。

18. 西班牙马德里爱华中文学校

西班牙马德里爱华中文学校是西班牙马德里雅阁教育集团旗下的一所中文学校，坐落在有"唐人街"之称的乌塞拉区。学校创建于2005年，具有自己的固定校舍，同时拥有一支优秀的教师团队。校长黄小捷是海外华文优秀教师、西班牙华侨华人妇女联合会执行会长,从事海外华文教学已有 18 年之久。在她的亲自主持和带动下,学校规模不断壮大,于 2012 年被中国国务院侨务办公室授予海外"华文教育示范学校"的称号。

爱华中文学校的课程内容丰富多彩。除了中文外,还有数学、英语、绘画、舞蹈等兴趣课,以及各类乐器课。孩子们能够根据自己的爱好任意选择课程。学校经常组织教师们进行教学经验交流。学校始终坚持传播中华文化、培养汉语人才等办学宗旨,注重基础教学,狠抓教学质量,为传播中华文化做出了卓越贡献。

近年来,马德里爱华中文学校积极响应中国国务院侨务办公室的政策,连续两年参加"海外华裔少年中华文化知识竞赛",让学生对中国文化产生兴趣,愿意或主动去接近、了解、探索和掌握中华文化和历史知识,并且通过各种华文传播途径来全面提高中文水平。同时,爱华中文学校还多次举办以"我为中华文化而自豪"为主题的诗歌朗诵比赛,以激发华裔孩子学习中文的热情和信心,提高他们的中文口头表达能力。

19. 意大利基督教罗马中文学校

意大利基督教罗马中文学校创办于 2002 年,是华人在罗马最早创办的中文学校,有学生 260 余人,18 个班级。其华文教育水平在意大利居领先水平,被中国国务院侨务办公室授予海外"华文教育示范学校"荣誉称号。

基督教罗马中文学校的早期生源主要是华人信教者的孩子。近年来,除了针对华人孩子的教学外,面对越来越多外国人开始学习中文的愿望,学校也开设了针对意大利人的中文课程。学校以涵盖一年级到六年级的小学部为主体,还开设了早教班、幼儿园、初中部。学校使用的是与中国国内同步的人民教育出版社出版的语文教材。这套教材与一些专门的对外汉语教材相比略有难度,但学校为了确保教学质量,同时也为了便于一些中途转学的学生能适应中国国内课程,还是使用了这个版本的教材。虽然在初期遇到了种种困难,但他们已经在多年的摸索中已经找到了较为适宜的教学方法。

基督教罗马中文学校租用当地学校作为教学场所,设施配备都较为齐全,能满足基本的教育需求。在师资方面,教师数量保持在十几名左右。学校为了打造优秀的教育团队,所聘用的都是具有本科文凭的毕业生,在经过考察、培训、实习后方能上岗。此外,学校考虑到学生的身心发育,尽可能多给学生提供良好条件,如建立中文图书室、购买可调节高度的桌椅、为学生解决午饭问题等。经过多年的发展,学校已经日渐规模,为华人子女的中文教育创造了良好的环境。

近年来,基督教罗马中文学校积极与其他学校互相帮扶,共同发展。2013 年,基督教罗马中文学校与乐清外国语学校签署了友好结对协议，建立了长期的文化教育交流合作关系。2015年，学校又与温州大学国际合作学院结为帮扶对子，实现教育资源共享，拓宽彼此的办学视野。

20. 意大利佛罗伦萨中文学校

由温籍侨胞潘世立于2001年创办的意大利佛罗伦萨中文学校，是中国国务院侨务办公室授予的首批海外"华文教育示范学校"之一。该校作为目前全意大利唯一一所被意大利教育部门纳入多元文化教育计划的华文学校，其独特鲜明的办学模式一直受到意大利托斯卡纳大区、佛罗伦萨省市教育机构的重视，被誉为多元文化教育领域最注重教学质量的学校。近年来，佛罗伦萨中文学校发挥桥梁纽带作用，与相关协会合作，建立中意两国姊妹学校和意大利托斯卡纳大区的教学联盟，开展姊妹学校的师生互访、校际交流，开启中意教育界高层领导互访、学校教师互派，进一步扩大中意文化交流与合作，为中意文化交流起到积极示范作用。该校连续多年作为中意文化交流的典型，在意大利教育部全国教育大会上介绍经验。

该校以全日制、校舍合格、聘用中国国内在职教师为特点。学生以学习语文知识为主，同时安排电脑学习；毕业班适量传授中国历史、地理知识，增加学生对祖籍国的认识和热爱。学校吸收佛罗伦萨市内8周岁至18周岁的华人子女，按年龄的不同与学生的时间所需进行编班教学，人数尽量控制在每班20人左右。

意大利佛罗伦萨中文学校从办学至今已有6年时间，连续3年获第六届、第七届、第八届"世界华人学生作文大赛"奖。2015年，中国国务院侨务办公室文化司代表团考察了意大利佛罗伦萨中文学校，充分肯定了该校对意大利华文教育做出的贡献。此外，意大利教育界人士也赴佛罗伦萨中文学校交流访问，深入了解佛罗伦萨中文学校规模、教育形式、教学质量、学生融入程度等。

意大利佛罗伦萨中文学校不仅在推动当地华人学习汉语、传承中华文化方面起到了重要枢纽作用，也为中意文化融合、意大利多元文化更加绚丽多彩添上了浓墨重彩的一笔。

三　华文教育人物

海外华文教育的蓬勃发展离不开广大华人华侨的鼎力支持。在近半个世纪的历史洪流中，他们栉风沐雨、砥砺前行，或是为了争取华人华侨的华文学习权利与当局者进行顽强抗争；或是艰苦创业，为改善海外华文教育条件慷慨解囊、倾资助学；或是默默坚守在不同国家的华文教育一线，实践着在海外播撒中华文化种子、传承华夏文明的伟大使命。正是有了他们的舍身奉献，才有了如今海外华文教育蒸蒸日上的局面。《世界华文教育年鉴（2016）》继续推出"华文教育人物"板块，介绍10名世界范围内对华文教育做出贡献的杰出人物，以彰显他们实现海外华人华侨"华文教育梦"的动人事迹。

表 5-6　华文教育人物一览

姓名	国籍	职业/身份
陈华钟	荷兰	荷兰中文教育协会主席 旅荷华侨总会副会长 和平统一促进会副会长
陈慧珍	印尼	印度尼西亚西加华文教育协调机构副主席 坤甸共同希望教育基金会董事长
陈友明	印尼	印度尼西亚三语学校协会主席 普禾格多普华基金会主席 普华三语国民学校主席
黄端铭	菲律宾	菲律宾华教中心常务副主席
李复新	澳大利亚	澳大利亚中文教师联会主席 澳大利亚森隆集团董事长 澳大利亚标准中文学校校长
麻卓民	西班牙	巴塞罗那西中友好协会中方会长 巴塞罗那中文教育基金会理事长 巴塞罗那孔子文化学校董事长

续表

姓名	国籍	职业/身份
王满霞	加拿大	温哥华北京中文学校校长
许易	澳大利亚	澳大利亚中文教育促进会会长 悉尼丰华中文学校校长
许月兰	文莱	文莱中华中学校长
周清海	新加坡	新加坡国立大学中文系兼职教授 中华语言文化中心顾问 南洋理工大学孔子学院理事

注：本表人名按姓氏拼音排序。

1. 陈华钟先生

陈华钟先生出生在马来西亚的霹雳州爱大华市，于1973年移民荷兰，至今已逾40年。

1986年，陈华钟先生到旅荷华侨总会从事义务工作，负责总会名下几所中文学校的中文教材工作。90年代初，荷兰华人社团面对中文教育的各种问题开始不断地向荷兰政府反映，直到1992年荷兰政府终于答应拨款编写适合于荷兰中文教育的教材，"中文教材开发项目"得已设立，陈华钟先生成为该项目的主席。在他的带领下，编辑成员们历时6年编写了从幼儿园到小学六年级的8套教材和练习册。

也是在1992年，陈华钟先生与两位负责"自身语言和文化教育"（OETC）法案的荷兰教育界人士一起，向政府申请中文教育补助。这项申请工作经历了整整5年的时间，与荷兰教育部进行了长期的磋商。在陈华钟先生等人的不懈努力下，最终于1997年12月得到荷兰政府批准，议员们通过了中文加入"现代外侨语言教育"（OALT）的提案。也就是说，荷兰中文教育从1998年开始就可以得到荷兰政府的资助。但好景不长，由2003年开始荷兰政府实施新政策，取消了对所有外侨母语的政府资助。自2004年开始，荷兰政府不再给予"现代外侨语言教育"津贴补助。

2005年，陈华钟先生作为荷兰华人参议机构常务理事，代表荷兰中文教育协会与荷兰华人参议机构合作，积极倡导把中文作为荷兰中学的选修课，并把中文纳入中学考试科目。随着中国的强大，中国的经济发展取得了辉煌的成就，很多海外国家都欲与中国建立良好的关系，开始在本土推广中文，很多国家甚至掀起了中文热，荷兰也不例外。陈华钟先生等荷兰华裔人士把握住这一时机，在他们的大力推动下，2015年中文被正式纳入荷兰主流中学的选修科目体系。

然而，陈华钟先生及其同人并未止步于此，他们还努力推进把周末中文学校纳入荷兰国家考试体系。目前荷兰教育部已经认可这项提议。荷兰周末中文学校的学生有望于 2018 年参加荷兰的中文国家考试。

多年来,陈华钟先生还积极组织和参加了许多华文教育的相关会议,发表传扬其华文教育思想。1996 年,旅荷兰华侨总会和全荷华人社团联合会等社团联合举办"欧洲首届华人教育研究会",参加会议的有来自欧洲 12 个国家的 125 名侨团、中文学校代表。陈华钟先生就中文教育在荷兰的发展前景在会上发表了讲话。2006 年,陈华钟先生所在的荷兰中文教育协会与荷兰社团联合会联合举办"中国侨联欧洲中文教育研讨会"。此次会议加强了各国华文教育工作者的交流和合作,确立了欧洲中文学校在驻地国的合法地位,提高了政府对中文学校的资助力度,将欧洲中文教育推向新的发展阶段,被各界盛赞为"最成功的欧洲中文教育研讨会"。

在陈华钟先生的领导下,荷兰中文教育协会积极组织或参与了多个海外华文教育活动。先后主办了 6 届全荷中文朗诵比赛以及欧洲中文朗诵邀请赛;为了推广普通话和简体字,把全荷兰中文学校的教材统一化,首次以简体字在荷兰的中文报纸刊登中文教育协会专栏;以荷兰语培训了 40 名中文学校的在职教师到荷兰的中学执教中文选修课。2011 年该协会与北京市侨务办公室承办了中国国务院侨务办公室主办的首届欧洲"中华文化大乐园"夏令营。

陈华钟先生在荷兰积极传播汉语与中华文化,热心侨务活动,除了一直担任荷兰中文教育协会主席外,还长期担任旅荷华侨总会副会长、和平统一促进会副会长、荷兰丹华文化教育中心永远名誉会长、世界中国象棋联合会副主席等职。自 20 世纪 90 年代以来,还先后担任过荷兰士窝乐中文学校校长、全荷社团联合会秘书长、荷兰皇家中国饮食业公会主席、荷兰参议机构常务理事等职。荷兰政府也对其在促进中文教育、多元文化教育和中荷交流方面所做的努力进行了充分的肯定和褒奖。2001 年,鉴于陈华钟先生为中文教育、中国象棋、中国餐饮业所做的多项贡献,荷兰女皇特向他颁发了"骑士勋章"。

陈华钟先生对荷兰华文教育事业的贡献卓著,多次作为中国国务院侨务办公室和中国侨联的特邀嘉宾,与世界各地的华文教育工作者分享其治学经验及理念。2014 年,陈华钟先生荣获中国国务院侨务办公室"热心海外华教杰出人士奖"和"杰出贡献奖"。

2. 陈慧珍女士

陈慧珍女士于 1949 年出生于印度尼西亚西加省南吧哇市,父母均来自广东省揭阳县。父亲是南吧哇市侨领,主持当地的华文教育工作,并且把五个成年的孩子都送回中国接受教育,为国服务。受家庭教育的影响,陈慧珍女士从小热爱中华文化,并以阅读中文书籍为最大爱好。

2002年，陈慧珍女士参加了中国国务院侨务办公室在西加坤甸市举办的第一次华文师资培训后，便决定和其他教师一起创办坤甸第一所华文补习所——"坤甸希望华文补习所"。时至今日，该补习所已有教师18位，学生500多名。2003年陈慧珍女士和热心华教的朋友提出申请，在坤甸市开办汉语水平考试（HSK）的考点，至今已成功举办了18次考试，考生人数超过3000名。

2004年，为了适应西加地区华文教育快速发展的需要，使之有计划、有目的、高效率地向前发展，陈慧珍女士联合坤甸华校的校友以及热心华教的人士，成立了"印度尼西亚西加华文教育协调机构"。10余年来，陈慧珍女士连续三届担任机构副主席的职务。该机构自成立以来，除了举办汉语水平考试、"汉语桥"比赛、中国冬夏令营、短期师资培训等常规工作外，一直把培养华文师资作为重点工作，于2005年在坤甸成立中国暨南大学的海外教学点。值得一提的是，陈慧珍女士自己带头参加该教学点的第一届远程教育，并获得了华文教育学士学位。她的带动吸引了更多的华文教师，至今已有五届共80多名学员毕业，其中大部分人成为专职的年轻华文教师。除了学历教育，短期的师资培训也是西加华文教育协调机构的工作重点。在陈慧珍女士等人的支持下，该机构于2008年开办密集强化式的华文师资培训班，至今已七届，受训学员人数超过1300人次。

为了适应时代的发展，西加的华文教育必须再提升，唯有形成完整的华文教育体系，才能真正培养出成批的高学历华语人才。因此，陈慧珍女士联合一批有志之士于2011年2月25日在坤甸市注册成立"坤甸共同希望教育基金会"。基金会的宗旨是：成为一个致力为印度尼西亚社会培养高素质人才、在社会公益和人道主义领域积极奉献的基金会。其目标为：培养年青一代成为德才兼备的人才，成为促进各国各民族之间文化交流、互相了解的桥梁，为建立和谐社会而努力，为社会各阶层民众提供高质量的教育机会。

自成立以来，基于西加地区比较落后的经济状况和高等教育现状，考虑到国际市场的需求，特别是中国和印度尼西亚各领域合作的需要，该基金会努力争取在坤甸市创办一个培养华语专业化人才的高等学院。经过坚持不懈的努力，终于在2015年9月10日得到了由印度尼西亚科研、技术与高等教育部部长正式批准的办学许可证。学院印度尼西亚文名称为"Sekolah Tinggi Bahasa Harapan Bersama"，中文名称为"共同希望语言学院"。第一阶段设立两个中文专业，即四年制汉语言本科专业和三年制汉语言大专专业。这是印度尼西亚第一所纯中文专业的高等学府。学院于2016年9月开学，学校地址在印度尼西亚西加省坤甸市阿雅尼路，建校面积6000平方米。第一期建校资金由基金会董事长陈慧珍女士提供，目前建校工程已在进行中。

陈慧珍女士热心于印度尼西亚西加地区的华文教育事业，除了担任印度尼西亚西加华文教育协调机构副主席、坤甸共同希望教育基金会辅导主席之外,她还担任印度尼西亚西加华文教师联谊会顾问、暨南大学西加校友会主席等职。

陈慧珍女士倾情华文教育的事迹得到了印度尼西亚西加地区社会各界的认可,也受到了中国国务院侨务办公室的表彰。2014年中国国务院侨务办公室、中国海外交流协会为陈慧珍女士颁发了"服务华社荣誉人士奖"和"热心海外华教杰出人士奖"。

3. 陈友明先生

陈友明先生于1950年出生于印度尼西亚中爪哇省普禾格多市的印尼籍华人家庭,祖籍是广东梅县,父母于20世纪30~40年代移民印度尼西亚。陈友明先生是现任印度尼西亚三语学校协会主席,普禾格多普华基金会及普华三语国民学校主席。

陈友明先生小学、初中就读于普禾格多中华学校。1967年3月回国,开始在广州华侨补习学校学习,期间曾下乡到清远华侨农场锻炼。1967年9月分配到河北保定第二中学。1969年9月自愿到内蒙古生产建设兵团当知青,其间多从事文艺宣传工作。1973年调回保定工作、学习。1977年底经香港返回印度尼西亚。2002年起,在暨南大学华文学院进修,期间多次获得学院"优秀学生"荣誉。20世纪90年代,华文教育在印度尼西亚被政府禁止,陈友明先生和爪哇岛各地华人华社成立中华国乐团,并被聘任为泗水华侨音乐社音乐指挥,东方民乐团音乐总监、指挥,负责编曲和配器,传授中华民乐和乐器。举办多次印度尼西亚国乐比赛、国乐音乐会和中华文艺表演。

1998年,印度尼西亚处于民主改革初期,陈友明先生积极参与印度尼西亚民主改革阵线和华人华社开展的各种活动。1999年在印度尼西亚主流组织的支持和配合下,陈友明先生在普禾格多开展了自1965年遭到禁止以后的第一次舞龙舞狮大游行和印度尼西亚、中华文化表演,并担任节目总负责和合唱指挥。该活动得到了当地华人的热烈反响。2000年,陈友明先生在印度尼西亚全国春节晚会上担当印度尼西亚中华民乐团指挥,演出了融汇中华和印度尼西亚民族的器乐,受到了当时瓦希德总统及其政府官员、社会精英的高度赞赏。

1999年陈友明先生创办了普华华文补习学校,并于2001年被推选为普华基金会主席;2002年在陈友明先生的大力鼓励和推动下,普华校友捐款兴建校舍开办了幼儿园;2004年协助国立苏迪曼将军大学创办汉语大专,并受聘为汉语讲师和汉语部主任;2006年创办普华小学,2012年开办初中部,2015年开办高中部。普华学校置地8000平方米,校舍建筑面积12000多平方米,现有学生750多人;2011年普华三语国民学校成为国际汉语水平考试(HSK)考试点;2013年开办并成为暨南大学海外函授教育函授点;2013年底普华小学被印度尼西亚国民教育部评定为优质A级标准学校。除此之外，陈友明先生还乐于分享他多年来的办学心得，2006年撰写发表的《三语学校办学探讨》，曾引起印度尼西亚华文教育界同人的注意并译成印度尼西亚文，编成小册子在各地传发，对各地华社复办华校、兴办三语学校起到启发推动作用。为了印度尼西亚三语学校和华文教育的发展，2013年，陈友明先生和多所三语学校的同人发起并创立印度尼西亚三语学校协会，同时在全国代表大会上陈友明先生还被推选为首届协会主席。在各地华社华人和三语协会的积极推动下，目前印度尼西亚总共有近70所三语学校，学生人数约有5万至6万人。

陈友明先生对印度尼西亚华文教育贡献卓著，曾荣获2009年度国际扶轮社福利基金会Paul Harris Fellow国际奖；2014年6月6日出席第七届世界华侨华人社团联谊大会，受到习近平主席亲切接见；2014年11月受聘于中国国务院侨务办公室，成为海外华文教育专家听证员，并出席暨南大学华文学院华文水平测试听证会；2015年9月3日受邀参加"纪念中国人民抗日战争暨世界反法西斯战争胜利70周年大会"阅兵式。

为了普华和印度尼西亚全国各地三语学校华文教育的发展，陈友明先生积极推动三语学校和中国国务院侨务办公室、各省侨务办公室以及中国多所高校的联络与合作，同时积极与印度尼西亚文教部沟通联络，得到了印度尼西亚文教部的认同和赞赏。

4. 黄端铭先生

黄端铭先生祖籍福建省南安市，1954年出生在菲律宾马尼拉，是第三代华人。高中毕业于菲律宾侨中学院（原菲律宾华侨中学），学生时代是品学兼优的学生，曾担任侨中学院学生会主席。1973年高中毕业后开始从事华文教育工作。起初在马尼拉能仁中学任教，1975年受聘于大马尼拉地区的吗拉汶文化书院，担任中文部主任。经过教学第一线的洗练，黄端铭先生于1977年担任马尼拉三民学校的校长。1980年他奔赴菲律宾南部棉兰老地区奥三密斯市的密三密斯光华中学任校长，历时8年，学生由一两百人增至五六百人，建树诸多，学校办得有声有色，很多优良的校风保留至今。当地的华人，学校的老师、学生、家长等，对黄端铭任校长时的业绩，都有极佳的口碑。黄端铭先生任校长期间，与学生建立了亲密无间的关系，有些学生至今虽已各自成家立业，仍然与黄先生保持联系，来往密切。1988年黄端铭先生接受大马尼拉地区的巴西中华书院董事会的聘请，担任该校附属"材涂幼儿园"园长。1991年黄端铭先生与侨中学院颜长城校长等人组建菲律宾华教中心，出任行政主任，紧接着担任副主席，目前担任常务副主席，负责领导华教中心的运作。一个在华文教育阵地拼搏几十年的人才，在华教中心这样一个更广阔的天地里，其智慧和才能得到更充分的发挥与展示。

黄端铭先生为人谦虚谨慎，做事细心严谨，在原则性的问题上是非分明，组织领导能力很强。他好学深思，利用进修培训，获得中国华侨大学的文学学士学位。他对菲律宾华文教育有较深入的研究，提出深刻而独到的见解，有很强的前瞻性，是华教中心的核心领导者之一，也是华教中心的智囊与主要决策者。

华教中心成立以来，每个阶段的工作都是由黄端铭设计安排的。每个部门的任务都明确具体，计划性强，要求严格。他善于把自己的想法化为各部门的行动。在实施各项任务之前，他会召开中心各部门主任会议，共同商讨如何实施，统一思想，统一步调，或事前与个别有关人员进行研究探讨，再开会。如果属于全局的工作任务，他会召集华教中心全体工作人员开个全体会议，通过会议明确目的，统一思想，群策群力来完成任务。在他的领导下，各部门的主任都能自觉地、全身心地投入自己部门的工作，与领导配合默契，出色地完成各项任务。大家同心同德地为华文教育的改革、发展无怨无悔地付出。

25年来，菲律宾华教中心开展了大量卓有成效的工作，为菲律宾的华语教学找到了正确的途径，为菲律宾的华文教育确立了新的航标。2011年该中心当之无愧地获得了中国国务院侨务办公室颁发的"华文教育示范单位"荣誉称号。这些成绩和荣誉，渗透着华教中心群体的汗水与无私的付出，更重要的是它闪烁着华教中心的核心领导者黄端铭先生的智慧、才能与胆略。

华教中心坚持脚踏实地的工作作风，一步一个脚印地解决华教征途中的每个困难，为菲律宾华文教育做了许多实事，得到华社、华文教育工作者的充分肯定。它先后两次承办了第三届、第八届"东南亚华文教学研讨会"，组织工作及大会获得的成果，深受东南亚各国代表的好评。在菲律宾多次举办大型学术报告会，邀请著名学者吕必松、德国著名汉学家柯彼得等赴菲律宾宣讲华语教学研究的新成果、世界华文教育发展的新动态等，参会人数都多达四五百人，反响很好。这在菲律宾华文教育史上是史无前例的。这一系列震撼菲律宾华文教育界的举措，扩大了菲律宾华教中心的影响力，黄端铭的才能脱颖而出。

黄端铭先生还积极参加世界华文教育的各项活动，致力于华文教育的研究与推进工作。他曾担任世界汉语教育史研究学会常务理事、世界汉语教学学会会员。他也是中国华侨大学海外华文教育顾问、上海华文教育研究中心专家组成员、广州中山大学国际汉语教材研发与培训基地专家委员会委员。黄端铭先生还是中国福建省海外交流协会理事、中国福建省厦门市海外交流协会常务理事、中国黑龙江省哈尔滨海外交流协会特邀理事。此外，他还担任中国侨联"中国华侨国际文化交流促进会"理事。黄端铭先生著有《井蛙说大海》《菲律宾华侨华人的留根工程》《菲律宾华文教育的枢纽——菲律宾华教中心》《菲律宾华文教育综合报告》等。

黄端铭先生是菲律宾华文教育战线上不可多得的杰出人士。他常说:"华文教育需要奉献精神。华文教育不是一种职业,而是一种事业。"这就是他的精神境界。

5. 李复新先生

李复新先生1963年生,1982年毕业于中国山东师专英语系,同年在山东省重点中学昌乐一中任教。1986年8月,赴华东师范大学教育学系学习,后获得教育学硕士学位。1988年8月开始在人民教育出版社工作,担任教育理论室编辑、中国课程教材研究所助理研究员、中国教育学会教育学研究会学术秘书等职。1991年11月曾赴法国联合国教科文组织巴黎总部学习。1993年5月在墨尔本皇家理工大学出版系学习,在澳大利亚联邦课程公司访学并参与开发中文教材,推广简体版中文和汉语拼音,是澳大利亚最早从事简体字汉语教材和教学的开拓者。1995年5月,加入澳大利亚麦克米伦出版公司审定中文教材。1995年12月,开始在蒙纳什大学攻读教育学哲学博士学位,导师彼得·格朗教授(Peter Gronn,现为英国剑桥大学教育学院首席教授)。1996年3月开始在澳大利亚蒙纳什大学教授汉语,同年7月创办澳大利亚森隆集团(澳新汉语教材发行中心)并在澳大利亚和新西兰开始规模化推广中国大陆版简体字教材,是澳新地区简体字汉语教材的倡导者和拓荒者。1997年2月开始兼任墨尔本育华中文学校校长。1998年5月与人民教育出版社签署协议作为总代理在澳新地区推广《标准中文》。1999年2月在蒙纳什大学教育学院担任助教,讲授非英语语言(LOTE)教学法。2003年7月开始在澳大利亚首都堪培拉创办澳大利亚标准中文学校。2004年7月创办澳大利亚汉语国际推广中心。2005年4月与中国国家汉语国际推广领导小组办公室签署海外第一个汉语教材推广协议。2007年10月在堪培拉举办首届"中澳新国际汉语教材研讨会"。2008年7月参与筹办"澳大利亚中文教师联会第13届年会"。2008年12月澳大利亚标准中文学校成为澳大利亚首都地区教育部资格认证学校,全澳38所大学承认在校学生中文成绩为上大学的成绩。2009年5月,李复新先生当选澳大利亚首都地区社区语言学校协会副主席,同年12月当选为澳大利亚首都地区中文教师协会主席。在李复新先生的领导下,2009年10月,澳大利亚标准中文学校荣获中国国务院侨务办公室首批海外"华文教育示范学校"称号。自2014年以来,李复新先生先后在澳大利亚标准中文学校设立孔子"尼山书屋"、与中国国家汉语国际推广领导小组办公室签订合作协议在堪培拉设立澳大利亚第三个汉语水平考点、在堪培拉创办"中国文化中心",并在悉尼创办澳大利亚第二所"尼山书屋"。

李复新先生担任澳大利亚中文教师联会主席、澳大利亚首都地区中文教师协会主席、澳大利亚首都地区社区语言学校协会代理主席、澳大利亚森隆集团董事长、澳大利亚标准中文学校校长、山东省侨联委员、中国侨联问促会理事等职。

为推动海外华文教育，李复新先生所做的努力受到海内外各界的肯定。2010年，他被评为澳大利亚新金山教育基金会"优秀教师"。2011年3月他当选为山东省侨联海外委员，中国侨联中国华侨国际文化促进会理事。2012年7月，李复新先生受中央电视台国际频道世界华人栏目专访，被誉为"把华文课程带进澳大利亚的人"。2013年7月，李复新先生主持"澳大利亚中文教师联会第20届年会"并当选为联会副主席。2015年6月开始担任澳大利亚首都地区社区语言学校协会代理主席。2015年7月，在澳大利亚中文教师联会第21届大会上李复新先生当选为联会新一届主席，同年12月，在上海世界汉语教学协会（中国国家汉语国际推广领导小组办公室/孔子学院总部）第七届会员大会上，澳大利亚中文教师联会以最高票当选为世界三大常务理事单位，李复新先生担任常务理事代表。2015年7月4日，李复新先生当选为澳新地区及南半球最大的专业性中文教育组织——澳大利亚中文教师联会主席，这是该组织成立22年来首次由中国大陆背景教育学者担任此重要职务。

李复新先生的教育生涯长达35年，其中海外华文教育生涯21年。自1993年起，他开始在澳大利亚和新西兰地区推广中文教学和教材，倡导简体字和汉语拼音，为澳大利亚新西兰地区中文教学从繁体字到简体字，从繁体字版到简体字版汉语教材的更新换代做出了历史性的贡献。2014年12月，在北京人民大会堂举行的第三届世界华文教育大会上，他获得中国国务院侨务办公室颁发的"海外华文教育杰出贡献奖"，并受邀参加2015年于北京举行的"中国人民抗日战争暨世界反法西斯战争胜利70周年阅兵式"。

李复新先生秉承"学教育、做教育、终身办教育"的信念，以"推广标准中文、弘扬中华文化"为己任，以"专心、专一、专业"为理念，数十年如一日，传播中华民族语言文化，繁荣澳大利亚海外多元文化。

6. 麻卓民先生

麻卓民先生系浙江青田人，生于1948年，毕业于杭州大学物理系，出国前为县政府公务员。1992年3月旅居巴塞罗那从商。

1995年12月，麻卓民先生参与发起创办巴塞罗那华侨子弟学校，曾任副董事长兼秘书长。2004年9月，他发起创办巴塞罗那孔子文化学校，任董事长。巴塞罗那孔子文化学校于2011年被中国国务院侨务办公室授予"华文教育示范学校"称号，于2015年被中国华侨大学选为海外"华文教育基地"。巴塞罗那孔子文化学校是西班牙唯一一所经当地政府批准的华文语言学校，也是巴塞罗那唯一一所拥有独立产权的华文学校。经过10多年发展,孔子文化学校已经初具规模,现在学校已拥有4个校区,10个年级,72个班级,80多名老师,学生数量超过2000人。

1995年初的一天,麻卓民先生走访一位20世纪80年代初旅居巴塞罗那的老华侨,那位侨胞对他说:"我的小女儿在这里长大,虽然孩子很聪明,可是一个汉字都不认识,我真担心将来回中国,她连回家的路都找不到……"言者无意,听者有心。侨胞的叹息深深地触动了麻卓民先生,他感到自己来到欧洲,朋友们都帮了他很大的忙,他有责任帮助朋友们的孩子将来能"找到回家的路",这是麻卓民先生从事华文教育的初衷。

1995年下半年,麻卓民先生和3位侨胞一起赴马德里考察华文学校,后在中国驻巴塞罗那总领事馆和侨胞的支持下,于12月底创办了巴塞罗那华侨子弟学校。华侨子弟学校是巴塞罗那历史上的第一所华文学校,最初只有几个班级,几十名学生。通过几年努力,渐渐形成规模。学生最多时已近400人。进入21世纪之后,随着中国迅速崛起,巴塞罗那华人社会有了快速发展,华侨华人人数不断增加,华人经济实力也不断增强。这一时期,巴塞罗那华人第二代也正在快速成长。2004年9月,在ESERP商学院的支持下,麻卓民先生适时地创办了中西友好文化学校(孔子文化学校前身)。学校最初只有3个班级,30多名学生。一年之后,学校已发展到8个班级,200多学生。5年之后,孔子文化学校已经有23个班级,840多学生,并迅速成为西班牙最有影响、最大规模的华文学校。

麻卓民先生对华文教育倾注了极大热情。他认为,在海外没有什么比让孩子们继承祖国的文化更为重要。离开了民族文化,新一代人就会失去"灵魂"。让孩子们学习中文,继承祖国文化,有着特别重要的意义。麻卓民先生的办学理念是:华文学校不仅要教孩子们认字,更重要的是传承中华文化。巴塞罗那孔子文化学校先后两次组织学生参加了中国国务院侨务办公室主办的"海外华裔青少年中华文化大赛"总决赛,并取得了优异成绩。学校还先后与中国中央电视台合作举办"互动星期天"节目,与中央人民广播电台合作举办大型春晚,两次承办中国国务院侨务办公室举办的"中华文化大乐园"夏令营,两次承办由华侨大学举办的"节庆文化走进巴塞罗那"活动。该校还组织过许多大型的演讲比赛、舞蹈比赛和武术比赛等。麻卓民先生说,正是丰富多彩的文化活动,才让学生越来越喜欢学习中文。

2014年,麻卓民先生出资200万欧元购置了1000平方米校舍,创办了巴塞罗那孔子文化学校第三校区——巴塞罗那孔子学府。这是一所标准化的语言学校,14个教室全部采用欧洲最先进的互动式智能白板进行教学。巴塞罗那教育机构领导考察后,一致认为孔子文化学校的教学硬件在巴塞罗那所有语言学校中名列前茅。为了方便新一代华人学习汉语,麻卓民先生组织学校老师编写了一套《幼儿汉语双语教材》（三册），在当地出版社正式出版。2015 年，《幼儿汉语双语教材》参加西班牙教育展，获得一致好评。目前，第一次印刷 2000 套已经售罄，开始进入第二次印刷。

为了让华文教育规范化，麻卓民先生还根据教材大纲要求，建立学校中文考试题库，出台学校"中文等级考试标准"。在麻卓民先生的带领下，巴塞罗那孔子文化学校的华文教育正在走向"标准化、规范化"。麻卓民先生对华文教育的贡献得到了国务院侨务办公室和当地社会的认可，2014 年，麻卓民先生被 ESERP 商学院授予名誉博士，并被加泰罗尼亚教育部长授予"教育"银质勋章。同年，中国国务院侨务办公室授予麻卓民先生"海外华文教育杰出人士奖"。

自旅居巴塞罗那以来，麻卓民先生一直致力于中西文化交流工作。1995 年，麻卓民先生被法国《欧洲时报》聘为特约通讯员，20 多年来，笔耕不辍，为多家华文媒体撰写了大量的文字。2003 年，为了让西班牙人了解真实的中国，麻卓民先生个人出资邀请西班牙国家电视台赴中国拍摄纪录片，这是西班牙国家电视台第一次用自己的"眼睛"看中国。他们拍摄的《细看今日浙江》纪录片，获得了 2003 年度《连线浙江》栏目评选一等奖。2004 年，由麻卓民先生邀请，浙江电视台赴巴塞罗那成功拍摄《萨马兰奇》六集专题纪录片。

麻卓民先生也热爱着他生活的那一片土地。2008 年麻卓民先生出版散文集《穿越巴塞罗那》（浙江文艺出版社），获得了当地政府和媒体的赞誉。时任巴塞罗那市长专门写了感谢信，西班牙国家报和巴塞罗那电视台也都对他做过专访。2010 年麻卓民先生又出版了《走进西班牙》（浙江文艺出版社）和《疯狂西班牙》（西泠印社出版社），这两本书在上海世博会西班牙馆举行首发。"麻卓民先生像西班牙人一样热爱着这一片充满阳光的土地"，西班牙驻上海世博会总代表在"首发式"的致辞中，给麻卓民先生以高度评价。

麻卓民先生远在他乡，但一直心系故土。1995 年家乡发生严重自然灾害时，他带头发起捐款，出资帮助灾区建造"西华桥"。1998 年祖国遭受特大洪水灾害时，麻卓民先生率先发起募捐活动，当时捐款数逾 400 万比塞塔，约占巴塞罗那华人捐款总数的 80%。2008 年祖国南方特大冰冻灾害和四川汶川大地震发生后，麻卓民先生再次发动孔子文化学校董事、学生及学生家长进行捐款赈灾。麻卓民先生还曾组织过帮助丽水贫困山区失学儿童的"阳光行动"，共资助贫困学生 300 多人。

2015 年退休之后，麻卓民先生和他的太太开始全身心地投入华文教育。他们都特别喜欢孩子，"和孩子在一起是最快乐的；和孩子在一起会让自己'年轻'"。他们都非常热爱这一项充满阳光的事业，他们说："在有生之年，能为传承祖国文化做出贡献，就是人生最大的幸福！"

7. 王满霞女士

王满霞女士出生在天津，祖籍是河北省高阳县。20世纪70年代入伍后王满霞女士先后在四川和北京国际航空公司工作多年，于1991年移民加拿大温哥华。1992年王满霞女士进入当地教育局任教，教授中文省考。1993年底，她在一间教堂的地下室开启了中文教育生涯。1996年2月，王满霞女士与几位志同道合的朋友注册成立了温哥华北京中文学校。

在学校的管理方面，本着对社会、家长和孩子负责的精神，王满霞女士制定了教学大纲和规章制度，严明管理、严格师资、严谨教学，对孩子们充满了爱心、耐心和责任心。20多年来，王女士克服了种种困难，为学校呕心沥血，度过了许许多多不眠之夜。温哥华北京中文学校成立至今20年，从二三十个学生发展到上千学生，从1个学校扩展到3个校区，从四五位老师发展到一支由50多名高素质教师组成的队伍，每一步都饱含了王满霞女士的心血。学校于2009年被中国国务院侨务办公室评为海外"华文教育示范学校"，也成为温哥华地区首屈一指的中文学校，为推广中文教育做出了表率作用。

王满霞女士还积极参与加拿大卑诗省中文协会的志愿活动。成立于1981年的卑诗省中文协会是一个民间学术组织，致力于推广卑诗省的中文教育，团结协调几十所中文学校。1994年，经过竞选，王满霞女士进入了理事会，成为第一位中国大陆背景的理事。她的敬业和人格魅力很快赢得了理事会来自台湾、香港同事的尊敬和赞扬，并于2011年被选为副会长。2012年，又以全票当选为会长，一直延续至今，均以全票连任，足见全体理事对她的信赖。王满霞女士作为第一位中国大陆籍的理事，在志愿服务方面坚持了20年之久。

在王满霞女士的带领下，协会这十几年为温哥华地区的中文教育做出了有目共睹的贡献。每年5月举办春研会，邀请国内的专家学者来为海外华文教师演讲培训；每年2月举办校长春茗会，探讨中文教育面临的问题；除了这些常规性的活动，王满霞女士还时常忙于选拔中文教师回国进修、应中国国务院侨务办公室之邀参与组织海外华裔青少年中华文化大赛、举办秋研会的会员大会并选举新的理事会。每周四带领理事们到书库为各中文学校发书已成常态。自1997年卑诗省中文协会组织校长及资深教师赴华观摩团起，每年王满霞女士都带领着这些来自中国港澳台地区的老校长们到中国大陆参观学习，了解中国的文化历史，领略祖国大好河山，体验中国现代化的速度。这些活动深深打动了他们的心，改变了他们对中国的偏见，增强了他们对祖籍国的认识和感情。他们回温哥华后纷纷改用暨南大学编写的《中文》教材，至今一律使用简体字版。

自 1999 年中国国务院侨务办公室开展海外华裔青少年"中国寻根之旅"夏令营活动以来，王满霞女士每年夏天都要带领卑诗省各中文学校几十名华裔子弟参加此活动，从未间断。从报名、说明会、联系有关单位及出发前的培训等，王满霞女士事无巨细，精心准备。王满霞女士还亲自为"中国寻根之旅"夏令营谱写了一首营歌，表达了她对祖籍国深深的眷恋，体现了她为华文教育在海外薪火传承而奋斗的精神。在她的精心组织和带领下，她所带的夏令营都被评为组织得最好、最成功、孩子们表现最突出的团队。很多原本对中国一无所知甚至带有偏见的孩子，参加夏令营后，从根本上改变了对中国的看法，增进了对祖籍国的感情，提高了对中文和中国文化的兴趣，改善了同家长的关系。孩子的变化和成熟在华人家长中引起了广泛而热烈的反响。

王满霞女士对卑诗省中文教育的普及和发展做出了卓越的贡献，于 2007 年、2010 年和 2015 年分别荣获加拿大温哥华市"社区贡献奖"、卑诗省和加拿大"杰出女性奖"。2011 年王满霞女士荣获中国国务院侨务办公室"优秀海外华文教师奖"。

8. 许易女士

许易女士现任澳大利亚中文教育促进会会长，悉尼丰华中文学校校长，Bennelong 区亚裔联会副会长；并且担任广东省海外交流协会，福建省海外交流协会，上海市海外交流协会和宁夏海外交流协会理事。2014 年当选为中华人民共和国全国政协第十二届二次会议海外列席代表。

许易女士 1987 年毕业于上海华东师范大学教育系，从事教育工作 20 多年，具有丰富的中澳教学经验。于 1998 年创办悉尼丰华中文学校，该校采用先进教学理念进行教学管理，且积极参与社会活动。许易校长追求将中西方教学方式有机结合、用先进教学理念管理学校，找到更有效、让学生更乐于接受的教学方式一直是她不懈努力的方向。在许易校长的带领下，丰华中文学校排除万难，自行编辑和出版了《华文阶梯阅读》系列教材，大胆革新汉语教学方式，受到学生和家长们的广泛认可。

丰华中文学校还很注重学生参与社会活动，学校发挥着一种社团组织的功能，起着教中文、传播文化和让澳大利亚社会了解中文教育的重要作用。学校对社会活动的积极参与提升了学校的知名度和影响力，还得到了社会的认可、赞助和支持。丰华中文学校获得了 Ryde 市政府颁发的"服务社区 10 周年奖"，还多次参加中国务院侨务办公室、侨联等组织的"世界华裔学生作文大赛"，每届均有多人获奖；2007 年组织学生参加首届"海外华裔青少年中华文化知识竞赛"，澳大利亚最高分由丰华学生获得；2009 年中国汉语水平考试基础级澳大利亚最高分亦由丰华学生获得；丰华中文学校是被中国暨南大学华文学院授予在澳大利亚的第一所实验学校；2011 年，丰华中文学校被上海宋庆龄基金会授予"华文阅读计划实验基地"。至今,丰华中文学校已成长为拥有近千人学生的规模,在悉尼地区具有广泛的影响力。

许易校长不但从事中文教育工作,还致力于为中澳两国政府牵线搭桥,积极参与两国之间的文化教育交流活动。从2004年开始,近30次组织并带领学生到中国参加国务院侨务办公室和地方侨务办公室组办的"中国寻根之旅"冬令营、夏令营活动;从2006年至2014年,许易成功组织了7次新南威尔士州政府教育部官员代表团访华活动;2010年,积极促成悉尼北区教育部与国务院侨务办公室签订正式合作协议;2012年10月和2015年10月,又促成国务院侨务办公室与新南威尔士州政府签订合作协议,推动两国在教师培训、建立姊妹学校、共同推动"中文为母语继承语"的高考课程的发展、参加中国冬夏令营活动、中国文化活动推广等领域开展实质性的合作与交流;2013年,成功组织了由新南威尔士州社区关系部部长率领的新州议会代表团访问中国,切实地推动两国的文化教育交流。

2010年澳大利亚国庆日,许易女士从悉尼市各大社团的15名被提名者中脱颖而出,夺得悉尼市"杰出市民"的最高荣誉奖。该奖项表彰许易女士多年来为文化教育领域辛勤工作,为推广中文教育及中国文化,改善社区和谐,促进澳大利亚裔和华裔之间的沟通所做出的贡献。

9. 许月兰女士

许月兰女士祖籍广东省潮安县,先辈移民到马来西亚砂拉越定居,后随夫成为文莱公民。1974年毕业于文莱中华中学,赴台湾师范大学修读外文系。1980年,学成归来后回到母校文莱中华中学担任小学华文教师,开始了华文教育的推广。1991年,进入行政部门担任教务处主任一职。许月兰女士办事认真负责,获得了学校最高阶层董事部的青睐,从而获得学校保送赴澳大利亚攻读教育管理硕士学位的机会。回到文莱后许月兰女士被擢升为副校长,并于2000年正式任职校长一职,成为文莱华教界的第一位女校长,一时成为佳话。从此,高瞻远瞩的许月兰女士决定肩负起发扬中华文化的使命。目前许月兰女士除了担任文莱中华中学校长,也是文中校友会名誉顾问。

许月兰女士为文莱中华中学的第22任校长。这所有近百年历史的华文学校,从最初以板屋搭建的私塾演变为如今设备先进、楼宇雄伟的顶级学府,从一个私塾成为如今文莱顶级的华校。从最初只有华裔子弟就读的华校,到今天全校非华裔学生已达30%,包括文莱当地的马来人、印度人和菲律宾人。令人激赏的是,文莱中华中学的校政规定无论是何种族的学生都必须学习华文,因此,在文莱中华中学看见非华裔学生操着一口流利的华语已是司空见惯的事了。由此可窥见许月兰校长对华文教育的坚持及执着。

　　文莱中华中学建校近百年来从来不曾中断过华文教育，一方面归功于先贤的意志坚定及锲而不舍的争取，另一方面也得益于政府开明的政策及热爱华文教育的社会人士的支持。在海外许多国家的华人社会发展面临许多严峻的考验，华校要在异国扎根及推广更非易事，所幸文莱苏丹陛下及政府开明，以宽广的心胸接纳各种族的文化。另外，也得归功于许月兰校长在任期间不遗余力的发扬及推广。文莱中华中学是一所非营利学校，资金来源主要靠社会人士资助，而社会人士又主要是指当地的华人社团。因此能将华文教育传承及推广至今，其间的艰辛并非三言两语所能形容。

　　随着中国在国际上的地位提升，近年来，华文在文莱的语言地位也随之提高。越来越多的中国企业到文莱投资，对华文人才的需求也增加了许多。为了更有效地推广华文，许月兰校长于2011年在小学部大刀阔斧引进苏州的"五步识字"教学法，并和中国专家合作编写文莱当地本土化的教材，取得了斐然的成绩。此外，许月兰校长还加强学校无线网络设备建设，让学生们能够随时随地地从网络教学中自主学习了解中华文化。如今最大的挑战是如何让学生们增加对中华文化的了解，为此，学校还经常安排学生到中国参加"中国寻根之旅"活动，以开阔眼界。

　　自许月兰女士担任校长以来，文莱中华中学的校务蒸蒸日上，2002年文莱国家最高元首苏丹陛下莅临该校共庆80周年校庆，于此，奠定了华校在这块国土上的价值，使得华文教育更深入地推广至其他民族。如今许月兰女士所领导的文莱中华中学校名远扬，成为当地其他学校争相参访学习的名校，也是两岸三地媒体访问的模范学校。2009年，文莱中华中学荣获中国首届世界华文教育大会"华文教育示范学校"称号。

　　许月兰女士从事华文教育的30余年获奖无数。2002年，荣获文莱苏丹赐予的PIKP勋章；2007年，荣获中国颁发的"海外华文教师杰出奖"；2011年，荣获文莱苏丹赐予的学校领导奖；2014年，再次荣获文莱苏丹赐予的PSB勋章；2015年荣获中国世界华文教育大会所颁的终身奖。许月兰女士在教育上的付出及贡献受到社会大众的赞赏及肯定。

　　回顾过去，展望将来。许月兰女士在教育方面有了更全面的构思，文莱中华中学成为微软公司授予的"示范学校"，采用新模式营造优质育人环境。许月兰校长力求走在教育的最前端，她深信假以时日，学生一定能够借此充分发展个人的能力和素质。她提倡智能校园数字化的氛围，塑造优质的育人环境，学校引进翻转课堂互动与引导的教学模式。这种教学模式，不仅能够提高各学科尤其是华文科的课程教学质量，更有效地打破传统式的单向教学法，使得学生改变了华文难学的想法，更加激发了学生们学习华文的兴趣。文莱中华中学办学的一个特色，就是为学生提供多姿多彩的活动，让学生通过各种活动及庆典开展实际的学习。

许月兰女士对华文教育向来保持着一个根深蒂固的理念。她曾经说过:"多年来,我们一直朝向高素质教育的目标迈进,力争成为文莱首选学校,包括举办各式各样的中华节庆活动,就是努力传承中华文化,积极发展华文教育,打造优良的校园环境,丰富校园文化内涵,积淀文中文化底蕴,提升文中的办学品位。"她强调,这是文莱先贤、董事们的共同心愿,也是每一位华裔后代应该共同奋斗的目标。对她而言,华文教育不只是工作,而是一种信念、一种责任、一种传承。

10. 周清海先生

周清海教授是享誉国际学界的杰出华人语言学家。曾任新加坡南洋理工大学国立教育学院中文系主任、中华语言文化中心主任、南洋理工大学孔子学院理事长、新加坡华文教学检讨委员会委员、新加坡国会教育委员会委员、新加坡华文模范教师奖遴选委员会主席、新加坡《联合早报》咨询委员等职务,并先后应邀担任中国大陆、中国香港、马来西亚多所大学的客座教授、学术顾问或评审委员。现任新加坡国立大学中文系兼职教授、中华语言文化中心顾问、南洋理工大学孔子学院理事。自1975年起担任新加坡内阁资政李光耀的华文教师将近40年。周清海先生在汉语语法、词汇、方言研究和新加坡华语教学与研究等领域均有卓越建树,其学术成就得到国际语言学界的高度肯定。

周清海教授祖籍福建永春,1941年生于新加坡。1967年以第一名的优异成绩毕业于新加坡南洋大学中文系。1968年获得新加坡政府推荐,由港英政府颁予英联邦奖学金,负笈香港中文大学中国文化研究所,师从周法高教授、李棪教授研究甲骨文字的结构与词例。1983年,师从李孝定教授研究两周金文语法,获新加坡国立大学颁予的博士学位。

周清海先生不只从事语言研究,也积极参与华语文教学和教学研究,被新加坡已故资政李光耀誉为"华语文教学的先驱"。1999年受邀作为杰出学科学者,访问香港教育学院。2005年获得南洋理工大学颁予的校友成就奖。2007年获得南洋理工大学国立教育学院颁予的杰出教学奖。2010年11月,受华中师范大学马敏校长的邀请,作为"世界杰出华人学者"访问该大学。

周清海先生经常受邀在语言或语言教学国际研讨会上发表主题演讲。他曾担任新加坡南洋理工大学国立教育学院中文系主任,并为大学筹建中华语言文化中心,兼任中心主任将近10年。2006年,在周清海先生的联系与努力下,建立南洋理工大学孔子学院,并担任10年理事长。

担任中华语言文化中心主任期间,周清海先生发起了语言方面的三项研究计划:(1)东南亚华人语言研究;(2)新加坡华语应用研究;(3)新加坡华语与现代汉语标准语的比较研究。在华语和现代汉语的比较方面，中华语言文化中心先后出版了《新加坡华语语法特点》（陆俭明著）、《新加坡特有词语词典》（汪惠迪编）、《新加坡华语词汇和中国普通话词汇比较》（李临定著）以及《新加坡华语词汇与语法》（周清海编）等论文和书籍。这些研究完成之后，对于新加坡华语和现代汉语标准语的差距，周清海先生的了解就比过去深入得多了。

已故新加坡资政李光耀认为，创造自己特点的华语，对新加坡不利，也走不出去。周清海先生完全同意李光耀的看法，因此主张新加坡华语必须向普通话倾斜，尽量靠近普通话。但是，语言是会演变的。从华语走向世界这个新的视角观察，周清海先生认为，华语的应用与规范问题，不可能也不应该只从中国国内的需要或角度考虑。现阶段，更应该注重华语区之间的交流。周清海先生因此积极倡议编纂《全球华语词典》，以解决交流中出现的问题。他分别在1999年、2001年和2002年，在香港、北京和南昌的汉语教学和汉语语言研究的国际研讨会上倡议编纂《全球华语词典》。

周清海先生把1949年以后到中国改革开放之前，划为汉语的分离年代。在这段时间里，普通话很少和海外华语区交流。在经过了无数次的政治运动之后，普通话出现了自己显著的特点，和海外华语不同。中国现代汉语和各地的"华语""华文"的差距相当明显，尤其是词汇方面。编纂《全球华语词典》不只能解决沟通的难题，也能为华语的融合提供基础。周清海先生的看法，得到李宇明教授、陆俭明教授、商务印书馆周洪波总编的支持。

通过编纂《全球华语词典》，从事语言研究的朋友更认识到，全世界有一个比普通话更高层次的东西，那就是"大华语"。在"大华语"的定义逐渐明确的情况下，周清海先生发表了《"大华语"的研究和发展趋势预测》一文。2010年，《全球华语词典》在北京人民大会堂举行出版座谈会，词典荣誉顾问新加坡资政李光耀先生在讲话中指出，根据世界上一些语言沟通的经验，各地华语也应该用协商和讨论的办法相互沟通，减少差别。李光耀提议在《全球华语词典》的基础上，将华语里相同的和有差别的词汇全部收取，编成《全球华语大词典》。《全球华语词典》的另外一位荣誉顾问，中国全国政协原主席李瑞环随即对编写《全球华语大词典》表示积极支持。会后，中国新闻出版总署柳斌杰署长便指示，将《全球华语大词典》列入总署议事日程。《全球华语大词典》列入中国国家"十二五"出版规划重点出版项目，并获得中国国家出版基金的支持。《全球华语大词典》已经进入排版阶段，将于2016年4月出版。

除了发起与参与编纂、审定《全球华语词典》《全球华语大词典》，并担任词典的学术顾问之外，周清海先生也发起和参与了"全球华语语法研究"。这项研究得到了华中师范大学语言与语言教育研究中心的大力支持，由邢福义教授担任首席专家。

在中国国家社科基金的支持下,这项研究已经完成了第一期的结项工作。周清海先生担任新加坡组的召集人,也是项目的国际咨询专家。他希望对各地华语语法有了全貌的、比较深入的了解之后,研究团队能写出一本参考性的"内容完整的,可做规范的现代汉语语法著作"。

2010年12月31日退休之后,周清海先生仍旧担任新加坡国立大学中文系兼职教授、南洋理工大学中华语言文化中心顾问、南洋理工大学孔子学院理事、暨南大学海外华语研究中心学术委员、澳门语言文化中心顾问,也担任《华语教学与研究》《文与哲》《华语文教学研究》《全球华语》《文学论衡》《中国学刊》《澳门语言学刊》《韩中语言文化研究》等学术刊物的编辑顾问。

周清海先生的主要著作有《华文教学应走的路向》《华语教学语法》《语言与语言教学论文集》《全球化环境下的华语文与华语文教学》《变动中的语言》《人生记忆》以及和厦门大学周长楫教授合编的《新加坡闽南话词典》《新加坡闽南话概说》《新加坡闽南话俗语歌谣选》等书。多篇论文发表于《中国文字》《华语文教学研究》《中国语文》《汉语学报》《语言教学与研究》《华文教学与研究》等重要刊物上。

第六部分

台湾地区华教活动

1. 第 33 届北加州祭孔大典分享交流座谈会在库比蒂诺市举行

2015年1月1日,由"台湾驻旧金山办事处"、金山湾区"侨教中心"与多个侨社社团共同主办的第33届祭孔大典成功举办。为了感谢所有志愿者的努力工作,祭孔大典委员会在库比蒂诺市大鸿福餐厅举行了分享交流座谈会。

餐会总召集人寇惠风发表讲话,感谢了台湾地区"侨务委员会"与相关部门的鼎力相助,并表示祭孔属于传承优良传统文化的活动,而侨教最重要的一部分就是文化,希望借助祭孔活动,将周朝沿承至今的原始的祭祀典礼,传承给后代以及海外的华裔子弟,寇惠风接着对祭孔委员会、齐鲁中文学校、北加州中文学校联合会以及协办的中文学校代表们表示了感谢。最后,祭孔委员于爱珍与志愿者们分享主办经验与心得,以供下届祭孔大典委员会参考。

2. 华文教育产业海外需求研讨会在美国旧金山湾区顺利举行

2015年1月8日,为海外华文教育提供平台,全面提升海外华文教育能力,北加州中文学校联合会与台湾"世界华语文教育学会"联合举办的华文教育产业海外需求研讨会在美国旧金山湾区顺利举行。台湾"世界华语文教育学会"秘书长董鹏程、"台湾侨教中心"吴郁华、北加州中文学校联合会陈安东会长等共150人出席。

在研讨会期间,来自"世界华语文教育学会"的教师把新科技运用在华文教学方面的成果呈现给海外的华文教师,包括台湾师范大学、台湾文化大学、台北大学等校的教授分别以"新科技与新华文教学"、"发展海外华语文教育探讨"及"云端华语文科技发展"为题进行了专题演讲,并将新科技如何运用在华文教学上的情况进行了详细介绍。

3. 清迈地区华校奖学金颁奖典礼在云南会馆大礼堂举行

2015年1月10日,由曼谷中国城扶轮社举办的清迈地区华文学校奖学金颁奖典礼在云南会馆大礼堂隆重举行。曼谷中国城扶轮社社长林来好、清迈云南会馆会长李锦、台北及美扶轮社社长张翠云出席了颁奖典礼。

林来好社长表示，希望参加典礼的小朋友能够努力学习并继续传承中华文化。李锦会长表示，几十年来，泰北华文学校得到台湾地区民间团体以及热心人士的慷慨援助，对中华文化在泰北地区的传播起到了积极的作用。台湾地区"侨务组"丘志凯也发表演讲，对多年来清迈云南会馆与华校联合会对华文学校办学的鼎力支持表示了感谢。

4. 阿根廷华兴中文学校举办 2014 年汉字文化节系列活动及结业成果展

2015 年 1 月 10 日，为配合台湾地区"侨务委员会"2014 年度汉字文化节系列活动，阿根廷华兴中文学校举办了"2014 年汉字文化节系列活动及结业成果展"。此次汉字文化节系列活动共计 20 余项，除了小学生说故事、初中生演讲、高中生辩论的比赛项目外，还有书法、作文、画画等比赛项目，吸引了各年级学生以及家长的积极参与。成果展现场进行了十鼓表演以及学生合唱等丰富多彩的活动。

校长陈惠敏在活动上发表了讲话，首先，对学生和家长的热情参与表示了感谢；其次，对参赛的学生能够在比赛中学习成长，以及能熟练运用汉语进行交流感到欣慰；最后，代表校方表示，将继续为中华文化在阿根廷的传播与传承发挥积极作用。

5. 台湾地区"华语文教育产业输出八年计划"参访团赴波士顿参访

2015 年 1 月 11 日，由台湾"世界华语文教育学会"理事长曾金金教授、台湾师范大学华语文教学系陈怀萱老师和红点子科技公司营销长谢祥凡组成的"华语文教育产业输出八年计划"参访团到访波士顿。

参访团在访问期间，向当地华语文教育师生介绍了如何进行看影片学中文的教学活动，如何借助专门网站学习中文语法、教学方法以及了解最新的语言信息和用法。随后，参访团一行为寻求未来双方更多的合作空间，实地考察并详细了解了当地侨界对中文教育产业的需求。

6. 台湾地区"侨务委员会"赴日参访东京中华学校

2015 年 1 月 13 日，台湾地区"侨务委员会"陈士魁在参加"留日台湾同乡会七十周年恳亲会"之后，走访了当地的东京中华学校，受到了东京中华学校校长刘剑城、理事长张建民等学校领导的热情接待。

在参访活动中，校长刘剑城首先向陈士魁介绍了学校的创校历史及现况，并表达了建立分校的想法。陈士魁随后发表讲话，对东京中华学校的蓬勃发展表示了祝贺，同时表示东京中华学校符合台湾地区"侨务委员会"未来推动侨教的方向,希望东京中华学校能够继续为推动中华文化而努力。最后,在刘剑城校长及理事会干部陪同下,陈士魁走访了校舍并观看了学校的办学成果展。

7. 美国芝加哥台湾学校举行"服务乡亲,发扬台湾文化"年会

2015年1月18日,美国芝加哥台湾学校举行了以"服务乡亲,发扬台湾文化"为宗旨的年会。

"芝加哥台湾学校理事长"李香兰在年会上发表讲话,表示2015年学校除了开设常规课程,比如乐器班、外语班、电脑班、健身班外,还会加开围棋班。"驻芝加哥办事处"郭圣明表示,芝加哥台湾学校举办了很多有关保存或是推广台湾地区文化的活动,给海外侨民提供了一个很好的学习平台,希望台湾学校在首任理事长邓主阳的带领下,继续发扬台湾地区人文精神,教育事业蒸蒸日上。

8. 台湾铭传大学访问团赴菲律宾佛教能仁中学访问

2015年1月19日,由台湾铭传大学校长特别助理吴新兴、国际学院院长刘国伟、国际事务组组员蔡培瑜等人组成的访问团,在台湾地区"侨务委员"李淑慧的陪同下,赴菲律宾佛教能仁中学访问。

访问团一行受到佛教能仁中学校长许普华与校监梁崇诚的热烈欢迎。梁崇诚校监向访问团成员介绍了能仁中学的创校历史及设施建设,刘国伟院长向能仁中学的毕业生介绍了台湾铭传大学的办学特色,校长助理吴新兴希望在不久的将来能看到能仁中学的毕业生出现在铭传校园内。随后刘国伟院长与梁崇诚校监分别代表铭传大学与能仁中学,签署策略联盟合作协议,鼓励更多侨生赴台深造。

菲律宾佛教能仁中学1960年由菲律宾大成信愿寺性愿法师倡导建设而成,目的是让菲律宾的侨生子女接受良好教育,弘扬中华文化以及阐释佛教哲理。目前在校学生500多人。

9. 台湾师范大学举办"欢乐YOUNG新春"餐会

2015年1月19日,为了促进海外侨生相互间的交流以及分享在台湾的学习心得,台湾师范大学举办了"欢乐YOUNG新春"餐会。校方通过此次餐会,希望让侨生不仅能感受到家的温暖,而且更加直观地了解中华文化。台湾地区"侨务委员会侨生处"陈世池以及台湾师范大学国际事务处长印永翔出席餐会并发表讲话。

10. 台湾政治大学侨生举行春节祭祖仪式暨2015年春节联欢餐会

2015年1月20日,台湾政治大学侨生在校长周行一的带领下向中华民族列祖列

宗行祭拜礼，周行一校长向参加祭拜典礼的侨生详细说明了祭祖所代表的意义，并期望来台求学的侨生们能够对于缅怀先人、慎终追远有更加深刻的体会。

随后，台湾政治大学举办了2015年春节联欢餐会。台湾地区"侨务委员会"信世昌出席并发表重要讲话，他表示侨生来台人数逐年增加，近十年来，欢迎大陆地区学生赴台攻读学位的政策实施，成效颇丰，他期望在场的学生能够适应在台湾的生活，并为传承中华文化尽自己的一分力量。

11. "两岸高等教育研讨会"在湖南长沙召开

2015年1月25日，两岸高等教育研讨会在湖南长沙召开。与会的两岸教育界人士围绕大学在推动两岸交流合作中的角色与作用、两岸高等教育的协同创新与资源共享等问题展开了深入讨论。

湖南师范大学副校长刘起军提出，两岸高校应共同传承与发展中华文化，同时加强学术交流。台湾交通大学外文系教授刘美君建议，两岸教育界人士，应打破学科藩篱，加强合作交流。

12. 台湾师范大学进修推广学院举办"2015华语小大师夏令营"活动

2015年1月29日，台湾师范大学进修推广学院为6～12岁的小朋友举办"2015华语小大师夏令营"。夏令营根据年龄以及中文能力进行程度分班，小朋友们不仅有机会写书法、学功夫，还有机会参观名胜古迹。

夏令营按照台湾地区"侨务委员会"要求，采用网络教学教材和最新的动画形式为小朋友进行授课。另外，夏令营也专为海外青少年精心设计了师大游学团，营员均为15～24岁华裔子弟，通过看美景、尝美食以及体验台湾生活的方式，让营员们深入地了解台湾文化和风土人情。

13. "侨务委员会教材座谈会"在菲华文教服务中心举办

2015年1月29日，为积极推广海外华文教育，"侨务委员会教材座谈会"在菲华文教服务中心举办。座谈会由"菲华文教服务中心"吴学诚主持，菲律宾华文学校联合会常务理事刘忆椿、菲律宾能仁中学校监梁崇诚、计顺市菲华中学校长李淑慧、基督学院校长李文蘅以及菲律宾中山中学校长李炜钦等来自20多所侨校，50余位华教界重要人士出席座谈。

在座谈会上，"菲华文教服务中心"吴学诚重点介绍了台湾地区"侨务委员会"专门针对菲律宾学龄儿童所设计的教材《菲律宾版新编华语课本》，并详细解答了与会人士针对教材以及教学过程中遇到的相关问题。

14. 阿根廷华兴中文学校举办海外自聘师资文化教学课程成果展及暑期密集班结业典礼

2015年1月30日，为发扬中华文化，提升学生中文能力，海外自聘师资文化教学成果展和暑期研习班结业典礼在阿根廷华兴中文学校举行。文化研习班为期15天，研习内容包括9项与文化相关的教学及活动，共有104位来自乌拉圭以及阿根廷等地的学员参加。

"台湾驻阿根廷代表处"张永刚参加了活动并发表讲话。张永刚充分肯定了侨校的教学成果以及在中华文化传承中所起到的积极作用。在随后的成果展中，学员们进行了唱跳、扯铃、武术等动态成果表演，以及书法、剪纸、中国结等艺术作品展览。

15. 美国西北区华文学校联谊会召开行政月会

2015年2月4日，美国西北区华文学校联谊会召开行政月会，共有来自15所会员学校的校长参加了月会，"西雅图侨教中心"薛台君，"全美中文学校联合总会"、教育研究发展委员会许笑浓，薪传文教小型研讨会负责人张娟熹参加了会议并分别发表讲话。

薛台君在月会上对台湾地区"侨务委员会"压缩2015年经费，并改变提供教科书的政策，只提供课本和教师指南的情况进行了说明。许笑浓向参会代表说明了举行成语及常用词语比赛的规则，以供各校参考。张娟熹展示了数字学习的过程、方式以及优缺点，另外还介绍了全球华文网的功能与作用。

16. 北加州中国大专校友会联合会第31届年会在圣塔克拉拉举行

2015年2月10日，北加州中国大专校友会联合会在圣塔克拉拉君悦饭店举行了第31届年会。"台湾驻旧金山办事处"傅正纲，"金山湾区侨教中心"吴郁华，"侨务委员"蔡秀美等参加了年会。

即将卸任的校联会会长林世显表示，2014年校联会举办了包括园艺讲座以及庭园设计演讲在内的一系列活动，进一步提升了校联会的影响力。傅正纲致辞肯定了林世显会长在任期做出的巨大贡献，同时希望校联会在新任会长任陈源的领导下，发展得越来越好。任陈源表示，在其上任后，除了既有的活动，校联会将与远东银行合作，在2015年进一步扩大奖学金规模。

17. 韩国国立仁川大学中国学术院举办以华侨华人为主题的研讨会

2015年2月11日，韩国国立仁川大学中国学术院主办了以华侨华人为主题的研讨会，议题包括"东亚华侨华人及国际位置地位""南北韩华侨的生活和政策""仁川中华街的今天和明天""东南亚华人和东北亚华人的相视"。来自台湾师范大学的教授王恩美、江柏炜与台湾地区"国史馆"的研究学者王学新分别针对不同主题进行了演讲。与会代表均表示，整个研讨会方向多元，内容精彩，对重新认识在韩华侨生存历史、文化发展以及迁移轨迹具有重要意义。

值得一提的是，仁川大学中国学术院为了此次研讨会，征求并获得仁川华侨协会同意，将仁川华侨协会保存的珍贵文件、照片、资料重新整理，并在研讨会上展出，让与会学者专家更加直观地了解到了韩国华人在韩奋斗的历程。

18. 侨教座谈会在菲律宾马尼拉"菲华文教服务中心"召开

2015年2月16日，"菲华文教服务中心"在马尼拉举办了一场侨教座谈会，台湾地区"侨务委员会"信世昌，计顺市菲华中学校长、"侨务委员"李淑慧，菲律宾能仁中学校监梁崇诚，菲律宾中正学院院长潘露莉，计顺市基督学院校长李文蘅等参加了此次座谈会。

信世昌向参加座谈会的来宾分别就菲律宾版华文教材供应调整原则、加值型侨生方案以及信保基金侨生贷款等项目进行了介绍。与会代表也针对华文教材的使用情况以及教学中所遇到的问题进行提问。信世昌于会后参访了菲律宾的四所侨校，而且拜会了"台湾驻菲律宾代表处"，并与菲律宾地区"侨务委员"举行了座谈，了解侨教替代役男服勤现况。

19. 台湾地区"侨务委员会"参访菲律宾圣公会中学

2015年2月17日，台湾地区"侨务委员会"信世昌在"菲华文教服务中心"吴学诚、"侨教处教育科"黄正杰的陪同下，抵达了菲律宾圣公会中学，受到校长吴紫薇以及全校师生的热烈欢迎。

吴紫薇校长对台湾地区"侨务委员会"对学校的长期支持表示了感谢，并向来宾介绍了圣公会中学的历史与发展现状。信世昌首先感谢了圣公会中学的热情招待，并对校方对于台湾侨教替代役男的照顾表示谢意。随后，信世昌一行与校方举行了座谈，就有关菲律宾版教材供应调整原则以及三位来自第133批侨教替代役男服勤现况等情况进行了深入交流。

20. 世台联合基金会及台湾地区美东侨生联谊会在纽约向"侨生奖助学金"捐款

2015年3月2日，世台联合基金会和台湾地区美东侨生联谊会在纽约华侨文教服务中心举行记者会，分别向台湾地区"侨务委员会"设立的"侨生奖助学金"捐赠1万美元和2000多美元，"纽约侨教中心"王映阳、李伟农，世台基金会董事吴达义等出席此次捐款仪式并发表讲话。

李伟农表示，中华文化在世界范围内得到成功推广，与台湾地区侨生政策的实施密不可分。王映阳对美国侨界针对台湾地区"侨务委员会"实施的侨生政策的积极响应表示了感谢，并对华侨子弟赴台求学表示了欢迎，希望能够利用"侨生奖助学金"鼓励更多海外的青年到台湾求学。

21. 世华工商妇女企管协会泰国分会赴清迈暹华学校捐献助学

2015年3月4日，由"台湾驻泰代表处"丁乐群夫妇、世华工商妇女企管协会泰国分会会长黄受合、清迈地区华校联合会王世玺会长一行20多人组成的访问团抵达泰北暹华中学，受到校长李德元及全校师生的热烈欢迎。

校长李德元首先向访问团介绍了学校的历史及发展现状。丁乐群对暹华中学坚持办学、传承中华文化的举措表达了由衷的敬意，并希望学校能够继续在泰北地区积极推广华文教育工作。随后，黄受合代表世华工商妇女企管协会泰国分会将30万泰铢以及160条毯子、320双袜子捐赠给暹华中学。

22. "第四届华语文教育与侨民教育"研究生学术研讨会在台湾中原大学举行

2015年3月6日，为推动侨民教育与华语文教育发展，促成中华文化和华语文教育在世界各地的推广，由台湾中原大学应用华语文学系主办的2015年"第四届华语文教育与侨民教育研究生学术研讨会"，在台湾中原大学全人教育村南栋618会议室举办。

研讨会的议题为：华语文教材教法创新研究、华语文本体研究、专业华语、数位与行动华语文教学、华语文教育政策、侨民华语文教材教法。

23. 美国芝加哥坎培尼利小学举办新年庆祝会

2015年3月13日，美国芝加哥坎培尼利小学举办了新年庆祝会，"台湾驻芝加哥办事处"郭圣明及前北美洲台湾商会总会长姚宏智出席了庆祝会。

在庆祝会开幕式上，姚宏智会长代表世台联合基金会向坎培尼利小学捐款2000美元，作为发展中文教学课外活动补充教材的经费，并表示希望台湾地区"侨务委员会"提供的沉浸式教学材料，能够帮助小朋友们学到更多的中华文化。

24. 台湾2015年春节文化访问团赴马来西亚进行巡回演出

2015年3月18日，台湾地区"侨务委员会侨教处"张景南率领"侨务委员会"

2015年春节文化访问团赴马来西亚国家文化艺术中心进行巡回演出，沙巴州拿督张志刚、沙巴留台同学会总会长陈绍厚等一同观看了演出。

在演出现场，台湾知名校园民谣歌手郑怡演唱了成名曲《微风往事》；叶瑷菱演唱了闽南语等歌曲；有"小邓丽君"之称的歌手张潆云演唱了邓丽君的多首经典曲目。访问团精彩的演出获得了马来西亚侨胞们的热烈欢迎。

台湾2015年春节文化访问团行程安排紧凑，分别于东京、曼谷、金边、雅加达、泗水、万隆、新山、吉打、丹南、亚庇、文莱、马尼拉等10余个城市进行专场演出。

25."2015年华语教学与师资培育国际学术研讨会"在台湾铭传大学举行

2015年3月19日，由台湾铭传大学华语文教学学系主办的"2015年华语教学与师资培育国际学术研讨会"在龟山校区教育暨语文应用大楼举行。会议主要围绕华语教师培育方法、华语教学创新方法、华语教材编写要领、多媒体与华语教学等六个议题展开。与会的专家学者针对议题展开了深入讨论。

26. 德国斯图佳中文学校举办春节联欢会暨二十周年校庆

2015年3月23日，德国斯图佳中文学校为庆祝创校二十周年，特别在校体育馆举办一场春节联欢会。"台湾驻慕尼黑办事处"张维达以及"侨务委员"宋枕戈夫妇等出席了联欢会。

斯图佳中文学校杨姗茜首先代表校方向到访的来宾表示了感谢。随后，学生们展示和表演了从语文学习成果到乐器演奏、合唱团献唱等丰富多彩的节目，赢得了在场嘉宾的一致好评。

27. 台湾庄敬高级工业家事职业学校主任周振聪率团赴菲律宾佛教能仁中学参访

2015年3月24日，台湾庄敬高级工业家事职业学校主任周振聪与台湾万能工商实习主任黄一民率访问团抵达马尼拉，在"菲华文教服务中心"吴学诚和曾琇钰的陪同下，前往菲律宾佛教能仁中学访问。

能仁中学校监梁崇诚与教务主任释宗道对访问团的到访表示欢迎，并向访问团介绍了能仁中学的创校历史、现况及设施建设等情况。周振聪主任与黄一民主任分别介绍了各自学校的情况，并对合作招生的招生科别、费用优惠措施以及上课方式进行了说明。随后，梁崇诚陪同访问团参观了能仁中学大礼堂与各班教室，并与学生们展开互动交流，让学生对台湾地区优质的教育环境有了进一步的了解。

28. 台湾地区教育主管部门向比利时荷语鲁汶大学赠送中文教学书籍

2015年3月26日，为了让更多学生了解中文、认识中文，台湾地区"教育部"特选50多本绘本、台湾知名作家作品、华语教学等图书赠送给位于比利时的荷语鲁汶大学。"台湾驻欧盟兼比利时代表处教育组"徐会文代表"教育部"赠书，荷语鲁汶大学教育学院副院长波伊瑟与语言学院院长史兰德林接受赠书。

29. 巴西圣保罗文化中心举办"侨生奖助学金座谈会"

2015年3月31日，由台湾地区"侨务委员"洪慈和召集，"圣保罗文化中心"郭殿臣主持的"侨生奖助学金座谈会"在巴西圣保罗文化中心举行，共计有20个侨团负责人参加了此次座谈会。

洪慈和发言表示，在巴西侨界的支持下，募集到了6.8万美元奖助学金捐款，这笔捐款将以"巴西侨界捐助侨生奖助学金"的形式，分6年，每年支持10个华裔子弟到台湾攻读学位，并接受中华传统文化教育。郭殿臣强调，成立此奖助学金的目的，是鼓励巴西的华裔子弟努力学习，为传承中华文化做出积极贡献。

30. 美国福乐纪念公园向南加州中文学校联合会学校捐款

2015年4月2日，美国福乐纪念公园为推动华语文在美发展，向南加州中文学校联合会各会员学校捐赠1.2万美元。美国福乐纪念公园亚裔部总监张琅超表示，用所捐款项中7500美元设立"福乐奖学金"，名额25名，每人奖励300美元，用于奖励各校品学兼优、勤奋学习的学生。4500美元一部分用于联合会行政经费，一部分用于举办各种比赛活动。

南加州中文学校联合会会长孙湘治对福乐纪念公园的慷慨捐赠表示感谢。奖学金召集人杨贤怡指出，"福乐奖学金"是对南加州中文学校联合会在海外推广华语文教育的肯定与鼓励。普慕纳中文学校校长李梅如、千又中文学校校长赵侃仪均表示"福乐奖学金"有助于增加学生的学习积极性，形成良好的激励机制。

31. 台湾地区"侨务委员会侨教处"张景南赴马来西亚沙巴崇正中学参访

2015年4月5日，台湾地区"侨务委员会侨教处"张景南等人在沙巴留台同学会总会长陈绍厚的陪同下前往马来西亚沙巴崇正中学进行访问，受到全校师生的欢迎。

在交流会上，张景南首先感谢了崇正中学积极开展鼓励学生赴台读书的宣讲会。随后，陈绍厚会长发言表示，在台湾地区"侨务委员会"的协助下，沙巴留台同学会积极募集到 140 万林吉特的助学金，而这笔助学金用于提供给有意愿前往台湾留学的海外华裔子弟。最后，参访团在校方的陪同下参观了校园并了解了教学情况。

32. "菲华暑期文教研习班"与"菲华校联暑期师资讲习会"教师行前说明会在台北举行

2015 年 4 月 9 日，由台湾地区"侨务委员会"选派的"菲华暑期文教研习班"与"菲华校联暑期师资讲习会"教师行前说明会在台北举行。台湾地区"侨务委员会"信世昌、"侨教处"张景南出席了说明会并发表讲话。信世昌在发言中强调了正体字和文化传承的重要性，并希望参加说明会的教师们能够积极促进菲律宾的学生赴台求学及接受中华文化的熏陶。

4 月 11 日至 5 月 23 日，"菲华暑期文教研习班"的 5 位教师，在"中华文化复兴运动总会"、"菲律宾分会"活动中，通过书法、民族舞蹈、国画、语文以及珠心算等课程，引导当地华裔学生体验中华传统文化。

4 月 13 日至 5 月 1 日，"菲华校联暑期师资讲习会"的 3 位教师，在菲律宾的 3 所华校开展讲习活动，帮助约 300 名侨校教师提升教学质量。

33. 台湾地区"侨务委员会"教材送抵泰国清迈云南会馆

2015 年 4 月 10 日，为振兴泰北地区华文教育，改变长期使用旧版教材的情况，台湾地区"侨务委员会"将泰北地区 29 所华校申请的 1187 箱新学期华文教材送至清迈云南会馆，以供华校领取。

华文学校教师侯伟澔表示，从最近几年的使用情况来看，泰北地区的老师和学生均从教材中获益良多。"台湾驻泰国代表处"陈铭政表示，教材的寄送体现了"侨务委员会"长久以来对于泰北地区侨教的重视，也希望学生通过教材能够充分地学习并传承中华文化。

34. 泰国泰北地区侨教座谈会在泰国圣心中学举行

2015 年 4 月 13 日，泰北地区侨教座谈会在泰国圣心中学会议室召开，会议由台湾地区"侨务委员会"信世昌主持。信世昌认真听取了各华校校长提出的意见，"侨务委员"黄正男、林来好、邓子亮，"侨务咨询委员"马胜德以及"中华救助总会"理事长张正中等出席了座谈会。

座谈会上，清莱华校教师公会会长颜协清、一新中学校长沈庆敏、大同中学校长张明光、华云学校校长俸启贤、漂排中兴中学李学文、建华高中校长梁梅华等人纷纷表示，泰北地区华教形势严峻，问题主要集中在师资缺乏、替代役男教学、海华志工教学、泰北教材等问题上。

35. 台湾文化大学华冈舞团于台北举行巡前公演

2015年4月21日，台湾文化大学华冈舞团在赴美国、加拿大巡回演出之前于台北举行公演，台湾地区"侨务委员会"信世昌等观看了此次公演。公演节目包括现代舞、武术表演、阿美族丰年祭舞蹈等。信世昌鼓励华冈舞团学生借助此次巡演的机会，积极展现台湾特色的表演艺术。

4月28日至5月24日，华冈舞团巡回美国、加拿大的10余个城市，在当地侨团主办的台湾传统周活动中进行以"印象台湾，情牵宝岛"为主题，共计12场次的演出，旨在让海外侨胞以及外国友人欣赏到中华文化的艺术之美。

36. "汉字文化节系列活动中华文化常识问答比赛"在"纽约侨教中心"举办

2015年4月26日，美东中文学校协会第六区在"纽约侨教中心"举办"汉字文化节系列活动中华文化常识问答比赛"，吸引了包括纽约慈航中文学校、长岛慈济中文学校、长岛文协和双文教育系统中文学校4所学校在内的20位同学报名参加。此次文化常识问答比赛，常识问题主要包括民俗伦理、文学哲学、科学医学、中华历史、中华地理和文化艺术六大主题，比赛采取抢答的方式进行。

"纽约侨教中心"李伟农致辞，对参赛的同学表示欢迎，并希望通过比赛，能够激发学生的学习兴趣，提高中文的听说读写能力；美东中文学校协会会长黄玉屏表示，通过参赛，可以让学生们彼此增进情谊，以及对中华文化的认同；纽约联成公所顾问赵文笙表示，联成公所已经连续八年举办"联成杯文化常识比赛"，这样的活动对学生学习中华文化知识起到了积极的作用。

37. 2015年"菲华暑期文教研习会书法班"在菲律宾马尼拉开班

2015年5月1日，为期6周的"菲华暑期文教研习会书法班"在菲律宾马尼拉开班。"菲华暑期文教研习会"由台湾地区"侨务委员会"与"台湾中华文化复兴运动总会—菲律宾分会"联合举办。研习会涉及的内容包括书法、国画、民族舞蹈、语文以及珠心算等多元课程。其中最热门的书法班授课教师是由台湾地区"侨务委员会"选派的大观书法工作室负责人郑世宗先生。由于书法班没有年龄限制，学员的年龄最小的7岁，最大的60岁。

此次"菲华暑期文教研习会书法班"的举办不仅提高了当地侨胞对于传统书法的兴趣，而且加深了他们对中华文化的认同。

38. 台湾地区"侨务委员会"赴阿根廷爱育学校和佛光书苑参访

2015年5月2日，台湾地区"侨务委员会"陈士魁在"台湾驻阿根廷代表处"黄联升以及"侨务组"张永刚的陪同下访问了阿根廷爱育学校。

在校长何仁豪的陪同下，陈士魁一行参观了学校的硬件设施并观看了教学情况。陈世魁特别准备了一幅"乐育英才"的字画赠予爱育学校，随行的"侨务委员"吴国隆以及"台湾华侨协会会长"陈俊宏也向爱育学校捐赠了助学金。随后，陈世魁前往阿根廷佛光山附属学校的佛光书苑进行了参观并和学生们一起品尝了素食午餐。

39. "欢乐暑假台湾行"活动在美国洛杉矶开展宣传活动

2015年5月2日，洛杉矶和橙县"台湾同乡联谊会"首度联合"纽约救国团之友会"共同举办"欢乐暑假台湾行"活动，邀请华裔子女在暑假期间到台湾体验风土人情，增进与台湾地区的交流。台湾地区"观光局"特别提供了50张免费的捷运悠游卡，希望吸引海外华裔子弟踊跃报名参加活动。

"纽约救国团之友会会长"童惠珍在洛杉矶宣传现场表示，"欢乐暑假台湾行"活动可以帮助海外的华裔子弟了解亚洲地区和欧美地区家庭文化的差异性。"台湾驻洛杉矶办事处新闻组"杨国添、"侨务咨询委员"高啓正也出席了宣传活动。

40. 韩国侨区举行2015学年度回台升读大专院校联考

2015年5月2日，2015学年度韩国侨区回台就读大专院校海外联考分别在首尔、釜山及仁川的三所华侨中学同步举行。此次联考共有40位华侨子弟参加，考生们都希望能以优秀的成绩，赴台深造。

担任首尔联考事务官的"海外联合招生委员会"、台湾大学教务处干事林红汝表示，本次联考在汉城华侨中学共有18位考生，汉城华侨中学教务组长陈学霖担任考官，汉城华侨中学校长孙树义则带头为考生们大声加油打气，希望能消除学生的紧张情绪。

41. 台湾地区"侨务委员会"赴阿根廷侨校参访

2015年5月3日，台湾地区"侨务委员会"陈士魁到访阿根廷侨联中文学校，受到校长林丽玉及全校师生的热烈欢迎。侨联中文学校从首任校长杨镕鉴把借来的车库作为临时教室起步并发展至今已有43年的历史。陈士魁听取了林丽玉校长对办学历史及办学困难的介绍，同时提出了一些可行的建议和解决办法。

随后，陈士魁到访阿根廷基督长老教会附属学校新兴中文学校。新兴中文学校是台湾地区"侨务委员会"确定阿根廷数字教学的重点实验学校，目前学校就读学生共300多名。校长杨秀琴向陈士魁汇报了"台湾历史文化隧道"活动的举办情况，"台湾历史文化隧道"活动是台湾地区"文化部"和"侨务委员会"联合资助并支持新兴中文学校主办的文化宣传活动，活动历时2个月，不仅宣传了台湾地区的民俗历史，而且对中华文化的海外传播也起到了积极的作用。

42. 台湾地区"侨务委员会海外侨教中心"业务督察团赴美国"休斯敦侨教中心"参访

2015年5月5日，由台湾地区"行政院"林政则率领的"侨务委员会海外侨教中心"业务督察团一行9人前往"休斯敦侨教中心"参访。

督察团抵达"休斯敦侨教中心"后，林政则发表讲话，首先向服务于"侨教中心"的工作人员表达了慰问，并对于中华文化传播做出贡献的教师们表示了感谢。随后，督察团前往文化导览室，一起聆听了文化导览义工张世勋和陈逸玲的介绍。接着，督察团一行前往"休斯敦办事处"，听取了驻办事处人员的工作简报，并详细了解了当地侨务推动的情况。

43. 台湾2015年"（儿童）华语文能力测验"于美国、韩国、阿根廷、台北举行

2015年5月6日，纽约地区2015年度最大规模的华语文能力测验在纽约双文教育系统中文学校举行。参加此次华语测验的总人数达234人，包括"儿童华语文能力测验"（儿测）228人及"华语文能力测验"（华测）6人，单场总报考人数比2014年的229人有所增长，成为大纽约地区举办华语文能力测验以来，个别学校以收费报考人数最高的一场。纽约双文教育系统中文学校主任方正吉指出，测试除了儿测3个级别的考生外，还新增了报考华语文能力测验入门基础级、进阶高阶级与流利精通级的6名考生，并希望通过华测协助学生了解自己学习中文的成果。

6月9日，在"台湾驻韩代表处"以及汉城华侨小学校长王德祥、教务主任张莉莉协助下，第三次儿童华语文能力测验在首尔顺利举行。2015年的测验人数增长到138人。测验的分级为：萌芽级、成长级、茁壮级、入门基础级、进阶高阶级以及流利精通级。测试完毕后，试卷由"台湾驻韩代表处文化组秘书"刘又玮贴好封条，直接寄回华测会，并将给通过测试的学生颁发证书。

8月16日，阿根廷布宜诺斯艾利斯举办"第五次华语文能力测验"。此次测验由台湾地区"教育部华测会"主办，台湾地区"侨务委员会"进行宏观指导。测试的目的是帮助更多的海外学生了解自己的华语能力。阿根廷布宜诺斯艾利斯地区学习华语的人数众多，每年的报名情况相当乐观，华语文能力测验也成为当地侨教的一大盛事。

10月17日，旧金山"驻纽约台北经济文化办事处"教育组与北加州中文学校联合会在苗必达金山华侨文教中心共同举行2015年"华语文能力测验"。

本次华语文能力测验共有87位母语非华语的中小学生报名参加。测验分为听力和阅读两个部分，各1小时。考生按华语能力分成基础入门级、进阶高阶级、流利精通级参与测验。"教育组组长"徐会文表示，华语文测验的主要目的是协助母语非华语的学生了解自己的学习能力和学习状况。

12月5日，专为7~12岁母语非华语儿童所设计的"儿童华语文能力测验"首次在台北伯大尼美国学校举行。测验分为"萌芽级"、"成长级"和"茁壮级"，测验内容包括听力与阅读的正式考试。"华测会"表示，现今世界各地华语学习者年龄层逐渐下降，各国中小学陆续增设华语课程。"华测会执行长"陈柏熹表示，台湾地区未满15岁的外侨学童不满5000人，因此首次举办儿童华语文能力测验，主要是试图用生活化且趣味活泼的试题内容来帮助外侨学童了解自己的华语水平。

44. 第五届"开创华语文教育与侨民教育之新视野"国际学术研讨会在台湾中原大学举行

2015年5月8日，由台湾中原大学应用华语文学系主办的第五届"开创华语文教育与侨民教育之新视野"国际学术研讨会在中原大学国际会议厅举行。研讨会议题包括：华语文产业国际化研究、华语文本体研究、华语文教育研究、华语文数位应用、华语文师资培训研究、专业华语以及其他相关华语文的议题。

研讨会开幕式由中原大学应用华语文学系副教授兼系主任彭妮丝主持，中原大学应用华语文学系客座教授邓守信、北京语言大学教授刘珣、台湾师范大学国际与社会科学学院院长陈振宇分别进行了专题演讲。

45. 台湾地区"国际合作发展基金会"选派教师赴各国推广华语文教育

2015年5月20日，为配合推广华语输出的政策，财团法人"国际合作发展基金会"2015年选派了13名华语教师前往多米尼加、危地马拉、洪都拉斯、海地、巴拉圭、萨尔瓦多、约旦等国服务，以达到扩大海外华语文教育的目的。

"国际合作发展基金会"于2014年首次选派具有华语教师执照的专业华语教师

赴海外各国服务，外派教师优先服务于所派驻国家的外交学院、公务人员训练中心，以及国立高等教育单位附设的语言中心。2014 年，派遣了 11 名教师前往尼加拉瓜、萨尔瓦多、巴拉圭、巴拿马、圣文森特和格林纳丁斯、所罗门群岛、帕劳和约旦等 8 国。

46. 台湾地区"海外民俗文化种子教师培训班"在美国多市举办

2015 年 5 月 24 日至 26 日，美国西雅图地区"海外民俗文化种子教师培训班"在"西雅图侨教中心"举办。西雅图是 2015 年的第一站，共有 40 位教师参加培训。此次培训班的课程，内容丰富，不仅有擅长草编童玩的教师许峥嵘，创意拓印画教师林碧玲，还有阿美族竹竿舞和古典羽扇舞等民俗舞蹈教师罗雅柔集中对学员进行培训。

5 月 26 日至 29 日，"海外民俗文化种子教师培训班"在美国圣荷西金山湾区举办。通过四天的密集课程，学员们不仅学会了优雅的民族舞蹈，还领略到了拓印艺术以及草编童玩的文化之美。主办单位慧智文教基金会执行长赖美智表示，此次活动的目的不仅是培育海外文化教师，更是让培训教室可以成为散播文化种子的媒介。

47. "第八届古典与现代学术研讨会"在台湾文藻外语大学举行

2015 年 5 月 30 日，由台湾文藻外语大学应用华语文系和华语文教学研究所主办、台湾文藻外语大学华语中心协办的"第八届古典与现代学术研讨会"在台湾文藻外语大学顺利举行。本次会议主题为"华语作桥跨文化"，另分两小议题："华语文教学与相关研究"和"跨文化主题与相关研究"。与会对象主要是各大学系所、语文系所相关课程的授课教师以及各大学的华语教师、研究生等。

48. "汉字文化节中文演讲比赛"在美国休斯敦举行

2015 年 5 月 31 日，"汉字文化节中文演讲比赛"在美国休斯敦举行。"台湾驻休斯敦办事处"黄敏境、"台湾侨教中心"庄雅淑、得克萨斯州众议员吴元之等人出席了活动。本次演讲比赛的主题为"快乐"，共有 160 人报名参加，其中非华裔学生达到了 50 多人，盛况空前。参赛者和家长们齐聚"台湾侨教中心"大礼堂，经过一系列激烈比拼之后，顺利角逐出各类奖项并举行了颁奖典礼。

值得一提的是，在演讲比赛之前，世华妇女会美南分会募集到了一部分奖学金，用于支付两位参加演讲比赛并获奖的非华裔的高中组学生，前往台湾学习中文两周的费用。

49. "2015 年海外专业青年研习会"在台北举行

2015 年 6 月 1 日，台湾地区"侨务委员会"在台北举办 2015 年海外专业青年研习会。来自全球各国的17位对推进国际事务有兴趣且有意推动公众外交的专业青年才俊，赴台参加研习活动。"侨务委员会"陈士魁现身会场。开幕式由台湾地区"侨务委员会侨民处"庄琼枝主持。

台湾地区"侨务委员会"表示，希望通过研习会加深海外专业青年对侨务工作的认识，努力发展成为侨界未来的中坚力量，共同推动海外侨社的发展。

50. 阿根廷华兴中文学校举办布袋戏示范教学活动

2015年6月4日，为了弘扬传统布袋戏偶文化，"阿根廷台湾文化协会"邀请河洛坊布袋戏创始人林铭文前往阿根廷华兴中文学校进行示范教学。为了完整呈现布袋戏的精髓，林铭文精心准备教具，亲自示范操控戏偶。他希望这项代表台湾文化的技艺可以完整地在海外传承发扬，也盼望类似民俗技艺的学习能够加强华侨子弟与中华文化的联系。

51. 加拿大温哥华成立"温哥华种子教师培训班"

2015年6月4日，在台湾慧智文教基金会执行长赖美智的主持下，"温哥华种子教师培训班"成立。"台湾驻温哥华办事处"庄恒盛与"台湾侨教中心"杨修玮到场发言，勉励教师努力传授中华文化，让更多人感受中华文化的魅力。举办这次活动是为了向更多的海外家庭宣传推广中华文化。

52. "台湾师范大学华语文教学系暨研究所成立20周年暨国际学术研讨会"在台湾师范大学召开

2015年6月5日至9日，"台湾师范大学华语文教学系暨研究所成立20周年暨国际学术研讨会"于台湾师范大学召开。会议围绕"服务产业概念下的华语文教育之新思维与新策略"的主题进行。与会学者及教师就新时代下华文教育的出路进行了探讨。

53. 日本大阪中华学校举行2015年度理监事会议

2015年6月7日，日本大阪中华学校举行2015年度理监事会议。会议由代理理事长洪胜信主持，"台湾驻大阪办事处侨务组"陈敏永、校长陈雪霞以及多位理监事出席会议。会议围绕校务及各项议题展开。

校长陈雪霞表示，2014年12月她首次带领六位学生到台湾东海大学附属实验高级中学进行为期两周的短期留学，寄宿家庭的亲切温暖让学生们很快适应了台湾的家庭生活并体验到了华文教学的乐趣，此举为大阪中华学校的进步发展开启了新的篇章。此类活动今后还将继续举办，以此帮助孩子们实现赴台升学的梦想。

54. "海外巡回教学志工教师行前说明暨授旗大会"在台北举行

2015年6月12日，为了让海外华裔子弟更好地学习中华文化，台湾地区"侨务委员会"共派出17位汉语教师以及23位文化教师前往全球五大洲进行巡回教学。为了让赴外教师更加了解出行任务，"侨务委员会"在台北特别举办"海外巡回教学志工教师行前说明暨授旗大会"。会议由"侨教处"张景南主持。

会上，张景南分享了自身丰富的外派经验，并叮嘱老师们身处异国务必要注意安全。会后，张景南亲自向赴外教师授旗，希望各位老师将台湾生动多元的教学内容和优质的文化技艺传播海外并使其传承发扬，让华裔青少年更加了解、认同台湾和中华文化。

55. 菲律宾华裔暑期文教研习会成果展及结业典礼在菲律宾举行

2015年6月13日，菲律宾华裔暑期文教研习会成果展在菲律宾自由大厦中正堂举行，"菲华文教服务中心"吴学诚到场，并在文复会干部和教师团团长邱山藤的陪同下，参观了学生的作品展示。随后，他代表菲华文经总会，向2015年亚洲地区春节文化访问团赠送了感谢状，感谢状由柯孙河代领。

6月17日，为期六周的菲华暑期文教研习会圆满落幕，结业典礼在自由大厦中正堂举行，暑期班的学员及其家长共500多人出席典礼。"台湾驻菲代表处"张泰来受邀参加，菲律宾华文学校联合会常务理事吴紫薇及菲华工商总会理事长蔡自然也到场参加。

56. 第9届全球华文网络教育研讨会在美国麻省理工学院举行

2015年6月19日至21日，第9届全球华文网络教育研讨会（ICICE9）在麻省理工学院（MIT）举行。此次研讨会由台湾地区"侨务委员会"主办，台湾师范大学华语文教学系暨研究所、波士顿华侨文教服务中心承办，麻省理工学院合办，美国中文教师学会、科技与中文教学学会等单位协办。研讨会吸引了来自中国大陆、港澳台地区、新加坡、马来西亚、日本、奥地利、新西兰和美国等11个国家和地区的250多名华文教育工作者齐聚一堂。

2015年研讨会的主题是"华语文教学与科技结合之方向与省思"。台湾地区"侨务委员会"希望借此次会议，回顾与分享华语文数字教学成果，反思云端科技运用于华语文教学的限制，从而开启华语文数字教学的新视野。陈士魁也表示，希望此次研讨会能够让华文教学研究与世界接轨，让海内外专家、学者及第一线教学的老师们加深台湾在全球华语文界的影响力。

57. "海外民俗文化种子"教师培训在美国纽约举行

2015年6月21日,为了提升华裔子弟学习中文的兴趣,台湾地区"侨务委员会"在美国纽约举办"海外民俗文化种子"教师培训活动,吸引了不少教师前来进修学习。

活动现场,杨秀英老师介绍了剪纸的由来,并通过图片讲解富有创意的图案以及正体字的剪纸艺术。来自纽约及长岛地区将近30位老师发挥想象,剪出了多种好玩好看的图案及汉字。蔡安愉老师示范了传统美食葱油饼的制作过程并亲自下厨制作。两位老师表示,希望可以通过这种活动给外国教师提供良好的文化环境,提升他们学习中文的兴趣,以此激发新创意与新灵感并运用到教学中去,让孩子们更加快乐地学习汉语,从而推广中华文化。

58. 美国北加州中文学校联合会举办"数字教师研习营"活动

2015年6月21日,北加州中文学校联合会举办为期两天的"数字教师研习营"活动。台东大学华语文学系讲师连育仁担任主讲。讲座主题包括课前自学教材的设计、课堂上学习活动的设计等。100多位中文老师及校长参加了此次"数字教师研习营",并给予高度评价。

台湾地区"侨务委员会"陈士魁和"台湾驻旧金山办事处"傅正纲向"台湾联合会会长""台湾联合会副会长"及所有的团队人员表示感谢,并代表"台湾侨教中心"对各位教师在传承发扬中华文化、投入研究最新的数字教学上做出的不懈努力致以诚挚的敬意。

59. 韩国汉城华侨小学举办"2015学年度一、二年级国语演讲比赛"

2015年6月25日,汉城华侨小学举办2015学年度一、二年级演讲比赛,该校董事长吴学彬等人到场观看。此次比赛不仅培养了小朋友学习中文的兴趣、锻炼了胆量,也让他们能够在异乡提高汉语学习兴趣、在海外更好地传承中华文化。

60. "2015学年度汉字文化节朗读比赛"在阿根廷爱育学校举行

2015年6月26日,为了响应台湾地区"侨务委员会"推广汉字文化节的号召,阿根廷爱育学校举办2015学年度朗读比赛。比赛分阶段进行,先由各班举行淘汰赛,成绩较优秀的同学再去参加校级的比赛。台湾地区"侨务委员会侨务组"张永刚、"侨务委员"吴国隆、"侨务咨询委员"简四安、"侨务顾问"陈俊宏以及教师陈嘉蓉担任评委。赛后，校方举行颁奖典礼，并鼓励所有的参赛选手在学习中文的道路上遇到任何困难都要努力坚持，成为传承中华文化的新兴力量。

61. "科技台湾探索——候鸟计划"暑期活动在台湾举行

2015年6月30日，为了吸引海外第二代年轻学子回台服务，台湾地区"科技部"在暑假举办"科技台湾探索——候鸟计划"活动。

共有三位海外青年被分派到台湾地区"侨务委员会"实习。台湾地区"华侨通讯社社长"陈奕芳、"副社长"胡念平现场向他们介绍社务工作，并展示2014年实习生制作的短片成果。"侨务委员会"信世昌也鼓励他们在实习期间用心学习并能提出自己的想法与建议。

三位海外青年都是大众传播及汉学文化科系的大学生。台湾地区"侨务委员会华侨通讯社"安排他们前往电视台和制作公司切实体验并参与文宣短片的制作，近距离地了解台湾的多元文化，希望他们最终成为海外侨社的新生中坚力量。

62. "2015年美国华文教师研习班"结业式暨综合座谈在台北举行

2015年7月14日，"2015年美国华文教师研习班"结业式暨综合座谈在台北举行。结业式由台湾地区"侨务委员会"举办，"侨务委员会侨教处"张景南主持。"侨务委员会"陈士魁出席结业式，并表示希望各位华文教师带着新的收获继续为华语文教学努力。

此前，为了能让海外华文教师在职进修、提高教学的专业技能，台湾地区"侨务委员会"专门成立了华文教师研习班，40位老师报名参加。"侨务委员会"还特地委托台湾师范大学为研习班的华文教师安排了教学理论、教材活用、班级经营管理与文化美术等课程，并激励教师们运用新学习到的理论知识，结合自身的教学经验更好地辅助华文教学。

63. 阿根廷新兴中文学校举行25周年校庆及教学成果展

2015年7月16日，阿根廷新兴中文学校举行25周年校庆及教学成果展。"台湾驻阿根廷代表处侨务组"张永刚、"侨务委员"李水泉、"侨民联合会"罗胜雄、台湾商会会长葛道争以及学生家长共400多人出席了活动。

教学成果展的评审团由"台湾驻南非代表处"陈忠、台湾海华文教基金会董事长吴松柏、现任赖斐台商学校董事长温玉霞、"侨务组"杨先耀以及多位台商组成。

64. 台湾文化巡回教学活动在西班牙佛光山举行

2015年7月22日，为了让当地侨胞子弟感受中华文化的熏陶，从而更好地学习、传承中华文化,台湾文化巡回教学活动在西班牙佛光山举行。

活动现场,除了让学生学习体验扯铃的乐趣,教学活动还安排学生参与"唱游活动"。学生们跟随歌声做动作,并通过观看影片来学习台湾的餐前礼仪。

65. "海外华文教师研习会"结业典礼在澳大利亚兰、印度尼西亚、加拿大、美国举行

2015年7月28日,为期两天的"澳大利亚海外华文教师研习会"圆满结束,结业典礼在昆士兰举行。研习会旨在帮助新西兰和澳大利亚侨校教师研习进修,并希望把最新的华语文教学内容、教学方法传到海外各侨区,从而加强中文正体字的推广、发展海外华文教育。此次会议由昆士兰华语文教师联谊会主办、昆士兰台湾中心协办。"驻布里斯班台北经济文化办事处"赖维中、"侨务委员"黄素珍,以及"台湾侨教中心"董幼文等出席了此次研习会。赖维中首先强调了学习汉语的重要性。接着,董幼文向大家介绍了来自新竹教育大学的刘宜君教授与张忆如主任两位指导老师,并希望参加研习会的老师都能有所收获。随后,两位指导老师为大家带来了精彩课程。

7月30日,为期五天的雅加达地区"华文教师研习会"落下帷幕,结业典礼在印度尼西亚建国大学礼堂举行。"印度尼西亚留台校友会联合总会总会长"叶秀娟对"侨务委员会"组织华文教师研习会、为印度尼西亚现职华文教师提供在职进修的机会给予了充分的肯定。"台湾驻印度尼西亚代表处侨务组"汪树华表示,"侨务委员会"非常重视海外华文教师研习会,这是为帮助各国华文教师提高教学技能所推行的政策,希望能够有所成效。

7月30日,为期四天的"2015加西华人教师研习会"开幕,110位海外华文教师报名参加。"台湾驻温哥华办事处"庄恒盛与台湾"侨教中心"杨修玮出席典礼。四天紧凑的课程学习后,"2015加西华文教师研习会"圆满结束。结业典礼上,台湾地区"侨务委员会"陈冠中代表"侨务委员会"向学员们颁发了结业证书。台湾地区"侨校联合会"向5位授课讲师颁发了纪念奖牌。台湾地区"侨教中心"杨修玮就华文教育的教材及教学资源等问题发表了自己的见解。"侨教中心"李绮霞出席了结业典礼。

8月13日,西雅图地区海外华文教师研习会在"台湾西雅图侨教中心"举行。61名当地主流学校及华文学校中文教师报名参加。"台湾驻西雅图办事处"金星出席开幕式,并对"侨务委员会"表示了感谢。"侨教中心"薛台君出席闭幕式,并为学员颁发结业证书。薛台君表示,希望海外的华语文教育可以在各位教师的辛勤努力下顺利推广且蓬勃发展。

66. 台湾"爱阅读书坊"向"侨务委员会"捐赠"台湾印象"地图

2015年8月1日，爱阅读书坊向台湾地区"侨务委员会"捐赠了3000份"台湾印象"地图。爱阅读书坊总经理陈俊荣亲自为台湾地区"侨务委员会"陈士魁解说该地图的设计理念。

"台湾印象"地图将被分送至全球各地的侨教中心以及澳大利亚的三大城市，作为当地台湾日嘉年华活动的宣传品。"侨务委员会"希望侨胞们能通过图像回味台湾的生活，同时希望华裔子弟可以进一步了解台湾。

67. "台湾海外青年文化志工培训班学员结业典礼暨成果展"在台北举行

2015年8月1日，"台湾海外青年文化志工培训班"正式结业，学员结业典礼暨成果展于台北举行。结业典礼上，"华府侨教中心"刘绥珍致辞，她肯定了学员们的努力，并欢迎他们正式加入大华府地区青少年文化大使协会。刘绥珍随后代表"侨务委员会"给学员们颁发了结业证书，勉励他们学有所用、学有所成，努力成为侨社杰出的领导人才和优秀的文化志工。

68. 第一届中文传承教育研讨会在美国底特律举行

2015年8月1日至2日，第一届中文传承教育研讨会在美国密歇根州底特律举行。研讨会主题为"中文教学之转型与重塑"，涉及华裔学生的语言与文化传承教育、华裔学生在大学阶段的华语教学、中文学校之发展与经营等内容。会议由"全美中文学校联合总会"主办。

"全美中文学校联合总会"自1994年成立以来，一直肩负着推动全美华裔中文教育、加强与中文学校联系合作的使命。举办此次中文传承教育研讨会，是为了针对论文发表、专题演讲、座谈会、教学示范等与中文教育相关的内容进行研讨，从而向那些从事中文教育、传承中华文化的人士分享最新的研究成果和实用的教学经验。

69. "2015年缅甸侨校暑期教师研习班"在腊戌果文中学举行

2015年8月4日，由"台湾缅甸归侨协会"举办的"2015年缅甸侨校暑期教师研习班"开班典礼于缅北腊戌果文中学礼堂举行。"台湾缅甸归侨协会秘书长"、"台湾缅甸归侨协会研习团团长兼讲师"杨仲青，讲师方学文、赖资颖、王钰闵和计划助理莫再厚等出席开班典礼。来自缅北各地23所华文学校的115名青年教师参加了研习活动。

此次研习活动由旅台果文中学校友会项目向台湾地区"侨务委员会"申请、"台湾缅甸归侨协会"主办、腊戌果文中学承办，研习班费用由果文中学董事会承担。

70. 日本大阪中华学校举行"中文夏令营"活动

2015年8月5日，日本大阪中华学校举办"中文夏令营"活动，共有从幼儿园到小学六年级的60多名同学报名参加。在东海大学日文系老师黄淑燕的带领下，来自东海大学、逢甲大学、静宜大学、元智大学等学校的16名学生前往日本担任中文夏令营的老师。

2015年暑假期间，大阪中华学校还与台湾地区合作举办"快乐学华语夏令营"以及暑期辅导班活动。大阪中华学校的校长希望通过这种活泼的教学方式，推动华语文教学的发展，激发学生们为传承中华文化做出努力。

71. "海外华裔青年观摩团"赴台研习参访

2015年8月6日，海外华裔青年观摩团前往台湾进行访问。该活动以"认识台湾"为主旨、以宣传推广台湾为目的，让海外青年通过"行动式生活教学"的方式、动态和静态的参访与学习，亲身体验中华传统文化的精髓以及台湾文化的多样性，并对台湾各地人、事、物及政治经济发展现况有了更进一步的认识与认同，最终达到弘扬台湾多元文化、扩大青年交流及培育海外新生力量的目标。研习课程包括专题讲座、文化采风、宝岛之旅、青年交流等。此类观摩团活动每年共举办8次，每次研习时间为3周。

72. 澳大利亚昆士兰华语文教师联谊会举办2015年汉字文化季颁奖典礼

2015年8月9日，澳大利亚昆士兰华语文教师联谊会在昆士兰台湾中心举行2015年汉字文化季颁奖典礼。"驻布里斯班办事处"赖维中、"侨务委员"黄素珍、"台湾侨教中心"董幼文等出席典礼。

赖维中对各侨校努力推动参与华文教育活动表示感谢，并对各主流学校华文教师的参与及获奖表示敬意与祝贺。典礼就华语文朗读比赛、文字创意彩绘比赛、硬笔字书写比赛等进行颁奖，经主办单位和众多专业华语文教师的认真评审，最终颁出佳作、优选与特优共250多个奖项。

73. "菲律宾版新编华语课本"示范教学在菲律宾华文学校联合会礼堂举行

2015年8月11日，菲律宾版新编华语课本编者、台湾地区"国语日报社"社务顾问李碧霞与台湾师范大学华语文教学系暨研究所教授兼主任曾金金受邀在菲律宾华文学校联合会礼堂进行第四场示范教学。来自9所侨校的69位华语文教师出席参加。李碧霞与曾金金老师分别在1个小时的示范教学中，介绍了高年级与低年级教材的优点和特色，并幽默地讲解如何在课堂上有效地使用教材。

74. 阿根廷华兴中文学校举行联合毕业典礼

2015年8月12日，阿根廷华兴中文学校举行联合毕业典礼。典礼首先由校长陈惠敏致辞。随后，"台湾驻阿根廷代表处侨务组"张永刚发言并肯定了华兴中文学校的教学成果。最后，毕业生们向学校及老师表示了感谢并送上诚挚的祝福。

75. "北加州中文学校联合会"举办第37届年会

2015年8月13日，北加州中文学校联合会举办第37届年会。台湾地区信世昌、吴郁华出席了年会，当地侨领及会员共200多人到场参加。会上，7位品学兼优的应届高中毕业生上台领奖，各校师生为观众带来了精彩的表演。

台湾地区"侨务委员会"表示，将长期支持海外侨校日渐蓬勃的发展趋势及全球学习中文的热潮，并将与各部门积极商讨扩大海外师资的培训规模，并尽力保证中文教材的稳定供应。

76. "美国中华茶文化学会"举办茶艺推广会

2015年8月18日，"美国中华茶文化学会"举办茶艺推广会。会长杨绮真用台湾制茶公会提供的台湾优质茶叶亲自示范泡茶工序。古筝老师许惠红、陶艺家沈尊源以及花艺达人罗瑞华等人把多元的中华文化巧妙融合，展现茶艺的人文美学。举办此次活动是为了帮助台湾地区"侨务委员会"推广台湾海外茶文化，并帮助海外侨民更多地了解中华传统文化。

77. "2015年德国地区青少年中华文化夏令营"在法兰克福闭幕

2015年8月19日，2015年德国地区青少年中华文化夏令营闭幕。"台湾驻法兰克福办事处"黄瑞坤、"侨务委员"林国臣、"侨务顾问"刘淑慧等莅临观赏。五天四夜的活动让学员们领略到了民俗艺术的精髓。主办单位希望旅居海外的华裔子弟能将中华文化精神融入现实生活并在海外发扬光大。

78. 台湾基隆市中正中学民俗体育班赴海外进行慰侨演出

2015年8月19日，应台湾地区"侨务委员会"要求，基隆市中正中学民俗体育班前往新西兰、澳大利亚进行慰侨演出。演出中，师生们运用各种独特的花式技巧在舞台上呈现出千变万化的队形，令观众赞不绝口。

成立于1975年的民俗体育班曾在台湾内外获奖无数。此次出行一方面展现了台湾的传统民俗技艺，另一方面也开拓了学生的视野，加深了海外侨胞与台湾地区的联系。

79. 韩国汉城华侨中学举行开学典礼

2015年8月27日，汉城华侨中学举行开学仪式。"台湾驻韩代表处业务组"梁兆麟、"侨务秘书"刘俊男、"汉城华侨协会监事长"李宝礼、居善堂文化会会长王炳堂等人出席。校长孙树义向全校师生致辞，称在薛荣兴理事长的支持下校舍已于暑假期间得到修缮，并希望学生们努力提高学习成绩、完善品行道德。

80. 美国"青少年儿童夏令营"结业典礼在天乐语文学校举行

2015年8月27日，台湾地区"侨务委员会"致力推广的"青少年儿童夏令营"落下帷幕，结业仪式在美国天乐语文学校举行。两位青少年文化教师郑凯宁、洪立婷，专程来到天乐语文学校授课，课程也在"侨务委员会"与"北加州中文学校联合会"协助与赞助下圆满落幕。"美国金山湾区侨教中心"吴郁华表示，除了感谢两位老师把中华文化以及台湾地区文化完整地带到湾区并传授给孩子们外，更希望侨教能够在海外继续蓬勃兴盛地发展。

81. 台湾文化民俗艺术成果发表会在巴拉圭举行

2015年9月1日，台湾文化民俗艺术成果发表会在巴拉圭举行。"台湾驻巴拉圭侨务处"吴丰兴出席并发言。此前，台湾地区"侨务委员会"派出的文化教师简奕翔在南美洲进行了为期一个月的巡回教学。

82. 越南华文学校参访团赴台湾学校访问

2015年9月18日，由越南的华文学校校长和高阶行政管理人员共14人组成的访问团访问台湾地区"侨务委员会"和台北市的小学、初中及高中。台湾地区"侨务委员会"特别安排语文教育学会为来访者举办"班级与学校经营"专题讲座。

行程的最后一天，台湾地区"侨务委员会"信世昌与来访者进行综合座谈。他首先对参访团的到访表示了欢迎，并认真听取大家提出的意见和建议。参访团针对越南华校经营与教学存在的问题，表示希望"侨务委员会"能够选派固定的华语教师前往越南对当地华校师生进行指导。

83. "2015年林戴维杯中秋高尔夫慈善赛"暨筹款晚会在洛杉矶顺利举行

2015年9月20日,为了帮助位于洛杉矶西北区圣峪华人协会及所属中文学校拥有自己的文化中心及教学大楼,"2015年林戴维杯中秋高尔夫慈善赛"如期举行,现场云集了百余位参赛者。赛后举行了筹款餐会及颁奖典礼。

中华航空、奔驰之家、Liberty Mutual Insurance、瑞航德学院(Rio Hondo College)、山东同乡会、中美会计师协会、阳光高尔夫俱乐部等机构及协会参与了筹款晚会,并为圣峪华人协会募集中文学校建校基金共计20000多美元,其中林戴维保险集团捐款5000多美元。与会代表均表示,此次筹款仅仅是一个开始,今后将持续支持海外华语文教育的发展及中华文化的推广。

84. "台湾驻布里斯班办事处"参访澳大利亚佛光山中天中文学校

2015年9月23日,"台湾驻布里斯班办事处"赖维中、简宏升与"侨教中心"董幼文到访佛光山中天中文学校并向该校赠送华文教科书,受到佛光山中天中文学校校长觉善法师、执行校长陈秋琴等人的热烈欢迎。

董幼文表示,台湾地区"侨务委员会"数十年来长期支持海外侨校推广发展华文教育,为各侨校学生提供华语文教科书,为华文教育的海外发展起到了基础性的作用。觉善法师与陈秋琴校长同时也对"侨务委员会"长期支持佛光山中天中文学校表示了感谢。

85. 台湾地区"第一届海外十大杰出青年"颁奖典礼在台北举行

2015年9月27日,台湾地区"第一届海外十大杰出青年"颁奖典礼在台北举行。经过海华文教基金会的严格评选,10位侨界青年获此荣誉并登台领奖。

颁奖典礼上,马英九登台为获奖者颁奖。台湾地区"侨务委员会"陈士魁向10位青年表示祝贺并再次强调了台湾地区对海外青年的重视。"海华文教基金会"董事长吴松柏也以自身旅居海外多年的经验分享开办此奖的缘由,希望以此加深海外优秀华人子弟与台湾地区的联系。

此次评选共有来自六大洲17个国家的优秀华裔青年报名参与。最后的得奖者均为医界、政界、媒体界和金融界的第二代侨胞,他们不仅在专业领域成绩优异,而且为推广中华文化做出了不懈的努力。

86. 韩国汉城华侨中学举行庆祝孔子诞辰2565周年献花仪式

2015年10月5日,汉城华侨中学举行庆祝至圣先师孔子诞辰2565周年献花仪式，全校师生到场参加。

仪式上，孙树义校长首先带领学生代表、班联会主席王成玖依次向孔子的铜像献花、鞠躬致敬，全体人员也对铜像行三鞠躬礼并高唱孔子纪念歌。孙树义校长致辞称，孔子是春秋时期著名的教育家，一生献身教育，被尊为"至圣先师"，他所提倡的儒学对现代人的生活产生了深远的影响，我们应秉持孔子的教育理念发展教育。他强调，此次活动体现了汉城侨中在海外教育和文化传承上做出的努力，希望以此鼓励首尔的华侨学子将孔子的教育理念传承下去。

87. 菲律宾纪念孔子诞辰暨庆祝教师节活动在马尼拉中正学院举行

2015年10月7日，纪念至圣先师孔子诞辰暨庆祝教师节大会在马尼拉中正学院大礼堂举行。菲律宾华文学校联合会常务理事潘露莉校长担任大会主席，"台湾驻菲律宾代表处"林松焕担任主宾，菲华文经总会常务委员庄汉香、"菲华文教服务中心主任"吴学诚、菲华商联总会副理事长叶芳枫连同60所华校近1000位华文老师出席活动。

活动在与会来宾向孔子雕像行三鞠躬礼后正式开始。首先，潘露莉校长致辞称，海外教师不仅要传播知识还要弘扬中华文化，肩负着双重使命。随后，林松焕代表"侨务委员会"向78位菲律宾华文学校的资深在职教师颁发奖状、奖杯及奖金，表彰他们长年在海外不遗余力地传播中华文化所付出的辛勤与努力。

88. 台湾地区"国庆"文化访问团明华园戏剧总团赴美国西雅图演出

2015年10月8日，台湾"国庆"文化访问团明华园戏剧总团前往美国西雅图进行演出，"国庆筹备会主委"孙乐瑜、"副主委"王绢珠以及西雅图侨学各界代表在西雅图国际机场接机欢迎。

在"国策顾问"吴英毅、团长陈胜福和孙翠凤的带领下，此次共有41人奔赴美国和加拿大参与巡演、慰问侨胞。他们希望本次巡演能让美加侨界看到最地道、最精彩的台湾歌仔戏，也让美国主流社会欣赏到这项具有中华文化特色的国际级演出。

89. "教师节敬师餐会（联欢会）"在美国、澳大利亚举行

2015年10月10日，美国华盛顿特区大华府地区中文学校联谊会在马里兰州新财神餐厅举办"教师节敬师餐会"，感谢侨校教师一年来的辛劳。"台湾驻美代表处"洪慧珠，"华府侨教中心"刘绥珍、赖思琦应邀出席，来自大华府地区17所侨校共200多位老师前来参加。

会上，中文学校联谊会总干事王丽萍首先感谢各位教师为海外侨教事业做出的贡

献。随后，洪慧珠代表台湾地区"侨务委员会"陈士魁向本年度大华府地区的8位资深优秀教师颁发侨教荣誉勋章和奖状，表彰他们为传播中华文化、发展海外华文教育做出的不懈努力。最后，现场展示了由中文学校联谊会举办的2015年黑板报大赛的成果，围绕"孔子和教师节"的主题，每一项作品都极具创意，展现出学生们的学习成果和综合素养。

同日，华语文敬师联欢会在澳大利亚布里斯班昆士兰"台湾中心"举行，"台湾驻布里斯班办事处"赖维中、昆士兰"台湾侨教中心"董幼文、慈济人文学校校长林巧玲、中天学校副校长蔡金静以及侨校华文教师共40多人参加了此次联欢会。

台湾地区"侨务委员会"陈士魁特别送来书面祝贺词，感谢老师们为推动华语文教育做出的贡献，并祝愿澳大利亚昆士兰地区所有侨校教师及在主流学校教华文的老师节日快乐。随后，董幼文发表讲话，感谢昆士兰华语文教师联谊会对台湾地区"侨务委员会"的支持与配合。他现场展示了2015年最新的华文教材，希望帮助教师更好地实施教学。

10月17日，由"美中中文学校协会"主办、"芝加哥侨教中心"协办的庆祝教师节敬师餐会顺利举行。"芝加哥侨教中心"王伟赞、"台湾驻芝加哥办事处新闻组"庄璧璘、"经济组"孙良辅、华校校长及老师等出席了餐会。

"美中中文学校协会"会长胡玲玲首先致辞，感谢会员及各校的支持，并为大家介绍各华校校长。王伟赞向在海外培育英才的教师表示敬意，并代表台湾地区"侨务委员会"向张耀淑、王慧仪两位老师颁发任教20年资深优良教师奖。庄璧璘组长也给任职满10年的老师们颁发奖状、奖金。随后进行协会会长交接仪式，由新任会长石鸿珍接任。

10月23日，美西北区华文学校联谊会在"西雅图侨教中心"举办2015年教师节敬师餐会。"台湾驻西雅图办事处"金星、"西雅图侨教中心"薛台君出席餐会并发表讲话。

会上，金星首先对在座老师为传播中华文化所做的努力表示感谢，并以西雅图地区日前发生的国际学生车祸案为例，倡导紧急救援以及联络的重要性。随后，在金星见证下，举行了新旧会长交接典礼，前会长王秀珠将印信转交给新任会长李雅惠。"西雅图侨教中心"薛台君代表台湾地区"侨务委员会"陈士魁为前会长王秀珠颁奖，并为新任会长李雅惠颁赠贺函。最后，教龄满十年的教师白员、翁端仪与吕雪华三人上台领取"侨务委员会"的贺函、奖状与奖金。

90. 美国芝加哥孝义中文学校举办教师研习会

2015年10月12日，由"美中中文学校协会"主办、"芝加哥侨教中心"协办、孝义中文学校承办的"美中地区教师研习会"顺利举办。研习会邀请台东大学华语文系专任讲师连育仁前来授课,"芝加哥侨教中心"王伟赞与70多位当地华语文老师到场聆听。

会上,连育仁老师就怎样将新兴科技融入教学以此推广中文教育这一主题发表了自己的见解,并分享了新兴科技"翻转教室"的概念,从而帮助教师利用新兴科技拉近师生的距离、培养学生多元的思维模式、改善华语文课堂的教学效果。

91. 台湾淡江大学成人教育部华语中心开办"华语文密集式课程—教学实务班"

2015年10月21日,台湾淡江大学成人教育部为培养华语助教开办"华语文密集式课程—教学实务班"。其课程特色主要体现在:安排班级学员前往本部华语中心观摩教学6小时;学习时间分为实体课程48小时与在线(录像)课程72小时及观摩教学6小时,总计126小时;凡研习成绩优异者,择优录取为暑期华语助教,提供教学实习机会与薪资,并开具实习证明。

92. "2015年台湾书院华语文教学及正体字推广"系列活动在美国橙县举行

2015年11月7日,为了提升主流学校华语文教师民俗文化教学软实力,进而丰富文化教学和华语文教学的深度和广度,"橙县华侨文教服务中心"主办的"2015年融合华语文及文化教学之实作小型培训"活动,在"橙县华侨文教服务中心"举行。这项活动是台湾地区"侨务委员会"依据"2015年台湾书院华语文教学及正体字推广"项目所赞助的系列活动之一。

活动总召集人"橙县侨务促进委员"程东海在开幕式表示,台湾地区"侨务委员会"自2012年起至2014年止,3年间在"台湾书院华语文教学及正体字推广"项目下,总计已办理249项1408场次活动,参与人次达87681人次,其中主流人士参与人次逐年增加,2014年主流参加人次占总人次的77%,显示台湾华语文教学努力已逐渐进入美国主流社会。培训课程主要以中秋节团圆扇的画作、春节金猴剪纸吊饰、端午节纸粽子的制作等3项为教学主题。

11月13日和12月4日,"橙县华侨文教服务中心"再度与查普曼大学携手合作,于查普曼大学主校区内举办了两场"融合华语文特色的多元文化推广活动",这同样是"2015年台湾书院华语文教学及正体字推广"项目所赞助的系列活动。活动主题为"春节:围炉守岁",查普曼大学世界语言文化系教授Michael Wood以及近70

名师生参加。

在推广活动中,查普曼大学华语文教师赵苡廷带领其所教授四个班级的所有学生来参加活动,她表示,这次多元文化推广活动的主题多元而丰富,融合了中秋节、《西游记》、农历新年及生肖等元素。查普曼大学的师生对于此次活动给予了积极的响应,并表示能将课堂所学的语言及文化知识与实作文化活动结合非常具有意义。

93. "2015 年大纽约地区中文教学研讨会"在美国纽约举行

2015 年 11 月 7 日,"驻纽约台北经济文化办事处教育组"举办了"2015 年大纽约地区中文教学研讨会",研讨会邀请到了大纽约地区知名中文教育专家进行专题演讲,分析中文教学的最新发展趋势。一共有 100 多名中文教育工作者出席。

"驻纽约台北经济文化办事处"章文梁致辞表示,感谢老师们在中文教学岗位上的辛勤奉献,并希望通过大家的共同努力提升中文教育的水平与实力。"驻纽约台北经济文化办事处教育组"张佳琳表示,"大纽约地区中文教学研讨会"将每半年举办一次,接下来的两届研讨会将于 2016 年的 4 月、11 月举行,会议主题分别为"中文的教与学:沉浸式教学及科技融入"和"中文教学的评量与测验",欢迎相关人士前来学习与交流。

94. 菲律宾汉字文化节专题讲座在马尼拉中正学院举行

2015 年 11 月 14 日,菲律宾地区汉字文化节专题讲座在菲律宾中正学院庄万里小剧院举行,此次讲座由"菲华文经总会"与"文复会菲律宾分会"联合举办。"菲华文教服务中心"黄凤娇、"菲华文经总会常务委员"庄杰森以及近 200 位菲华文艺界人士、华文师生到场参加。

讲座主持人庄杰森首先向大家介绍了菲华教育界前辈庄适源校长的求学经历。随后,庄适源以"优美的中国汉字"为题,为大家讲解"文字的创作"、"六书"与"认识中国汉字的结构"等内容。庄适源希望借此机会引起文化界、华文学校、华裔学生对汉字的重视。最后,主办单位向庄适源颁发荣誉证书,对他近几十年来的研究成果给予肯定并表示感谢。

95. 台湾东华大学华语文中心启动"第 2 期华语营队教学设计与教材编写班"

2015 年 11 月 18 日,台湾东华大学华语文中心启动"第 2 期华语营队教学设计与教材编写班",重点培养华语营队教学设计与教材编写能力的训练,提升其专业素养。

培训班邀请华语教学领域的精英分子，以亲身体验为基础，深入指导华语营队的教学设计与教材编写。培训期满者将获发中、英文毕业证书，并被台湾东华大学华语文中心择优聘任为华语营队的种子教师。

96. 全美外语教学协会年会在加州圣地亚哥会展中心举行

2015年11月20日至22日，全美外语教学协会（ACTFL）年会在加州圣地亚哥会展中心举行。"台湾驻洛杉矶经济文化办事处"王秉慎、"教育组"梁璃玲、"橙县侨教中心"杨海华、"全美中文学校联合总会"总会长谢文玲、长程规划委员会主任程萌生、幕款委员会主任叶云河、信息工作小组召集人邱美智等人出席了年会。

台湾地区12所大专院校、"侨务委员会"、"华测会"等相关华文教学组织共同设立"台湾馆"展位，强调台湾地区是学习华语的首选地，以期提升台湾华语文市场的知名度。台湾地区"侨务委员会"为推广"全球华文网"等教学资源，也在"台湾馆"设立展位，并邀请台东大学华语文学系教师连育仁、圣地亚哥逸仙中文学校前副校长张慧娟、密西西比大学教师洪绮虹作现场解说。

全美外语教学协会是致力于为各种语言的教学者及学习者提供专业服务的组织，其举办的ACTFL年会，每年均会吸引来自世界各地的教育界专家学者及教师前来参加。

97. 菲律宾华语文数字教学观摩会在计顺市灵惠学院举行

2015年11月28日，华语文数字创新教学观摩会在菲律宾计顺市的灵惠学院举行，"菲华文教服务中心"吴学诚、黄凤娇以及马尼拉都会区五所侨校的华语文老师参加了此次观摩会。

为了提升老师的教学成效，黄婷婷、姚柳絮和黄材彬三位资深华语文老师为大家做了示范教学，他们用流利的华语以及计算机投影设备进行数字教学，学生则通过平板电脑回答问题并与老师互动。

98. 2015年汉字文化节活动之校际说故事比赛在巴西圣保罗举办

2015年11月30日，为了训练学生对中文词汇的组织和运用，增强语言表达能力，以及加深对中华文化的了解，作为汉字文化节系列活动之一的校际说故事比赛在"巴西圣保罗台北文化中心"二楼大礼堂举行。中文教协会会长林志孟、"文化中心"郭殿臣等出席活动并发言，罗兰芳担任司仪，区少玲、斯碧瑶、刘国华和张宏昌担任评委。

外籍人士参赛者按年龄分为A、B、C三组，华裔参赛者按年龄分成A到F组。赛后，评审表示参赛者的发音、内容、台风以及技巧都达到了非常高的水平。

99. "2015第三届国际学校华语教学研讨会"在香港大学举行

2015年12月3日至5日,"2015第三届国际学校华语教学研讨会"在香港大学举行。此次会议由台湾高雄师范大学华语文教学研究所、香港大学教育学院中国语言及文学部、香港弘立书院等单位主办,台北美国学校及香港耀中国际学校协办。

研讨会秉承过去两届的宗旨及传统,继续为国际学校中文教师提供专业交流的平台。大会同时安排与会者到两所国际学校探访交流。本次研讨会还举办了多场小型研讨会,研讨范围主要包括国际学校师资培训、跨语言及文化教学、教学策略与转化、数位教学及国际教育等。

100. 2015年海外文化教师教学成果分享座谈会在台北举行

2015年12月7日,台湾地区"侨务委员会"选派的52名海外文化教学的教师在结束为期两个月的巡讲后,回到"侨务委员会"做教学成果分享,"侨务委员会"信世昌出席并发言。

座谈会上,52位文化教师首先获颁感谢状。随后,为了让"侨务委员会"了解巡讲过程中的困难以及协助修订2016年计划,其中的7位文化教师代表分享了巡讲中的经验以及所遇到的困难。最后,教师们彼此间进行了教学经验交流。

101. "华语教师研讨会"在西班牙马德里华侨学校举行

2015年12月9日,"华语教师研讨会"在马德里华侨学校举办。此次研讨会的召开得到了台湾地区"侨务委员会"、"驻西班牙代表处"、台湾师范大学以及台湾地区"教育部"的大力支持,其主要目的是培训海外师资以及推广数字华语文教学。"驻西班牙代表处"侯清山和多位华文教师参加了此次研讨会。

华文教师联谊会理事长傅春梅首先致辞并对参会者表示感谢。随后,侯清山致辞指出,他看好全球各地兴起的华语热潮,对与会的华文教师充满信心与期望。最后,马德里自治大学华语师资培训班教授、华侨学校的校长蔡仁琳为大家带来"简易网页制作"课程"孔老夫子的六艺"的展演。

102. 第三届"优美汉字"学生黑板报比赛在菲律宾马尼拉举行

2015年12月9日,第三届"优美汉字"学生黑板报比赛在菲律宾马尼拉举行。该比赛是菲律宾地区汉字文化节系列活动之一。本次比赛由"文总文化工作委员会"蔡美扬主持,来自中正学院、崇德学校、圣公会中学、计顺市菲华中学、灵惠学院、尚一中学、嘉南中学和晨光中学的学生参加了比赛。

主办单位特别邀请书法家蔡富华，作家黄珍玲，画家黄曼慧、张宝湖，退休老师黄霖生教授，以及退休华语文老师庄适源担任评审。评审们针对主题、展现和创意进行评分，最后来自菲律宾中正学院的学生赢得了四个组别的冠军。

103. 台湾地区"侨务委员会"成立"2015年海外华裔青年语文研习班课程主任培训班"

2015年12月19日，为提升台湾地区"侨务委员会""海外华裔青年语文研习班"活动的专业性及密集学习的成效，确保授课品质，"侨务委员会"成立了"2015年海外华裔青年语文研习班课程主任培训班"，培训班为期1天。培训期间进行密集班华语课程的规划与管理、教师培训与评选、课程主任工作经验分享、教材与教法等课程。

104. 台湾地区"教育部"启动"走读城市学华语计划"

2015年12月19日，"走读城市学华语计划"正式启动。台湾地区"教育部"吴思华主张的"学华语到台湾"是推动华语文"国际营销"的重要政策理念，这一理念让学习华语不再局限于教室。该计划从2016年1月起实施，并在3月18日规划了"城市就是教室"、"我的第三空间"及"与名人做朋友"三大课程，让华语学生深入了解台湾。

台湾地区"教育部国际及两岸教育处"杨敏玲致辞时表示，未来将积极结合华语与生活，规划更加具有文化特色的"学华语到台湾"相关"国际营销"活动，用以吸引更多有意学华语的海外华裔子弟赴台体验深层次的台湾文化。

105. "任务型教学研究与实践研讨会"在台湾师范大学举办

2015年12月20日，由台湾师范大学"迈向顶尖大学计划"华语文教学与师培议题研究组主办，台湾师范大学华语文教学系暨研究所，台湾华语文教学学会协办的"任务型教学研究与实践研讨会"在台湾师范大学举行。美国弗吉尼亚大学首届世界外语中心主任、东亚语言文化文学系教授、大学理事会AP中文策划委员顾问及课程审查资深顾问曾妙芬担任主讲人。

研讨会旨在阐述任务型教学的理论、核心概念以及操作模式，以美国的一项任务型教学认知与操作实践调查研究为基础，分析参与研讨会的华语教师对任务型教学的认知、理解与操作执行信心程度，并与美国大学高中中文教师的调查结果进行现场对比分析。

106. "第十四届台湾华语文教学年会暨国际学术研讨会"在台东大学召开

2015年12月25日至27日,由"台湾华语文教学学会"主办的"第十四届台湾华语文教学年会暨国际学术研讨会"在台湾台东大学举行。会议为期3天,包括专题演讲、论文发表、教学研讨会、座谈会和书籍教材展示等内容。

研讨会以"华语文作为第二语言"为主题,分组议题包括:本体研究的语音、音韵、词汇、语法、语意、语用、篇章分析、对比分析与偏误分析;教学与习得研究的教材教法、中介语研究、习得历程研究、各年龄层课程与教学、专业华语课程与教学、新住民华语文教学;数位学习与媒体的教材设计、计算机辅助教学、多媒体应用;测验与评量研究的测验命题设计、华语文能力测验研究,以及跨文化沟通、华语师资培训、华语中心营运与发展、华语教育国际传播与推广等相关议题。

107. 2015年度"华侨事务研究硕博士论文奖"颁奖典礼在台北举行

2015年12月30日,2015年度"华侨事务研究硕博士论文奖"颁奖典礼在台湾地区"侨务委员会"贵宾室举行。本年度共有2位博士生和10位硕士生得奖。获奖论文研究范围包括侨团演进分析、华侨文教、侨生教育与发展以及侨胞历经天灾地变后的重生。台湾地区"侨务委员会"邀请得奖人与指导教授们出席领奖,多位"侨务委员会"领导出席颁奖典礼。

为鼓励台湾地区各大院校硕、博士研究生对华侨事务的研究,台湾地区"侨务委员会"从2004年开始举办"侨务委员会华侨事务研究硕博士论文奖",至今已经奖励8篇博士论文,52篇硕士论文。

108. 瑞典斯德哥尔摩汉升中文学校举行结业典礼

2015年12月31日,瑞典斯德哥尔摩汉升中文学校举行结业典礼,"台湾驻瑞典代表处"李澄然和秘书张学仁出席。

汉升中文学校校长萧文琴在观看了学生们的学习单、校刊之后,肯定了同学们的表现,并勉励大家要在中文学习的道路上继续前进。萧文琴同时也感谢了"台湾驻瑞典代表处"这一年来给予学校的各项支持。李澄然同时也表达了对中文教育的支持并强调了正体字在中华文化中的地位。最后,全校师生用中文合唱《祈祷》,并在结业典礼结束之后交流学习中文的心得。

第七部分

2015 年海外示范华校华文教育活动撷要

本部分着重介绍国务院侨务办公室所授予的第一批、第二批、第三批华文教育示范学校在 2015 年所进行的相关华文教育活动。其活动信息主要由所属学校提供，也有部分来自相关学校的网络主页。感谢为本《年鉴》提供华文教育活动信息的华文教育示范学校。示范学校按所属洲划分，按学校中文名称音序排列。

（一）亚洲

1. 菲律宾宿务亚典耀圣心学校

12 月 6 日，菲律宾宿务亚典耀圣心学校与华侨大学签订合作办学协议，设立华侨大学海外招生处。

12 月 11 日，菲律宾宿务亚典耀圣心学校冬令营闭营式在华侨大学华文学院一号楼会议室顺利举行。

2. 菲律宾侨中学院

11 月 15 日，由中国海外交流协会主办、福建省海外交流协会承办、菲律宾华教中心协办的菲律宾首期"华文教师证书"培训班在菲律宾侨中学院开班。

12 月 30 日，菲律宾侨中学院艺术团一行 60 人，在闽南师范大学海外教育学院负责人的带领下，到华侨大学音乐舞蹈学院进行交流、访问。

3. 菲律宾华教中心

6 月 3 日，2015～2016 年度中国国务院侨务办公室外派教师工作会议在马尼拉隆重召开。此次会议为期 3 天，近 200 位国务院侨务办公室外派教师参加。此次岗前培训内容丰富，实践性强，为外派教师日后开展教学管理工作打下坚实基础。

9月18日，与陈延奎基金会共同庆祝第31个教师节，举行"2015年中国教师节招待会"，邀请在马尼拉地区各华校任教的中国国务院侨务办公室外派教师参加。

4. 菲律宾三宝颜中华中学

2015年初，副校长吴颂彬与陈端芳老师荣登"宿务无名氏（引叔）"施维鹏2014~2015年度模范华语教师奖荣誉榜。

5. 韩国光州全南中国侨民学院中国华侨学校

7月23日，韩国光州中国华侨学校在第十五届全国演讲大赛光州赛区比赛中，以绝对优势夺得前三名。

6. 柬埔寨崇正学校

9月21日，举行"2015中华文化大乐园——柬埔寨金边营"开营仪式。

7. 柬埔寨福建会馆公立民生中学

1月1日，开展以"走进大自然"为主题的校外大课堂活动。

3月1日，在第十五届华人少年作文比赛中，学校学生有17人获奖。其中陈月好、张金妙、张丽清、林丽同学荣获一等奖，有4名同学获二等奖，9名同学获三等奖。另有5位教师获优秀指导奖。

4月25日，举行小学高年级组课文朗读比赛，共有60名参赛选手依次登台朗读。

4月30日，民生幼儿园举办"看图认物"比赛活动。

5月28日，开展小学低年级组"背诵课文精彩片段"比赛活动。一至三年级400多名小学生参加活动，最终评出36名个人奖和3个团体奖。

6月11日，举办"我和汉语"主题演讲比赛。最终有10名同学脱颖而出，分获一、二、三等奖。

10月31日，民生幼儿园举行幼儿才艺展示活动。小朋友们纷纷上台展示才艺，用中文演唱、朗诵三字经，进行画画、剪纸等表演。

11月24日，组织中国籍教师前往柬埔寨西南省份贡布，游览当地名胜卜哥山，增进教师间的情感。

12月底，组织学生参加2015年"大使奖"全柬华校学生现场作文比赛，共有13人分获中小学组一、二、三等奖。其中，洪美英同学夺得中学组唯一一个一等奖，获布建国大使亲自颁奖。

（柬埔寨福建会馆公立民生中学　供稿）

8. 老挝万象寮都公学

6月17日，举行"校园书屋"开业典礼。万象中华理事会名誉理事长林泽民先生、理事长李燕金女士、寮都公学董事长林俊雄先生、副董事长陈俊耀先生、副董事长廖金安先生等领导和云南西双版纳州新华书店董事长韩强先生以及部分寮都公学师生参加了开业典礼。

（老挝万象寮都公学　供稿）

9. 老挝沙湾拿吉崇德学校

5月13日，由中国海外交流协会主办、湖南省外事侨务办公室（湖南省海外交流协会）与老挝沙湾拿吉崇德学校联合承办的2015年"中华文化大乐园——老挝沙湾拿吉营"活动开营。老挝沙湾拿吉中华理事会、崇德学校师生和湖南教师团等近180人在崇德学校大礼堂参加开营仪式。

5月20日，由中国海外交流协会和湖南省海外交流协会共同举办的"中华文化大乐园——老挝沙湾拿吉营"在学校礼堂闭营。

10. 缅甸福星语言电脑学苑孔子课堂

5月26日，在分课堂Brain works-Total International School的8个校区先后举办了第三届"中国周"活动。活动以"现代中国"为主题，通过不同形式的活动彰显当代中国魅力，增加中文学习的趣味性，进一步激发学生学习中华文化的热情。

11月30日至12月1日，学校30余名本土教师和志愿者教师集体应邀参加在仰光召开的2015年"缅甸南部地区汉语教师、志愿者联席会议暨经验交流会"，并与其他汉语教学机构的教师展开深入的讨论和交流。

11. 缅甸曼德勒福庆孔子课堂

6月17日，举行赴中国参加夏令营、教师培训等学生归来报告会。赴中国归来的4个团进行报告，福庆学校初中班的学生出席报告会。

6月28日，举行以"学会中国话，朋友遍天下"为题的第八届汉语桥世界中学生中文比赛曼德勒赛区预赛。此次比赛由中国驻曼德勒总领事馆主办、曼德勒福庆孔子课堂承办。

9月1日，中国驻曼德勒总领事馆向福庆孔子课堂九龙寺庙学校汉语教学点捐赠图书馆并在该寺举行捐赠仪式。中国驻曼德勒王愚总领事、靳仪鳞副总领事、九龙寺庙教学委员会成员、寺庙施主、师生百余人参加捐赠仪式。

9月26日，举行"孔子学院日"系列活动。来自孔子课堂福庆校区及洞谬、岗德、九龙、国泰、雅德纳昂敏、茵泰彬等6个教学点的300余名中小学生及教师参加了活动。活动内容包括中文歌曲、舞蹈、剪纸、书法、中国画等。

10月13日，举办汉－缅语翻译比赛。本校的高级班（思问班、思敬班、中庸班）及翻译班的15位同学参加。

11月14日，曼德勒福庆孔子课堂于本校多功能厅内隆重举行"2015年汉语演讲比赛"，本校50名学生参加。

12. 缅甸景栋中文会话培训中心

4月10日，唐尚智、王琴美两位教师赴昆明参加"华文教育·教师研习"活动。

5月15日，举行中国国务院侨务办公室海外"华文教育示范学校"挂牌揭幕仪式。

5月25日至26日，举行四年级至高三的书法比赛、作文比赛。

5月27日至28日，举行幼稚班至三年级听写比赛、造句比赛。

5月，举行一年级至三年级造句比赛，以培养学生的造句和语言表达能力。

8月2日至13日，两名教师携带10名学生组团参加"2015年海外华裔青少年中国寻根之旅——七彩云南·夏令营活动"。

8月4日至8月14日，学校4位教师参加由曼德勒福庆学校举行的"中华文化大乐园"。

10月27日至29日，本校董事长欧阳文丽及3名教师到曼德勒参加"云华师范学院校舍落成典礼"，并加入缅北华文教育协会。

11月19日至20日，蔡云珊老师携阮正娣同学赴曼德勒参加"缅北地区汉语教学机构文化交流才艺培训班"。

11月19日至22日，冯恩莉老师赴曼德勒参加"第三届缅甸教学研讨会"和"中缅建交65周年"庆祝活动。

（缅甸景栋中文会话培训中心　供稿）

13. 蒙古旅蒙华侨友谊学校

4月3日至7日，接待华侨大学华文学院党委副书记王坚、校友会秘书长宋建英到访。

11月17日，举办年度教学成绩庆功会，蒙华侨协会会长白双占、学校校长江仙梅以及全体教职工参加此次活动。

14. 日本同源中国语学校

3月,学校学生参加日本第二届"大使杯"朗诵比赛,取得优异成绩。

6月,举行学校全体教师研修活动并对《中文》第二册教学进行研讨。

7月,学校学生参加"汉语桥"高中生中文演讲比赛。

8月,受北京市侨务办公室的邀请,17名师生参加2015年海外华侨及港澳台地区青少年"中国寻根之旅"夏令营北京集结营。

9月22日,学校合唱团20名学生参加中国大使馆及在日华人团体为纪念抗战胜利70周年举行的《黄河大合唱》演出。

11月21日,举行全校师生、家长庆祝纪念大会,表彰任教十年以上的教师及2015年度获得各种奖项的学生。

(日本同源中国语学校　供稿)

15. 日本横滨山手中华学校

10月1日,横滨山手中华学校师生汇聚到校园礼堂内,举行庆祝典礼。各年级学生分别在庆祝会上表演了中国传统民族歌舞节目。

10月中旬,组织学生参加中国国务院侨务办公室主办、北京华文学院承办的2015年海外华裔青少年"中国寻根之旅"秋令营——日本横滨山手中华学校优秀学生游学营。

11月14日,学校举行2015年中文演讲大会。

16. 日本神户中华同文学校

6月1日至12日,组织学生参加"2015年中国文化海外行——雅居乐日本营"活动。

6月10日,"中国文化海外行"考察团到访,与师生们互动交流。

17. 泰国坤敬公立华侨学校

2月19日,组织全校师生举办春节联欢会。

8月7日,与泰国孔敬大学孔子学院在孔子学院含弘讲堂举行汉语水平考试网考点建设协议签署仪式。

12月18日,联合泰国孔敬府教育局组团访问华侨大学,商谈在泰国东北部开展华文教育项目合作事宜,并看望在华侨大学就读的华文教育奖学金学生。

18. 泰国北榄公立培华学校

1月9日,举行主题为"学识兼美德,开启好前途"的年度彩色运动会。

2月12日，接待中国安阳师范学院副院长杨新新及该校研究生处处长孙金伟、文学院院长焦会生、国际合作交流中心外事科科长李小波一行4人到访，举行共建"国际汉语教学实习基地"签约仪式。

4月15日，李美娟校长率领15名学生，赴中国南宁参加2015年"中国寻根之旅"泰国学生学习中文春令营活动。

19. 泰国罗勇府公立光华学校

2月3日，校董张步青一行10人到访东方大学孔子学院，与东方大学孔子学院中方院长陈素云、泰方院长符丽珠就双方的紧密合作进行深入洽谈。

4月28日，接待中国广东省海外交流协会常务理事李仲民率领的访问团到访。学校永久名誉主席张步青、现任学校董事会主席庄锡鑫等校董、学校校长、教师等与来宾座谈。双方对今后开展外派教师、夏令营等工作进行深入探讨。

7月23日，接待泰国东北部华文民校联谊会、泰国西部华文民校联谊会访问团一行。校董、校长及部分老师与来宾座谈。

20. 泰南勿洞中华学校

7月18至19日，主办勿洞片区第二轮对外汉语教师在岗培训。学校董事会副主席刘汉能、勿洞市孔子学院院长刘丽英及对外汉语教师等21人参加活动。

9月23日，泰国教育部民校教育委员会中文项目官员张美云、前项目官员赖芝华、泰国曼松德昭帕亚皇家师范大学孔子学院公派教师王玮教授一行5人走访慰问学校的本土汉语教师和志愿者老师们。民教委代表还观摩了志愿者老师们的课堂教学并与志愿者老师及本土教师举行交流座谈。

21. 泰国曼谷培知公学

3月24日，在华都酒店会议中心米兰厅举行与中国湖南湘潭市二中缔结友好学校的签约仪式。

11月7日，"2015年中国华文教育基金会名师亚洲（印尼、泰国）巡讲团"抵达，开展为期4天的华文教育活动。

22. 泰国芭提雅明满学校

4月9日，与广西华侨学校就双方合作共建孔子课堂进行签约。广西华侨学校校长陈进超、副校长雷丽芳、明满学校校长陈松及相关人员出席签约仪式。

7月20日，接待泰国德教慈善总会名誉主席张汉昌先生、范清松会长及夫人陈鉴贞女士，泰国德教慈善基金会一行 10 多人到访。学校校董会副理事长张文雄先生、明满学校孔子课堂泰方负责人陈松校长、中方负责人黄锦老师热情陪同参观学校及学校孔子课堂。

8 月 30 日，与泰国梅林基金会联合举办"纪念孔子诞辰 2566 周年庆典"活动。此次祭孔大典在芭提雅三仙宫孔子杏坛举行，近 300 人参加庆典。

23. 泰国大城强华学校

1 月 20 日，泰国华文民校协会主席梁冰女士到校，对其捐赠的儿童游乐场举行剪彩仪式。

11 月 20 日，举行建校 100 周年庆典，泰国各界人士参加。

24. 泰国清迈崇华新生华立学校

7 月 24 日，中国中共中央政治局常委、全国政协主席俞正声到校考察。

12 月 22 日，举行"第七届中国歌曲大家唱"比赛。此次比赛分为小学组、初中组、高中组，共有 91 名选手参加。

25. 泰国合艾陶华教育慈善中学

11 月 5 日，接待中国国务院侨务办公室文化司副司长汤翠英一行四人以及中国驻宋卡副总领事马翠宏、泰国华文民校协会主席梁冰女士等嘉宾到访。

26. 泰国东盟普吉泰华学校

4 月 25 日，学校董事长邢福扬率团访问华侨大学，意在进一步探讨两校间合作事宜。

（二）欧洲

1. 爱尔兰华协会中文学校

2 月 7 日，举行"汉语文化推广典范学校"揭牌典礼，庆祝中国国务院侨务办公室授予学校"汉语文化推广示范学校"的称号。获得 10 万元的奖励，用于改善学校教学条件，激励师生更好地学习汉语。

2. 德国纽伦堡中文学校

3月7日，在Helene-Lange文理中学全校师生共同庆祝春节。

10月24日，加入由中国华文教育基金会主办、北京四中网校承办、完美（中国）有限公司资助的华文教师"完美"远程培训项目。

3. 德国柏林华德中文学校

2月8日，校长参加全德中文学校联合总会成立仪式。

4. 德国巴伐利亚中心中文学校

4月8日，中国驻德国慕尼黑总领事朱万金将国务院侨务办公室提供的10万元办学资助款交给学校。

7月25日，在SchulzentrumPerlacherForst举行"2014~2015年度期末联欢会暨毕业典礼"。

5. 德国斯图加特汉语学校

5月，举办为期两天的教学研讨会。

6月，承办中国国务院侨务办公室"海外华文教师证书"培训，并建立国务院侨务办公室"华星书屋"图书室。

7月，为学校"硬笔书法月"，并参加斯图加特市国际文化节，举办学年教学总结会议。

12月，召开教职员工教学会议；为索伦多夫市夜大提供汉语老师；为莱布尼兹中学提供汉语老师。

（德国斯图加特汉语学校　供稿）

6. 法国潮州会馆中文学校

1月6日，接待在巴黎举行"中华文化大乐园"教学活动的国务院侨务办公室教师团到访，组织文教组负责人与来宾进行座谈，共同探讨文化教学的方式方法。

6月21日，2014~2015年度法国潮州会馆中文学校结业典礼暨"中国寻根之旅"北京夏令营授旗仪式在法国潮州会馆礼堂举行，学校师生、家长400余人参加典礼。

8月8日，接待中国国务院侨务办公室副主任谭天星一行到访参观。

7. 荷兰乌得勒支中文学校

11月3日，与荷兰一网签署合作协议，借助荷兰一网全新的新媒体平台，推动海外华文教育与中华文化传播的发展，进一步引领荷兰华文教育的拓展与提升。

12月9日，中国驻荷兰大使馆领事部新任秘书袁春华走访荷兰乌特勒支中文学校，看望全校老师和学生。

8. 荷兰丹华文化教育中心

3月7日，学校举办校际的普通话演讲选拔赛，选出8位同学参加荷兰中文教育协会5月举办的"荷兰普通话朗诵演讲比赛暨欧洲邀请赛"。

7月19日，学校师生受邀参加"第十六届世界华人学生作文大赛"颁奖典礼，此次大赛学校分别获得2名一等奖、3名二等奖、2名三等奖。学校还连续多年获得大赛"组织奖"。

7月20日至8月6日，组织22位教师及38名学生分别参加由国务院侨务办公室主办、四川省外事侨务办公室承办的2015年"华文教育·华文证书"培训班和"中国寻根之旅"夏令营活动。

9月5日，由中国文化网络传播研究会与丹华文化教育中心联合举办的荷兰第一个国学课堂——丹华国学课堂正式开课。共有20多位学生到国学课堂听课。丹华主任黄音、校长李佩燕等学校领导专门抽空到国学课堂向师生们表示祝贺。

10月10日，学校举办中秋节品读古诗词活动。

10月13日，与中国文化网络传播研究会在北京举行"中荷文化书院"成立签约仪式。

10月31日，学校校长和来自全球20多个国家的115位华文教育工作者参加了由中国国务院侨务办公室主办、北京市政府侨务办公室承办的2015年"示范学校和华教机构负责人华夏行"活动。

11月21日，学校教师积极参加中国国务院侨务办公室和中国海外交流协会联合举办的第二届"华文教育·教案比赛"。

（荷兰丹华文化教育中心　供稿）

9. 葡萄牙里斯本中文学校

7月，与中国文化网络传播研究会合作，共同打造中葡文化书院。中葡文化书院旨在让"国学走入生活，传统成为时尚"，并推出国学大讲堂，通过为学生们讲授诗书礼乐，传承中国传统文化。

7月30日至8月10日，举办"中华文化大乐园"葡萄牙里斯本营活动。此次夏令营吸引了214名营员参加。营员们集中学习了舞蹈、武术、魔术、美术、书法、语言表演、声乐、风筝、手工（客家扎染）等10余门中华才艺，并选修了"中国文化"和"中华美德"等文化课程。

9月，对学生和家长开放里斯本中文学校图书馆（华星书屋）。

9月27日，举办以"走进中秋，走进中国文化"为主题的中秋介绍及中秋知识竞赛活动。

（葡萄牙里斯本中文学校　供稿）

10. 瑞典瑞青中文学校

11月1日，学校青少年访华团到朝阳区青少年活动中心与学员进行近距离的中西文化和语言交流活动。

11. 维也纳中文学校

11月24日，奥地利维也纳中文学校图书馆正式开馆。

12月19日，奥地利华侨华人以及各界友好人士到校共同庆祝该校建校20周年。

12. 西班牙马德里华侨华人中文学校

3月21日，由中国华文教育基金会主办、北京四中网校承办，完美（中国）有限公司资助的"2015海外华文教师完美远程培训"在学校通过远程网络连线开课。

6月1日，举办"欢庆国际六一儿童节"文艺表演。

7月7日，召开本学年工作总结和优秀教师表彰会。

11月24日，学校教师在马德里参加由中国国务院侨务办公室主办、天津市侨务办公室承办的"华文教育·名师巡讲团"培训活动。

13. 西班牙马德里爱华中文学校

5月2日，与PONCE DE LEON特殊教育学校正式签署合作办学协议。

5月5日，学生参加全球"汉语桥"比赛荣获马德里赛区中学组一等奖。

14. 意大利佛罗伦萨中文学校

1月17日，召开一月一次的教学活动研讨会。研讨主题为"家校合作"，校长与全体教师共同参与。

1月22日，举办"沟通与交流"的主题活动，与联盟校意大利保罗茨落中学的教师就两所学校共同拥有的学生进行"经验交流、信息共享"。

2月9日，在二年级举办主题为"小小书法家"的书法比赛。

5月25日至5月27日，由中国国务院台湾事务办公室、国家旅游局、中国文学艺术界联合会、中华全国归国华侨联合会、中华炎黄文化研究会、湖北省人民政府联合主办的"世界华人炎帝故里寻根节"在学校举行。

9月26日，与佛罗伦萨大学孔子学院主办，并与佛罗伦萨学联、斐墨书法协会等在佛罗伦萨新圣母玛利亚广场合作开展"全球孔子学院日——佛罗伦萨站"活动，为中秋献礼，向汉语与中国文化致敬。

（意大利佛罗伦萨中文学校　供稿）

15. 意大利米兰第一中文学校

5月16日，王冬总领事一行在学校胡光绍校长、胡雪梅校长的陪同下走进各个年级教室，慰问全校师生，并为同学们带去"六一儿童节"的节日礼物。

7月28日，举行第六届毕业典礼。

11月7日，接待文成县玉壶镇侨联主席胡志忠代表团一行参观考察。校长胡光绍等与来宾进行交流，就关于海外华文教育的教材、师资、校舍以及侨二代学习中文的情况进行深入探讨。

16. 意大利罗马中华语言学校

3月14日，实行半日对学生家长开放，邀请学生家长走进学校参加各项教学活动。

3月14日，中国驻意大利大使馆姚成参赞、领事部李帆主任等使馆领导到校巡察调研，关心和了解学校华文教育情况，并观看了部分班级学生上课实况，与师生进行交流。

10月13日至16日，校长应邀出席"2015华文教育示范学校负责人华夏行"活动。

2015年，与暨南大学签署联合在意大利办研究生班的合作协议书，商议开办"汉语国际教育硕士"专业学位和兼读制硕士研究生的课程事宜。

（意大利罗马中华语言学校　供稿）

17. 英国爱丁堡苏格兰华夏中文学校

2月21日，举办2015年春节联欢会。

9月29日，学校室内乐队应邀参加中国驻爱丁堡总领事馆主办的庆祝中华人民共和国成立66周年晚会。

10月25日，在伦敦召开的英国中文教育促进会（UKAPCE）的教师节上，蔡丽娜老师荣获"优秀中文教师奖"。学校获赠UKAPCE"推广华文教育"示范锦旗。

18. 英国曼城侨联社华人子弟学校

2月22日，学校舞蹈组参加由曼彻斯特华人联合会举办的曼城华阜的春节联欢表演。

4月，组织学生参加由英国中文教育促进会举办的"第十届全英国中文作文比赛"和中国国务院侨务办公室、教育部等主办的"第十五届世界华人少年作文比赛"。3位同学分别获得二等奖、三等奖和好作文奖。

6月20日，参与协办第十三届全英普通话朗诵比赛（曼城区赛），学生分别获一、二等奖。

11月，校领导参与在曼城举行的欧华高峰论坛，以及暨南大学欧华研究中心顾问敦聘仪式。

（英国曼城侨联社华人子弟学校　供稿）

（三）南美洲

1. 阿根廷侨联中文学校

5月16日，召开纪念抗日战争胜利70周年演讲会。

9月12日，组织教师与北京华文学院的专家召开座谈会，共同研讨阿根廷华文教育的现状与未来。

12月19日，中国驻阿根廷大使馆陈志军领事代表中国国务院侨务办公室，将6000余册图书赠送给阿根廷侨联中文学校。

2. 阿根廷富兰克林中文学校

9月12日，组织教师与北京华文学院的专家召开座谈会，共同研讨阿根廷华文教育的现状与未来。

3. 巴西圣保罗圣本笃学校

2015年，中国大陆侨界、中国台湾侨领热心为学校捐助全新电脑设备。

7月，与其他学校联合举办第二届"中华文化大乐园"活动。

（巴西圣保罗圣本笃学校　供稿）

4. 巴西圣保罗华侨天主堂中文学校

7月21日，组织学生参加2015年海外华裔青少年"中国寻根之旅"夏令营——中华国学营。

11月26日，工具街分校开展"汉语比赛"系列活动，以班级为单位，全员参与，根据各班学生水平分别制定拼音比赛、查字典比赛和讲故事比赛。

（四）北美洲

1. 加拿大蒙特利尔孔子学校

2月28日，组织幼儿班全体学生举办"读儿歌、讲故事"比赛；组织1年级以上所有学生举办"词王"争夺赛；组织3年级以上所有学生举办查字典比赛。

6月6日，举办大型结业典礼活动，并为参加第十五届"华人少年作文比赛"获奖者、参加本校各类比赛获奖者颁奖。

7月8日至17日，承办中国国务院侨务办公室主办的"中华文化大乐园"夏令营蒙特利尔营活动。

7月中旬，举行2015年七彩云南"中华文化大乐园"夏令营。

7月17日和18日，分别组织两组魁北克省华裔青少年到陕西和河南参加"中国寻根之旅"夏令营。

7月，与The Harry Bronfman Y Country Camp夏令营中心合作国际夏令营。

9月，参加蒙特利尔市侨学界举办的"庆祝中华人民共和国成立66周年国庆节晚会"。

10月，组织学生参加中国国务院侨务办公室、教育部等主办的"第十六届华人少年作文比赛"。

10月，校长受邀参加"华文教育示范学校负责人华夏行"活动。

（加拿大蒙特利尔孔子学校　供稿）

2. 美国休斯敦长青中文学校

7月18日，举行新闻发布会，宣布将从新学年开始率先垂范学制改革，将现行的中文教学12年制缩短至9年制，更好地优化中文教学，为高中阶段的学生减轻负担。

9月27日，为庆祝教师节举办"敬师日"。

3. 美国亚省希望中文学校

2月21日，举办2015年羊年春节庙会。

5月9日，举办毕业典礼，并庆祝学校成立20周年。

11月1日，在 Chandler Tumbleweed Park 举行运动会。

4. 美国芝加哥希林芝北中文学校

7月18日，学校董事会董事王柏青走访扬州，并访问江苏宝应中学，表达合作期许，洽谈共建事宜。

9月15日，在伟尔美市（Wilmette）吉尔森公园（Gillson Park）举办年度烧烤野餐会暨建校20周年庆祝活动。

12月6日，联合其他中文学校组织的芝加哥地区的青少年数学竞赛圆满结束。

（五）大洋洲

1. 澳大利亚悉尼大同中文学校

9月21日，组织学生参加"2015中华文化大乐园——澳大利亚悉尼营"开营仪式。

2. 澳大利亚悉尼丰华中文学校

2月21日，新州社区关系部部长 Victor Dominello 等嘉宾与学校师生在 Eastwood 校区欢度春节。

6月13日，新州民族社区语言学校联合会年度晚会举行。

6月30日，学校组团的2015年"中国寻根之旅——新丝路宁夏营"从悉尼出发。

9月5日，与麦考瑞大学联合举办2015年"中华文化艺术节"暨中秋庆典活动。

图书在版编目(CIP)数据

世界华文教育年鉴.2016/贾益民主编. -- 北京：社会科学文献出版社,2017.4
ISBN 978-7-5201-0339-8

Ⅰ.①世… Ⅱ.①贾… Ⅲ.①华文教育-世界-2016-年鉴 Ⅳ.①G749.1-54

中国版本图书馆CIP数据核字（2017）第028755号

世界华文教育年鉴（2016）

主　　编／贾益民
副 主 编／胡培安　胡建刚

出 版 人／谢寿光
项目统筹／王　绯
责任编辑／黄金平

出　　版／社会科学文献出版社·社会政法分社（010）59367156
　　　　　地址：北京市北三环中路甲29号院华龙大厦　邮编：100029
　　　　　网址：www.ssap.com.cn

发　　行／市场营销中心（010）59367081　59367018
印　　装／三河市东方印刷有限公司

规　　格／开本：787mm×1092mm　1/16
　　　　　印张：23.5　插页：0.5　字数：450千字
版　　次／2017年4月第1版　2017年4月第1次印刷
书　　号／ISBN 978-7-5201-0339-8
定　　价／159.00元

本书如有印装质量问题，请与读者服务中心（010-59367028）联系

版权所有 翻印必究